Wirtschafts- und Betriebslehre

Lernsituationen und Prüfungswissen

Berufliche Schulen

Peter Nabholz
Willi Overkamp

Ernst Klett Verlag
Stuttgart · Leipzig

So arbeiten Sie mit diesem Buch

Das Buch „Wirtschafts- und Betriebslehre" wurde für einen handlungsorientierten Unterricht entwickelt. Die Inhalte werden in Form von Lernsituationen dargestellt. Darüber hinaus bereitet Sie das Buch anhand von Originalprüfungsaufgaben und nach den Richtlinien der Kultusministerkonferenz von 2007 auf die Kammerprüfung in Wirtschafts- und Sozialkunde vor.

Der **Online-Link** führt Sie direkt zu Zusatzinformationen im Internet. Geben Sie einfach die jeweiligen Ziffern in das Suchfeld auf www.klett.de ein.

Alle Inhalte werden durch **Lernsituationen** erschlossen. Hier wird eine praxisnahe, **handlungsorientierte Aufgabe** mit konkreten Arbeitsaufträgen verbunden. Diese Arbeitsaufträge können Sie anhand des anschließenden Informationstextes beantworten.

Jedes Kapitel besteht aus mehreren Lernsituationen.

In der **Randspalte** finden Sie Zusatzinformationen wie Begriffserläuterungen, zusätzliche Definitionen oder Hinweise auf Gesetze.

Mithilfe des **Informationstextes** können Sie die Arbeitsaufträge aus der Lernsituation lösen und sich zusätzliches Wissen zum Thema aneignen.
Der Lernstoff wird durch schematische Darstellungen, aktuelle Statistiken, Grafiken und Fotos vertieft.

Verweise im Text:

→ andere Abschnitte und Materialien

↗ Zusatzmaterialien, die über den **Online-Link** zu finden sind

Am Ende jeder Lernsituation wird der Inhalt nochmals übersichtlich in Form eines **Schemas** dargestellt. So können Sie sich nochmals einen Überblick über die wichtigen Inhalte verschaffen und den Stoff wiederholen.

Übungsaufgaben finden Sie am Ende jeder Lernsituation.

Prüfungsaufgaben finden Sie immer am Ende jeden Kapitels.

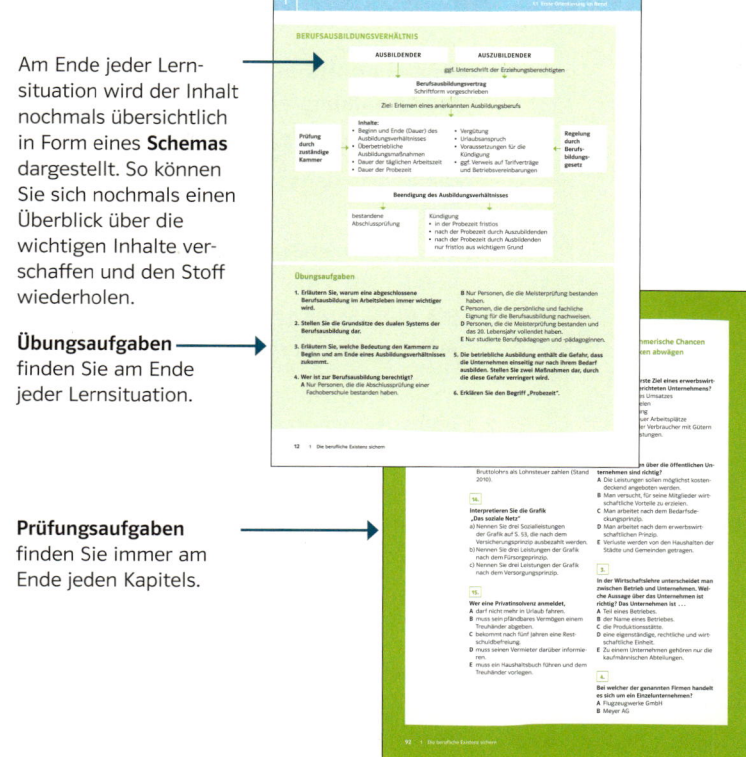

Übungsaufgaben und Prüfungsaufgaben sollen Ihnen eine Hilfe beim Überprüfen Ihres Wissens und beim Üben des Gelernten geben und Sie gezielt auf die Fragen in der Kammerprüfung vorbereiten.

Bei den Aufgaben unterscheiden wir zwischen gebundenen und ungebundenen Aufgaben.
Gebundene Aufgaben: i.d.R. sind fünf Antwortalternativen vorgegeben, die mit Großbuchstaben bezeichnet werden.
(Bei den Prüfungsaufgaben ist immer nur eine von fünf Antwortmöglichkeiten A – E richtig. Bei den Übungsaufgaben gibt es teilweise andere Zuordnungen.)
Ungebundene Aufgaben: die Antwort muss in eigenen Worten formuliert werden; die Unterpunkte sind mit a), b), c) usw. bezeichnet.

Zum Schülerband gibt es ein Arbeitsheft (3-12-883502-0) mit vielen weiteren Aufgaben zu allen Lernsituationen.

Am Ende jedes Kapitels wird exemplarisch eine **Arbeitsmethode** für den Unterricht auf einer Doppelseite dargestellt.

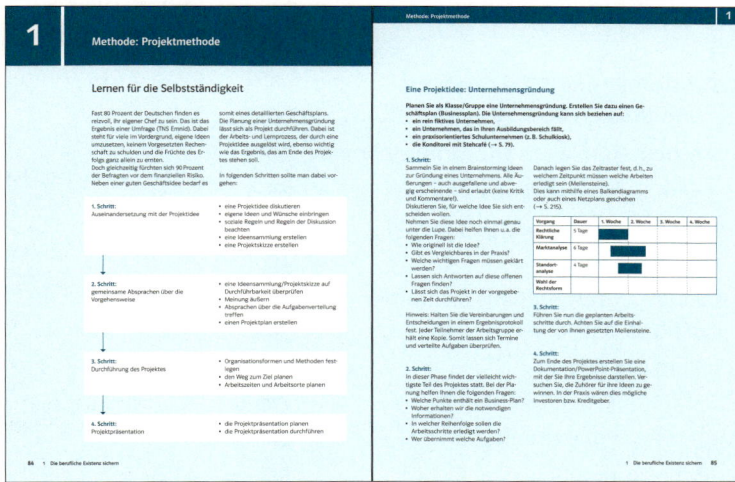

3

Inhalt

So arbeiten Sie mit diesem Buch 2

1 Die berufliche Existenz sichern

1.1 Erste Orientierung im Beruf 8
  Beteiligte im Ausbildungsverhältnis   8
  Rechte und Pflichten
  in der Ausbildung 13

1.2 Weichen für den Beruf stellen 17
  Berufliche und private Lebensplanung
  Chancen und Risiken von Berufen
  einschätzen 22
  Deutschland in der Weltwirtschaft . 27

1.3 Berufliche Perspektiven entwickeln 32
  Lernen für den Beruf 32
  Leben, lernen und arbeiten
  im Ausland 36

1.4 Die eigene Existenz absichern ... 41
  Aufgaben der Sozialversicherungen 41
  Für die Wechselfälle des Lebens
  vorsorgen 48
  Leistungen des Sozialstaats für
  seine Bürger 52
  Raus aus den Schulden! 56

**1.5 Unternehmerische Chancen
und Risiken abwägen** 60
  Aufbau und Ziele von Unternehmen 60
  Eine Rechtsform bestimmen 65
  Ein Unternehmen in eine
  AG umwandeln 70
  Einen Unternehmenszusammen-
  schluss beurteilen 74
  Konzept einer
  Unternehmensgründung 79

Methode: Projektmethode 84
Prüfungsaufgaben............. 86

2 Kosten beurteilen

**2.1 Kosten ermitteln und
Preise kalkulieren** 96
  Kosten von Ausgaben unterscheiden 96
  Die Selbstkosten eines Auftrags
  festlegen 101
  Die Kosten einer Handwerkerstunde
  berechnen 106
  Die Preisuntergrenze eines
  Auftrags bestimmen 110

**2.2 Investitionsentscheidungen
vorbereiten und durchführen** ... 114
  Eine Investitionsentscheidung
  treffen 114
  Einen Kreditkauf mit einem
  Leasingvertrag vergleichen 118

**2.3 Wirtschaftlichkeit der Unternehmen
überprüfen** 123
  Rationalisierungsmaßnahmen
  darstellen und bewerten 123
  Die Ausgliederung des Warenlagers
  bewerten 128

Methode: Auswertung
  von Statistiken 132
Prüfungsaufgaben 134

3 Mit Kunden und Auftragnehmern kommunizieren

3.1 Verantwortlich handeln und situationsgerecht kommunizieren 138
    Ein Konzept zur Kundengewinnung und -bindung erstellen 138
    Verhaltensregeln für Mitarbeiter beim Kunden aufstellen 142

3.2 Verträge schließen und mit den Vertragsfolgen umgehen 146
    Das Zustandekommen von Rechtsgeschäften prüfen 146
    Als Jugendlicher Rechtsgeschäfte abschließen 150
    Die Annahme einer verspäteten Lieferung ablehnen 154
    Die Ablaufskizze eines Mahnverfahrens erstellen 158
    Eine mangelhafte Ware reklamieren 163
    Verstöße gegen Verbraucherschutzbestimmungen aufzeigen 167

3.3 Ein Unternehmen präsentieren und in seiner Identität fördern 173
    Einen Fragebogen erstellen 173
    Ein Unternehmen in der Öffentlichkeit präsentieren 178

Methode: Arbeiten mit Gesetzestexten 184
Prüfungsaufgaben 186

4 Produktionsabläufe und Dienstleistungen organisieren

4.1 Materialbeschaffung und Lagerhaltung organisieren 192
    Einen Bedarfsplan erstellen 192
    Einen Angebotsvergleich durchführen 197
    Die Lagerhaltung anhand von Lagerkennziffern bewerten 202
    Ein Logistiksystem entwickeln ... 207

4.2 Arbeitsprozesse planen und steuern 212
    Einen Fertigungsablauf planen .. 212
    Die Gestaltung des Arbeitsablaufs festlegen 217
    Die Methoden der Leistungskontrolle aufzeigen 222

4.3 Arbeit human gestalten 226
    Gefahren am Arbeitsplatz verringern 226
    Den Arbeitsplatz ergonomisch gut gestalten 231
    Den Zeitlohn auf Gruppenakkord umstellen 235

4.4 Mit Ressourcen schonend umgehen 240
    Umweltpolitik als Teil der Unternehmensstrategie 240
    Ein Entsorgungskonzept für den Betrieb erstellen 244

Methode: Informationen visualisieren 248
Prüfungsaufgaben 250

5 Interessen im Betrieb wahrnehmen

5.1 Gesetzliche, tarifliche und betriebliche Rahmenbedingungen berücksichtigen **254**

Die Stellung des Arbeitsvertrags im Rahmen des Arbeitsrechts 254

Einen Arbeitsvertrag abschließen . 259

5.2 Als Auszubildender bzw. Mitarbeiter handeln und Mitbestimmungsmöglichkeiten wahrnehmen **263**

Einen Betriebsrat wählen 263

Die Handlungsmöglichkeiten des Betriebsrats bestimmen 267

5.3 Rechte einzeln und gemeinsam vertreten/Interessen abwägen .. **271**

Den Ablauf einer Tarifauseinandersetzung aufzeigen 271

Gegen eine Kündigung vor dem Arbeitsgericht klagen 276

5.4 Im Betrieb zusammenarbeiten .. **281**

Im Team arbeiten 281

Mit Konflikten im Betrieb umgehen lernen 285

Methode: Anleitung zu einem Rollenspiel 290

Prüfungsaufgaben 292

Anhang

Sachwortverzeichnis 299

Bildquellennachweis 303

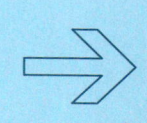

1

Die berufliche Existenz sichern

1.1 Erste Orientierung im Beruf
1.2 Weichen für den Beruf stellen
1.3 Berufliche Perspektiven entwickeln
1.4 Die eigene Existenz absichern
1.5 Unternehmerische Chancen und Risiken abwägen

1.1 Erste Orientierung im Beruf

Beteiligte im Ausbildungsverhältnis

LERNSITUATION

Michael, Konditor im ersten Lehrjahr, ist an seine frühere Schule eingeladen worden. Er soll in einer 10. Klasse über seine Ausbildung berichten. „Weil die Schüler das von jemand hören wollen, der schon in der Ausbildung steht", hat seine frühere Klassenlehrerin gesagt. „Viele Fragen kann ich als Lehrerin gar nicht beantworten oder nur vom Hörensagen. Du weißt viel genauer, worauf es ankommt."
Michael fühlte sich ein wenig geschmeichelt und hat darum sofort Ja gesagt. Aber jetzt merkt er, dass es nicht so einfach ist, zu entscheiden, was für die Schüler wichtig ist. Er überlegt hin und her. Schließlich schreibt er ein paar Stichworte auf:

Mein Ausbildungsbetrieb
Konditorei Sautter

Meine Ausbildung
– im Betrieb
– in der Berufsschule
– ÜLU* im Bildungszentrum Butzweilerhof

Mein Ausbilder: Herr Kurz
Zuständig: Konditoreninnung Köln-Bonn

Meine Bezahlung

* Überbetriebliche Lehrlingsunterweisung

Arbeitsauftrag

Stellen Sie sich vor, Sie wären an Michaels Stelle eingeladen und müssten über Ihre Ausbildung referieren. Entwerfen Sie eine Gliederung und bereiten Sie sich auf einen Kurzvortrag vor.
Lösen Sie die Aufgabe anhand des folgenden Informationstextes.

1.1 Erste Orientierung im Beruf

Duale Ausbildung

Jährlich beginnen in Deutschland mehr als eine halbe Million junge Erwachsene eine duale Ausbildung, das ist eine Ausbildung, in der sich Betrieb und Schule die Aufgaben teilen. Die Ausbildungsplätze werden überwiegend von privaten Unternehmen zur Verfügung gestellt. Diese sind in der Auswahl der Bewerber frei, ohne dass der Staat eingreift (Grundsatz der Vertragsfreiheit). Eine Berufsausbildung, egal welche, ist in vielen Betrieben heute eine Voraussetzung, um eingestellt zu werden. Unter den Arbeitslosen und denen, die sich mit Gelegenheitsarbeiten über Wasser halten, finden sich besonders viele Ungelernte.

Betrieb und Schule – die zwei Säulen der dualen Berufsausbildung

Der Ausbildungsbetrieb vermittelt in betrieblichen Handlungssituationen praktische Kenntnisse, Fertigkeiten und Fähigkeiten für den Ausbildungsberuf. Die Anforderungen sind in den **Ausbildungsordnungen** festgelegt. Vor allem im Handwerk findet ein Teil der Ausbildung oft in **überbetrieblichen Einrichtungen** statt, weil die Ausbildungsbetriebe nicht alle Lerninhalte vermitteln können.
Das Lernen in der Berufsschule vermittelt fachtheoretische Grundlagen, außerdem Lern- und Arbeitstechniken in beruflichen Lernsituationen. Darüber hinaus vermittelt die Berufsschule eine arbeits- und berufsbezogene Allgemeinbildung, insbesondere in Deutsch, Englisch, Politik, Wirtschaftskunde und Religion. Was gelernt werden muss, ist von den Kultusministern aller Bundesländer in **Rahmenlehrplänen** festgelegt.

Das duale System führt zu einer praxisnahen Berufsausbildung und ist in der Lage, die Wirtschaft mit qualifizierten Arbeitskräften zu versorgen. Durch die Festlegungen der Ausbildungsordnungen und den schulischen Anteil ist für ein Mindestniveau gesorgt und dafür, dass die Betriebe nicht einseitig nach ihrem speziellen Bedarf ausbilden. Nötig ist aber eine genaue Abstimmung zwischen Schule und Ausbildungsbetrieb.

Etwa nach der Hälfte der Ausbildungszeit gibt es eine Zwischenprüfung. Am Ende steht eine theoretische und praktische **Abschlussprüfung**, die von einem Prüfungsausschuss abgenommen wird, den die zuständige Kammer eingesetzt hat. Im Handwerk heißt diese Prüfung Gesellenprüfung. Wer die Prüfung nicht bestanden hat, darf sie wiederholen. Die Ausbildung verlängert sich dann entsprechend.

Was regeln Ausbildungsordnungen?

Die Anforderungen werden bundesweit von der Regierung für jeden der etwa 350 Ausbildungsberufe in einer Ausbildungsordnung festgelegt. Sie enthält
- die Bezeichnung des Ausbildungsberufs,
- die Ausbildungsdauer,
- die Fertigkeiten und Kenntnisse, die vermittelt werden müssen: **Ausbildungsberufsbild**,
- Regelungen über die inhaltliche Gliederung und zeitliche Abfolge der Fertigkeiten und Kenntnisse: **Ausbildungsrahmenplan**,
- die Prüfungsanforderungen.

Die Ausbildungsordnungen sind im Internet abrufbar. Sie werden immer wieder den veränderten Bedingungen der Arbeitswelt (technischer Fortschritt, neue Arbeitsformen) angepasst und regelmäßig überarbeitet. So sind z. B. in den vergangenen Jahren neue Berufe in der Informationstechnik entstanden und traditionelle Berufe ersetzt worden – wie etwa der Kfz-Mechaniker durch den Kfz-Mechatroniker.

Die Beteiligten: Auszubildender, Ausbildender, Ausbilder

Ein Ausbildungsvertrag wird zwischen dem Auszubildenden und dem Betrieb (offizielle Bezeichnung: Ausbildender) geschlossen. Bei minderjährigen Auszubildenden müssen auch die Erziehungsberechtigten unterschreiben. Mit erwähnt im Vertrag ist manchmal auch der Ausbilder, das ist die Person, die im Unternehmen für die Ausbildung verantwortlich ist. In kleinen Betrieben, etwa in den Meisterbetrieben des

---

Online-Link
883501-0111
- *Berufsbildungsgesetz*
- *Duale Ausbildung*
- *Ausbildungsordnungen*

Die wichtigsten Kammern
- Handwerkskammer (HWK)

Handwerkskammer Düsseldorf

- *Industrie- und Handelskammer (IHK für Industrie-, Dienstleistungs- und Handelsberufe)*

- *Ärzte- bzw. Zahnärztekammer*
- *Apothekerkammer*
- *Rechtsanwaltskammer*

Handwerks, ist der Ausbildende oft zugleich der Ausbilder. In Großbetrieben gibt es dagegen Mitarbeiter (z. B. Meister, Techniker), die nur für die Lehrlingsausbildung zuständig sind.

Im Handwerk spielen die **Innungen** eine wichtige Rolle. Sie unterstützen die Betriebe bei der Ausbildung, z. B. durch die Einrichtung von überbetrieblichen Ausbildungsstätten und durch Fortbildungs- und Beratungsangebote. Manchmal nehmen sie auch im Auftrag der Handwerkskammer die Gesellenprüfung ab.

Anforderungen an den Ausbildungsvertrag

Das Berufsbildungsgesetz (BBiG) schreibt vor, dass vor Ausbildungsbeginn ein schriftlicher Ausbildungsvertrag abgeschlossen werden muss. Er enthält mindestens diese Angaben (BBiG §11):
- genaue Bezeichnung des Ausbildungsberufs und der Ausbildungszeit,
- Ausbildungsbeginn und -ende,
- Ausbildungsmaßnahmen außerhalb des Betriebs (etwa in überbetrieblichen Einrichtungen),
- Dauer der täglichen Arbeitszeit,
- Dauer der Probezeit,
- Höhe und Zahlungstermin der Vergütung,
- Urlaubsanspruch,
- Voraussetzungen für die Kündigung,
- Hinweise auf Tarifverträge oder Betriebsvereinbarungen (→ S. 272 ff.), die für diesen Vertrag mit gelten.

Der unterschriebene Vertrag wird bei der zuständigen **Kammer** eingereicht. Diese prüft, ob er mit der entsprechenden Ausbildungsordnung übereinstimmt und ob Ausbildungsstätte und Ausbilder fachlich und persönlich geeignet sind. Fachliche Eignung heißt: Die Ausbilder müssen die erforderlichen Qualifikationen und die Ausbildereignung besitzen (z. B. durch eine Meisterprüfung). Hat ein Ausbilder bereits gegen Ausbildungsvorschriften verstoßen, weist er nicht mehr die persönliche Eignung auf. Bei minderjährigen Auszubildenden schreibt das Jugendarbeitsschutzgesetz (→ S. 15) eine Gesundheitsprüfung vor.

Der Vertrag wird anschließend in ein Verzeichnis (z. B. in die sogenannte Lehrlingsrolle im Handwerk) eingetragen; die Überwachung des Vertrags ist Sache der zuständigen Kammer. Alle diese Regelungen dienen dem Schutz der Auszubildenden.

Innung
Zusammenschluss von Handwerkern gleicher oder ähnlicher Handwerke auf regionaler Ebene. Die Mitgliedschaft ist freiwillig.

Traumberufe und Lehrberufe der Jugend	
Die häufigsten Lehrberufe für männliche Auszubildende	**Traumberufe für Männer**
1. Kfz-Mechatroniker 2. Industriemechaniker 3. Kaufmann im Einzelhandel 4. Koch 5. Elektroniker 6. Anlagenmechaniker für Sanitär-, Heizungs- und Klimatechnik	1. Kfz-Mechatroniker 2. Kaufmann/Bankkaufmann 3. handwerklicher Beruf 4. Polizist 5. Fußballprofi 6. Ingenieur
Die häufigsten Lehrberufe für weibliche Auszubildende	**Traumberufe für Frauen**
1. Kauffrau im Einzelhandel 2. Bürokauffrau 3. Verkäuferin 4. Friseurin 5. Medizinische Fachangestellte 6. Industriekauffrau	1. Kauffrau/Bankkauffrau 2. Tierärztin 3. Tierpflegerin 4. Lehrerin 5. Gesundheits- und Krankenpflegerin 6. andere soziale/pflegerische Berufe

Quelle: Datenreport zum Berufsbildungsbericht 2009, Globus (Stand 2008)

1.1 Erste Orientierung im Beruf

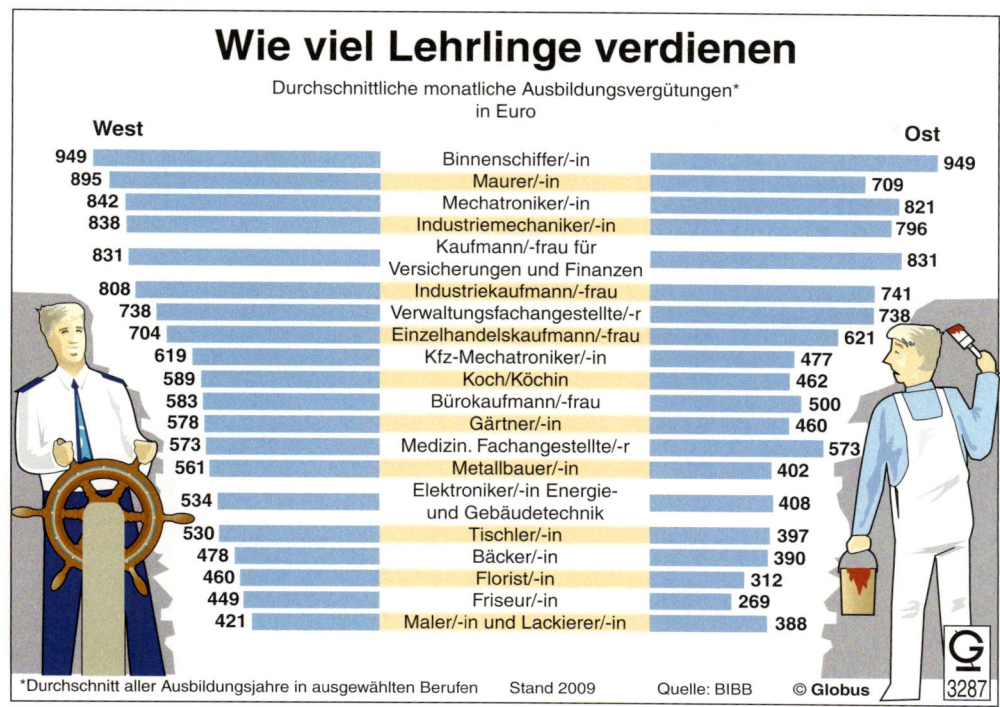

Rechte und Pflichten nach dem Berufsbildungsgesetz

Die Rechte und Pflichten, die mit dem Ausbildungsvertrag eingegangen werden (→ S. 14), sind im Berufsbildungsgesetz geregelt. Verstöße gegen diese Pflichten können zu einer fristlosen Kündigung und zu Schadenersatzpflicht führen.

Jeder Ausbildungsvertrag enthält eine **Probezeit** (ein bis vier Monate). In dieser Zeit können Betrieb und Lehrling feststellen, ob die Ausbildung dem Lehrling gefällt und der Betrieb mit den Leistungen und dem Verhalten des Auszubildenden zufrieden ist. Innerhalb der Probezeit kann das Ausbildungsverhältnis von beiden Seiten jederzeit und ohne Angabe von Gründen gekündigt werden. Danach kann der Auszubildende mit einer Frist von vier Wochen kündigen. Der Ausbildungsbetrieb kann nur aus wichtigem Grund kündigen (z. B. wenn der Auszubildende seine Pflichten verletzt). Mit bestandener Abschlussprüfung endet das Ausbildungsverhältnis.

Berufsbildungsgesetz (BBiG)

Genaue Informationen zum Arbeitsrecht → 255 ff.

1 Die berufliche Existenz sichern

BERUFSAUSBILDUNGSVERHÄLTNIS

Übungsaufgaben

1. Erläutern Sie, warum eine abgeschlossene Berufsausbildung im Arbeitsleben immer wichtiger wird.

2. Stellen Sie die Grundsätze des dualen Systems der Berufsausbildung dar.

3. Erläutern Sie, welche Bedeutung den Kammern zu Beginn und am Ende eines Ausbildungsverhältnisses zukommt.

4. Wer ist zur Berufsausbildung berechtigt?
   A Nur Personen, die die Abschlussprüfung einer Fachoberschule bestanden haben.
   B Nur Personen, die die Meisterprüfung bestanden haben.
   C Personen, die die persönliche und fachliche Eignung für die Berufsausbildung nachweisen.
   D Personen, die die Meisterprüfung bestanden und das 20. Lebensjahr vollendet haben.
   E Nur studierte Berufspädagogen und -pädagoginnen.

5. Die betriebliche Ausbildung enthält die Gefahr, dass die Unternehmen einseitig nur nach ihrem Bedarf ausbilden. Stellen Sie zwei Maßnahmen dar, durch die diese Gefahr verringert wird.

6. Erklären Sie den Begriff „Probezeit".

Rechte und Pflichten in der Ausbildung

LERNSITUATION

Der 17-jährige Markus ist Auszubildender als Elektroniker, Fachrichtung Energie- und Gebäudetechnik in der Firma Elektro-Putzler GmbH. Die Ausbildung ist in Ordnung und er versteht sich gut mit dem Meister, Herrn Posmanski. Jetzt hat der Chef einen Großauftrag an Land gezogen, für den das Unternehmen eigentlich zu klein ist. Es klemmt an allen Ecken und Enden. Herr Posmanski kommt im Auftrag des Chefs zu Markus und bittet ihn, in den nächsten zwei Monaten an den Berufsschultagen und an den Samstagen auf der Baustelle zu arbeiten. Pro Stunde gibt es 11 Euro. Markus denkt an das Geld, das er dann zusätzlich bekommt. Aber ihm ist nicht wohl in seiner Haut. Wie wird wohl die Schule reagieren, wenn er so lange nicht kommt?

Arbeitsauftrag

Prüfen Sie anhand des folgenden Informationstextes die rechtliche Situation und machen Sie Markus einen Vorschlag, wie er sich verhalten soll.

Online-Link
883501-0112
- Berufsbildungsgesetz
- Duale Ausbildung
- Jugendarbeitsschutzgesetz

Vorzeitig gelöste Lehrverträge

Industrie und Handel	18 %
Handwerk	24 %
Öffentlicher Dienst	6 %
Freie Berufe	21 %
Landwirtschaft	20 %
Hauswirtschaft	23 %
Seeschifffahrt	15 %
Alle Bereiche	20 %

Datenreport zum Berufsbildungsbericht 2009, S. 152

Unterschiedliche Interessen

Unternehmen bilden nicht aus reiner Nächstenliebe oder aus Verantwortung gegenüber der Gesellschaft aus. Sie wollen qualifizierten Nachwuchs gewinnen und sie wollen, dass die Auszubildenden mindestens einen Teil der Kosten erwirtschaften, die sie dem Unternehmen verursachen. Manche Betriebe sehen in Auszubildenden in erster Linie billige Arbeitskräfte; andere lassen sich die Ausbildung viel kosten.
Die Auszubildenden wollen umfassend ausgebildet und gut angeleitet werden. Die Kosten für das Unternehmen sind ihnen egal.
Dieser Interessengegensatz wird im **Berufsbildungsgesetz** (BBiG) geregelt. Es erlegt beiden Seiten, dem ausbildenden Unternehmen und den Auszubildenden, Pflichten auf. Verstöße gegen diese Pflichten berechtigen die andere Seite zur fristlosen Kündigung. Ein Ausbilder riskiert bei schweren Verstößen außerdem, dass er nicht mehr ausbilden darf (persönliche Eignung des Ausbilders → S. 10).

Einen Überblick der Rechte und Pflichten nach dem Berufsbildungsgesetz (§§ 13–19) finden Sie links unten.

Jugendarbeitsschutzgesetz

Alle Regelungen des Arbeitsrechts (→ S. 260 ff.) gelten für Berufsausbildungen ohne Einschränkungen, also z. B. das Arbeitszeitgesetz oder das Mutterschutzgesetz. Besondere Bedeutung hat das Jugendarbeitsschutzgesetz, das für alle Beschäftigten gilt, die zu Beginn des Kalenderjahrs mindestens 15, aber noch nicht 18 Jahre alt sind. Wenn sie noch keine 15 Jahre alt sind, ist das Arbeiten überhaupt verboten (→ S. 15).

Rechte und Pflichten in der Ausbildung

Pflichten des Ausbildenden	Pflichten des Auszubildenden
• **Ausbildungspflicht**: Vermittlung der nötigen Kenntnisse und Fertigkeiten und der beruflichen Handlungsfähigkeit • **Pflicht zur Bezahlung der Ausbildungsvergütung** • Bereitstellung der Ausbildungsmittel (z. B. Werkzeuge) • Freistellung für Berufsschule • Es dürfen nur Arbeiten angeordnet werden, die dem Ausbildungszweck dienen und den körperlichen Kräften angemessen sind. • **Fürsorgepflicht**: Einhaltung der gesetzlichen Bestimmungen (z. B. Jugendarbeitsschutzgesetz, Arbeitszeitgesetz, Unfallschutzbestimmungen); Pflicht zur charakterlichen Förderung der Auszubildenden • **Pflicht zur Ausstellung eines Zeugnisses**	• **Lernpflicht**: Aneignung der nötigen Kenntnisse und Fertigkeiten und der beruflichen Handlungsfähigkeit • Pflicht zur Führung eines Berichtshefts • Pflicht zum Besuch der Berufsschule • **Gehorsamspflicht**: Weisungen des Ausbildenden müssen befolgt werden. Die Betriebsordnung und die Bestimmungen des Unfallschutzes müssen eingehalten werden. • **Sorgfaltspflicht**: Übertragene Arbeiten müssen sorgfältig erledigt werden, mit Werkzeug und Maschinen muss sorgfältig umgegangen werden. • **Schweigepflicht** • **Wettbewerbsverbot**: Dem Ausbildungsbetrieb darf keine Konkurrenz gemacht werden (z. B. durch Schwarzarbeit).

Zusammengestellt nach dem Berufsbildungsgesetz. §§ 13–19

Konflikte in der Ausbildung

Während einer Ausbildung entstehen manchmal Konflikte – das ist normal. Meist lassen sie sich im Gespräch lösen oder es geht um Kleinigkeiten, die bald wieder vergessen sind. Manchmal führen sie aber auch dazu, dass die Ausbildung abgebrochen wird. So weit muss es aber nicht kommen. Zuerst sollten Sie prüfen, wer nach dem Gesetz Recht hat. Wenn Sie im Recht sind, müssen Sie einschätzen, ob Ihre Rechte auch im Betrieb durchsetzbar sind.

1.1 Erste Orientierung im Beruf

Wer gibt Rat? Wer hilft?

Ansprechpartner für Auszubildende sind:
- **Die zuständige Kammer**: Sie ist für die Qualität der Ausbildung mitverantwortlich und hat eigene Ausbildungsberater, die zwischen Auszubildenden und Ausbildenden vermitteln können.
- **Die Gewerkschaft**: Sie vertritt die Interessen der Arbeitnehmer und Auszubildenden und weiß konkret, was das ausbildende Unternehmen darf und was es nicht darf (→ S. 272 ff.).
- **Die Jugend- und Auszubildendenvertretung im Betrieb (JAV)**: Sie vertritt die Interessen der Auszubildenden gegenüber den Ausbildern und Ausbildenden.
- **Der Betriebsrat**: Er ist die Interessenvertretung aller Arbeitnehmer im Unternehmen. Dazu hat er laut Betriebsverfassungsgesetz Mitbestimmungsrechte (→ S. 268–270).
- **Die Lehrerinnen und Lehrer der Berufsschule**: Sie kennen die Rechte und Pflichten der Auszubildenden und des Betriebes ebenfalls genau und haben meist Erfahrungen mit betrieblichen Konflikten.
- **Die Berufsberatung der Agentur für Arbeit**: Bei schlechten Leistungen in der Berufsschule gibt es Unterstützung durch ausbildungsbegleitende Hilfen (ABH). Zudem kennt die Berufsberatung berufliche Alternativen und ggf. andere Ausbildungsbetriebe.

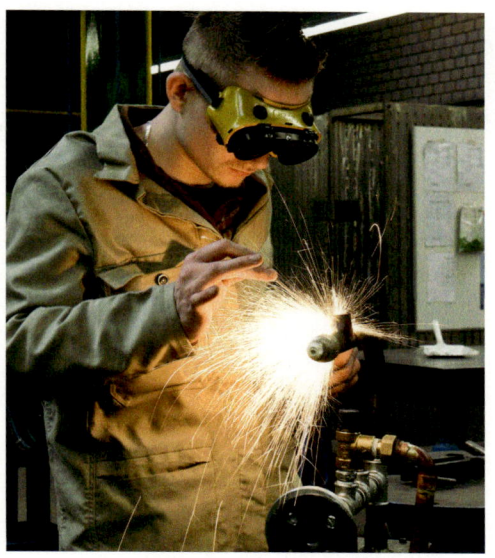

Gefährliche Arbeiten sind erlaubt, wenn sie zur Erreichung des Ausbildungsziels erforderlich sind und die Aufsicht durch eine fachkundige Person gewährleistet ist.

Mehr zur JAV
→ *S. 255*

Jugendarbeitsschutzgesetz – die wichtigsten Regelungen	
Arbeitszeit (§ 8)	Höchstens acht Stunden täglich (bei Schichtarbeit bis 11 Stunden) und 40 Stunden wöchentlich. Nicht mehr als fünf Tage in der Woche. Berufsschultage sind Arbeitstage. Sie werden auf die Ausbildungs- bzw. Arbeitszeit angerechnet und bezahlt. Keine Beschäftigung an Schultagen, wenn der Unterricht vor 9 Uhr beginnt und/oder mindestens fünf Zeitstunden dauert.
Ruhepausen (§ 11)	Bei 4 ½ – 6 Stunden Arbeitszeit mindestens 30 Minuten, bei längerer Arbeitszeit mindestens 60 Minuten.
Freizeit (§ 13)	Täglich mindestens zwölf Stunden.
Arbeitsbeginn und -ende (§ 14)	Keine Beschäftigung vor 7 und nach 20 Uhr. (Ausnahmen ab 16 Jahren z. B. in Gaststätten, Bäckereien und Konditoreien; bei Schichtarbeit Arbeit bis 23 Uhr erlaubt.)
Wochenende (§§ 16–17)	Beschäftigung an Samstagen nur in Betrieben mit regelmäßiger Samstagsarbeit (z. B. Einzelhandel, Friseure, Gastronomie, Gesundheitswesen, Verkehrswesen, Kfz-Werkstätten). Dafür muss ein Wochentag freigegeben werden. Beschäftigung an Sonn- und Feiertagen nur im Wesentlichen in der Gastronomie und im Gesundheitswesen erlaubt. Zwei Sonntage im Monat müssen frei bleiben.
Urlaub (§ 19)	Nach Alter gestaffelt. Für Jugendliche, die zu Beginn des Kalenderjahres noch nicht 16 Jahre alt sind: 30 Werktage, noch nicht 17-Jährige: 27 Werktage, noch nicht 18-Jährige: 25 Werktage.
Beschäftigungsverbote (§§ 22–23)	Keine Arbeiten, die die Leistungsfähigkeit übersteigen (z. B. Akkordarbeit). Keine gefährlichen Arbeiten. (Ausnahmen jeweils zu Ausbildungszwecken)
Ärztliche Untersuchung (§§ 32–33)	Erste Untersuchung frühestens neun Monate vor Beginn der Beschäftigung. Nachuntersuchung in den letzten drei Monaten des ersten Jahres (falls bis dahin noch minderjährig).

Jugendarbeitsschutzgesetz (JArbSchG)

Werktage
Sechs Arbeitstage in der Kalenderwoche

PFLICHTEN IN DER BERUFSAUSBILDUNG

AUSBILDENDER

- **Ausbildungspflicht**
- **Vergütungspflicht**
- Pflicht, Ausbildungsmittel zur Verfügung zu stellen
- Freistellungspflicht für Berufsschule
- Fürsorgepflicht
- Pflicht zur Ausstellung eines Zeugnisses

Bei Jugendlichen (unter 18 Jahren zu Beginn des Kalenderjahres):
Einhaltung des Jugendarbeitsschutzgesetzes
- Arbeitszeit
- Pausen
- Arbeitsbeginn und -ende
- Arbeit am Wochenende
- Urlaub
- Beschäftigungsverbote
- Ärztliche Untersuchung

AUSZUBILDENDER

- **Lernpflicht**
- Pflicht, ein Berichtsheft zu führen
- Pflicht zum Besuch der Berufsschule
- Sorgfaltspflicht
- Gehorsamspflicht
- Schweigepflicht
- Wettbewerbsverbot

Hilfe/Unterstützung in Konfliktfällen z. B. durch:
- Zuständige Kammer
- Gewerkschaft
- JAV
- Betriebsrat
- Lehrkräfte der Berufsschule
- Berufsberatung

Übungsaufgaben

1. Erstellen Sie eine Liste darüber, was in Ihren Augen einen guten Ausbildungsbetrieb auszeichnet. Erstellen Sie eine Rangfolge und vergleichen Sie die Ergebnisse.

2. Prüfen Sie, ob in den folgenden Fällen gegen gesetzliche Vorschriften verstoßen wurde. Begründen Sie Ihre Einschätzung!
   a) Wegen längerer Krankheit einer Mitarbeiterin im Verkauf muss Ralf, 16 Jahre, am Samstag statt am Montag arbeiten.
   b) Das Unternehmen Metalltechnik Mayer beschäftigt Auszubildende in Teilzeit: Die Berufsschultage gelten nicht als Arbeitszeit.
   c) Der Ausbilder, Herr Hummel, weist Mike, Auszubildenden im 1. Lehrjahr, an, in den nächsten zwei Monaten am Freitagnachmittag die Werkstatt zu fegen. Mike weigert sich.
   d) Fabian, Bauschreiner, hilft seinem Kumpel Christoph samstags immer beim Ausbau von dessen Bude. Das dafür benötigte Material sägt er in der Werkstatt seines Ausbildungsbetriebs zu.

3. Manfred, Auszubildender als Maler und Lackierer, stellt fest, dass er in seinem Ausbildungsbetrieb immer die gleichen Arbeiten macht und manche Arbeitstechniken nicht beherrscht, die die Mitschüler kennen, z. B. Airbrush. Er macht sich Sorgen um das Bestehen der Zwischenprüfung.
   a) Erklären Sie, wie er prüfen kann, ob der Betrieb die Ausbildungsordnung einhält.
   b) Angenommen, der Betrieb lässt Ausbildungsinhalte weg: Was kann Manfred dann tun?

1.2 Weichen für den Beruf stellen

Berufliche und private Lebensplanung

LERNSITUATION

Franziska und Esther sitzen im Bus. Es ist Freitagnachmittag; die Arbeit liegt hinter ihnen, das ganze Wochenende vor ihnen. Die beiden kennen sich seit der Grundschule. Franziska macht eine Ausbildung als Friseurin, Esther bereitet sich auf das Fachabitur vor.

Franziska: Also wenn ich mit Andy zusammenbleibe, dann will ich eine große Wohnung haben und drei Kinder.
Esther: Du und Kinder! Nie im Leben!
Franziska: Doch, mit Andy schon. Aber erst mache ich meinen eigenen Friseursalon auf.
Esther: Wie soll denn das gehen? Erst ein Salon und dann drei Kinder! Die sollen wohl den ganzen Tag den Kundinnen zwischen den Beinen rumkrabbeln?
Franziska: Einfach ist es nicht. Ich will aber beides haben und nicht so rumhängen wie meine Mutter, die bloß noch als Aushilfe an der Kasse sitzt, weil sie so lang nur zu Hause war. Und jetzt jammert sie rum, dass sie wegen uns den Beruf aufgegeben hat.
Esther: Was sagt eigentlich Andy dazu?
Franziska: Keine Ahnung. Ich hab' noch nicht mit ihm drüber gesprochen.

Arbeitsauftrag

Machen Sie Franziska Vorschläge, inwieweit sich ihre Zukunftspläne umsetzen lassen und welche Kompromisse sie vermutlich eingehen muss.
Bei der Lösung helfen Ihnen der Informationstext und folgende Fragen:
1. Welche Konflikte zwischen Franziskas Zielen für die Zukunft gibt es?
2. Mit welchen Risiken sind Franziskas Pläne verbunden?
3. Wie beurteilen Sie die Vorstellung, sich mit einem eigenen Salon selbstständig zu machen?
4. Franziska argumentiert mit den negativen Erfahrungen ihrer Mutter. Wie hat sich in der Zwischenzeit die Stellung der Frauen in der Gesellschaft geändert?

1.2 Weichen für den Beruf stellen

Online-Link
883501-0121
- statistische Daten
- Lebensformen
- Frauenförderung

Mein eigenes Leben leben

Wie wollen Sie leben? In erster Linie geht es um private und berufliche Fragen:
- Wie wichtig ist mir der Beruf? Will ich beruflich Erfolg haben und Karriere machen? Geht es mir um die Freude an der Arbeit oder um ein möglichst hohes Einkommen?
- Möchte ich den Lebensunterhalt als Arbeitnehmer verdienen oder ein eigenes Unternehmen gründen?
- Möchte ich alleine leben oder mit anderen zusammen? Möchte ich Familie haben?
- Welche Rolle spielt der Freundeskreis?
- Wie wichtig sind mir Hobbys?
- Wo möchte ich wohnen, arbeiten, leben?

Männer und Frauen beantworten diese Fragen unterschiedlich, jüngere Menschen anders als ältere. Jeder hat seine individuelle Antwort, seine individuelle Rangfolge. Jedem ist klar, dass sich nicht alle Lebensziele gleichermaßen und gleichzeitig verwirklichen lassen.

Eine Theorie über die Rangordnung der menschlichen Bedürfnisse hat der Psychologe **Abraham Maslow** aufgestellt. Die von ihm entwickelte Bedürfnispyramide zeigt, dass die Erfüllung der Grundbedürfnisse, die die Basis seiner Pyramide bilden, in unserem Alltag kein großes Problem ist. Die Entscheidungen fallen weiter oben: Welche Art von sozialer Wertschätzung ist mir wichtig, welche Form der Selbstverwirklichung? Auch in der Gestaltung der sozialen Beziehungen gibt es heute große Freiheiten.

Wandel des Zusammenlebens

Noch vor fünfzig Jahren war die Ehe die einzig allgemein anerkannte Form des Zusammenlebens. Über 90 Prozent der Bevölkerung haben damals geheiratet. Kinderlose Ehen waren die Ausnahme. Viele Ehen waren sogenannte **Versorgerehen**, in denen der Mann arbeitete und die Frau sich um Haushalt und Nachwuchs kümmerte.
Aber nicht nur die Familie war anders, sondern auch ihr ganzes Umfeld, wie die Gegenüberstellung in der Tabelle auf S. 19 zeigt.

Selbstverwirklichung: Individualität, Kreativität, Selbstentfaltung, Autonomie

Soziale Wertschätzung: Respekt, Anerkennung durch andere, Wohlstand, Einfluss, Macht, privater und beruflicher Erfolg

Soziale Beziehungen: Familie, Partnerschaft, Freundeskreis, Liebe, Intimität, Kommunikation

Sicherheit: Freiheit von Angst, Schutz vor Gefahren, Ordnung, Recht und Gesetz

Körperliche Grundbedürfnisse: Luft, Wasser, Nahrung, Schlaf, Unterkunft, Gesundheit, Sexualität

Bedürfnispyramide nach Maslow

Die unterste Stufe der Pyramide ist die Sicherung der physischen Existenz – ein Überlebensprogramm. Jede Stufe schafft die Voraussetzungen für die nächsthöhere. Je höher die Stufe, um so mehr Freiheiten, Spielräume, Alternativen eröffnen sich. Maslow bezeichnet die Bedürfnisse der unteren drei Stufen als **Defizitbedürfnisse**: Wenn sie erfüllt sind, gibt es kein Bedürfnis nach mehr. Wer genug geschlafen hat, ist ausgeschlafen. Wenn der Magen voll ist, ist der Hunger weg. Die Bedürfnisse der oberen zwei Stufen nennt er **unstillbare Bedürfnisse**. Damit ist gemeint, dass diese Bedürfnisse keine Grenze kennen. Wer sich durch das Malen von Bildern selbst verwirklicht, hört nicht nach fünf Bildern auf.

Lebensverhältnisse im Wandel	1960	2008
Bevölkerung	55,8 Mio.	82,0 Mio.
Eheschließungen	521 000	377 000
Ehescheidungen	49 000	192 000
Heiratsalter in Jahren (männlich/weiblich)	26/24	33/30
Geburtenüberschuss (+), Sterbeüberschuss (−)	+ 326 000	− 162 000
Geburten je Frau	2,4	1,4
Erwerbsquote*	48 %	51 %
– Männer	63 %	57 %
– Frauen	34 %	45 %
davon: Frauen zwischen 30 und 35 Jahren	45 %	76 %
Arbeitslose (1962 bzw. Januar 2010, saisonbereinigt)	155 000	3 429 000
offene Stellen (1962 bzw. Januar 2010, saisonbereinigt)	575 000	457 000
Ausländeranteil (1961)	1,2 %	8,8 %
Schulbesuch der 13-Jährigen bzw. Schüler der 8. Klasse		
– Hauptschule	70 %	19 %
– Realschule	11 %	26 %
– Gymnasium	15 %	34 %
– Gesamtschulen, Schulen mit mehreren Bildungsgängen	–	15 %
– sonstige (z. B. Förderschulen)	4 %	5 %
neu abgeschlossene Ausbildungsverträge (2009)	ca. 510 000	566 000
Studienanfänger	54 000	397 000
Ausgaben für den privaten Konsum (Auswahl) (1962 bzw. 2007)		
– Nahrungsmittel, Getränke, Tabak	37 %	14 %
– Bekleidung, Schuhe	12 %	5 %
– Wohnen, Energie	16 %	34 %
– Verkehr (Kosten privater und öffentlicher Verkehrsmittel)	7 %	14 %
– Freizeit, Unterhaltung, Kultur	7 %	11 %

1960: Nur alte Bundesländer. 2008: Ganz Deutschland. – Alle Zahlen gerundet.
* Erwerbsquote bezeichnet den Anteil der Berufstätigen (einschließlich Arbeitslose) an der erwachsenen Bevölkerung.

Ursprungsdaten: Statistisches Bundesamt, BiBB, Bundesagentur für Arbeit

Heute gibt es neben der Ehe eine Vielzahl **alternativer Lebensformen** (→ Grafik S. 20), die gesellschaftlich weitgehend anerkannt sind:
- Singles,
- kinderlose Ehen oder Partnerschaften,
- Wochenendbeziehungen, Wochenendfamilien,
- alleinerziehende Mütter und Väter,
- homosexuelle Paare mit und ohne Kinder,
- freie Wohn- und Lebensgemeinschaften, Patchwork-Familien.

Neue Chancen für Frauen …

Vom gesellschaftlichen Wandel haben in erster Linie die Frauen profitiert. Sie sind nicht mehr auf die Rolle der Hausfrau und Mutter festgelegt. Unverheiratete Frauen genießen nicht weniger Ansehen als verheiratete. Junge Frauen haben keine schlechtere Schul- und Berufsausbildung als die Männer. Sie stellen heute die Mehrzahl der Abiturienten und der Studenten. Ihre

Eine typische Familie?

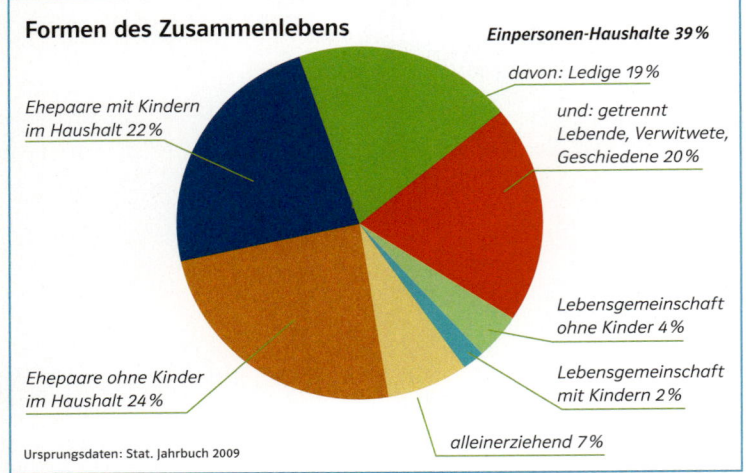

Berufstätigkeit ist selbstverständlich und gibt ihnen wirtschaftliche Unabhängigkeit vom Mann. Sie erwerben damit auch einen eigenen Rentenanspruch.
Diese neue Freiheit ist sicher eine Ursache dafür, dass mehr Frauen kinderlos bleiben. Kinderlosigkeit ist kein Makel mehr; eher erweckt es Erstaunen, wenn Familien fünf Kinder und mehr haben.

… und ihre Schattenseiten

Wenn eine Frau beides will, Kinder und Karriere, wird es schwieriger. In Umfragen erklären Männer wie Frauen, dass beruflicher Aufstieg für beide Partner gleich wichtig sein sollte. In der Praxis machen aber vor allem die Männer und die kinderlosen Frauen Karriere. Die Hälfte der verheirateten Männer macht Karriere, aber nur ein Viertel der verheirateten Frauen. In einer Partnerschaft ist es offenbar eher die Frau, die zurückstecken muss.
Wegen der Kindererziehungszeiten scheiden viele Frauen zumindest zeitweise aus dem Berufsleben aus. Diese Unterbrechung führt ebenso wie die Teilzeitarbeit in der Folge oft zu einem **Karriereknick**. Sie ist einer der Gründe, warum Frauen im Durchschnitt weniger verdienen als Männer.
Die Chancen für Frauen auf einen schnellen Wiedereinstieg in den Beruf steigen, wenn sie während ihrer Auszeit Kontakt zum Arbeitgeber halten und an Weiterbildungen teilnehmen. Manche Unternehmen erleichtern Frauen mit Kindern den Wiedereinstieg, z. B. durch

- Kurse zur Wiedereinarbeitung nach der Babypause;
- mehr Teilzeitstellen und Angebote für Job-Sharing;
- mehr Flexibilität bei den Arbeitszeiten (Arbeitszeitkonten u. a.);
- Telearbeitsplätze, an denen das Arbeiten zu Hause möglich ist;
- spezielle Weiterbildungen für Frauen.

Und was heißt das für mich persönlich?

Entscheidungen über Kinder und Karriere betreffen in einer Partnerschaft immer beide. Sie sollten gemeinsam besprochen und bewusst getroffen werden. Gerade wenn es für die Frau darum geht, weder auf Kinder noch auf Erfolg im Beruf zu verzichten, braucht sie einen Partner, der sie nicht nur mit Worten unterstützt, sondern auch das WC putzt und die Kinder vom Kindergarten abholt.
Job und Familie lassen sich in Deutschland nicht in allen Berufen gleichermaßen unter einen Hut bringen. In manchen Berufen mit hohem Männeranteil gibt es Schwierigkeiten, weil weder die Kollegen noch das Unternehmen auf Frauen mit kleinen Kindern eingerichtet sind. Auch den Arbeitgeber muss ich mir genau auf seine Kinderfreundlichkeit hin ansehen. Nicht zuletzt gilt das auch für den Arbeitgeber des Partners. Männer, die für die Familie und die Partnerin im Beruf zurückstecken, haben oft einen schweren Stand.

Work-Life-Balance: Die Frage nach der Balance zwischen Arbeit und Privatleben betrifft aber nicht nur Frauen. In manchen Berufen und Unternehmen wird von Mitarbeitern erwartet, dass sie ständig erreichbar sind oder dass sie liegen gebliebene Arbeit mit nach Hause nehmen. Die Grenze zwischen Beruf und Freizeit verschiebt sich dadurch. Gerade Menschen, die gerne arbeiten und im Beruf erfolgreich sind, versäumen es leicht, Grenzen zu ziehen. Sie setzen nicht nur ihre Gesundheit, sondern auch ihr privates Glück aufs Spiel.

Job-Sharing
Zwei Beschäftigte in Teilzeitarbeit teilen sich eine Ganztagsstelle. Sie teilen die Arbeit untereinander auf; oft vertreten sie sich bei Krankheit oder Urlaub.

1.2 Weichen für den Beruf stellen

BERUFLICHE UND PRIVATE LEBENSPLANUNG

Übungsaufgaben

1. Veränderung der Lebensverhältnisse
a) Stellen Sie drei zentrale Unterschiede zwischen den Lebensverhältnissen vor 50 Jahren und heute genau dar. Nehmen Sie die Übersicht auf S. 19 als Ausgangspunkt. Diskutieren Sie die Ergebnisse in der Klasse.
b) Stellen Sie positive und negative Seiten dieser Entwicklung einander gegenüber.

2. „Unstillbare Bedürfnisse" sind nach Maslow:
 A Bedürfnisse, die immer wieder neu entstehen, z. B. Hunger.
 B Bedürfnisse, die nichts kosten.
 C Bedürfnisse, die nie vollständig erfüllt werden können.
 D Bedürfnisse, für die es kein Angebot gibt.
 E Bedürfnisse, die in der Dritten Welt nicht erfüllt werden können.

3. Vergleichen Sie auf S. 10 die Lehrberufe und die Traumberufe männlicher und weiblicher Jugendlicher.
a) Welche Art von Berufen steht jeweils im Vordergrund?
b) Suchen Sie nach Gründen für diese Unterschiede.

4.
a) Stellen Sie die Aussage der unten stehenden Karikatur in eigenen Worten dar.
b) Geben Sie der Karikatur eine Überschrift.

1 Die berufliche Existenz sichern

Chancen und Risiken von Berufen einschätzen

LERNSITUATION

Nico: In sechs Wochen hau ich ab. In Rostock macht 'n Kumpel von mir 'n Tattoo-Studio auf. Da krieg ich 'nen Job. Vielleicht kann ich später den Laden sogar übernehmen. Kannste massig Kohle mit machen.
Olli: Mit 'nem Tattoo-Studio?! Dass ich nicht lache! Der Hype ist längst rum. Heute machste viel Geld, wenn du den Leuten ihr Tattoo wieder weglaserst.

Nico: Gibt immer noch genug, die sich eins machen lassen. Außerdem hab ich keinen Schimmer, wie das mit dem Wegmachen geht.
Ralf: Also ich würde nie nach Rostock gehen. Mir gefällt's hier. Und meinen Job würd' ich nie für so was aufgeben.
Nico: Klar. Du sitzt noch in dreißig Jahren im gleichen miefigen Büro und zeichnest deine Entwürfe, und nur die Chefs über dir wechseln.
Ralf: Es gibt Schlimmeres. Immerhin habe ich meinen Job sicher.
Olli: Den Job zeig mir mal, der heute sicher ist!
Ralf: Es gibt Unterschiede! Wer gut ist, muss sich keine Sorgen machen. (Pause. Alle nehmen einen Schluck.)
Olli: Man muss immer rechtzeitig aussteigen. Die ersten haben sich mit ihren Tattoo-Studios dumm und dämlich verdient. Aber die sind längst wieder draußen.
Ralf: So, jetzt musst du mir bloß noch sagen, wann „rechtzeitig" ist, dann bin ich in zwei Jahren Millionär.

Arbeitsauftrag

Mischen Sie sich in die Debatte ein. Überlegen Sie, wo Nico, Olli und Ralf Recht haben und welche ihrer Aussagen nicht oder nur teilweise stimmen.
Bei der Lösung helfen Ihnen der Informationstext und folgende Fragen:
1. Wie verändert sich heutzutage die Berufswelt? Wer von den drei jungen Männern sieht eher die Chancen, wer eher die Risiken dieser Veränderungen?
2. Wie gehen Olli, Nico und Ralf mit diesen Veränderungen um? Bewerten Sie ihr Verhalten.
3. Warum ist es schwer, anderen Leuten bei beruflichen Veränderungen Ratschläge zu geben?

Wandel der Arbeitswelt

Bei den Menschen, die zwischen 1950 und 1970 eine Ausbildung machten, war mit der Berufswahl die berufliche Laufbahn meist vorgezeichnet. Heute herrscht Unsicherheit. Niemand kann mehr erwarten, dass sein beruflicher Weg geradlinig und ohne Unterbrechungen verläuft. Die Berufswelt ist so raschen Veränderungen unterworfen, dass Vorhersagen für einen einzelnen Beruf oft unmöglich sind.

Die jungen Arbeitnehmer von heute treten mit einer besseren Qualifikation an als ihre Eltern oder Großeltern; dennoch ist ihre berufliche Zukunft unsicherer. Die Rahmenbedingungen der Arbeit verändern sich auf allen Ebenen:

- rasche **Veränderung der Arbeitsinhalte** und der benötigten Qualifikationen;
- **Veränderung der Arbeitsorganisation** im Betrieb: Teamarbeit und selbst organisierte Arbeit nehmen zu; gearbeitet wird an verschiedenen Orten und zu den unterschiedlichsten Zeiten je nach den betrieblichen Erfordernissen;
- **Rückgang der Normalarbeitsverhältnisse** (d. h. Vollzeitbeschäftigung mit unbefristetem Arbeitsvertrag): Immer mehr Arbeitnehmer sind in Teilzeit oder nur geringfügig beschäftigt, bekommen nur einen befristeten Arbeitsvertrag oder leisten Arbeit auf Abruf.

Ein Zeichen der geschwundenen beruflichen Sicherheit ist auch, dass Zeiten der Arbeitslosigkeit oder der Umschulung völlig normal geworden sind.

Strukturwandel der Wirtschaft

Der Strukturwandel der Wirtschaft hat sich beschleunigt. Im Pfälzer Wald etwa haben die Menschen (neben der Landwirtschaft) 500 Jahre lang vom Bergbau und der Eisenverhüttung gelebt. Vor gut 100 Jahren wurden die Gruben stillgelegt, weil sie wegen neu entwickelter Verfahren der Verhüttung unrentabel geworden waren. Dann kam die Schuhindustrie. Die hielt sich 50 Jahre, bis sie in Billiglohnländer verlagert wurde. Was kommt jetzt? Und wie lange wird diese Branche bleiben?

Ursachen von Strukturwandel sind:
- **neue Technologien** (im Beispiel der Niedergang des Bergbaus);
- **veränderte internationale Arbeitsteilung**, d. h. Globalisierung (*Beispiel:* Verlagerung der Schuhindustrie);
- **Veränderungen der Nachfrage**: So sind beispielsweise vor zehn bis 15 Jahren überall Sonnenstudios entstanden. Von denen sind viele wieder verschwunden, weil sich die Menschen der Gesundheitsgefahren bewusst geworden sind und künstliche Bräune nicht mehr so gefragt ist.

Online-Link
883501-0122
- Statistiken zu Berufen
- Qualifikation
- Berufsbildungsbericht

Die beliebtesten neuen Ausbildungsberufe

1. Fachinformatiker
2. Mechatroniker
3. Mediengestalter Digital und Print
4. Automobilkaufmann
5. Maschinen- und Anlagenführer
6. Fahrzeuglackierer

Ausbildungsberufe mit über 3 000 Verträgen (2007). Rangfolge nach Datenreport BIBB 2009, a.a.O., S. 114 f.

Produktion des VW Käfer um 1950

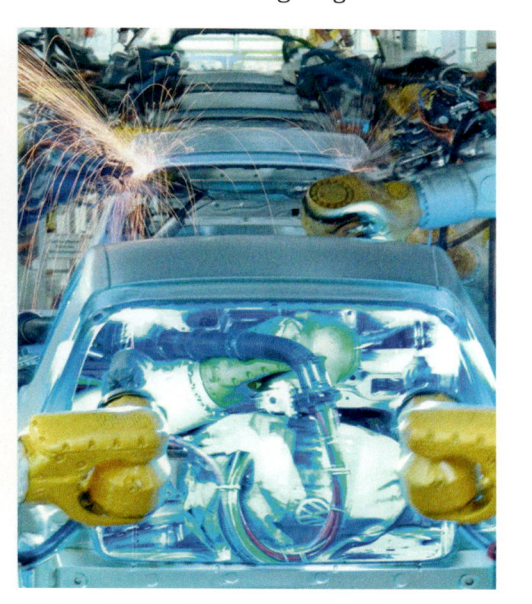

Roboter im VW-Werk Wolfsburg

1.2 Weichen für den Beruf stellen

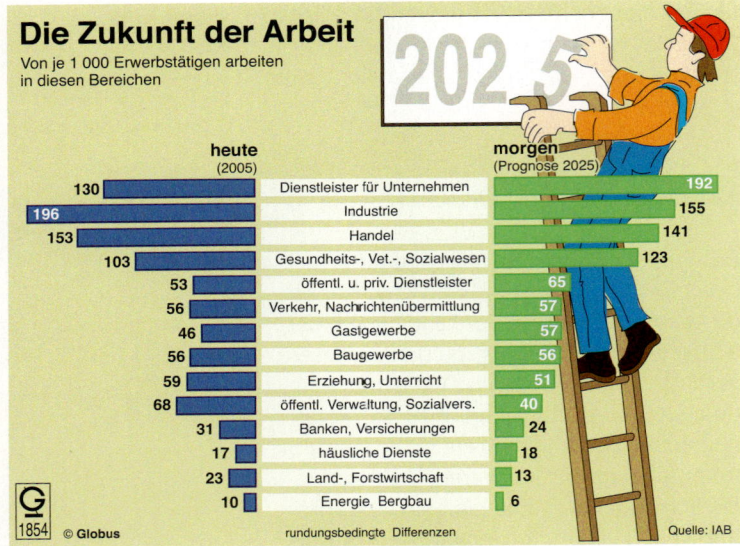

Die Zukunft der Arbeit
Von je 1 000 Erwerbstätigen arbeiten in diesen Bereichen

Bereich	heute (2005)	morgen (Prognose 2025)
Dienstleister für Unternehmen	130	192
Industrie	196	155
Handel	153	141
Gesundheits-, Vet.-, Sozialwesen	103	123
öffentl. u. priv. Dienstleister	53	65
Verkehr, Nachrichtenübermittlung	56	57
Gastgewerbe	46	57
Baugewerbe	56	56
Erziehung, Unterricht	59	51
öffentl. Verwaltung, Sozialvers.	68	40
Banken, Versicherungen	31	24
häusliche Dienste	17	18
Land-, Forstwirtschaft	23	13
Energie, Bergbau	10	6

rundungsbedingte Differenzen · Quelle: IAB · © Globus

Übernahmequote von Auszubildenden

Branche	%
Verkehr/Nachrichtenübermittlung	80 %
Banken/Versicherungen	79 %
Bergbau, Energie, Wasser	79 %
Verarbeitendes Gewerbe	76 %
Handel/Reparatur	62 %
Unternehmensnahe Dienstleistungen	60 %
Baugewerbe	57 %
Andere Dienstleistungen	47 %
Land- und Forstwirtschaft	41 %
Durchschnitt	**62 %**

Ausgewählte Branchen
IAB – Forschungsbericht 3/2008, S. 68

Traditionelle und neue Berufe

Am raschesten verläuft der Wandel der Berufswelt im Gewerbe. Aber auch hier gibt es Berufe, die sich nur allmählich verändern: Verkäuferin im Nahrungsmittelhandwerk, Floristin, Friseur, Medizinische Fachangestellte. Es sind traditionelle Berufe, oft im Bereich der persönlichen Dienstleistungen, aber es wird sie auch in Zukunft geben. Der Bedarf schwankt weniger als in der Industrie.

Neue Berufe kommen in den Medien groß raus. Welche von ihnen Zukunft haben, weiß man oft erst nach einigen Jahren – beim Blick auf die Zahl der Auszubildenden, der Beschäftigten und der Arbeitslosen in diesem Beruf. Der Mechatroniker ist ein Renner, der Speiseeishersteller eher nicht. Statistiken zu allen wichtigen Berufen gibt es im Internet.

Hoch spezialisierte Nischenberufe haben einen Nachteil: Was ist, wenn der Bedarf zurückgeht? In welchen Nachbarberufen kann ich dann arbeiten?

Modeberufe

Manche Ausbildungen sind völlig überlaufen. Dazu zählen vor allem kaufmännische Berufe wie der Bankkaufmann, aber auch der Fotograf oder die Tiermedizinische Fachangestellte. Bei Hebammen kommen auf einen Schulplatz mehrere Hundert Bewerberinnen.

Überlaufen sind insbesondere Berufe, die ein hohes Ansehen genießen, in denen für die Zukunft ein hoher Arbeitskräftebedarf angenommen wird oder die gute Chancen für die Selbstverwirklichung bieten, z. B. weil man in künstlerischen Berufen das Hobby zum Beruf machen kann. Ob der Alltag in diesen Berufen die hohen Erwartungen erfüllt, ist eine andere Frage. Mitunter sind gerade hier die Arbeitsbedingungen erbärmlich, ist die Bezahlung mies und hangeln sich viele junge Menschen von Praktikum zu Praktikum – Beispiele dafür gibt es in der Werbebranche und in Medienberufen. Modeberufe können dann zur Sackgasse werden.

Andererseits ist es auch keine Lebensperspektive, einen Beruf zu erlernen und auszuüben, der einen anödet, bloß weil die Berufsberaterin oder Onkel Manfred gesagt haben, dass er Zukunft hat.

Vorteil für qualifizierte Arbeit

Die Arbeitslosenzahlen sprechen eine klare Sprache: Je niedriger die Qualifikation, umso höher ist das Risiko der Arbeitslosigkeit und umso größer sind die Schwankungen, umso öfter folgen auf Einstellungen Entlassungen (→ Grafik S. 25).

Einfache Arbeit lässt sich am leichtesten durch technische Maßnahmen wegrationalisieren. Einfache Arbeit wird weltweit angeboten; in diesem Bereich ist die Konkurrenz der Standorte am größten. Einfache Arbeit ist am schlechtesten bezahlt.

In der Krise scheuen sich die Unternehmen, hoch qualifizierte Arbeitnehmer zu entlassen, weil sie nur schwer und nur mit hohen Kosten Ersatz finden, sobald die Geschäfte wieder besser laufen. Diese Arbeitskräfte sind knapp; ihre Einarbeitung ist teuer. Wenn sie entlassen werden, geht wichtiges Wissen verloren.

Neue Arbeitsbedingungen, neue Arbeitsformen

Viele der in den vergangenen Jahren neu geschaffenen Arbeitsplätze sind keine **Normalarbeitsverhältnisse**. Die Unternehmen reagieren auf eine höhere Nachfrage oft nicht durch eine Erhöhung der Stammbelegschaft. Sie fangen Arbeitsspitzen z. B. durch Überstunden, Einstellung von Leiharbeitern und befristete Arbeitsverträge ab oder durch die Vergabe von Arbeit nach außen (Outsourcing).

Teilzeitarbeit (z. B. Arbeit auf Abruf) erleichtert es den Unternehmen, schnell auf Schwankungen der Nachfrage zu reagieren.
- **Leiharbeit:** Die Arbeitnehmer werden von einer Zeitarbeitsfirma an ein Unternehmen ausgeliehen. Sie haben einen (in der Regel unbefristeten) Arbeitsvertrag mit der Zeitarbeitsfirma.
- **Befristete Beschäftigung:** Solche Arbeitsverträge werden vor allem mit Berufsanfängern oder projektbezogen geschlossen. Sie müssen nicht gekündigt werden, sondern enden automatisch.
- **Teilzeitarbeit:** Fast 90 Prozent der Teilzeitbeschäftigten sind Frauen. Teilzeitarbeit nimmt zu, besonders bei den geringfügig Beschäftigten. Geringfügig Beschäftigte stellen in manchen Branchen (Gebäudereinigung, Gastgewerbe) einen hohen Anteil der Beschäftigten.
- **Minijobs**: Wer bis 400 Euro verdient, zahlt keine Abgaben. Der Arbeitgeber muss für Steuer und Versicherung nur pauschal 30 Prozent des Lohns entrichten (Stand 2010). Oft wird geringfügige Beschäftigung als „Arbeit auf Abruf" geleistet.
- **Neue Selbstständige:** Unternehmen vergeben Arbeitspakete als Auftrag an freie Mitarbeiter oder Subunternehmer. Diese arbeiten als Selbstständige meist ohne weitere Beschäftigte und müssen selbst für ihre soziale Absicherung und ihre Vertretung im Krankheitsfall sorgen. Neue Selbstständige gibt es auf allen Qualifikationsebenen, im Baugewerbe oder in Speditionen, in der Produktion, im Handel, in Forschung und Entwicklung.

Formen der Beschäftigung	1998	2008
Normalarbeitsverhältnisse	82 %	75 %
andere Arbeitsverhältnisse	18 %	25 %
darunter:		
befristete Beschäftigung	7 %	9 %
Teilzeitbeschäftigung*	12 %	16 %
geringfügige Beschäftigung	5 %	9 %
Zeitarbeit	2 %	2 %

* unter 20 Stunden/Woche
Ursprungsdaten: Statistisches Bundesamt, gerundet.

Normalarbeitsverhältnis
Ist ein unbefristetes Vollzeit-Arbeitsverhältnis mit geregelter Arbeitszeit. Bezahlt wird nach Tarif und arbeitsrechtliche Schutzvorschriften werden eingehalten.

Diese Formen der Beschäftigung wälzen einen Teil des Risikos auf die Beschäftigten ab. Arbeitsinhalte und Arbeitsumfang werden von Phase zu Phase vertraglich neu vereinbart. Zeiten der Arbeitshetze wechseln mit Zeiten der Unterbeschäftigung oder Arbeitslosigkeit.
Dies erfordert von den Beschäftigten mehr Flexibilität, den Wechsel in andere Aufgaben und Tätigkeiten.

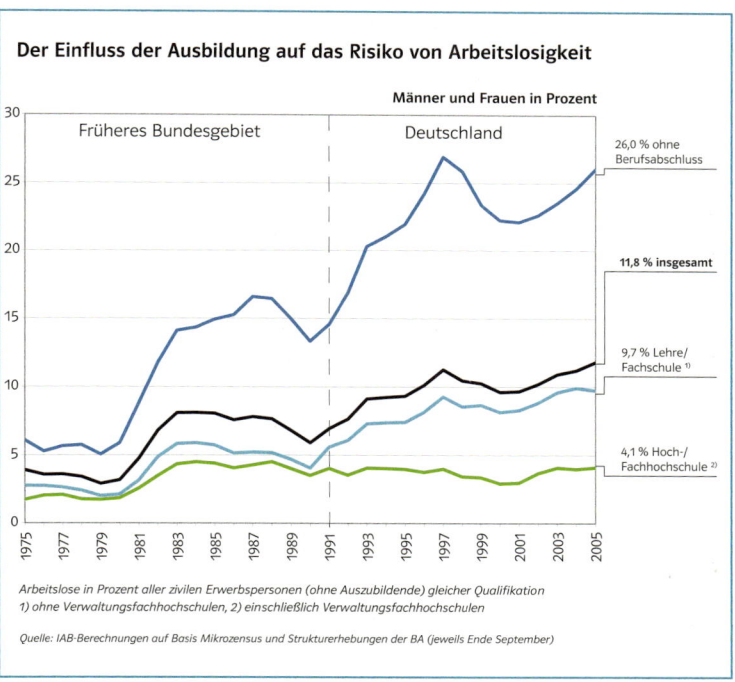

Der Einfluss der Ausbildung auf das Risiko von Arbeitslosigkeit

Arbeitslose in Prozent aller zivilen Erwerbspersonen (ohne Auszubildende) gleicher Qualifikation
1) ohne Verwaltungsfachhochschulen, 2) einschließlich Verwaltungsfachhochschulen
Quelle: IAB-Berechnungen auf Basis Mikrozensus und Strukturerhebungen der BA (jeweils Ende September)

ZUKUNFT VON BERUFEN

Technologische Veränderungen — **Veränderungen der Nachfrage** — **Globalisierung**

Veränderungen der Arbeit

Neue Arbeitsformen:
- Teilzeitarbeit
- Leiharbeit
- Vergabe nach außen

Andere Arbeitsorganisation:
- auftragsbezogene Arbeit
- Gruppenarbeit, Teamarbeit

Strukturwandel der Wirtschaft

Veränderungen der Qualifikationsanforderungen

Veränderungen des Arbeitskräftebedarfs:
- ↑ Dienstleistungen
- ↑ Gesundheit
- ↓ Industrie
- ↓ Landwirtschaft

Rückgang gesicherter Beschäftigungsverhältnisse

neue Berufe, neue Anforderungen in alten Berufen

Übungsaufgaben

1. **Listen Sie auf, wodurch sich die Anforderungen in Ihrem Ausbildungsberuf verändern.**
   a) Ordnen Sie die Veränderungen nach folgenden Gesichtspunkten:
      - Wo geht es um Veränderungen durch neue Technologien?
      - Wo geht es um Veränderungen durch den Markt?
      - Wo ändert sich das Berufsbild?
      - Wo ändern sich die Anforderungen an die Beschäftigten?
   b) Ermitteln Sie, welche Chancen und Risiken mit diesen Veränderungen jeweils verbunden sind.

2. **Erläutern Sie, was man unter „neuen Selbstständigen" versteht. Nennen Sie Vor- und Nachteile dieser Arbeitsform.**

3. **Prüfen Sie die folgenden Aussagen auf ihre Richtigkeit. Begründen Sie.**
   a) Weil niemand über die Zukunft von Berufen eine sichere Aussage machen kann, ist es egal, welchen Beruf man ergreift.
   b) Die Bindung zwischen den Unternehmen und den Beschäftigten wird lockerer.
   c) Durch die Berufswahl kann man sein persönliches Risiko verringern, arbeitslos zu werden.
   d) Arbeitslose gibt es auf allen Qualifikationsstufen.

4. **Definieren Sie den Begriff „Normalarbeitsverhältnis". Erklären Sie, warum die Zahl der Normalarbeitsverhältnisse in Deutschland zurückgeht.**

Deutschland in der Weltwirtschaft

LERNSITUATION

Thomas Hensch ist Mitglied im Betriebsrat des Motorenherstellers Jansen GmbH. Für Dienstag in einer Woche ist eine außerordentliche Betriebsversammlung angesetzt worden. Herr Jansen senior hat den Betriebsrat vorab informiert, worum es geht:
Aus Kostengründen soll die Gehäusefertigung, in der der Lohnkostenanteil besonders hoch ist, nach Tschechien verlagert werden. Die Verlagerung dieses Teils der Fertigung in ein Niedriglohnland ist nach Ansicht der Geschäftsleitung notwendig, um die internationale Wettbewerbsfähigkeit zu erhalten. Mit dieser Maßnahme sind allerdings auch betriebsbedingte Kündigungen verbunden.
Die Mitglieder des Betriebsrats beraten, wie sie sich auf die Betriebsversammlung vorbereiten und wie sie gegenüber der Geschäftsleitung und der Belegschaft argumentieren sollen. Die Aufgabe von Thomas ist es, die Argumentation von Herrn Jansen zu überprüfen.

Arbeitsauftrag

Sammeln Sie für Thomas Fakten, mit deren Hilfe er die Argumentation von Herrn Jansen überprüfen kann.
Bei der Lösung helfen Ihnen der Informationstext und folgende Fragen:
1. Vergleichen Sie die Lohnkosten in Deutschland mit denen in anderen Ländern. Wie kommt die Geschäftsleitung auf eine Produktion in Tschechien?
2. Warum möchte das Unternehmen gerade diesen Teil der Produktion auslagern?
3. Die Firma Jansen GmbH gehört zur Branche Maschinenbau. Wie beurteilen Sie die Konkurrenzfähigkeit dieser Branche?

1.2 Weichen für den Beruf stellen

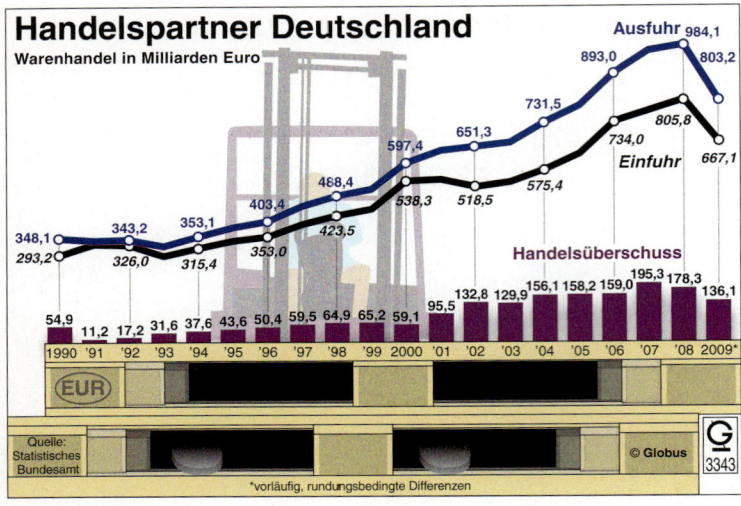

Organisation der Wirtschaft, die z. B. Aufträge weltweit im Internet ausschreiben kann;
- die **Verbilligung des Transports** über See durch die Containerschifffahrt. Die Transportkosten einer Ladung Hemden von China nach Deutschland sind nicht höher als die Kosten des Weitertransports per Lkw von Hamburg nach Düsseldorf;
- die Öffnung der meisten Staaten der Welt für den **freien Handel**, d. h. für ausländische Unternehmen, die vor Ort produzieren, investieren und verkaufen dürfen.

Online-Link
883501-0123
- Globalisierung
- Standortfaktoren
- Außenhandel Deutschlands

Globalisierung der Wirtschaft

Viele Produkte, die wir täglich kaufen, verbrauchen oder nutzen, kommen heute aus dem Ausland, zumindest Teile davon – ob es sich um eine Packung Tee, eine Musik-CD, einen MP3-Player, ein Auto, eine Waschmaschine oder die Software für unsere Computer handelt. Umgekehrt exportieren deutsche Unternehmen sehr viele Waren. Darüber hinaus beteiligen sich deutsche Unternehmen oder Investoren an Firmen im Ausland, bauen dort selbst Fabriken, unterhalten Handelsniederlassungen und richten Forschungs- und Entwicklungslabore ein. Amerikanische, japanische oder arabische Investoren tun dies ebenso in Deutschland (→ Grafik).

Direktinvestitionen

Die finanzielle Beteiligung eines Investors (Kapitalanlegers) an einem Unternehmen in einem anderen Land, die nach Art und Umfang dazu bestimmt ist, Einfluss auf dessen Geschäfte zu nehmen.

Noch mehr als der Welthandel haben diese Direktinvestitionen in den vergangenen Jahrzehnten enorm zugenommen.
Ganz grob verstehen wir unter wirtschaftlicher Globalisierung die zunehmende wirtschaftliche Verflechtung der Volkswirtschaften zu immer größeren regionalen Wirtschaftsräumen oder sogar zu einem weltweiten Wirtschaftsraum. Mit diesen Verflechtungen wachsen auch die grenzüberschreitenden Abhängigkeiten und mit ihnen der internationale Wettbewerbsdruck.
Der enorme Zuwachs des Welthandels hat technische und politische Ursachen. Die wichtigsten sind:
- die weltweite **Vernetzung der Information und Kommunikation**. Sie verändert die

Attraktivität der Wirtschaftsstandorte

Aus diesen Gründen sind die Produktionsbedingungen weltweit vergleichbar geworden. Die Unternehmen suchen für ihre Produktion den optimalen Standort und bieten ihre Produkte dort an, wo sie mit Gewinn verkauft werden können.
Bei der Wahl des Produktionsstandorts spielen viele Faktoren eine Rolle. Keiner von ihnen ist allein ausschlaggebend. Wichtige **Standortfaktoren** sind:
- **Arbeitskosten**: Höhe von Löhnen und Gehältern,
- **Qualifikation der Beschäftigten**: Verfügbarkeit von Arbeitskräften mit den nötigen Kenntnissen,
- **Marktnähe**: Nähe zu Kunden,

- **Infrastruktur**: Verkehrs- und Kommunikationsnetze, Energieversorgung, Bildungseinrichtungen, Gesundheitswesen,
- **staatliche Rahmenbedingungen**: Fördermaßnahmen, Unternehmenssteuern, politische Beschränkungen, politische Stabilität.

Stellung Deutschlands in der Weltwirtschaft

Bei einigen Standortfaktoren schneidet Deutschland schlecht ab. Dies sind besonders die Arbeitskosten. Niedrig qualifizierte Arbeit wird weltweit zu einem Bruchteil der deutschen Kosten angeboten. Man spricht von Niedriglohnländern, deren wichtigster (und oft einziger) Konkurrenzvorteil die niedrigen Löhne sind. Bezogen auf die Produktivität der Arbeit, die Qualifikation der Arbeitskräfte, die Infrastruktur und die politische Stabilität ist Deutschland ein guter Standort.

Die Konsequenz: Branchen mit einem hohen Anteil der Lohnkosten sind ins Ausland abgewandert, weil die **Lohnstückkosten** in Deutschland für sie zu hoch sind. Das gilt z. B. für die Textil- und Schuhindustrie. In Deutschland geblieben sind Unternehmen mit technologisch anspruchsvollen Produkten, bei denen die Lohnkosten kein entscheidender Faktor sind. Aber auch hier werden Teilbereiche ins Ausland verlagert oder an Zulieferer vergeben, wie das Beispiel der Grafik zeigt. Auffallend ist in diesem Fall, dass nicht unbedingt Niedrig-

Made worldwide – Zulieferbetriebe für einen 7er BMW

lohnländer Komponenten zuliefern, sondern auch Unternehmen aus Staaten, die in einem bestimmten Bereich technologisch führend sind – hier etwa das Head-Up-Display aus Japan.

Deutschland erwirtschaftet etwa 30 Prozent seiner Wirtschaftsleistung durch **Exporte** (zum Vergleich: USA 10 Prozent, Belgien 80 Prozent). Damit ist Deutschland stärker als die USA davon abhängig, dass seine Produkte international konkurrenzfähig sind. Eine schlechte Wirtschaftslage im Ausland schlägt sofort durch auf die Wirtschaftsentwicklung in Deutschland. Die Zusammensetzung des Exports (→ Tabelle) zeigt, dass vor allem Investitionsgüter exportiert werden, im Unterschied etwa zu China, das hauptsächlich Konsumgüter exportiert.

Lohnstückkosten

Die Lohnkosten, die auf eine Einheit eines Wirtschaftsguts entfallen, z.B. die Lohnkosten bei der Herstellung eines Schulhefts. Die Lohnstückkosten sind nicht nur von den Kosten der Arbeit abhängig, sondern auch von der Produktivität, d.h. davon, wie viele Schulhefte ein Arbeiter in einer Stunde herstellt.

Außenhandel Deutschlands 2009 nach wichtigen Warengruppen					
Import			Export		
in Mrd. €	in %	wichtigste Warengruppen	wichtigste Warengruppen	in Mrd. €	in %
70	10 %	EDV, Messtechnik u. Ä.	Maschinen	122	15 %
62	9 %	Kraftfahrzeuge	Kraftfahrzeuge	120	15 %
55	8 %	Erdöl, Erdgas	Chemische Erzeugnisse	74	9 %
50	7 %	Maschinen	Metalle/Metallerzeugnisse	65	8 %
49	7 %	Metalle/Metallerzeugnisse	EDV, Messtechnik u. Ä.	65	8 %
49	7 %	Chemische Erzeugnisse	Elektrische Ausrüstung	49	6 %
36	5 %	Pharmazeutische Erzeugnisse	Pharmazeutische Erzeugnisse	47	6 %
32	5 %	Schiffe, Flugzeuge u. Ä.	Schiffe, Flugzeuge u. Ä.	36	4 %
31	5 %	Nahrungsmittel	Nahrungsmittel	34	4 %
21	3 %	Bekleidung	Gummi-/Kunststoffwaren	27	3 %
674	100 %	gesamter Import	gesamter Export	808	100 %

Zahlen gerundet. – Ursprungsdaten: Statistisches Bundesamt

Die Tabelle zeigt, dass wir momentan zu den Gewinnern der Globalisierung gehören (Exportüberschuss; relativ anspruchsvolles Sortiment des Exports). Das ist aber keine Garantie für die Zukunft. Generell nimmt der Wettbewerbsdruck weltweit zu.

Der Trend geht darum zu einer Verringerung der Fertigungstiefe: Um Kosten zu sparen und das wirtschaftliche Risiko zu begrenzen, werden immer mehr Teile von Fremdfirmen zugekauft. Dies ist jedoch nur dann erfolgreich, wenn die Produktqualität stimmt.

Mehr zu Outsourcing
→ S. 129–131

Der Knopf im Ohr ist ein Markenzeichen

Die größten Exporteure		
	Export 2008 in Mrd. $	Bevölkerung 2008 in Mio.
Deutschland	1465	82
China	1428	1326
USA	1301	304
Japan	782	128
Niederlande	634	16
Frankreich	609	62
Italien	540	60

Fischer Weltalmanach 2010, S. 550–553

Folgen für Arbeitnehmer

Die hohen Lohnkosten bei uns setzen die Arbeitnehmer einem beständigen Kostenvergleich aus. Nur solange die Produktivität der Arbeit und die Qualität des Produkts stimmen und der technologische Vorsprung vor ausländischen Konkurrenten bleibt, kann der Nachteil auf der Kostenseite ausgeglichen werden. Dies gilt insbesondere dort, wo Arbeit prinzipiell ins Ausland verlagert werden kann.

Daneben gibt es Arbeitsplätze, bei denen die Erbringung der Arbeitsleistung ortsgebunden ist. Das trifft auf personenbezogene Dienstleistungen zu. Ein Autovermieter kann sein Buchungssystem nach Indien auslagern, aber vor Ort muss es trotzdem Mitarbeiter geben, die die Autos dem Kunden übergeben, sie zurücknehmen und auf Schäden kontrollieren. Insbesondere Bauleistungen, Transport, Erziehung, Kranken- und Altenpflege sind ortsgebunden.

Steiff flüchtet aus China

Der Stofftierhersteller Steiff aus Giengen hat die Produktion in China aufgegeben und in die eigenen Werke in Tunesien und Portugal verlagert. Qualitätsprobleme und die langen Transportzeiten von zwei bis drei Monaten waren die wichtigsten Gründe für diesen Schritt. Die chinesischen Fremdfirmen, die für Steiff produzierten, bekamen die komplizierten Schnitte nicht in den Griff. Schielende Bären kann sich der Premium-Hersteller aber nicht leisten.

Drei Viertel der in Deutschland verkauften Puppen, Plüschtiere und Modellautos stammen aus China. Die meisten Hersteller haben die Produktion in Deutschland wegen der hohen Lohnkosten eingestellt. Vor allem bei hochwertigen Produkten werden weitere Rückverlagerungen erwartet.

1.2 Weichen für den Beruf stellen

GLOBALISIERUNG: URSACHEN UND FOLGEN

- Billigere Transportsysteme
- Weltweite Information und Kommunikation
- Öffnung der Märkte für ausländische Unternehmen

↓

Globalisierung

↓

Vergleich der Standortfaktoren

- Arbeitskosten
- Qualifikation der Arbeitskräfte
- Marktnähe
- Infrastruktur
- Staatliche Rahmenbedingungen

↓

Standortentscheidung nach den Erfordernissen des Unternehmens

Hochlohnland
Beispiel Deutschland:
- Maschinenbau
- Elektrotechnik
- Autos

Niedriglohnland
Beispiel China:
- Textilien, Schuhe
- Elektronische Bauelemente

Übungsaufgaben

1. Erläutern Sie, warum Unternehmen bei Entscheidungen über den Produktionsstandort zu unterschiedlichen Ergebnissen kommen.

2. Ordnen Sie die folgenden Staaten den Hochlohnländern bzw. den Niedriglohnländern zu:
   A Bangladesch
   B Norwegen
   C USA
   D Deutschland
   E Frankreich
   F Rumänien
   G Türkei

3. „Die Konkurrenz zwischen den Niedriglohnländern findet über die Löhne statt, die Konkurrenz zwischen den Hochlohnländern über die Qualität der Produkte." Überprüfen Sie diese Aussage auf ihre Richtigkeit.

4. Beurteilen Sie die Konkurrenzsituation Ihres Ausbildungsbetriebs.

5. Die Abbildung unten zeigt die Wirtschaftskraft einzelner Staaten und Wirtschaftsregionen.
   a) Vergleichen Sie die genannten Faktoren in Bezug auf die Wirtschaftskraft. Welche Aussagen der Grafik sind dafür besonders wichtig?
   b) Manche Wirtschaftsexperten sehen die künftigen Wachstumszentren der Weltwirtschaft in Indien und China. Beurteilen Sie diese Aussage.

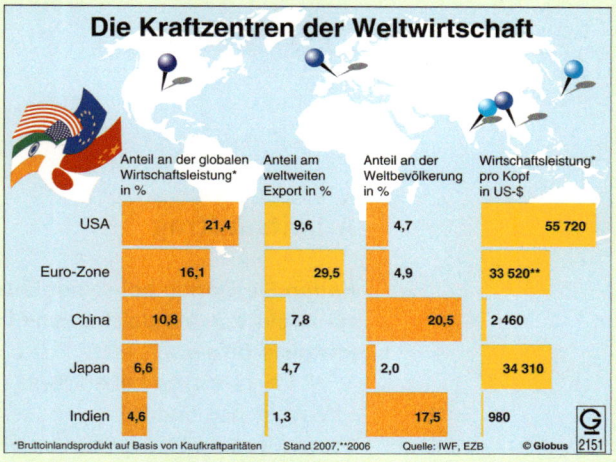

1 Die berufliche Existenz sichern

1.3 Berufliche Perspektiven entwickeln

Lernen für den Beruf

Fachkraft für Solartechnik/Solarteur®

Berufsbegleitender Vorbereitungskurs auf die Fortbildungsprüfung „Fachkraft für Solartechnik" vor der Handwerkskammer Düsseldorf.
140 Stunden Theorie und 60 Praxisstunden in den Gebieten

- Energietechnik, Wärmetechnik, Elektrotechnik
- Solarthermische Anlagen
- Fotovoltaische Anlagen
- Wärmepumpen

Teilnehmer: Handwerksmeister; Gesellen des Sanitär-, Heizungs- und Klimatechnik-Handwerks, des Elektrohandwerks mit mindestens zweijähriger Berufspraxis.
Dauer: 8 Monate (einmal wöchentlich, abends)
Ort: Handwerkszentrum Ruhr, Oberhausen
Kosten: 1690 € für Handwerker
Nächster Termin: 01.09.20##

Handwerkskammer Düsseldorf

LERNSITUATION

Florian arbeitet seit zweieinhalb Jahren in einem großen Sanitär- und Heizungsbaubetrieb als Geselle. Der Chef ist mit ihm zufrieden und hat ihn schon darauf angesprochen, ob er nicht die Zusatzausbildung zur Fachkraft für Solartechnik oder den Meister machen und im Unternehmen aufsteigen will. Das Angebot der Handwerkskammer für die Fortbildung zur Fachkraft für Solartechnik hat er schon mitgebracht.

Florian spricht mit seiner Partnerin Nadine darüber. Die ist gleich Feuer und Flamme und telefoniert herum, wann der nächste Vorbereitungskurs auf die Meisterprüfung stattfindet. Florian geht das ein bisschen zu schnell. Erst will er wissen, was da alles auf ihn zukommt. Und außerdem gibt es sicher weitere Alternativen, wenn er beruflich weiterkommen will – andere Fortbildungen, den Wechsel in die Industrie …

Arbeitsauftrag

Helfen Sie Florian bei seiner Entscheidung, indem Sie die Fortbildung zum Meister und zum Solarteur vergleichen und indem Sie die Möglichkeiten aufzeigen, die sich dadurch jeweils eröffnen.

1. Welchen Nutzen haben diese Fortbildungen für Florian und für seinen Betrieb? Vergleichen Sie!
2. Die Meisterprüfung oder die Prüfung für eine Zusatzqualifikation stehen nicht am Ende der beruflichen Karriere. Was sind jeweils sinnvolle Fortsetzungen?

1.3 Berufliche Perspektiven entwickeln

Warum lebenslanges Lernen?

Wissen veraltet. Technische Veränderungen gibt es in allen Berufen. Besonders deutlich sichtbar sind sie in gewerblichen Berufen. So ist aus dem Kfz-Mechaniker der Kfz-Mechatroniker geworden, weil sich die Wartungs- und Reparaturarbeiten an den Autos grundlegend verändert haben.
Wer sich nicht fortbildet, verliert rasch den Anschluss und ist den neuen Anforderungen nicht mehr gewachsen. Sein Risiko, arbeitslos zu werden, ist höher als das der anderen Beschäftigten. Er gewinnt zwar an Erfahrung und Routine, aber das Wissen, das er in seiner Ausbildung erworben hat, verliert an Wert. Die meisten Unternehmen achten darum auf die nötige **Fortbildung** ihrer Mitarbeiter.
Je höher jemand in der betrieblichen Hierarchie steht, umso wertvoller ist er für das Unternehmen und umso mehr investiert dieses in seine Fortbildung. Manchmal sehen sogar die Tarifverträge einige Tage im Jahr für Fortbildungsmaßnahmen vor. In Nordrhein-Westfalen und den meisten anderen Bundesländern gibt es Regelungen für einen jährlichen bezahlten **Bildungsurlaub** (in der Regel fünf Tage).
Ein Teil dieser Fortbildung findet **innerbetrieblich** statt oder in **überbetrieblichen** Einrichtungen. Vieles wird von den Kammern angeboten, z.B. von der Industrie- und Handelskammer (IHK) oder im Handwerk von der Handwerkskammer bzw. von den Innungen. Auch manche Hersteller bieten Fortbildungen für die Betriebe an, die ihre Produkte verwenden oder – wie im Kfz-Gewerbe – warten und reparieren.
Fortbildung braucht aber die **Eigeninitiative** der Beschäftigten. Es wird erwartet, dass sie einen Teil ihrer Freizeit dafür opfern, sich auf dem Laufenden zu halten. Sie müssen sich das nötige Wissen eigenverantwortlich aneignen.
Fortbildung, insbesondere der Erwerb von **Zusatzqualifikationen**, ist heute eine wichtige Voraussetzung für die Karriere. Die Fortbildungsbereitschaft steht weit oben in der Liste der Anforderungen der Unternehmen an ihre Beschäftigten. Neben der **Anpassungsfortbildung**, die die Qualifikation für den jetzigen Arbeitsplatz sichern

hilft, gibt es die **Aufstiegsfortbildung** für Mitarbeiter, die im Unternehmen Karriere machen wollen.
Auch das Unternehmen profitiert von der Fortbildung seiner Beschäftigten: Mitarbeiter, die auf dem Laufenden sind, die über die neuesten Kenntnisse verfügen, arbeiten produktiver und effizienter. Sie sind vielseitiger einsetzbar. Ihre Fachkompetenz gegenüber Kunden ist ein Wettbewerbsvorteil. Und eine gute betriebliche Fortbildung wirkt sich oft positiv auf die Motivation der Belegschaft aus.

Fortbildung im Beruf: Das Beispiel der Meisterprüfung

Im **Handwerk** ist die Meisterprüfung für viele das Karriere-Sprungbrett: für den Aufstieg im Betrieb, für die Gründung eines eigenen oder die Übernahme eines bestehenden Handwerksbetriebs.
Der Meisterprüfung sind andere Prüfungen gleichgestellt, die in Deutschland oder einem anderen EU-Staat erworben wurden. Auf die Prüfung bereiten die Meisterschulen vor, die von staatlichen Schulen, von den Kammern oder Innungen oder von privaten Trägern angeboten werden.
Wer die Meisterprüfung besteht, wird in der Handwerksrolle des betreffenden Handwerks eingetragen. Die **Meisterpflicht** gibt es noch in 41 Handwerken (Stand 2010). Der Hinweis „Meisterbetrieb" im Briefkopf ist ein Wettbewerbsvorteil, besonders bei an-

Online-Link
883501-0131
- Weiterbildung
- Zusatzqualifikationen
- Meister

Vorbereitungskurse zur Meisterprüfung – ein Beispiel
Meisterprüfung im Installateur- und Heizungsbauer-Handwerk (Teilzeit)
- *Zweimal wöchentlich 18–21 Uhr; teilweise samstags 8–15 Uhr*
- *Dauer: 24 Monate*
- *Kosten: 3220 €*

1 Die berufliche Existenz sichern

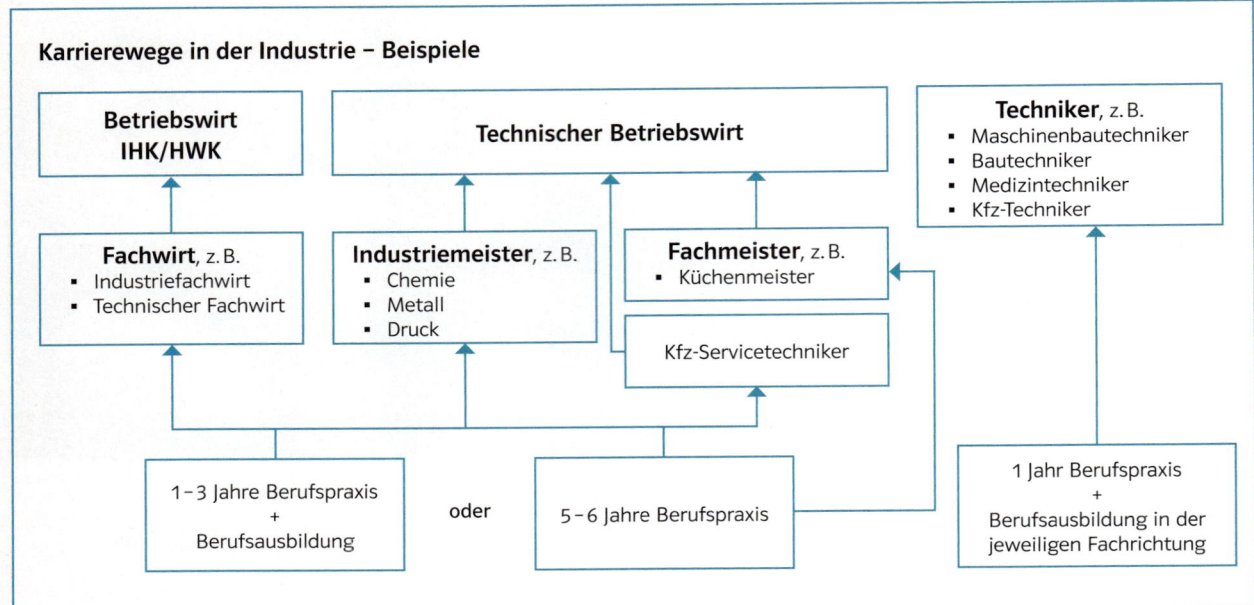

Bestandene Prüfungen	
Industrie und Handel	43 000
davon Industriemeister	7 000
davon Fachwirte Industrie und Handel	12 000
Handwerk	45 000
davon Meister	21 000
Alle bestandenen Prüfungen	97 000

Datenreport zum Berufsbildungsbericht 2009 – Stand 2006, Zahlen gerundet

Fortbildung
Weiterbildung im erlernten Beruf

Umschulung
Erlernen eines anderen Berufs

Hierarchie
Rangordnung, z. B. in einem Unternehmen

spruchsvollen Arbeiten. Wer Meister ist, darf Lehrlinge ausbilden und braucht keine Ausbildereignungsprüfung.
Auch in der **Industrie** gibt es Meister, die Industriemeister. Sie stehen in der betrieblichen Hierarchie zwischen den Facharbeitern und den Technikern. Die Möglichkeiten der Fortbildung und des innerbetrieblichen Aufstiegs sind in der Industrie vielfältiger als im Handwerk (→ Grafik).

Umschulung

Umschulung ist die Bezeichnung für jede Weiterbildung, die sich auf einen anderen Beruf oder auf eine andere Qualifikation bezieht als die ursprünglich erworbene. Mehr als die Hälfte aller Arbeitnehmerinnen und Arbeitnehmer ist heute nicht mehr im erlernten Beruf tätig. Die einen sind nach der Ausbildung nicht untergekommen. Andere haben den Beruf nach Mutterschaft und Elternzeit gewechselt. Die dritte Gruppe ist mit ihrer beruflichen Situation unzufrieden und will etwas Neues anfangen. Die vierte Gruppe schließlich hat ihre Arbeit wegen der Veränderungen in der Berufswelt verloren, zum Beispiel als Folge von Rationalisierung, technischen Innovationen oder der Verlagerung von Arbeiten ins Ausland.

Erfolgreich sind Umschulungen vor allem dann, wenn sich eine Brücke schlagen lässt von der alten zur neuen Tätigkeit, wenn ich beispielsweise die kaufmännischen Kenntnisse aus meinem Erstberuf verwenden kann.

Zweiter Bildungsweg

Manchmal stößt die Karriere im Beruf an eine andere Grenze: Für die Fortsetzung ist ein Studium nötig und davor ein höherer Schulabschluss wie Abitur oder Fachhochschulreife. Die verschiedenen Möglichkeiten, versäumte Schulabschlüsse nachzuholen, werden als zweiter Bildungsweg bezeichnet.
In den vergangenen Jahren sind vermehrt Zugangsmöglichkeiten zu den Hochschulen für Berufstätige ohne Abitur geschaffen worden, z. B. für Meister im Handwerk oder in der Industrie. Diese Möglichkeiten sind von Bundesland zu Bundesland unterschiedlich.

WEITERBILDUNG – EIN ÜBERBLICK

FORTBILDUNG

Anpassungsfortbildung
Zusätzliche Qualifikationen im erlernten Beruf

Beispiele:
- Lehrgänge
- Fremdsprachenkurse

Mögliche Ziele:
- Karriere
- Spezialisierung
- Geringeres Risiko von Arbeitslosigkeit

Probleme:
- Finanzierung
- Unterbrechung der Berufstätigkeit

Aufstiegsfortbildung
Höherqualifizierung

Beispiele:
- Zweiter Bildungsweg
- Meisterprüfung

- Gründung eines eigenen Unternehmens (z. B. im Handwerk)

- Zeitliche Belastung/ Vereinbarkeit mit Familie

Umschulung
- Erlernen eines neuen Berufs
- Erwerb andersartiger Qualifikationen

Mögliche Ziele:
- Bessere Chancen auf dem Arbeitsmarkt
- Berufliche Neuorientierung

Übungsaufgaben

1. **Ordnen Sie die folgenden Fälle der Anpassungsfortbildung bzw. der Aufstiegsfortbildung zu:**
   A Betriebliche Schulung zur Umstellung auf ein neues Konstruktionsprogramm in der EDV
   B Ablegung der Ausbildereignungsprüfung
   C Seminar zum Konfliktmanagement für Führungskräfte
   D Kurs der Volkshochschule über technisches Englisch
   E Besuch der Technikerschule.

2. **Grenzen Sie die Begriffe Umschulung, Fortbildung und Weiterbildung gegeneinander ab.**

3. **Anke ist seit drei Jahren als Friseurin in einem Damensalon beschäftigt. Sie möchte sich zur Kosmetikerin weiterbilden, ohne die Berufstätigkeit zu unterbrechen. Im Internet findet sie zwei Angebote, die ihr zusagen. Sie ist unsicher, für welches sie sich entscheiden soll.**
   a) Nennen Sie je einen Vorteil und einen Nachteil für jedes der beiden Angebote.
   b) Sprechen Sie eine Empfehlung für eines der beiden Angebote aus. Begründen Sie Ihre Empfehlung.

1. Angebot
Fernstudium zur Bio-Fachkosmetikerin
- Dauer etwa neun Monate
- Zeitaufwand 4 – 6 Stunden/Woche
- drei Studienbriefe mit Stoff von je drei Monaten
- Erlernte Griffe sollen an Bekannten und Verwandten geübt werden (gegen Zusatzkosten auch Übungsmöglichkeit in der Schule)
- Ausstellung einer Urkunde am Ende des Kurses
- Kosten ca. 1230 €.

2. Angebot
Abendschule zur Kosmetikerin
- Schulort etwa 10 km entfernt
- Dauer 18 Monate
- Schultage Mo–Mi, 19:30 – 21:00 Uhr
- Kosten: 170 € im Monat; außerdem Prüfungsgebühr (170 €) und Nebenkosten (ca. 600 €)
- Prüfung und Ausstellung einer Urkunde am Ende des Kurses.

Leben, lernen und arbeiten im Ausland

LERNSITUATION

Patricia lernt Friseurin im dritten Lehrjahr. Die Berufsschule hat im Herbst für sie und zwei andere Auszubildende ein dreiwöchiges Praktikum in Mailand organisiert. Die drei haben in Friseursalons dort gelernt, was man in Italien anders macht, und sind begeistert zurückgekommen.

Das Praktikum in Italien hat Patricias Interesse geweckt. Nach der Prüfung will sie in Paris in einem Salon arbeiten – mindestens ein Jahr lang. Vielleicht findet sie ja in Paris die große Liebe. Und falls sie zurückkommt, dann hat sie mehr und andere Erfahrungen als ihre Kolleginnen, die in Deutschland geblieben sind.

Die Eltern sind skeptisch, als Patricia von ihren Plänen erzählt. Sie glauben nicht, dass es mit der Stelle in Paris klappt und dass Patricias Französisch gut genug ist. Patricia soll sich wenigstens erkundigen, welche Weiterbildungsprogramme es als Alternative gibt. Und sie soll den Eltern erklären, wie sie sich mit ihrem deutschen Abschluss in Frankreich bewerben will. Patricia beruhigt ihre Eltern und erklärt ihnen, dass es Hilfen für Arbeitnehmer gibt, die in einem anderen EU-Staat arbeiten wollen, z. B. den Europass.

Arbeitsauftrag

Listen Sie die Fragen auf, die Patricia vor einem Arbeitsaufenthalt im Ausland klären muss, damit er für sie erfolgreich ist. Stellen Sie dar, welche Hilfen es gibt, um diese Fragen zu beantworten.
Bei der Lösung helfen Ihnen folgende Aufgaben:
1. Welche Hilfen bietet die Europäische Union (EU) für Arbeitnehmer, die in einem anderen Mitgliedstaat arbeiten wollen?
2. Welche Unterlagen helfen bei einer Bewerbung innerhalb der EU?
3. Was ist bei einem Arbeitsaufenthalt in einem Staat außerhalb der Europäischen Union besonders zu beachten?

1.3 Berufliche Perspektiven entwickeln

Im Ausland arbeiten – warum nicht!

Immer mehr Menschen zieht es ins Ausland. Innerhalb der Europäischen Union gibt es dabei für Deutsche keine Einschränkungen: Wohnsitz und Arbeitsplatz können frei gewählt werden (Freizügigkeit). Im Gegensatz dazu bestehen außerhalb der EU meist Einschränkungen bei Zuzug, Arbeitserlaubnis und Wohnrecht. Damit soll eine unkontrollierte Einwanderung verhindert werden. Manchmal sind es **private Gründe**, die ins Ausland führen, manchmal die besseren **Berufsaussichten**. Viele gehen nur auf Zeit: Ein Auslandsaufenthalt zum Arbeiten oder zur Fortbildung macht sich in jedem Lebenslauf gut. Manche Unternehmen stellen solche Bewerberinnen und Bewerber bevorzugt ein. Sie gehen davon aus, dass sie mehr Selbstständigkeit mitbringen, mehr Flexibilität und Mobilität, mehr Offenheit und dass sie weniger Berührungsängste gegenüber ausländischen Kunden und Lieferanten zeigen. Die Erweiterung des Horizonts durch die sozialen Kontakte im Ausland, das Kennenlernen anderer Arbeitsweisen und anderer Kundenwünsche, einer anderen Mentalität und nicht zuletzt einer anderen Sprache sind auch für das Unternehmen nützlich, besonders bei Auslandskontakten.
Wer auf Zeit ins Ausland geht, sollte auch an die Zeit nach seiner Rückkehr denken, sollte alte Kontakte und alte Beziehungen pflegen. Denn anschließend muss er privat und beruflich wieder in Deutschland Fuß fassen.

Andere Länder, andere Sitten

Damit das Arbeiten im Ausland kein Reinfall wird, müssen auch die Arbeitsbedingungen und die Bezahlung stimmen. Hier gibt es große Unterschiede, selbst innerhalb der Europäischen Union. Eine gemeinsame Sozialpolitik der EU existiert nicht, und es ist ungewiss, ob sie in absehbarer Zeit kommen wird. Diese zentralen Fragen müssen im Voraus geklärt werden:
- Welche Einschränkungen gibt es bei Zuzug, Aufenthaltserlaubnis und Arbeitserlaubnis?
- Wie sind die Arbeitsbedingungen (Arbeitszeiten, Rechte am Arbeitsplatz, Kündigungsschutz …)?
- Wie hoch ist die Bezahlung? Mit welchen Abzügen vom Lohn muss ich rechnen? Wie hoch sind die Lebenshaltungskosten?
- Wie sieht es auf dem regionalen Wohnungsmarkt aus? Gibt es bezahlbare Wohnungen? Und wie sind sie ausgestattet?
- Wie steht es allgemein um die Lebensqualität – vom Lärm über öffentliche Verkehrsmittel und das Gesundheitswesen bis zur Kriminalität?

Online-Link
883501-0132
- Arbeiten im Ausland
- Anerkennung von Berufsabschlüssen
- EU-Förderprogramme

Berufsbildungsgesetz
Bis zu einem Viertel der Ausbildung darf im Ausland absolviert werden.

„Das ganze Arbeiten in Schweden ist sehr locker. Man duzt sich, Chefs lassen einen ihre Macht nicht so spüren. Man ist auch nicht so pünktlich. […] Allerdings hat sich in den letzten Jahren der Wettbewerbsdruck doch bemerkbar gemacht. Vor allem Firmen, die mit Deutschland zu tun haben, verlangen inzwischen mehr Leistung."
Susanne Örtendahl, Altenpflegerin, lebt seit 2004 in Schweden.

Mindestens 25 Tage Urlaub im Jahr sind in Schweden gesetzlich vorgeschrieben, häufig sollten vier Wochen davon zusammenhängend im Juli oder August genommen werden. […] Außerdem gibt es ein Urlaubsgeld in Höhe von zwölf Prozent des Jahresgehalts.
Bundesagentur für Arbeit: Mobil in Europa, Schweden, Stand 2008.

1 Die berufliche Existenz sichern

- Wie funktioniert das Zusammenleben zwischen Ausländern und Einheimischen?

Die Bundesagentur für Arbeit bietet für viele Staaten, auch außerhalb der Europäischen Union, im Internet aktuelle und umfassende Informationen an (→ S. 39).

Ein Stolperstein: die Anerkennung von Berufsabschlüssen

Wer längere Zeit im Ausland in seinem Beruf arbeiten will, muss sich um die Anerkennung seines Berufsabschlusses kümmern. Berufsausbildungen und Berufsabschlüsse sind in jedem Staat anders organisiert. Das in Deutschland bewährte System der dualen Ausbildung ist im Ausland die Ausnahme. Auch die Berufsbilder weichen ab. Wer als zahnmedizinische Fachangestellte nach Portugal gehen will, wird z. B. feststellen, dass dieser Beruf dort gar nicht existiert. Umgekehrt kann ein portugiesischer Bäcker in Deutschland nicht einfach eine Bäckerei eröffnen, weil im Bäckerhandwerk die Meisterpflicht gilt.

Zwar gibt es innerhalb der Europäischen Union Regelungen über die gegenseitige Anerkennung von Berufsabschlüssen. Diese Anerkennung ist aber nicht selbstverständlich. Nötig ist sie z. B., um entsprechend der eigenen Qualifikation bezahlt zu werden. Informationen über die Anerkennung deutscher Abschlüsse im Ausland gibt es im Internet (Online-Link).

Eine Hilfe: der Europass

Der Europass ist speziell für EU-Bürgerinnen und -Bürger entwickelt worden, die in einem anderen EU-Staat arbeiten wollen. Er hilft den Arbeitgebern, Abschlüsse und Qualifikationen aus anderen EU-Staaten und die Sprachkenntnisse ausländischer Bewerber leichter zu beurteilen. Der Europass besteht aus fünf Elementen:

1. **Europass Lebenslauf**: Er liefert eine standardisierte Vorlage, die online ausgefüllt und auf dem Rechner des Nutzers gespeichert wird.
2. **Europass Sprachenpass**: Formular zur Selbsteinschätzung der Fremdsprachenkenntnisse. Dessen Stufen richten sich nach dem „Gemeinsamen Europäischen Referenzrahmen für Sprachen". Inzwischen orientieren sich auch schulische Prüfungen in den Fremdsprachen an diesem Maßstab.
3. **Europass Mobilität**: Er wird von Organisationen beantragt, die Lern- oder Arbeitsaufenthalte im EU-Ausland (und in einigen

anderen europäischen Staaten, z. B. der Schweiz) anbieten.
4. **Europass Zeugniserläuterungen**: Für viele Ausbildungsberufe gibt es verbindliche standardisierte Zeugniserläuterungen (teilweise auch auf Englisch und Französisch), die die Stellensuche im Ausland und die Anerkennung des Abschlusses erleichtern sollen.
5. **Europass Diploma Supplement**: Erläuterung zu Abschlusszeugnissen von Hochschulen.

Förderprogramme der Europäischen Union

Die EU organisiert außerdem z. B. Auslandspraktika für Auszubildende und junge Arbeitnehmer, Fortbildungsprogramme in ausländischen Unternehmen oder Auslandssemester für Studenten und Professoren.
Das **EU-Bildungsprogramm für lebenslanges Lernen** (PLL) besteht aus vier Säulen:
- **COMENIUS** (Vorschul- und Schulbildung),
- **LEONARDO DA VINCI** (berufliche Aus- und Weiterbildung),
- **GRUNDTVIG** (Erwachsenenbildung),
- **ERASMUS** (Hochschulbildung).

Meist kann sich der Einzelne nicht direkt für diese Programme bewerben. **Fördermittel** können von privaten und öffentlichen Institutionen beantragt werden, zum Beispiel von Universitäten, gemeinnützigen und kommerziellen Organisationen, aber auch von Unternehmen. Einige Beispiele:
- Die Berufsschule unterhält eine Partnerschaft mit einer ausländischen Schule derselben Fachrichtung, und die EU beteiligt sich an den Kosten des Austauschs.
- Der Landkreis richtet eine (von der EU mitfinanzierte) Stelle ein, die Arbeitsaufenthalte für jüngere Arbeitnehmer organisiert.
- Ein Unternehmen schickt regelmäßig Arbeitnehmer zur Fortbildung in Betriebe derselben Branche im Ausland. Die EU trägt einen Teil der Kosten.

Europass Lebenslauf

Angaben zur Person

Nachname(n) / Vorname(n)	Fischer Patricia
Adresse	Konstanzer Straße 83
	D-59065 Hamm (Deutschland)
Telefon	04367/xxxxxxxx Mobil 0162/xxxxxxxx
E-Mail	pat.fisch@omx.de
Staatsangehörigkeit	deutsch
Geburtsdatum	04/07/199x
Geschlecht	Weiblich
Gewünschte Beschäftigung/ Gewünschtes Berufsfeld	Friseurin

Schul- und Berufsbildung

Zeitraum	01/09/20xx – 30/06/20xx
Bezeichnung der erworbenen Qualifikation	Friseurin
Name und Art der Bildungs- oder Ausbildungseinrichtung	Elisabeth-Lüders Berufskolleg (Berufliche Schule) Am Ebertpark 7, 59067 Hamm (Deutschland)
…	

Internet-Portale (Stand 2010):
- Praktika, Jobs, Au-pair: www.wege-ins-ausland.org
- Informationen über Ausbildung, Praktikum und Arbeit im Ausland bei der Bundesagentur für Arbeit: www.ba-auslandsvermittlung.de
- Informationen über die Anerkennung von Berufsqualifikationen in anderen europäischen Staaten (mit Datenbank): ec.europa.eu/internal_market/ qualifications/index_de.htm

Bei Änderungen in den Adressen finden Sie die Aktualisierung unter **Online-Link 883501-0132.**

ERTRAG EINES AUSLANDSAUFENTHALTS

Persönlicher Ertrag
- Kennenlernen anderer Lebensweisen, soziale Kontakte
- Kennenlernen anderer Arbeitsweisen, Fortbildung im Beruf
- Verbesserung der Sprachkenntnisse
- Offenheit für Menschen aus anderen Staaten

Ertrag für den Arbeitgeber
- Mehr Selbstständigkeit
- Kennenlernen anderer Arbeitsweisen
- Praxisbezogene Sprachkenntnisse
- Offenheit für Kunden und Lieferanten aus dem Ausland

WICHTIGE FRAGEN VOR EINEM AUSLANDSAUFENTHALT

Hinkommen
- Bedingungen für Aufenthalts- und Arbeitserlaubnis
- Aufenthaltserlaubnis für Familienangehörige

→ **Arbeiten**
- Bezahlung
- Steuern und andere Abgaben
- Arbeitsrecht (z. B. Kündigungsschutz)
- Anerkennung deutscher Abschlüsse

→ **Leben**
- Lebenshaltungskosten
- Wohnungsmarkt
- Lebensqualität
- Soziales Netz
- Soziale Kontakte

Europass – bessere Informationen für Arbeitgeber im Ausland

Europass Lebenslauf
Standardisierter Lebenslauf

Europass Sprachenpass
Selbsteinschätzung der Fremdsprachenkenntnisse

Europass Mobilität
Bescheinigung für Teilnahme an Auslandsaufenthalten

Europass Zeugniserläuterungen
Verbindliche standardisierte Erläuterung zu Ausbildungsberufen

Europass Diploma Supplement
Standardisierte Erläuterung zu Studienabschlüssen

Übungsaufgaben

1. Stellen Sie Chancen und mögliche Probleme eines Auslandsaufenthalts einander tabellarisch gegenüber.

2. Ihr Chef bietet Ihnen an, nach dem Ende Ihrer Ausbildung für ein ausländisches Tochterunternehmen nach Griechenland zu gehen. Würden Sie persönlich ein solches Angebot annehmen?
a) Überlegen Sie, welche Fragen Sie klären müssen, bevor Sie über Annahme oder Ablehnung eines solchen Angebots entscheiden.
b) Nennen Sie mögliche Gründe für Annahme oder Ablehnung.
c) Angenommen, Sie lehnen das Angebot ab: Stellen Sie Argumente zusammen, die Sie gegenüber Ihrem Chef vorbringen können.

Ein kleines Projekt in der Klasse:
Recherchieren Sie arbeitsteilig über die Lebens- und Arbeitsbedingungen im Ausland. Wählen Sie einige Staaten aus (EU-Staaten und andere). Präsentieren Sie Ihre Ergebnisse und vergleichen Sie sie.
Den Einstieg erleichtern Ihnen die Internet-Adressen auf S. 39.

1.4 Die eigene Existenz absichern

Aufgaben der Sozialversicherungen

LERNSITUATION

Auf der Baustelle geht es hoch her. Benjamin, der neue Azubi, schimpft furchtbar: In seinem Ausbildungsvertrag steht, dass er 654 Euro im Monat bekommt. Und jetzt fehlen bei seiner ersten Ausbildungsvergütung über 100 Euro. Er glaubt an einen Fehler der Buchhaltung.

Alle machen sich über ihn lustig.

Lernt ihr in der Schule gar nichts mehr? Hast du noch nie was von Beiträgen zur Sozialversicherung gehört?

Sei froh, dass du versichert bist! Arbeitslos bist du heute schneller als du denkst!

Bei uns sind die Abzüge noch viel höher! Du junger Spund zahlst noch überhaupt keine Lohnsteuer!

Arbeitsauftrag

Helfen Sie dem Kollegen, damit er sich nicht mehr blamiert.
Bei der Lösung helfen Ihnen der Informationstext und folgende Fragen:
1. Was meinen die Kollegen mit „Beiträgen zur Sozialversicherung"? Welche Zweige der Sozialversicherung gibt es und wie hoch ist der Beitragssatz?
2. Welche Leistungen erbringen diese Versicherungen jeweils? Unter welchen Bedingungen können sie in Anspruch genommen werden?
3. Warum zahlt Benjamin im Unterschied zu seinen Kollegen keine Lohnsteuer? (→ S. 46)

1.4 Die eigene Existenz absichern

Die fünf Säulen der Sozialversicherung					
	Gesetzliche Krankenversicherung	**Rentenversicherung**	**Arbeitslosenversicherung**	**Pflegeversicherung**	**Unfallversicherung**
Träger	Krankenkassen (AOK, Betriebskrankenkassen u. a.)	Versicherungsanstalten (z. B. Deutsche Rentenversicherung Bund)	Bundesagentur für Arbeit	Pflegekassen	Berufsgenossenschaften, Unfallkassen
Pflichtversicherung für	Arbeitnehmer mit Bruttoeinkommen bis 4 162,50 €; außerdem Auszubildende, Arbeitslose, Rentner, Studenten, Landwirte	alle Arbeiter, Angestellte, Auszubildende, Arbeitslose; außerdem Handwerker und Landwirte	alle Arbeiter, Angestellte, Auszubildende	alle Mitglieder einer gesetzlichen oder privaten Krankenversicherung	alle Arbeitnehmer und Auszubildende; Schüler, Studenten (Versicherung durch Arbeitgeber, Schule, Universität u. Ä.)
Wichtige Leistungen	für Versicherte und Familienangehörige ohne eigene Versicherung: • Behandlungskosten beim Arzt und im Krankenhaus; • Heil- und Arzneimittel; • Krankengeld bei Arbeitsunfähigkeit über sechs Wochen • Mutterschaftshilfe • Vorsorgeuntersuchungen • Rehabilitation	• Rente im Alter • Rente bei Erwerbsunfähigkeit, abhängig vom Maß der Erwerbsunfähigkeit: bei 3–6 Stunden Arbeit täglich Teilerwerbsunfähigkeit; wenn weniger: volle Erwerbsunfähigkeit • Hinterbliebenenrente	• Arbeitslosengeld I bei Arbeitslosigkeit je nach Höhe des Nettoeinkommens • Kurzarbeitergeld Arbeitsförderung: • Arbeitsvermittlung • Berufsberatung • Umschulung	Geldleistung für Pflege zu Hause oder in Heimen je nach Schwere des Falls (3 Pflegestufen)	Unfallverhütung; bei Arbeitsunfällen (auch Wegeunfällen) und bei Berufskrankheiten: • Behandlungskosten; • Rehabilitationsmaßnahmen; • Umschulung; • Rente bei Erwerbsunfähigkeit und für Hinterbliebene
Finanziert durch	Arbeitgeber 50 % Arbeitnehmer 50 %				Arbeitgeber 100 %
	Beitragssatz 14,0 % +0,9 % zusätzlicher Arbeitnehmerbeitrag, außerdem staatlicher Zuschuss	Beitragssatz 19,9 %, außerdem staatlicher Zuschuss	Beitragssatz 2,8 %	Beitragssatz 1,95 %, kinderlose Arbeitnehmer zahlen zusätzlich 0,25 %.	Beitragssatz abhängig von Schadenklasse des Unternehmens und Lohnsumme

Freiwillige Versicherung ist auch für andere Personengruppen möglich. Andere Regelungen gelten bei Beamten, bei geringfügig Beschäftigten, z. T. bei Rentnern. Bis 400 Euro („Minijob") kein Arbeitnehmerbeitrag zur Sozialversicherung (bei Auszubildenden abweichend).

Zusammenstellung des Autors, Stand 2010. Aktueller Stand → Online-Link

Bei Arbeitsunfähigkeit bis sechs Wochen wird der Lohn vom Arbeitgeber weiter bezahlt.

Sozialgesetzbuch (SGB)
Im Sozialgesetzbuch sind wesentliche Teile des Sozialrechts geregelt, z. B. Arbeitsförderung, die Zweige der Sozialversicherung, Sozialhilfe, Kinder- und Jugendhilfe. Das Arbeitsrecht ist nicht Teil des SGB.

Aufgaben des Sozialstaats

Die Bundesrepublik Deutschland bezeichnet sich in ihrer Verfassung ausdrücklich als Sozialstaat. Der Sozialstaat hat es zu seiner Aufgabe gemacht, Menschen zu helfen, die in Not sind – das heißt: nicht oder nur eingeschränkt in der Lage sind, ihre Existenz aus eigenen Mitteln zu sichern. Das können Arbeitslose sein, Familien mit vielen Kindern, Alleinerziehende, Rentner, Behinderte. Auch persönliche Schicksalsschläge wie Scheidung, Krankheit, Arbeitslosigkeit führen leicht in die Armut oder in die Verschuldung. Die Leistungen, auf die der Einzelne Anspruch hat, sind im **Sozialgesetzbuch** geregelt.

Die Sozialversicherung – Pflicht für viele

Die meisten Arbeitnehmer werden durch eine **Pflichtversicherung** vor Risiken wie Krankheit, Arbeitslosigkeit, Arbeitsunfällen, Pflegebedürftigkeit und im Alter abgesichert: Sozialversicherung. (Für Beamte und Selbstständige gelten meist andere Regelungen.) – Eine genaue Übersicht über die fünf Säulen der Sozialversicherung, den versicherten Personenkreis, die Leistungen

42   1   Die berufliche Existenz sichern

1.4 Die eigene Existenz absichern

und die Beitragshöhe finden Sie im Schema (→ S. 42).

Der Staat überlässt es nicht der Entscheidung des Einzelnen, ob und wie er Vorsorge für diese Risiken trifft, sondern zieht die Versicherungsbeiträge wie eine Steuer direkt vom Lohn ab. Die Bundesregierung legt Art und Umfang der Leistungen fest, den versicherten Personenkreis und – mit Ausnahme der Unfallversicherung – auch die Höhe der Beitragssätze. Träger der Versicherungen ist aber nicht der Staat, sondern es sind Körperschaften des öffentlichen Rechts, wie z. B. die Krankenkassen.

Die Beiträge richten sich in allen Zweigen der Sozialversicherung außer der Unfallversicherung nach dem Bruttoeinkommen der Arbeitnehmer. Dabei gibt es eine **Beitragsbemessungsgrenze** (2010: 5 500 Euro/Monat), d. h., ein Einkommen über dieser Grenze bleibt bei der Berechnung des Beitrags unberücksichtigt. Arbeitnehmer mit einem Einkommen über der **Versicherungspflichtgrenze** (2010: 4 162,50 Euro/Monat) können sich auch privat krankenversichern. Eine Krankenversicherungspflicht besteht jedoch für alle, auch für Selbstständige.

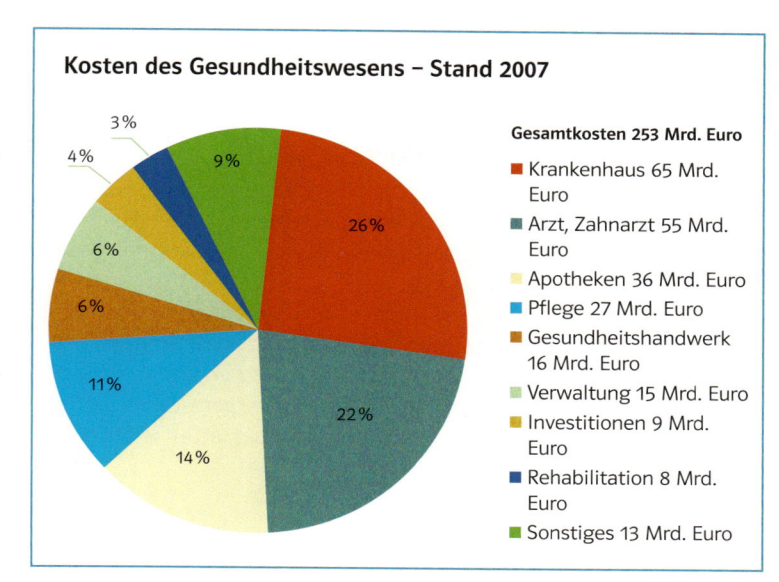

Stichwort: Solidaritätsprinzip

Die Versicherungen sind nach dem **Solidaritätsprinzip** aufgebaut. Besonders deutlich ist dies in der Krankenversicherung. Der Beitrag richtet sich nach dem Bruttolohn und nicht danach, wie oft jemand krank wird und was er die Krankenkasse kostet. Unabhängig von der Höhe des Beitrags und der Dauer der Beitragszahlung erhalten alle Versicherten die gleichen Leistungen. Die Gesunden zahlen für die Kranken. Familienmitglieder ohne eigenes Einkommen (Kinder, nicht erwerbstätige Ehepartner) sind ohne zusätzliche Kosten mitversichert.

Ob die Beiträge gesenkt werden können oder erhöht werden müssen, hängt ab von den Ausgaben des jeweiligen Zweigs der Sozialversicherung. Die Beitragszahler sind eine **Risikogemeinschaft**.

Die Sozialversicherungen verhindern normalerweise auch, dass Menschen im Alter oder bei Pflegebedürftigkeit anderen zur Last fallen und von ihnen abhängig werden. Wer alt ist, muss sich nicht wie früher auf

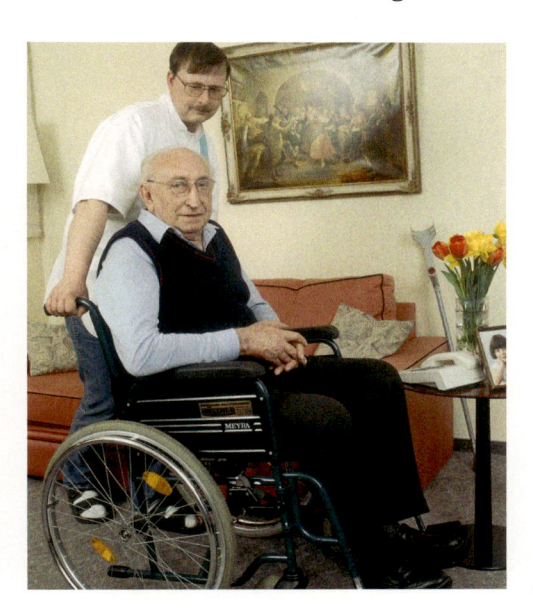

Kosten des Gesundheitswesens – Stand 2007

Gesamtkosten 253 Mrd. Euro
- Krankenhaus 65 Mrd. Euro (26 %)
- Arzt, Zahnarzt 55 Mrd. Euro (22 %)
- Apotheken 36 Mrd. Euro (14 %)
- Pflege 27 Mrd. Euro (11 %)
- Gesundheitshandwerk 16 Mrd. Euro (6 %)
- Verwaltung 15 Mrd. Euro (6 %)
- Investitionen 9 Mrd. Euro (4 %)
- Rehabilitation 8 Mrd. Euro (3 %)
- Sonstiges 13 Mrd. Euro (9 %)

Online-Link
883501-0141
- Sozialstaat
- Sozialversicherungen
- Generationenvertrag
- Abzüge vom Lohn

Rehabilitation, Reha
Maßnahmen zur Wiederherstellung der Arbeitsfähigkeit nach Unfall oder Krankheit

Wer versorgt die Pflegebedürftigen?

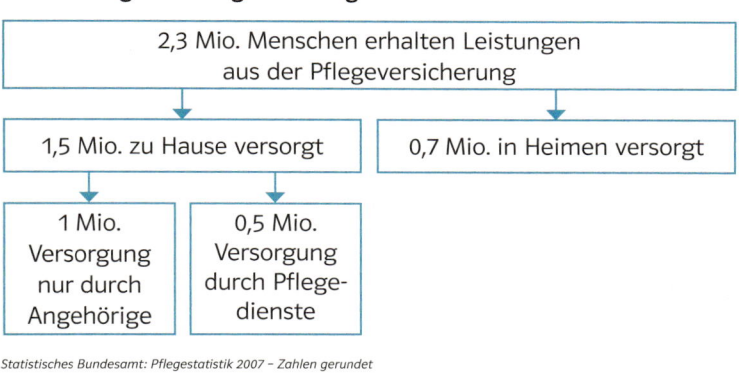

2,3 Mio. Menschen erhalten Leistungen aus der Pflegeversicherung

- 1,5 Mio. zu Hause versorgt
  - 1 Mio. Versorgung nur durch Angehörige
  - 0,5 Mio. Versorgung durch Pflegedienste
- 0,7 Mio. in Heimen versorgt

Statistisches Bundesamt: Pflegestatistik 2007 – Zahlen gerundet

1 Die berufliche Existenz sichern

die Nachkommen verlassen und von deren Geld leben.
Wenn heute jemand pflegebedürftig wird, gibt es die freie Entscheidung zwischen häuslicher Pflege und einem Pflegeheim. Beide Formen der Pflege werden finanziell unterstützt, auch wenn die Versicherungsleistungen nicht die gesamten Kosten abdecken.
Die Sozialversicherungen nützen damit dem Einzelnen, indem sie ihn unabhängiger machen von den Zuwendungen anderer Menschen. Sie nützen der Gemeinschaft, weil ihr der Einzelne als Versicherter seltener zur Last fällt.

Stichwort: Generationenvertrag

Die **Rentenversicherung** ist nach dem Grundsatz des Generationenvertrags organisiert. Aus den laufenden Beiträgen der berufstätigen Versicherten werden die Zahlungen an die Rentner finanziert: **Umlageverfahren**. Die Beitragszahler erwerben dadurch einen Rentenanspruch, dessen Höhe sich in erster Linie nach der Zahl der Beitragsjahre und der Höhe der bezahlten Beiträge richtet. Zeiten der Kindererziehung werden dabei berücksichtigt.
Die Renten sind **dynamisch**, d. h. sie folgen mit zeitlichem Abstand der Entwicklung der Löhne. Dennoch werden wegen der Finanzierungsprobleme der Rentenversicherung künftige Generationen weniger Rente bekommen.

Die besonderen Aufgaben der Unfallversicherung

Für alle Kosten, die in Zusammenhang mit einem Arbeitsunfall entstehen, ist die Unfallversicherung zuständig. Dies gilt auch für Unfälle auf dem direkten Weg zur Arbeitsstelle oder zurück nach Hause. Nur wenn der Arbeitnehmer den Unfall unter Alkoholeinfluss oder Drogen verursacht hat, erbringt sie keine Leistungen. Außerdem zahlt die Unfallversicherung die Kosten von **Berufskrankheiten**.
Ein *Beispiel:* Ein Arbeitnehmer kommt auf dem Weg zur Arbeit bei Glatteis mit dem Auto von der Straße ab. Die Krankheitskosten werden nicht von der Krankenversicherung, sondern von der Unfallversicherung übernommen. Wenn er dadurch seinen Beruf nicht mehr ausüben kann, wird eine Umschulung von der Unfallversicherung bezahlt und nicht von der Arbeitslosenversicherung. Wenn er erwerbsunfähig wird, zahlt die Unfallversicherung eine Rente. Nur den Schaden am eigenen Auto muss er selbst tragen, wenn er keine Vollkaskoversicherung (→ S. 50) abgeschlossen hat.
Anders sieht es aus, wenn der Unfall in der Freizeit oder auf einem Umweg auf der Fahrt zur Arbeitsstelle geschah. Die Unfallversicherung ist nicht mehr zuständig. Eine wichtige Konsequenz: Wenn der Arbeitnehmer erwerbsunfähig wird, ist die Erwerbsunfähigkeitsrente, die ihm die Rentenversicherung zahlt, oft sehr niedrig. Der Grund: Jüngere Arbeitnehmer haben noch nicht lange in die Rentenversicherung einbezahlt. Hier zeigt sich eine Versorgungslücke, die durch private Vorsorge geschlossen werden sollte (→ S. 48–50).

Wann zahlt die Arbeitslosenversicherung?

Arbeitslosengeld I gibt es (Stand 2010) für Arbeitslose, die in den vergangenen zwei Jahren mindestens zwölf Monate in die Arbeitslosenversicherung einbezahlt haben (Anwartschaftszeit). Die Höhe richtet sich

---

Berufskrankheiten
Krankheiten, die ursächlich durch die Berufstätigkeit entstanden sind.

Zahlungen der gesetzlichen Unfallversicherung 2008

Renten	45 %
Heilbehandlung, Rehabilitation	36 %
Hinterbliebenenrente	16 %
Sonstige Ausgaben	4 %

Differenzen rundungsbedingt.
Ursprungsdaten: Deutsche gesetzliche Unfallversicherung

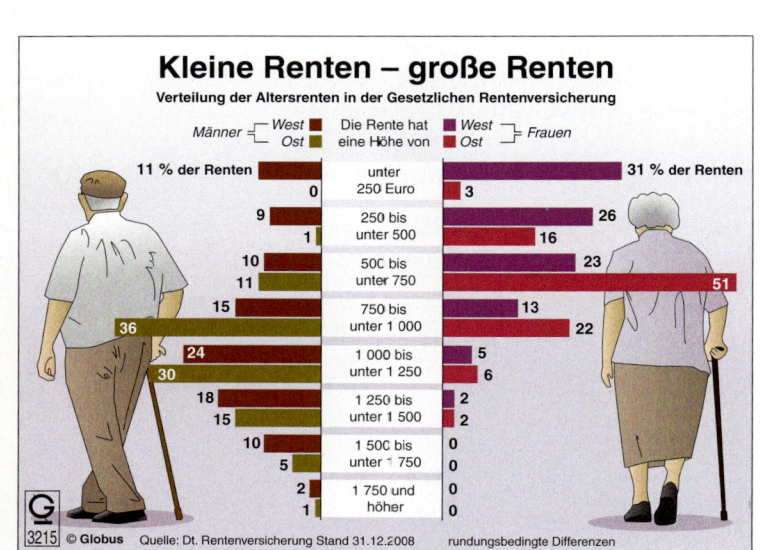

Kleine Renten – große Renten
Verteilung der Altersrenten in der Gesetzlichen Rentenversicherung

Männer West	Männer Ost	Die Rente hat eine Höhe von	Frauen West	Frauen Ost
11 % der Renten				31 % der Renten
0		unter 250 Euro	3	
9	1	250 bis unter 500	26	16
10	11	500 bis unter 750	23	51
15	36	750 bis unter 1 000	13	22
24	30	1 000 bis unter 1 250	5	6
18	15	1 250 bis unter 1 500	2	2
10	5	1 500 bis unter 1 750	0	0
2	1	1 750 und höher	0	0

Quelle: Dt. Rentenversicherung Stand 31.12.2008 – rundungsbedingte Differenzen

hauptsächlich nach dem letzten Nettoeinkommen. Die Agentur für Arbeit zahlt auch die Beiträge zur Kranken-, Pflege- und Rentenversicherung.

Arbeitnehmer, die selbst gekündigt oder durch ihr Verhalten ihre Arbeitslosigkeit verschuldet haben, haben erst nach einer **Sperrzeit** Anspruch auf Arbeitslosengeld I. Sperrzeiten gibt es auch, wenn zumutbare Arbeiten oder Eingliederungsmaßnahmen abgelehnt wurden.

Der Anspruch auf Arbeitslosengeld ist zeitlich befristet; die Dauer beträgt normalerweise zwölf Monate (bei älteren Arbeitnehmern länger). Wer danach noch arbeitslos ist oder keinen Anspruch auf Arbeitslosengeld I hat, kann **Arbeitslosengeld II** beantragen, umgangssprachlich bekannt als **Hartz IV**. Es handelt sich dabei nicht um eine Versicherungsleistung, sondern es wird vom Staat bezahlt und ist von der Erfüllung bestimmter Bedingungen abhängig.

Finanzierungsprobleme der Sozialversicherung

Alle Zweige der Sozialversicherung haben mit steigenden Kosten zu kämpfen. Die Einnahmen sind abhängig von der Situation auf dem Arbeitsmarkt. Hohe Arbeitslosigkeit belastet nicht nur die Arbeitslosenversicherung, sondern führt in allen Zweigen der Sozialversicherung zu sinkenden Einnahmen, weil weniger Beschäftigte Beiträge zahlen. Eigentlich müssten dann die Beitragssätze erhöht werden. Dies ist jedoch problematisch, weil das (durch steigende Lohnnebenkosten) die Arbeit für die Arbeitgeber verteuern würde. Außerdem würde der Abstand zwischen den Lohnkosten der Unternehmen und dem ausbezahlten Lohn noch größer werden.

In der **Rentenversicherung** steht einer wachsenden Zahl von Rentnern eine immer kleinere Zahl von Arbeitnehmern gegenüber, die die notwendigen Beiträge zahlen (→ Grafik). Die zwei Hauptursachen für diese ungünstige demografische Entwicklung sind die höhere Lebenserwartung und das Schrumpfen der Bevölkerung aufgrund der seit Jahrzehnten niedrigen Geburtenrate von derzeit durchschnittlich 1,4 Kindern je Frau.

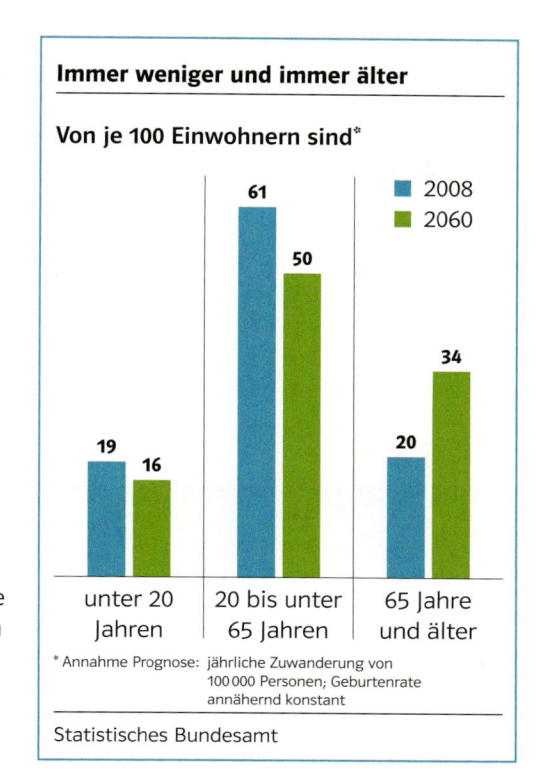

Immer weniger und immer älter

Von je 100 Einwohnern sind*

	unter 20 Jahren	20 bis unter 65 Jahren	65 Jahre und älter
2008	19	61	20
2060	16	50	34

* Annahme Prognose: jährliche Zuwanderung von 100 000 Personen; Geburtenrate annähernd konstant

Statistisches Bundesamt

Um die Belastung der arbeitenden Generation zu begrenzen, hat der Staat seinen Zuschuss erhöht. Die Rentenhöhe wird nach einer anderen Formel berechnet, die zu niedrigeren Renten führt. Wer vorzeitig in Rente geht, muss größere Abschläge in Kauf nehmen. Das Rentenalter wurde auf 67 Jahre heraufgesetzt.

In der **Krankenversicherung** steigen die Kosten vor allem wegen der Fortschritte der Medizin und der steigenden Lebenserwartung – zwei positiven Entwicklungen. Eine Versorgung nach heutigen Maßstäben lässt sich nicht mit den Kosten von gestern erreichen.

Durch Reformen wurde versucht, die Beiträge stabil zu halten. Beispiele: Die Kosten für Zahnersatz werden nur noch von den Arbeitnehmern getragen (0,9 Prozent des Bruttoeinkommens, Stand 2010). Zuzahlungen der Patienten wurden erhöht, Leistungen eingeschränkt. Außerdem unterstützt der Staat die Krankenversicherung mit Milliardenbeträgen. Alle bisherigen Reformen haben aber den Kostenanstieg nicht dauerhaft stoppen können.

Arbeitslosengeld II, Hartz IV
→ S. 53–54

1.4 Die eigene Existenz absichern

Was geht ab vom Lohn?

Firmen-Nummer	Kostenstelle	Personal-Nummer	Abr.-Monat	Steuer-Klasse	Kinderfreibetr.	Zahl d. Kinder	Konfession	Sozialvers.-Schlüssel	PV	Krankenkasse	Steuer-Tage	Sozialvers.-Tage
	1234		06/10	I	0,0	--	ev. 1	11	1	AOK	30	30

Stunden	Lohnsatz	Prozentsatz	Steuerpflichtig	Sozialvers.-pflichtig	Betrag	Lohnarten-Bezeichnung
			2148,00	2148,00	2148,00	Bruttolohn
					259,58	Lohnsteuer
					14,27	Solidaritätszuschlag
					23,36	Kirchensteuer
					409,80	SV-Beiträge Arbeitnehmer
					1410,99	Auszahlung

Arbeitnehmeranteile monatlich

Rentenvers.	Krankenvers.	Arbeitslosenvers.	Pflegevers.
213,73	169,69	30,07	26,31

Abzüge vom Lohn

 Bruttolohn
- *Lohnsteuer*
- *Solidaritätszuschlag*
- *Kirchensteuer*
- *Sozialversicherungen*
= *Nettolohn*
 (ausbezahlter Lohn)

Vom Bruttolohn werden Steuern und Sozialversicherungsbeiträge direkt abgezogen. Wonach richtet sich die Höhe dieser Abzüge? (Alle Angaben auf dieser Seite gelten für das Jahr 2010.)

Die **Beiträge zu den Sozialversicherungen** richten sich nach dem Bruttolohn (für Arbeitnehmer ohne Kinder zusammen 20,475 % des Bruttolohns). Dabei gilt in den alten Bundesländern eine Beitragsbemessungsgrenze von 5 500 Euro für die Arbeitslosen- und Rentenversicherung und von 3 750 Euro für die gesetzliche Krankenversicherung. Das heißt: Für das Einkommen, das jeweils über diesen Grenzen liegt, müssen keine Sozialversicherungsbeiträge bezahlt werden. (Aktuelle Zahlen, Sonderregelungen und Regelungen für die neuen Bundesländer: 👉.)

Die Höhe der **Lohnsteuer** ist ebenfalls vom Bruttolohn abhängig, jedoch nicht als fester Prozentsatz, sondern abhängig von der Lohnhöhe und der Steuerklasse des Beschäftigten. Es muss dabei nicht für das ganze Einkommen Lohnsteuer bezahlt werden, sondern es gibt **Freibeträge**, z. B. 8 004 Euro jährlich als „steuerfreies Existenzminimum" (Grundfreibetrag). Erst für den Lohn, der die Freibeträge übersteigt, wird Lohnsteuer fällig. Deren Höhe steigt von 14 % bis auf 45 % (für das Einkommen, das über 250 730 Euro/Jahr liegt). Wer viel verdient, zahlt also einen höheren Anteil seines Einkommens als Lohnsteuer: **Steuerprogression**. – Für Verheiratete verdoppeln sich die Freibeträge, denn ihr Einkommen wird zusammengezählt. Sie sind in einer anderen Steuerklasse als Unverheiratete.

Solidaritätszuschlag und **Kirchensteuer** richten sich nach der Lohnsteuer: Der Solidaritätszuschlag, der die Kosten der Wiedervereinigung finanzieren hilft, beträgt 5,5 % der Lohnsteuer. Die Kirchensteuer beträgt 9 % der Lohnsteuer (in Baden-Württemberg und Bayern nur 8 %).

Die Arbeitgeber berechnen Lohnsteuer, Solidaritätszuschlag und Kirchensteuer mithilfe von Lohnsteuertabellen.

Die Steuerabzüge vom Lohn sind aber nur vorläufig. Steuerzahler können durch einen **Lohnsteuerjahresausgleich** oder eine Einkommensteuererklärung einen Teil der bezahlten Steuern später zurückbekommen, wenn sie besonders hohe Kosten im Zusammenhang mit ihrer Berufstätigkeit hatten (z. B. als Pendler) oder außergewöhnliche Belastungen (z. B. wegen einer Behinderung).

1.4 Die eigene Existenz absichern

SOZIALVERSICHERUNG

- Pflichtversicherung für Arbeitnehmer (Arbeitslosen-, Renten-, Kranken-, Pflegeversicherung)
- Pflichtversicherung für Unternehmen (Unfallversicherung)

	Kranken-versicherung	Renten-versicherung	Arbeitslosen-versicherung	Pflege-versicherung	Unfall-versicherung
Träger	Krankenkassen	Versicherungs-anstalten	Bundesagentur für Arbeit	Pflegekassen	Berufsgenossen-schaften
Wichtige Leistungen	<ul><li>Arzt</li><li>Krankenhaus</li><li>Arzneimittel</li><li>Krankengeld</li><li>Mutter-schaftshilfe</li></ul>	<ul><li>Rente im Alter</li><li>Rente bei Erwerbs-unfähigkeit</li><li>Hinterbliebe-nenrente</li></ul>	<ul><li>Arbeitslosen-geld I</li><li>Kurzarbeiter-geld</li><li>Arbeits-vermittlung</li><li>Arbeits-förderung</li><li>Umschulung</li></ul>	Geldleistung für Pflege<ul><li>zu Hause</li><li>in Heimen</li></ul>	Unfallverhütung Bei Arbeitsunfäl-len, bei Berufs-krankheiten:<ul><li>Behandlungs-kosten</li><li>Umschulung</li><li>Erwerbsun-fähigkeits-rente</li></ul>
finanziert durch	Arbeitgeber 50 % / Arbeitnehmer 50 %				Arbeitgeber 100 %
Beitragshöhe	fester Prozentsatz des Bruttoeinkommens				hängt von Schadenklasse des Unterneh-mens und der Lohnsumme ab

Übungsaufgaben

1. Erläutern Sie den Begriff „Generationenvertrag".

2. Vanessa, Restaurantfachfrau, wird von einer Wespe gestochen, während sie auf der Terrasse des Cafés „Ruhrpott" Kuchen serviert. Sie reagiert auf den Stich allergisch und muss sofort zum Arzt. Sie bekommt Medikamente und ist drei Tage arbeitsun-fähig.
   a) Stellen Sie fest, welche Versicherung die Kosten trägt.
   b) Was würde sich ändern, wenn nicht Vanessa, sondern ein Gast von der Wespe gestochen worden wäre?

3. Definieren Sie die Begriffe „Beitragsbemessungs-grenze" und „Versicherungspflichtgrenze" und erklä-ren Sie den Unterschied.

4. Nennen Sie zwei Berufsgruppen, die nicht rentenver-sicherungspflichtig sind.

5. Prüfen Sie, ob die Pflegeversicherung für alle Menschen in Deutschland eine Pflichtversicherung ist. Begründen Sie.

6. Matthias behauptet, dass bei ihm die Abzüge mehr als die Hälfte des Bruttolohns betragen. Überprüfen Sie, ob das überhaupt möglich ist.

7. Probleme der gesetzlichen Rentenversicherung:
   a) Nennen Sie zwei Probleme der Rentenversicherung.
   b) Stellen Sie zwei mögliche staatliche Maßnahmen dar, um diese Probleme langfristig zu lösen.

1 Die berufliche Existenz sichern

Für die Wechselfälle des Lebens vorsorgen

Und hier haben wir noch die Versicherung gegen unnötige Versicherungen!

LERNSITUATION

Stefanie und Alexander Padeffke sind seit zwei Jahren verheiratet. Jetzt kündigt sich Nachwuchs an. Stefanie arbeitet als Hauswirtschafterin und will nach der Elternzeit wieder in den Beruf einsteigen. Alexander ist Kfz-Mechatroniker. Sie haben ein Reihenhaus gemietet, damit die Kleine genug Platz zum Spielen hat. Jetzt sind sie dabei, sich neu einzurichten. „Brauchen wir dann eine Hausratversicherung?", fragt Stefanie. „Und gibt es andere Versicherungen, die auch nötig sind?"

Die beiden vereinbaren einen Termin mit einem Versicherungsvertreter. Im Voraus überlegen sie, was ihnen wichtig ist: Das Einkommen der Familie soll abgesichert werden, falls Alexander aus irgendwelchen Gründen nicht mehr arbeiten kann. Außerdem Auto hat Alexander ein neues Motorrad, eine schwere Maschine, die er nur in den Sommermonaten fährt.

Arbeitsauftrag

Stellen Sie ein sinnvolles Versicherungspaket für Familie Padeffke zusammen.

1.4 Die eigene Existenz absichern

Warum ist private Vorsorge nötig?

Haben Sie reiche Eltern? Erben Sie ein paar Mietshäuser oder ein Aktienpaket? Nein? Dann müssen Sie selbst vorsorgen und Geld auf die Seite legen für Anschaffungen, für unvorhergesehene Ausgaben, für den Fall der Berufsunfähigkeit, fürs Alter.
Die Sozialversicherung deckt nämlich nicht alle Risiken und Schäden ab. Es ist verkehrt, sich darauf zu verlassen, dass Sozialversicherung oder Staat im Notfall schon für das nötige Geld sorgen werden. Die gesetzliche Vorsorge muss durch private Vorsorge ergänzt werden. Die eigene Vorsorge sollte auf drei Säulen ruhen:
- der **Sozialversicherung** (→ S. 41–47),
- **Individualversicherungen**,
- der **Vermögensbildung**.

Individualversicherungen

Die meisten Risiken kann ich gegen Geld versichern. Eine Versicherung ist aber nur dann notwendig, wenn die Kosten eines Schadens so hoch sind, dass ich sie aus eigener Tasche nicht bezahlen kann. Eine Reisegepäckversicherung ist darum nicht unbedingt nötig; schlimmstenfalls muss ich die abhandengekommenen Sachen neu kaufen. Auf eine Berufsunfähigkeitsversicherung kann ich dagegen nicht verzichten, weil ich sonst vor allem in jüngeren Jahren nur wenig Rente bekomme, wenn ich wegen Krankheit oder nach einem Unfall nicht mehr oder nur in Teilzeit arbeiten kann. Wer Familie hat, braucht mehr Versicherungen. Dann geht es auch um die Vorsorge für die Familienmitglieder (→ Grafik).

Online-Link
883501-0142
- *Private Vorsorge*
- *Individualversicherungen*

Wer braucht welche Versicherung?

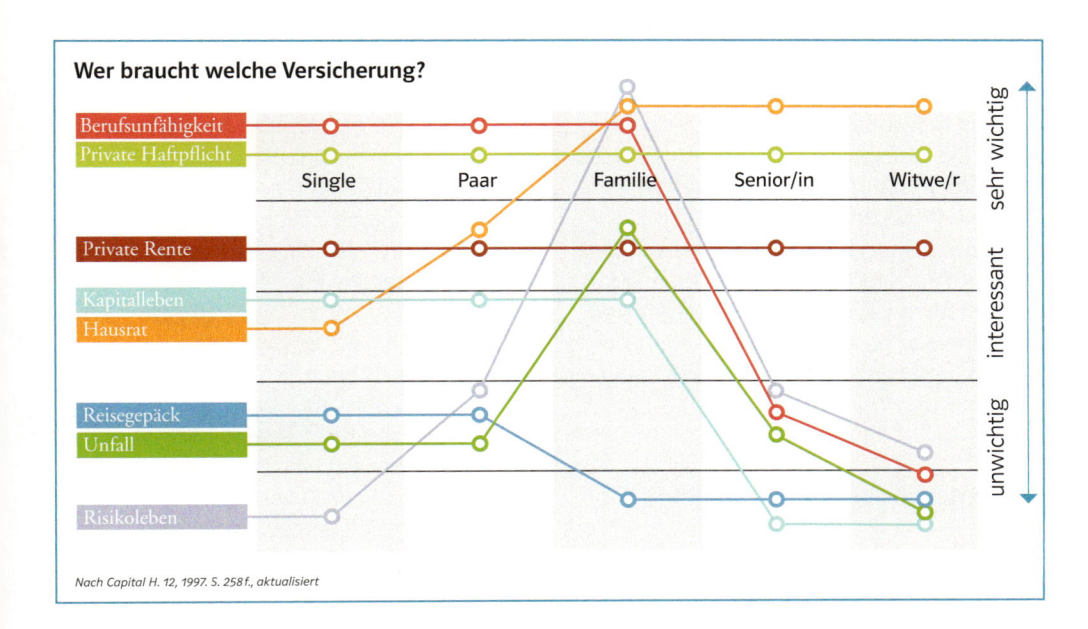

Nach Capital H. 12, 1997. S. 258 f., aktualisiert

Was leisten die Versicherungen?	
Berufs-unfähigkeit	Rente für Berufstätige bei Berufs- oder Erwerbsunfähigkeit; neun von zehn Frührentnern verlieren ihre Arbeit durch Krankheit, nicht durch Unfall.
Private Haftpflicht	Deckt alle Personen-, Sach- und Vermögensschäden bei fremden Personen ab; auch Schäden, die von Familienmitgliedern verursacht wurden. Kfz-Haftpflichtversicherung ist vorgeschrieben.
Private Rente	Monatliche Altersrente zusätzlich zur gesetzlichen Rente (bis zum Tod); auch als betriebliche Altersversorgung möglich.
Kapitalleben	Wie Risiko-Lebensversicherung; zusätzlich Auszahlung des Versicherungsbetrags, wenn der Versicherte das vereinbarte Alter erreicht.
Hausrat	Ersetzt Schäden an der Einrichtung, z. B. nach Einbruch, Feuer u. Ä.
Unfall	Absicherung bei privaten Unfällen.
Risikoleben	Bei Tod des Versicherten erhalten die Hinterbliebenen die Versicherungssumme.

Unterschieden wird zwischen
- **Personenversicherungen**: Sie gleichen Einkommensverluste bei Berufsunfähigkeit, nach einem Unfall oder beim Tod des Versicherten teilweise aus;
- **Sachversicherungen**, z. B. Hausratversicherung, Wohngebäudeversicherung: Sie ersetzen Sachschäden oder tragen die Kosten des Wiederaufbaus eines Gebäudes, etwa nach einem Brand;
- **Vermögensversicherungen**: Sie schützen vor Ansprüchen anderer auf Schadenersatz, z. B. private Haftpflichtversicherung, Rechtsschutzversicherung (übernimmt Anwalts- und Gerichtskosten).

Manche Individualversicherungen sind in Deutschland sogar vorgeschrieben. Ein *Beispiel:* Wer ein Auto hat, muss eine Kfz-Haftpflichtversicherung abschließen, die Sach- und Personenschäden abdeckt, die durch die Schuld des Fahrers an fremdem Eigentum entstehen. Auch der Schaden am eigenen Fahrzeug kann versichert werden, durch eine Vollkaskoversicherung. Diese ist aber nicht Pflicht.

Vermögensbildung

Etwa zehn Prozent des Einkommens werden in Deutschland gespart. Banken und Versicherungen konkurrieren mit unterschiedlichen Produkten um die Ersparnisse.

Die ideale Form der Vermögensbildung gibt es nicht. Sie hängt von der persönlichen Situation ab, etwa der Familie oder Partnerschaft, den beruflichen Verpflichtungen und Interessen. Je nach den eigenen Sparzielen und der eigenen Risikobereitschaft kommen unterschiedliche Formen der Anlage infrage. Ein höherer Ertrag ist immer mit einem höheren Risiko verbunden – dem Risiko, dass ein Teil der Anlagesumme (schlimmstenfalls alles) verloren gehen kann.

Wichtig ist auch der Anlagezeitraum: Muss das angelegte Geld jederzeit verfügbar sein oder erst zu einem späteren Zeitpunkt? Wenn ich z. B. im Alter meine Rente aufbessern möchte, brauche ich nicht eine große Summe auf einmal (wie bei einer Kapital-Lebensversicherung), sondern bin an einer regelmäßigen monatlichen Zahlung interessiert, z. B. aus der privaten Rentenversicherung. Eine Alternative zu Sparplänen, Kapitalanlagen usw. ist auch die eigene Wohnung oder das eigene Häuschen.

Förderung der Vermögensbildung

Die **private Altersvorsorge** soll den Bürgern helfen, ihre spätere Rente aufzubessern. Sie wird vom Staat gefördert, z. B. durch die sogenannte Riester-Rente. Wer einen Teil seines Einkommens für seine Altersvorsorge in einem speziellen Vertrag anlegt, bekommt einen staatlichen Zuschuss. Jeder Arbeitnehmer hat außerdem einen gesetzlichen Anspruch auf eine **betriebliche Altersversorgung**. Wenn es vom Arbeitgeber keine freiwilligen Leistungen zur betrieblichen Altersversorgung gibt, kann der Arbeitnehmer einen Teil seines Lohns in eine Direktversicherung einzahlen, die der Arbeitgeber für ihn abschließt.

Viele Arbeitnehmer erhalten **vermögenswirksame Leistungen** des Arbeitgebers. Das Geld muss sieben Jahre in einen Sparbrief, einen Bausparvertrag, in einen Investmentfonds o. Ä. angelegt werden. Dafür gibt es ebenfalls staatliche Zuschüsse, abhängig von Einkommensgrenzen.

PRIVATE VORSORGE

DIE DREI SÄULEN DER VORSORGE

Sozialversicherungen
- gesetzliche Krankenversicherung
- Pflegeversicherung
- Arbeitslosenversicherung
- Rentenversicherung
- Unfallversicherung

gesetzliche Vorsorge
(Pflichtversicherung für die meisten Arbeitnehmer)

Individualversicherungen
- Personenversicherungen
- Sachversicherungen
- Vermögensversicherungen

private Vorsorge

Vermögensbildung
- Altersvorsorge
- Wohnungseigentum
- Kapitalanlagen

private Vorsorge

INDIVIDUALVERSICHERUNGEN

Personenversicherungen
- Berufsunfähigkeitsversicherung
- private Rentenversicherung
- private Unfallversicherung

Zweck:
Einkommen, wenn andere Einkommensquellen wegfallen oder geringer werden

Sachversicherungen
- Hausratversicherung
- Wohngebäudeversicherung

Zweck:
Ersatz von Schäden am eigenen Eigentum

Vermögensversicherungen
- private Haftpflichtversicherung
- Rechtsschutzversicherung
- Kfz-Haftpflichtversicherung

Zweck:
Absicherung gegen Schadenersatzansprüche anderer (Schutz des eigenen Vermögens)

Übungsaufgaben

1. Nennen Sie drei Entscheidungen, die Sie schon heute treffen können, um über die gesetzliche Rente hinaus für Ihr Alter vorzusorgen.

2. Überlegen Sie, zu welcher Art von Individualversicherung die folgenden Versicherungen zählen:
   A Reisegepäckversicherung
   B private Haftpflichtversicherung
   C private Unfallversicherung
   D Kfz-Haftpflichtversicherung
   E Lebensversicherung

3. Beitragseinnahmen privater Versicherungen 2009

Lebensversicherung	83,4 Mrd. €
Private Krankenversicherung	31,5 Mrd. €
Kfz-Versicherung	20,1 Mrd. €
Haftpflichtversicherung	6,4 Mrd. €
Wohngebäudeversicherung	4,7 Mrd. €
Rechtsschutzversicherung	3,2 Mrd. €
Hausratversicherung	2,6 Mrd. €

   Gesamtverband der Versicherungswirtschaft – Auswahl

   a) Stellen Sie fest, welche dieser Versicherungen für junge Menschen am Anfang des Berufslebens nötig sind und ob wichtige Versicherungen fehlen. Erläutern Sie Ihre Entscheidung.
   b) Kann man sagen, dass eine Versicherung umso wichtiger ist, je höher die Beitragseinnahmen sind? Beziehen Sie dazu Stellung und begründen Sie.

Leistungen des Sozialstaats für seine Bürger

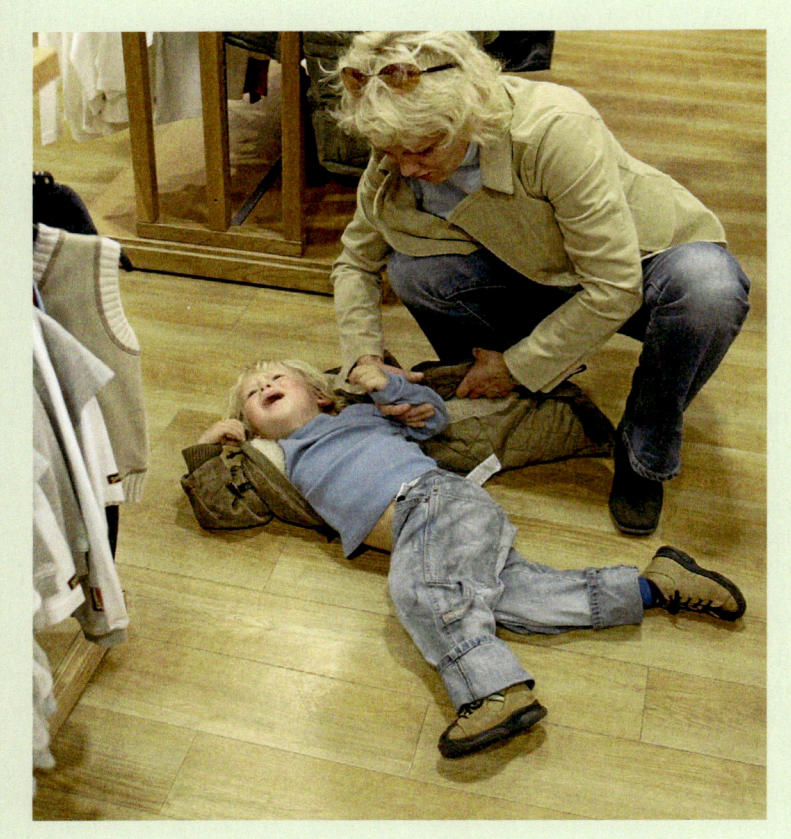

LERNSITUATION

Vier Jahre lang haben Kerstin und Jan zusammengelebt. Zuerst in einer kleinen Zweizimmerwohnung, dann, nach der Geburt von Max, in einer großen Wohnung in einem Vorort. Heiraten wollten sie beide nicht. Jan hatte eine sichere Stelle als Fliesenleger; Kerstin arbeitete immer wieder als Aushilfe im Verkauf. Finanziell kamen sie über die Runden, aber große Sprünge waren nicht drin.
Jetzt haben sich die beiden getrennt. Jan ist ausgezogen. Mal zahlt er ein wenig Unterhalt für den Kleinen, mal zahlt er nicht.
Kerstin steht vor einem Berg von Problemen und weiß nicht, wie sie sie lösen soll.
Allein kann sie die Miete für die Wohnung nicht aufbringen. Ihre Ausbildung als Friseurin ist schon vier Jahre her. Seit der Geburt von Max hat sie nicht mehr in ihrem Beruf gearbeitet. Bevor sie eine Stelle annehmen kann, muss sie einen Platz für Max in einer Kindertagesstätte finden. Ohnehin wird sie mit ihm manchmal nicht fertig, seit Jan weg ist.

Arbeitsauftrag

Geben Sie Kerstin einen Überblick, welche Angebote und welche finanziellen Leistungen des Staates ihr weiterhelfen können.
Lösen Sie die Aufgabe anhand des Informationstextes und folgender Fragen:
1. Auf welche finanziellen Leistungen des Staates hat Kerstin einen Anspruch?
2. An wen kann sie sich wegen der Unterhaltszahlungen ihres Ex-Partners und wegen der Probleme mit Max wenden?

1.4 Die eigene Existenz absichern

Was gibt der Staat, was nimmt er?

Sozialleistungen gibt es als
- **Versicherungsleistungen** für die Pflichtversicherten der Sozialversicherungen (→ S. 43);
- **Versorgungsleistungen** für Menschen, die eine besondere Leistung für den Staat erbringen (z. B. als Kindergeld);
- **Fürsorgeleistungen**. Fürsorgeleistungen erhalten Menschen, die in einer Notlage sind, wenn ihre Einkünfte eine bestimmte Grenze nicht überschreiten.

Versicherungsleistungen werden aus den Beiträgen der Versicherten bezahlt. Bei Versorgungs- und Fürsorgeleistungen ist es anders: Hier gibt es **Transferzahlungen**, also direkte Geldleistungen, mit denen der Staat die Schwächeren stärkt und Chancengleichheit herstellt.

Beispiel Ausbildungsförderung: Kinder sollen unabhängig von der finanziellen Situation der Eltern eine ihrer Begabung entsprechende Ausbildung machen können. Die Transferleistungen finanziert der Staat aus seinen Einnahmen, d. h. in erster Linie aus Steuern.

Soziale Grundsicherung nach Regelsätzen

Berufstätige sind meist über die Sozialversicherung gut abgesichert. Die Fürsorgeleistungen des deutschen Staates sollen aber allen Menschen eine soziale Grundsicherung garantieren, z. B.
- als Zusatzzahlung bei niedrigem Arbeitseinkommen: Aufstockung durch **Arbeitslosengeld II**;
- zur Sicherung einer angemessenen Unterkunft: **Wohngeld**.

Für die Höhe der Leistungen gelten oft sogenannte Regelsätze. Das bedeutet: Es wird nicht der individuelle Bedarf ermittelt, sondern ein Pauschalbetrag, der als **Existenzminimum** ermittelt wird. Grundlage dafür sind die Lebenshaltungskosten und die Einkommen in den untersten Lohngruppen. Für Sozialhilfe und Arbeitslosengeld II sind dies derzeit (2010) 359 €/Monat; außerdem werden die Kosten für Miete und Heizung übernommen.

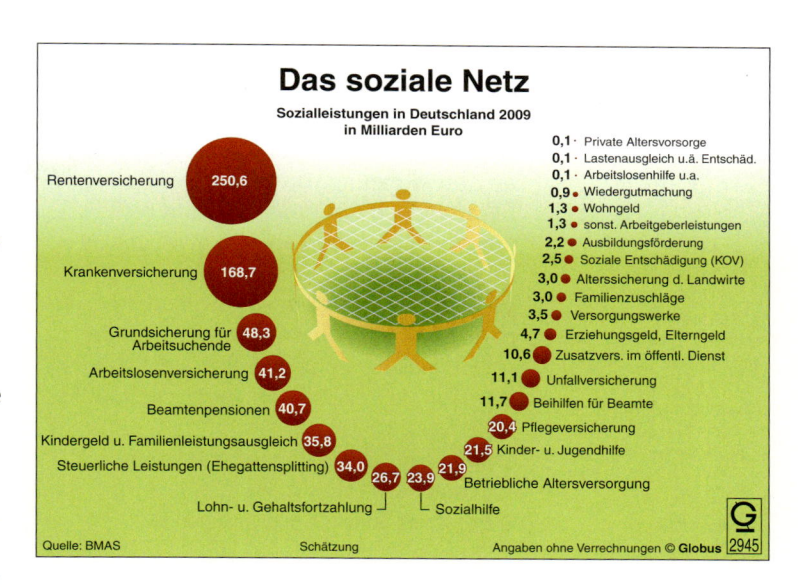

Das soziale Netz
Sozialleistungen in Deutschland 2009 in Milliarden Euro

- Rentenversicherung 250,6
- Krankenversicherung 168,7
- Grundsicherung für Arbeitsuchende 48,3
- Arbeitslosenversicherung 41,2
- Beamtenpensionen 40,7
- Kindergeld u. Familienleistungsausgleich 35,8
- Steuerliche Leistungen (Ehegattensplitting) 34,0
- Lohn- u. Gehaltsfortzahlung 26,7
- Sozialhilfe 23,9
- Betriebliche Altersversorgung 21,9
- Kinder- u. Jugendhilfe 21,5
- Pflegeversicherung 20,4
- Beihilfen für Beamte 11,7
- Unfallversicherung 11,1
- Zusatzvers. im öffentl. Dienst 10,6
- Erziehungsgeld, Elterngeld 4,7
- Versorgungswerke 3,5
- Familienzuschläge 3,0
- Alterssicherung d. Landwirte 3,0
- Soziale Entschädigung (KOV) 2,5
- Ausbildungsförderung 2,2
- sonst. Arbeitgeberleistungen 1,3
- Wohngeld 1,3
- Wiedergutmachung 0,9
- Arbeitslosenhilfe u. a. 0,1
- Lastenausgleich u. ä. Entschäd. 0,1
- Private Altersvorsorge 0,1

Quelle: BMAS Schätzung Angaben ohne Verrechnungen © Globus 2945

Stichwort: Subsidiarität

Fürsorgeleistungen des Staates gibt es nur subsidiär, d. h. nur dann, wenn der Einzelne bzw. seine Familie nicht in der Lage sind, die Belastungen aus eigenem Einkommen oder Vermögen zu tragen. Zuerst muss das eigene Vermögen (z. B. Geldvermögen, vermietetes Wohnungseigentum) weitgehend verbraucht werden, bevor der Staat hilft. Auch das Einkommen des Partners wird oft angerechnet. In manchen Fällen müssen Eltern für ihre Kinder oder Kinder für ihre Eltern finanziell einstehen, soweit ihre Einkommens- und Vermögensverhältnisse das erlauben.

Online-Link
883501-0143
- Soziales Netz
- Fürsorgeleistungen
- Familienpolitik

Existenzminimum

Die Mittel, die zur Befriedigung der materiellen Bedürfnisse notwendig sind, um physisch zu überleben; dies sind vor allem Nahrung, Kleidung, Wohnung und eine medizinische Notfallversorgung.
Quelle: Wikipedia

1 Die berufliche Existenz sichern

Beratung und Betreuung

Hartz IV
Umgangssprachliche Bezeichnung für Arbeitslosengeld II, d.h. die soziale Grundsicherung für Bedürftige, die keine Arbeit finden, und für deren Familienmitglieder. Hartz-IV-Empfänger müssen alle Arbeiten annehmen. Ihnen werden Arbeitsgelegenheiten angeboten, das sind gemeinnützige Tätigkeiten, die mit ein bis zwei Euro/Stunde vergütet werden.

Transferzahlungen
Zahlungen, die ein Empfänger ohne Verpflichtung zu einer Gegenleistung erhält. Sozialleistungen (mit Ausnahme der Leistungen der Sozialversicherung) sind Transferleistungen des Staates (Beispiele: Kindergeld, Sozialhilfe).

Oft fehlt es Menschen, die in einer Notlage sind, nicht nur an Geld, sondern überhaupt an Unterstützung von außen. Diese Hilfe, Beratung und Betreuung, kommt nicht immer von staatlichen Stellen, etwa der Gemeinde oder dem Landkreis. Auch kirchliche, gemeinnützige und private Selbsthilfegruppen und -initiativen tragen einen Teil der Last. Vieles wird ehrenamtlich geleistet. Dazu einige Beispiele für Beratung und Betreuung:
- Familien- und Erziehungsberatung,
- Schuldnerberatung (→ S. 57),
- Beratung in Krisen- und Konfliktsituationen,
- Beratung in Unterhaltsfragen,
- Mutter- und Kind-Programme,
- Beratung bei Drogen- und Suchtproblemen,
- Kontaktstellen für Ausländer,
- Nachbarschaftshilfe,
- Tafelläden (verbilligte oder kostenlose Abgabe von Lebensmitteln an Bedürftige),
- Jugendhäuser.

Die Zuständigkeiten sind regional unterschiedlich; die Bürgerbüros der Gemeinden können oft weiterhelfen. Daneben gibt es Vereine und Verbände, die ihre Mitglieder kostenlos beraten, z.B. der Mieterverein oder die Gewerkschaften.

Was tut der Sozialstaat für die Familie?

In den vergangenen Jahrzehnten ist die Zahl der Geburten dramatisch gesunken. Das führt dazu, dass die Bevölkerung in Deutschland in Zukunft schrumpfen wird. Dies wird Probleme für die Wirtschaft und die Sozialversicherung (→ S. 44–45) mit sich bringen und die Struktur der Gesellschaft grundlegend ändern.
Kinderreiche Familien und alleinerziehende Mütter oder Väter sind besonders auf finanzielle Hilfen des Staates angewiesen.

Was tut der Staat für die Familie? Was tut er, um den Trend der sinkenden Geburtenrate zu stoppen?
- Unabhängig von Einkommensgrenzen gibt der Staat Kindergeld, Elterngeld bei Unterbrechung der Berufstätigkeit für 12 bis 14 Monate, Mutterschaftsgeld in der Zeit des Mutterschutzes (→ S. 256).
- Abhängig von Einkommensgrenzen sind die Ausbildungsförderung (BAFöG) und das Wohngeld, ebenso das Erziehungsgeld im Anschluss an das Elterngeld. Erziehungsgeld gibt es jedoch nur noch in vier Bundesländern.

Staatliche Hilfen für Familien

Finanzielle Hilfen
- Kindergeld, Steuerfreibeträge für Kinder
- Elterngeld
- Ausbildungsförderung
- Wohngeld
- Sozialgeld

Unterstützende Einrichtungen
- Kindergarten/Hort
- Ganztagsschulen
- soziale Dienste/Sozialstationen
- Rehabilitation für Behinderte

Beratungsangebote
- Schwangerschaftsberatung
- Erziehungs-/Familienberatung
- Schuldnerberatung
- Bildungsangebote

Hilfen für Mütter
- Mutterschutz/Mutterschaftsgeld
- Anerkennung von Erziehungszeiten bei der Rente
- Elternzeit

1.4 Die eigene Existenz absichern

ÜBERSCHULDUNG VERMEIDEN

GRUNDPRINZIPIEN DES SOZIALSTAATS

Versicherungsprinzip
Leistungen erhält, wer als Pflichtversicherter Beiträge einbezahlt hat.

Beispiel: Rentenversicherung

Versorgungsprinzip
Leistungen erhält, wer besondere Leistungen für den Staat erbringt.

Beispiel: Kindergeld

Fürsorgeprinzip
Leistungen erhält, wer in einer finanziellen Notlage ist und nicht auf die Hilfe anderer zurückgreifen kann (Subsidiarität).

Beispiel: Sozialhilfe

HILFEN FÜR MENSCHEN, DIE BESONDERE UNTERSTÜTZUNG BRAUCHEN – BEISPIELE:

Finanzielle Leistungen

Soziale Grundsicherung abhängig von Einkommensgrenzen:
- Wohngeld
- Arbeitslosengeld II
- BAFöG

Ohne Einkommensgrenzen (für Familien):
- Kindergeld
- Elterngeld

Beratung
- Erziehungsberatung
- Familienberatung
- Schuldnerberatung
- Beratung bei Drogen- und Suchtproblemen

Betreuung
- Nachbarschaftshilfe
- Kinderkrippen/Kindertagesstätten
- Sozialstationen

Übungsaufgaben

1. Ordnen Sie die folgenden Sozialleistungen den drei Arten von Leistungen (Versicherung, Versorgung, Fürsorge) zu.
   A Elterngeld
   B BAFöG
   C Sozialhilfe
   D Altersrente
   E Arbeitslosengeld II
   F Krankengeld
   G Wohngeld
   H Kurzarbeitergeld.

2. Stellen Sie fest, wer in Ihrem Wohnort Auskünfte über das Beratungs- und Betreuungsangebot erteilen kann.

3. Nennen Sie je zwei Beratungs- und Betreuungsangebote, die besonders für Kinder und Jugendliche wichtig sind.

4. Erläutern Sie den Begriff „Regelsatz".

5. Stellen Sie die Merkmale von Arbeitslosengeld I und Arbeitslosengeld II einander tabellarisch gegenüber.

6. Begründen Sie, warum der Staat Fürsorgeleistungen nur subsidiär gibt.

Raus aus den Schulden!

LERNSITUATION

Tobias, Chemikant in einem Industriebetrieb, und Sina, Konditorin im dritten Lehrjahr, leben seit zwei Jahren zusammen. Gut erholt sind sie gestern von ihrem Cluburlaub am Mittelmeer zurückgekommen. Heute ruft Tobias online den Kontostand ab und fällt aus allen Wolken.

Tobias: Uups! 4 300 Euro in den Miesen! Das kann doch nicht sein!
Sina: Lass mal sehen! – Wo? – Tatsächlich! Du, das kann nicht stimmen! Wir müssen sofort checken, wer zu Unrecht abgebucht hat! Vor dem Urlaub hatten wir doch noch 500 Euro auf dem Konto …
Tobias: Jaja, ist schon gut. Ich schau' mal. (Pause) Ich les es dir vor:

– Allgemeine Auto-Leasing AAL	559 €
– Miete und Nebenkosten	575 €
– Küchen-Albrecht, Rate	109 €
– Wohnland Oberhausen, Rate	270 €
– Bankautomat	500 €
– EC-Karte, Schuh Gruber	130 €
– Kreditkartenabbuchung	2 071 €
– Bankautomat	500 €
– EC-Karte, Jeans-Oase	87 €

Kannst du mir mal erklären, wie 2 000 Euro über die Kreditkarte zusammenkommen? So viel verdienen wir ja im Monat nicht!
Sina: Das wird der Urlaub sein, wenigstens das meiste.
Tobias: Und Schuhe für 130 Euro!
Sina: Die wolltest du mir doch schenken!
Tobias: Damit ist jetzt Schluss! Jetzt wird gespart!
Sina: Bitte sehr! Und wie gedenkt der Herr zu sparen?
Tobias: Woher soll ich das so schnell wissen?! Zuerst müssen wir rauskriegen, wofür das ganze Geld eigentlich draufgeht.

Arbeitsauftrag

Helfen Sie den beiden, den Überblick über ihre Ausgaben zu bekommen. Erklären Sie ihnen, was sie ändern müssen, damit das Einkommen (1900 Euro) reicht.

1. Welche Ausgaben müssen erfasst werden, damit die beiden einen kompletten Überblick haben? Legen Sie für die beiden ein Haushaltsbuch an und ordnen Sie die Ausgaben nach Bereichen (z. B. Wohnung, Essen, Freizeit …).
2. Wo kann gespart werden? Machen Sie konkrete Vorschläge.
3. Welche Ausgaben lassen sich nicht verringern? Warum?
4. Kann man in diesem Fall bereits von Überschuldung sprechen?

1.4 Die eigene Existenz absichern

So schnappt die Schuldenfalle zu

Keine Schulden machen – leichter gesagt als getan. Fast jeder gerät irgendwann in seinem Leben in eine Situation, wo es ohne Schulden nicht mehr weitergeht: Das Auto kommt nicht durch den TÜV und die Reparatur lohnt nicht mehr… Die erste eigene Wohnung muss eingerichtet werden … Der Traum von den eigenen vier Wänden lässt sich nicht ohne einen Bankkredit verwirklichen …

Die einen machen Schulden und zahlen sie zurück. Die anderen versinken in den Miesen. Was haben sie falsch gemacht?

1. In den meisten Haushalten ist der größte Teil des Einkommens verplant: Miete und Nebenkosten, Essen und Trinken, Kleidung, Auto, Telefon, Strom, Versicherungen, Urlaub usw. Was übrig bleibt, ist das frei verfügbare Einkommen. Ich kann es sparen oder ausgeben. Wenn ich nichts davon spare, habe ich keine Reserven für Anschaffungen, Reparaturen und andere unvorhergesehene Ausgaben. Dann brauche ich dafür einen **Kredit**.

2. Für den Kredit muss ich Zinsen zahlen und ich muss ihn zurückzahlen (Tilgung). Dadurch wird mein frei verfügbares Einkommen, mein **finanzieller Spielraum** geringer. Viele Menschen überschätzen beim Schuldenmachen ihren finanziellen Spielraum. Jetzt braucht bloß der Betrieb Kurzarbeit anzumelden, der Vermieter die Miete zu erhöhen, das Auto kaputtzugehen – und das Geld reicht nicht mehr für die Zinsen und die Tilgung des Kredits. Ein niedrigeres Einkommen, z. B. durch Arbeitslosigkeit oder Schwangerschaft, ist der häufigste Grund für Überschuldung.

3. Wenn das frei verfügbare Einkommen nicht mehr für die Zinsen und die Tilgung der Kredite reicht, ist das Stadium der **Überschuldung** erreicht. Wer jetzt einen zweiten Kredit aufnimmt, um den ersten weiter abzahlen zu können, macht die Sache nur noch schlimmer und beschleunigt seinen Absturz. Das Kreditkarussell dreht sich immer schneller; das Geld reicht bald nur noch für die Zinsen und nicht mehr für die Tilgung. Am Ende stehen Lohn- und Kontopfändungen, und die Schulden sind um ein Vielfaches höher als der ursprünglich aufgenommene Kredit.

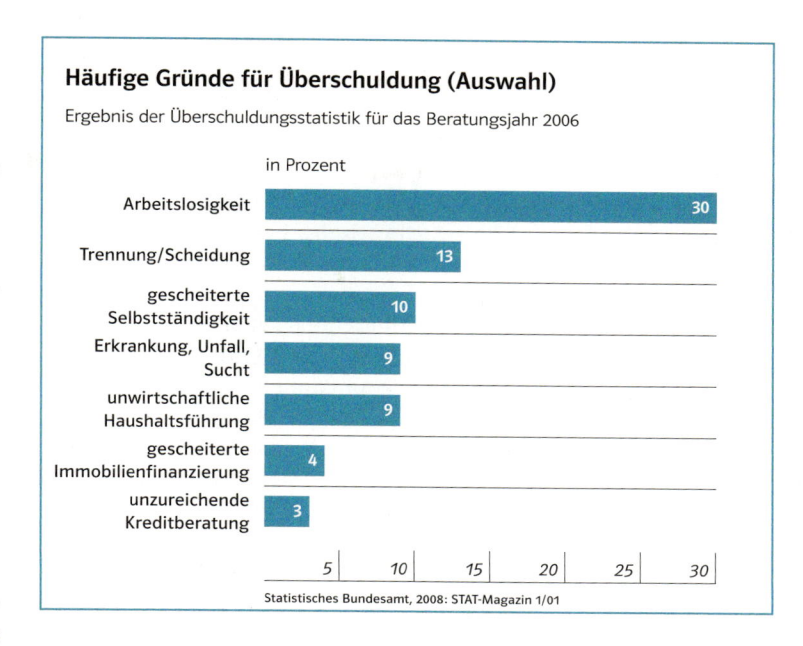

Häufige Gründe für Überschuldung (Auswahl)
Ergebnis der Überschuldungsstatistik für das Beratungsjahr 2006

in Prozent

Grund	Prozent
Arbeitslosigkeit	30
Trennung/Scheidung	13
gescheiterte Selbstständigkeit	10
Erkrankung, Unfall, Sucht	9
unwirtschaftliche Haushaltsführung	9
gescheiterte Immobilienfinanzierung	4
unzureichende Kreditberatung	3

Statistisches Bundesamt, 2008: STAT-Magazin 1/01

Wege aus der Überschuldung

Bei einer Überschuldung führt kein Weg an der **Schuldnerberatung** oder der **Verbraucherberatung** vorbei. Diese können die geschlossenen Kreditverträge prüfen, mit den Gläubigern (Banken, Privatpersonen, Leasingfirmen, Inkassobüros) verhandeln und nach Auswegen suchen. Eine Möglichkeit ist, dass der Gläubiger auf einen Teil seiner Forderungen verzichtet und der Schuldner den Rest sofort bezahlt.

Schuldnerberatung wird von Gemeinden, Landkreisen, kirchlichen Trägern oder Einrichtungen wie der Arbeiterwohlfahrt angeboten. Ein großes Problem sind die Wartezeiten – oft mehrere Monate: Während der Schuldner auf einen Termin wartet, verschlechtert sich seine finanzielle Situation weiter.

Bei der Suche nach einer Lösung spielt es auch eine Rolle, wofür die Schulden gemacht wurden. Wer sich für die Handyrechnung oder den Urlaub verschuldet hat, steht schlechter da als jemand, der ein Auto auf Raten gekauft hat. Das Auto lässt sich (mit Verlust) verkaufen und hilft, die Schuldenlast zu verringern.

Online-Link
883501-0144

- *Schuldnerberatung*
- *Verbraucherberatung*
- *Privatinsolvenz*

Überschuldung

Wenn ein Schuldner seinen Zahlungsverpflichtungen nicht mehr nachkommen kann, ohne seine eigene Grundversorgung (Nahrung, Kleidung, Wohnung …) zu gefährden.

Interview mit einem Schuldnerberater

Peter Zwegat, Schuldnerberater seit 22 Jahren, ist durch die Fernsehsendung „Raus aus den Schulden" bekannt geworden.

Süddeutsche Zeitung: Noch nie waren die Deutschen so verschuldet wie heute. Woran liegt das?

Zwegat: Schuldenmachen ist heute leicht und locker. Und genau das ist die Gefahr. Viele Leute können nicht mit Geld umgehen und sie schätzen Risiken falsch ein. [...] Ein 20-jähriger Kfz-Mechatroniker hat 1 300 Euro netto im Monat. Damit ist er für das Zwanzig- bis Vierzigfache seines Nettoeinkommens kreditfähig. [...] Er kriegt ganz locker bis zu 40 000 Euro – und er wird das Geld in der Regel auch nehmen. [...] Die Wirtschaft lebt ja davon, dass auf Pump gekauft wird. [...] 75 Prozent aller Autos sind hierzulande finanziert.

SZ: Sind Sie sauer auf die Banken?

Zwegat: Es wird keiner mit der Pistole dazu gezwungen, einen Kredit aufzunehmen. Aber es gibt Banken, die einer 77-jährigen Oma einen Kredit geben und noch eine Lebensversicherung dazupacken. Das macht mich sauer. [...]

SZ: Würden Sie einen Kredit aufnehmen?

Zwegat: Naja, ich bin nun schon 58 Jahre alt. Das müsste ich mir schon gut überlegen. Ich könnte ja denken, jetzt habe ich einen Job beim Fernsehen, kauf' ich mir mal ein Haus. Das wird schon gut gehen. Aber das würde ich nicht machen. Ich könnte morgen die Treppe runterfallen, dann ist nüscht mehr mit Fernsehen. Die Leute machen den Fehler immer: Sie rechnen schon mit dem Weihnachtsgeld des nächsten Jahres. Das ist gefährlich. [...] Aber wenn ich das Risiko absehen könnte, würde ich schon einen Kredit aufnehmen – für ein Haus zum Beispiel.

Süddeutsche Zeitung vom 12.09.2008 (gekürzt)

Privatinsolvenz, Verbraucherinsolvenz
Zahlungsunfähigkeit einer Privatperson im Unterschied zur Zahlungsunfähigkeit eines Unternehmens.

Verschuldung in Deutschland
- 10 % der Haushalte gelten als überschuldet. Am höchsten ist der Prozentsatz in Großstädten.
- Ein Viertel der 18–24-Jährigen hat Ratenkredite laufen.
- Es gibt knapp 1000 Schuldnerberatungsstellen.
- Mehr als 100 000 Privatinsolvenzverfahren werden jährlich abgewickelt.

Gerichtliches Mahnverfahren
→ S. 160

Letzter Ausweg: Privatinsolvenz

Überschuldung führt nicht selten zu einer Privatinsolvenz. Das gesetzliche Verfahren läuft folgendermaßen ab:
1. **Außergerichtlicher Einigungsversuch** mit allen Gläubigern. Ein Schuldnerberater oder ein Anwalt müssen mitwirken.
2. Scheitert dies, muss der Schuldner ein **gerichtliches Verbraucher-Insolvenzverfahren** beantragen. Dort wird das pfändbare Vermögen des Schuldners verwertet und der Ertrag an die Gläubiger verteilt.
3. Sechs Jahre lang muss der Schuldner sein ganzes pfändbares Einkommen an einen Treuhänder abgeben, der es an die Gläubiger verteilt. Anschließend bekommt er eine **Restschuldbefreiung**, d. h., die Gläubiger haben keinen Anspruch mehr gegen ihn. Er steht schuldenfrei da.

Überschuldung vermeiden, aber wie?

Um gar nicht erst in die Schuldenfalle zu tappen, hilft nur eines: Die Ansprüche müssen sich nach dem Einkommen richten. Konsum an einer Stelle bedeutet immer Verzicht woanders. Alles andere geht schief. Dass die Bank einen Kredit gibt, ist noch kein besonderer Vertrauensbeweis: Kredite sind für Banken ein Geschäft. Oft unterschätzen junge Menschen die Ausgaben, die für den eigenen Lebensunterhalt nach dem Auszug von Zuhause entstehen. Vor der Aufnahme eines Kredits muss darum eine vorsichtige Gegenüberstellung der monatlichen Einnahmen und Ausgaben mithilfe eines Haushaltsbuchs stehen. „Vorsichtig" heißt:
- einen Puffer für unvorhergesehene Ausgaben einplanen,
- Risiken wie Arbeitslosigkeit, Schwangerschaft, längere Krankheit einkalkulieren.

KREDIT diskret seit **49** Jahren
Eilkredite von 2 000,– bis 500 000 € zum Ablösen, Zusatzkredite, Girokontoausgleich ab 6,85 % eff. Jahreszins – Ohne Auskunft 3 500,– € für Berufstätige, Rentner, Beamte, Selbstständige
Telefon von 8 – 22 Uhr auch Sa. + So.

1.4 Die eigene Existenz absichern

ÜBERSCHULDUNG VERMEIDEN

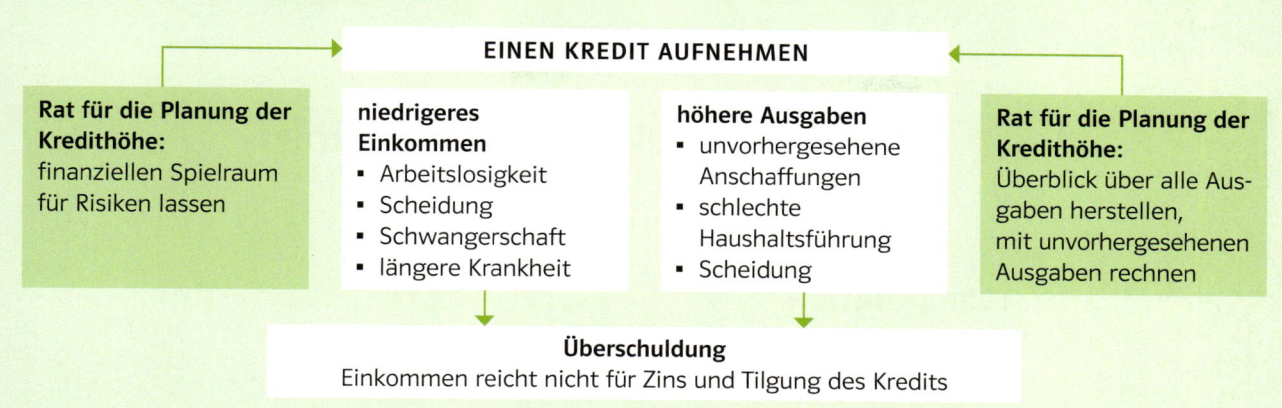

EINEN KREDIT AUFNEHMEN

Rat für die Planung der Kredithöhe:
finanziellen Spielraum für Risiken lassen

niedrigeres Einkommen
- Arbeitslosigkeit
- Scheidung
- Schwangerschaft
- längere Krankheit

höhere Ausgaben
- unvorhergesehene Anschaffungen
- schlechte Haushaltsführung
- Scheidung

Rat für die Planung der Kredithöhe:
Überblick über alle Ausgaben herstellen, mit unvorhergesehenen Ausgaben rechnen

Überschuldung
Einkommen reicht nicht für Zins und Tilgung des Kredits

VON DER ÜBERSCHULDUNG ZUR PRIVATINSOLVENZ

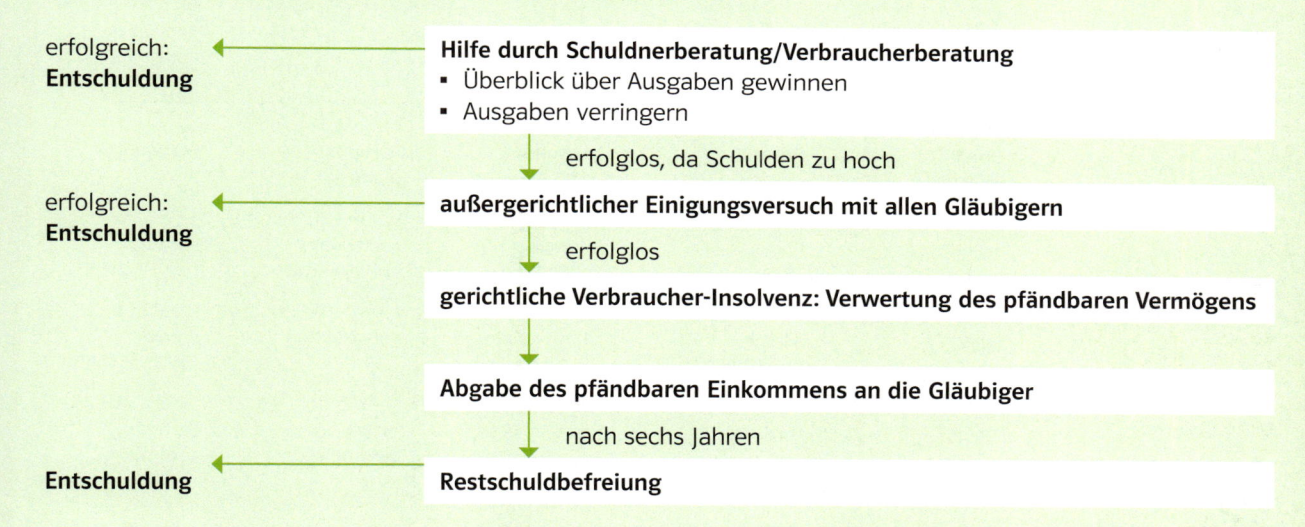

erfolgreich: **Entschuldung** ← **Hilfe durch Schuldnerberatung/Verbraucherberatung**
- Überblick über Ausgaben gewinnen
- Ausgaben verringern

↓ erfolglos, da Schulden zu hoch

erfolgreich: **Entschuldung** ← **außergerichtlicher Einigungsversuch mit allen Gläubigern**

↓ erfolglos

gerichtliche Verbraucher-Insolvenz: Verwertung des pfändbaren Vermögens

↓

Abgabe des pfändbaren Einkommens an die Gläubiger

↓ nach sechs Jahren

Entschuldung ← **Restschuldbefreiung**

Übungsaufgaben

1. Beurteilen Sie die folgenden Gründe für eine Kreditaufnahme. Beachten Sie: Einige Fälle sind ohne weitere Informationen nicht eindeutig entscheidbar. Welche sind dies?
a) Kauf eines Gebrauchtwagens, um die neue Arbeitsstelle erreichen zu können
b) Finanzierung der Hochzeitsreise
c) Kauf von Eheringen
d) Erneuerung der Heizung im Eigenheim
e) Kreditkartenkonto ständig im Soll
f) Kosten des Umzugs in eine billigere Wohnung
g) Urlaubsreise
h) Studium.

2. Als Ursachen für eine Überschuldung werden oft genannt:
- Arbeitslosigkeit und dadurch geringeres Einkommen,
- Einkommen so niedrig, dass Anschaffungen durch Schulden finanziert werden müssen,
- Schleichende Verschuldung durch Kontoüberziehung, EC-Karte, Kreditkarte,
- Kein Überblick mehr über die Schulden: Schulden aus Ratenkäufen, bei der Bank, bei Kreditvermittlern, bei Unternehmen, die Ware geliefert haben, bei Freunden.

Nennen Sie die Ursachen für Überschuldung, die sich relativ leicht vermeiden lassen. Erläutern Sie Ihre Entscheidung.

1.5 Unternehmerische Chancen und Risiken abwägen

Aufbau und Ziele von Unternehmen

LERNSITUATION

Die Heimtextil GmbH ist ein mittelständisches Unternehmen, das Heimtextilien und technische Textilien herstellt. Es hat folgende Organisationsstruktur:

```
                          Geschäftsführung
   ┌──────────────┬──────────────┬──────────────┬──────────────┬──────────────┐
Einkauf/        Absatz         Verwaltung    Fertigungs-      Fertigung
Logistik                                     planung

Bestellwesen    Absatz         Allgemeine    Forschung/       Produkt
                Inland         Verwaltung    Entwicklung      Heimtextilien

Lager           Absatz         Finanzwesen   Konstruktion     Produkt
                Ausland                                       techn. Textilien

Logistik        Werbung        Personalwesen Arbeitsvor-      Fertigungs-
                                             bereitung        kontrolle

                Lager          Rechtsabteilung
```

Das Unternehmen ist, vor allem durch die Umsatzerhöhung der Heimtextilien stark gewachsen, sodass eine auf die Zukunft gerichtete Neuorganisation gefunden werden muss. Deshalb soll die bisherige Organisationsform in eine produktorientierte bzw. Spartenorganisation umgewandelt werden. Die Abteilungen „Recht" und „Forschung und Entwicklung" sollen als Stabstellen der Geschäftsleitung zugeordnet werden. Außerdem sollen die Geschäftsbereiche „Verwaltung" und „Absatz" einer „Kaufmännischen Leitung" unterstellt werden.

Arbeitsauftrag

Erstellen Sie ein neues Organigramm für die Heimtextil GmbH.
Orientieren Sie sich dabei an den im Informationstext dargestellten Organisationsformen.

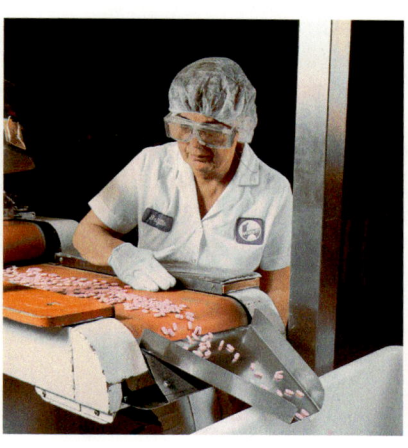

1.5 Unternehmerische Chancen und Risiken abwägen

Vielfalt der Unternehmen

In Deutschland wurden im Jahr 2008 mehr als drei Mio. Unternehmen registriert, die Güter und Dienstleistungen im Wert von 2 492 Mrd. Euro produzierten und bereitstellten, die 40,33 Mio. Arbeitnehmer beschäftigten und die in den unterschiedlichsten Wirtschaftssektoren (Landwirtschaft, Dienstleistung, Industrie, Handwerk) tätig waren. Dabei verfolgen Unternehmen unterschiedliche Ziele.

Unternehmensziele definieren

Privatunternehmen arbeiten nach dem **erwerbswirtschaftlichen Prinzip**, d. h., sie produzieren Güter oder bieten Dienstleistungen an, um einen möglichst hohen Gewinn zu erzielen. Der Gewinn fließt den Eigentümern zu.

Öffentliche Unternehmen (sie gehören dem Bund, dem Land oder den Gemeinden) arbeiten nach dem **Bedarfsdeckungsprinzip**. Vorrangiges Ziel ist es, die Versorgung der Bevölkerung in den Bereichen sicherzustellen, an denen private Anbieter kein Interesse haben, oder man will diese Aufgaben dem privaten Gewinnstreben nicht überlassen. Die Leistungen sollen kostendeckend (z. B. Müllabfuhr) angeboten oder es soll ein angemessener Gewinn erwirtschaftet werden (z. B. Sparkassen, öffentliche Energieversorgungsunternehmen). Verkehrsbetriebe im öffentlichen Nahverkehr oder Museen und Theater können ihre Leistungen nicht zu einem kostendeckenden Preis anbieten. Sie versuchen, Verluste so gering wie möglich zu halten.

Genossenschaften verfolgen das Ziel, durch ein gemeinsames Unternehmen für ihre Mitglieder wirtschaftliche Vorteile zu erzielen. Es gibt verschiedene Arten von Genossenschaften mit unterschiedlichen Zielen:

Arten der Genossenschaften	Ziele
im Bankenwesen (Volksbanken)	die Gewährung günstiger Kredite
im Bauwesen (örtliche Wohnungsbaugesellschaften)	der Bau und die Vermietung günstigen Wohnraums
in der Versicherungswirtschaft	kostengünstige Versicherungen
in der Vermarktung landwirtschaftlicher Produkte (Winzergenossenschaften)	Unabhängigkeit, mehr Freiraum bei Preisgestaltung
in Handel und Handwerk durch gemeinsamen Einkauf (Edeka, Bäcker)	Preisvorteile bei Herstellern

Die Unternehmensziele können nur dann erreicht werden, wenn Unternehmen die Erwartungen ihrer Kunden erfüllen, dies gilt besonders für Privatunternehmen. Dazu zählen:
- ein gutes Preis-Leistungs-Verhältnis,
- kurze Lieferzeiten,
- Liefertreue,
- Service,
- Flexibilität bei Kundenaufträgen.

Um diesen hohen, sich häufig ändernden Kundenanforderungen gerecht werden zu können, bedarf es nicht nur gut ausgebildeter Mitarbeiter, sondern auch geeigneter Organisations- und Ablaufstrukturen.

Online-Link
883501-0151
- Genossenschaft
- Organisationsformen

1.5 Unternehmerische Chancen und Risiken abwägen

Organigramm

Das Organigramm stellt den Aufbau des Unternehmens dar. Es zeigt, auf welche Stellen und Abteilungen sowie Tochterunternehmen die betrieblichen Aufgaben verteilt sind und wer wem gegenüber Anweisungen geben darf.

Unternehmensstrukturen erkennen

An der Herstellung eines Produktes wirken in größeren Unternehmen unterschiedliche Abteilungen direkt oder unterstützend mit.

Abteilungen	Tätigkeiten
Einkauf	Materialbedarf ermitteln, Bestellungen auslösen, Materialien lagern
Fertigung	Arbeitspläne erstellen, Fertigungsabläufe organisieren, Produktion von Gütern
Absatz	Vertrieb der Waren, Einsatz der Marketinginstrumente
Personal	Personalbedarf feststellen, Bewerber auswählen, Lohn- und Gehaltsabrechnung, Fortbildungsangebote organisieren
Finanzen	Versorgung mit finanziellen Mitteln, Sicherstellung der Zahlungsfähigkeit (Liquidität), Begleichung und Erstellung der Rechnungen
Logistik	Material- und Informationsfluss im Material-, Produktions- und Absatzbereich organisieren

Damit alles optimal abläuft, müssen die Arbeitsvorgänge und Tätigkeiten in einer vorher festgelegten Ordnung aufeinander abgestimmt sein. Die **Aufbauorganisation** legt zu diesem Zweck fest, wer innerhalb eines Unternehmens für welche Aufgabe zuständig ist (**Stellenbeschreibung**) und wie die Zusammenarbeit untereinander geregelt wird.

Stellenbeschreibung (wichtige Bestandteile)	
Bezeichnung	Leiter der Reparaturabteilung
Aufgaben	Koordination und Durchführung der Reparaturen im Kundenauftrag
Einbindung in die Organisation	Die Stelle ist dem Bereich „Qualitätswesen" zugeordnet.
Unterstellung/ Überstellung	Der Stelleninhaber ist direkt dem Leiter „Qualitätswesen" unterstellt und gleichzeitig Vorgesetzter der Mitarbeiter der „Reparatur".
Vertretungsregelung	Der Stelleninhaber vertritt den Leiter der Abteilung „Qualitätswesen".
Anforderungen	abgeschlossene Berufsausbildung als Industriemechaniker, langjährige Berufserfahrung, selbstständiges und verantwortungsbewusstes Arbeiten und korrektes und verbindliches Auftreten gegenüber den Kunden

Anhand eines **Organigramms** wird dieser Aufbau sichtbar gemacht. Darüber hinaus wird erkennbar, wer wem unterstellt ist (Weisungsbefugnis).

Die folgenden Organisationsformen geben einen Überblick über den unterschiedlichen Aufbau von Unternehmen:

Liniensystem

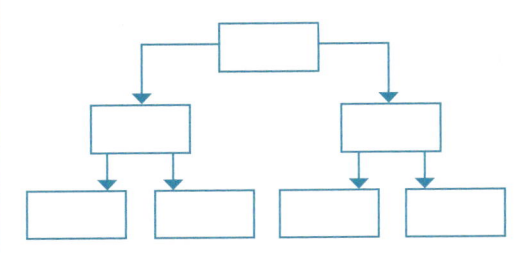

Das Liniensystem ist so aufgebaut, dass von der Führungsspitze ausgehend über die Abteilungs-, Schicht- und Gruppenleiter bis hin zu den Facharbeitern eine Weisungslinie verläuft. Weisungen und Anordnungen erhalten die jeweiligen Mitarbeiter nur von direkten Vorgesetzten. An sie können sich die Stelleninhaber mit Vorschlägen oder Meldungen wenden. Beim Liniensystem bildet man Abteilungen in erster Linie nach ihrer Hauptaufgabe (oder Funktion). So ist die Abteilung Einkauf für die Beschaffung der Teile bzw. für alle Produkte zuständig, die zugekauft werden müssen. Die Vorteile dieses Aufbaus liegen in der klaren, übersichtlichen Struktur und der eindeutigen Kompetenzverteilung. Der lange Instanzenweg kann auf der anderen Seite zu Schwerfälligkeit und Bürokratisierung führen.

Stabliniensystem

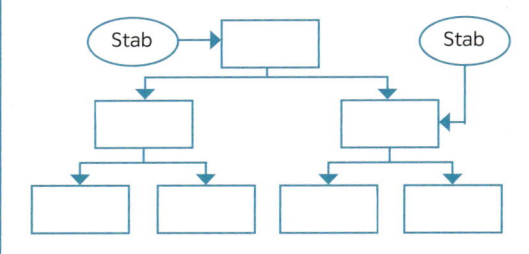

Zu den Liniensystemen gehört auch das Stabliniensystem. Vor allem in großen

1 Die berufliche Existenz sichern

1.5 Unternehmerische Chancen und Risiken abwägen

Unternehmen gibt es Abteilungen, die lediglich eine beratende Funktion einnehmen. Dazu gehören u. a. die Rechtsabteilung, Forschungsabteilung, Organisationsabteilung. Diese Abteilungen bereiten Entscheidungen vor und haben daher keine Weisungsbefugnis.

Spartenorganisation/Produktorientierung

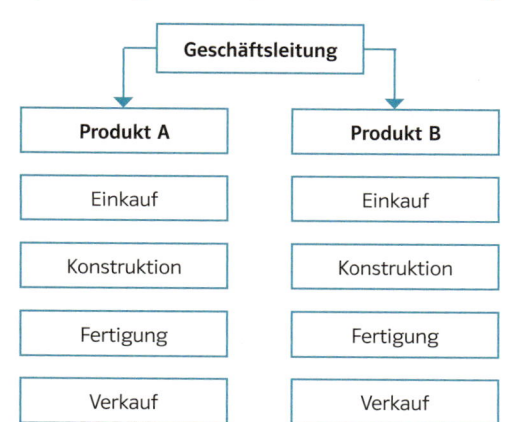

```
            Geschäftsleitung
           /                \
      Produkt A          Produkt B
       Einkauf            Einkauf
    Konstruktion       Konstruktion
      Fertigung          Fertigung
       Verkauf            Verkauf
```

Es gibt aber auch die Möglichkeit, Abteilungen nach der Produktorientierung als Spartenorganisation aufzubauen. Vor allem in Großbetrieben lassen sich unterschiedliche Produktionszweige (Sparten) vollkommen unabhängig voneinander (aber unter gemeinsamer Leitung) organisieren. So wird z. B. ein Bereich für Getriebe in Verkehrstechnik und ein Bereich für Getriebe in Windkraftanlagen aufgebaut. Diesen Sparten werden die notwendigen Abteilungen zugeordnet: u. a. Einkauf, Konstruktion, Fertigung, Verkauf. Der Leiter oder die Leiterin des Produktionszweiges untersteht direkt der Geschäftsleitung.

Durch die Dezentralisierung und Spezialisierung verkürzen sich die Informationswege. Den veränderten Kundenwünschen kann man sich schneller anpassen. Aufwendungen und Erträge können den einzelnen Produktbereichen leicht zugeordnet werden. Dadurch lässt sich deren Wirtschaftlichkeit messen. Dies ist die Grundlage für weitere unternehmerische Entscheidungen, z. B. ob es Erweiterungsinvestitionen geben soll oder ob die Produktion eingestellt wird.

Beim Bau eines Staudamms sind Spezialisten aus verschiedenen Bereichen gefragt

Dezentralisierung hat auch Nachteile. So können z. B. im Einkauf Mengenrabatte verloren gehen.

Matrixorganisation

	Forschung	Fertigung	Einkauf	Absatz
Projekt A	↓		↓	↓
Projekt B		↓	↓	↓

Dem Projekt A könnten Mitarbeiter aus den Abteilungen Forschung, Einkauf und Absatz zugeordnet werden, dem Projekt B Mitarbeiter aus den Abteilungen Fertigung, Einkauf und Absatz.

Unternehmen, die ihre Kundenaufträge in Form eines Projekts (z. B. den Bau eines Kraftwerks oder Staudamms) durchführen, bedienen sich häufig der Matrixorganisation. Mitarbeiter werden dabei für die Dauer des Projekts aus ihren Abteilungen (Konstruktion, Fertigung usw.) herausgezogen und den jeweiligen Projektleitern unterstellt. Die Wahl der Organisationsform wird, neben den Kundenanforderungen, auch von der Entwicklung des Unternehmens bestimmt. In der Gründungsphase eines Unternehmens ist das Liniensystem mit wenigen Instanzen sinnvoll. Bei erfolgreicher Unternehmensentwicklung (mehr Mitarbeiter, mehr Produkte, größere Betriebsstätten) kommen mehr Abteilungen und Instanzen hinzu. Dieser Entwicklung muss sich die Organisationsform anpassen.

UNTERNEHMENSZIELE UND -STRUKTUREN

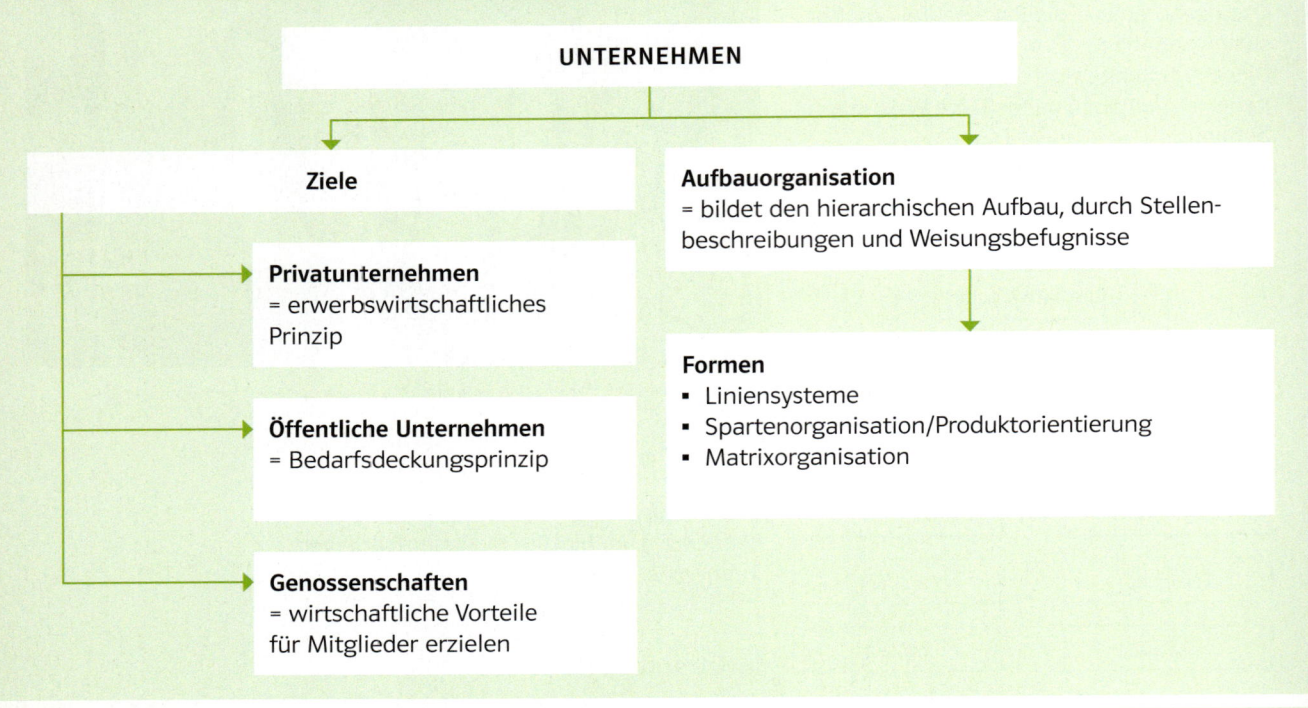

UNTERNEHMEN

Ziele

- **Privatunternehmen**
  = erwerbswirtschaftliches Prinzip

- **Öffentliche Unternehmen**
  = Bedarfsdeckungsprinzip

- **Genossenschaften**
  = wirtschaftliche Vorteile für Mitglieder erzielen

Aufbauorganisation
= bildet den hierarchischen Aufbau, durch Stellenbeschreibungen und Weisungsbefugnisse

Formen
- Liniensysteme
- Spartenorganisation/Produktorientierung
- Matrixorganisation

Übungsaufgaben

1. Begründen Sie anhand eines öffentlichen Unternehmens aus Ihrer Region, warum diese Unternehmen nicht nach dem erwerbswirtschaftlichen Prinzip, sondern nach dem Bedarfsdeckungsprinzip handeln.

2. Unternehmen oder Personen können sich zu einer Genossenschaft zusammenschließen. Erläutern Sie anhand eines Beispiels den Grund des Zusammenschlusses.

3. Zeigen Sie die Aufgabenbereiche der folgenden Abteilungen auf:
   a) Logistik
   b) Beschaffung
   c) Personal.

4. Nennen Sie die Faktoren, die die Aufbauorganisation eines Unternehmens bestimmen.

5. Zeigen Sie den grundlegenden Unterschied der Aufbauorganisation nach dem Liniensystem und der Spartenorganisation auf.

6. Erläutern Sie die Bedeutung von Stellenbeschreibungen.

7. Skizzieren Sie die Aufbauorganisation Ihres Ausbildungsbetriebes.

Eine Rechtsform bestimmen

LERNSITUATION

Welche Rechtsform ist die richtige?

Familiensitzung im Hause Lenz. Paul-Max Lenz, Inhaber einer großen Schreinerei, möchte in Zukunft aus Altersgründen nach und nach aus seinem Einzelunternehmen ausscheiden. Darüber spricht er mit seiner Frau und seinen Kindern Petra und Jonas.

Petra, die bereits als Meisterin im elterlichen Betrieb arbeitet, soll nach der Vorstellung des Vaters das Unternehmen übernehmen. Jonas arbeitet als selbstständiger Architekt. Es soll eine Unternehmensform gefunden werden, welche die Interessen aller Beteiligten erfüllt.

Arbeitsauftrag

Bestimmen Sie die neue Unternehmensform. Begründen Sie Ihre Entscheidung.

Zur besseren Entscheidungsfindung fassen Sie zunächst stichpunktartig die im Informationsteil dargestellten Unternehmensformen nach folgendem Schema zusammen:

Kriterien / Rechtsformen	Mindestkapital	Haftung	Geschäftsführung	Gewinnverteilung
GbR				
OHG				
KG				
GmbH				
GmbH & Co KG				

1.5 Unternehmerische Chancen und Risiken abwägen

Online-Link
883501-0152
- Rechtsformen

Handelsgesetzbuch (HGB)

§1 Kaufmann im Sinne dieses Gesetzbuchs ist, wer ein Handelsgewerbe betreibt. Handelsgewerbe ist jeder Gewerbebetrieb, es sei denn, dass das Unternehmen nach Art oder Umfang einen in kaufmännischer Weise eingerichteten Geschäftsbetrieb nicht erfordert.

Betrieb, Firma oder Unternehmen?

Die Begriffe „Firma", „Betrieb" und „Unternehmen" werden im allgemeinen Sprachgebrauch häufig gleichgesetzt.
Rechtlich gesehen ist die Firma der Name, unter dem ein Unternehmen im **Handelsregister** eingetragen ist und unter dem Geschäfte geführt werden. Ein Betrieb ist die örtliche Produktionsstätte, in der die Güter hergestellt oder Dienstleistungen erbracht werden. Ein Unternehmen ist die eigenständige, rechtliche und wirtschaftliche Einheit. Die Entscheidung für eine Unternehmensform (Rechtsform) kann durch die Art der Geschäftsleitung, die Haftung, die Gewinn- und Verlustrechnung oder durch die Art der Kapitalbeschaffung begründet sein. Unternehmen können von einem Einzelunternehmer (Einzelunternehmen) oder von mehreren Personen (Gesellschaftsunternehmen) gegründet und geführt werden. Das sind die wichtigsten Unternehmensformen:

Einzelunternehmen

Das **Einzelunternehmen** ist die klassische Rechtsform für klein- und mittelständische Unternehmen. Handwerksbetriebe, Einzelhandelsbetriebe und landwirtschaftliche Betriebe werden in erster Linie in dieser Unternehmensform geführt.
Das Einzelunternehmen wird vom Unternehmer allein geleitet. Der Unternehmer haftet allein für alle Schulden, und zwar unbeschränkt. Das bedeutet, dass er auch im schlimmsten Fall mit dem Verlust seines Privatvermögens rechnen muss. Bei der Finanzierung seines Unternehmens muss das Eigenkapital durch den Einzelunternehmer aufgebracht werden. Die Eigenkapitalbasis ist daher häufig gering, so dass es schwer fällt, ausreichend fremde Mittel (z. B. Bankkredite) zu bekommen. Ein Mindestkapital zur Gründung eines Einzelunternehmens ist nicht erforderlich. Der erwirtschaftete Gewinn steht dem Unternehmer zu.

Gesellschaftsunternehmen

Bei **Gesellschaftsunternehmen** kann der Zusammenschluss von Gesellschaftern aus unterschiedlichen Gründen erfolgen:
- Erhöhung des Eigenkapitals und dadurch höhere Kreditwürdigkeit bei den Banken,
- Verteilung oder Ausschluss der Haftung,
- Verteilung der Arbeitsbelastung,
- Nachfolgeregelung im Unternehmen (z. B. aus Altersgründen, Erbfolge).

Je nachdem, ob die Person des Gesellschafters oder seine Kapitalbeteiligung im Vordergrund steht, wird zwischen Personen- und Kapitalgesellschaften unterschieden.

Personengesellschaften

Schließen sich zwei oder mehrere Personen zusammen, um gemeinsam ein Unternehmen zu betreiben, so bilden sie eine **Personengesellschaft**, wenn mindestens eine Person mit ihrem Geschäfts- und Privatvermögen (unbeschränkt) haftet.
Zu den Personengesellschaften zählt die **Gesellschaft bürgerlichen Rechts (GbR)**. Die GbR entsteht durch den Abschluss eines Gesellschaftervertrags (mündlich oder schriftlich) von mindestens zwei Personen. In diesem verpflichten sich die Gesellschafter gegenseitig, die Erreichung eines gemeinsamen Zwecks zu fördern und die vereinbarten Beiträge zu leisten. Die GbR ist eine einfache und unkomplizierte Rechtsform. Sie wird nicht ins Handelsregister eingetragen und betätigt sich nicht im kaufmännischen Bereich. Beispiele sind Arbeitsgemeinschaften im Bau oder Gemeinschaftspraxen.

Gesellschaftsunternehmen

- Personengesellschaften
  - GbR
  - OHG
  - GmbH & Co KG
  - KG
- Kapitalgesellschaften
  - AG
  - GmbH

Rechtsgrundlage ist das BGB. Danach müssen alle Gesellschafter den abzuschließenden Geschäften zustimmen und auch gemeinsam festlegen, wer die Gesellschaft nach außen vertritt.
In einem Gesellschaftervertrag können die Geschäftsführung und die Vertretungsbefugnis einer Person übertragen werden. Ist vertraglich nichts anderes festgelegt, so erhält jeder Gesellschafter den gleichen Anteil an Gewinn und Verlust.
Auch die **Offene Handelsgesellschaft (OHG)** ist eine Personengesellschaft. Gegründet wird die OHG von mindestens zwei Gesellschaftern, die gemeinsam das Kapital aufbringen. Für die Kapitaleinlage ist eine Mindesthöhe nicht vorgeschrieben und sie muss nicht zu gleichen Teilen erfolgen. Der Abschluss eines Gesellschaftsvertrags ist üblich und im Gegensatz zur GbR ist die Eintragung in das Handelsregister (wird beim Amtsgericht geführt) zwingend vorgeschrieben. Die Eintragungspflicht gilt auch für die nachfolgend beschriebenen Unternehmensformen.
Jeder Gesellschafter der OHG ist zur Geschäftsführung und **Vertretung** berechtigt. Die Gewinnverteilung erfolgt zunächst durch eine vierprozentige Verzinsung der Kapitalanteile. Der Restgewinn wird genau wie entstandene Verluste nach Köpfen, zu gleichen Teilen verteilt.
Aufgrund der besonderen Haftung der Gesellschafter ist die OHG besonders kreditwürdig. Jeder Gesellschafter haftet unbeschränkt. Darüber hinaus haften die Gesellschafter solidarisch. Jeder muss für die Geschäfte der anderen Gesellschafter einstehen. Da alle Gesellschafter unmittelbar haften, kann ein Gläubiger auswählen, welchen Gesellschafter er zur Haftung heranziehen möchte.
Ebenfalls zu den Personengesellschaften zählt die **Kommanditgesellschaft (KG)**. Kennzeichnend für die KG ist die Unterscheidung der Gesellschafter in Komplementäre (Vollhafter) und Kommanditisten (Teilhafter). Komplementäre haften unbeschränkt (auch mit dem Privatvermögen) und gesamtschuldnerisch für die gesamten Schulden der Kommanditgesellschaft. Kommanditisten dagegen haften nur beschränkt, d. h. nur mit ihrer Kapitaleinlage.
Dieser Unterschied spiegelt sich in der Unternehmensleitung wider. Nur die Komplementäre sind zur Geschäftsführung und Vertretung berechtigt. Die Kommanditisten besitzen lediglich ein Kontrollrecht. Sie können Einsicht in die Bücher und in die Jah-

Die Rechtsgrundlage für die Gesellschaft bürgerlichen Rechts liefert das Bürgerliche Gesetzbuch, BGB §§ 705 ff.

Die Rechtsgrundlage für die Offene Handelsgesellschaft ist im Handelsgesetzbuch verankert, unter HGB §§ 105 ff.

Vertretung

Das Recht, die Firma nach außen zu vertreten und Geschäfte abzuschließen

Die Rechtsgrundlage für die Kommanditgesellschaft liefert das Handelsgesetzbuch, HGB §§ 161 ff.

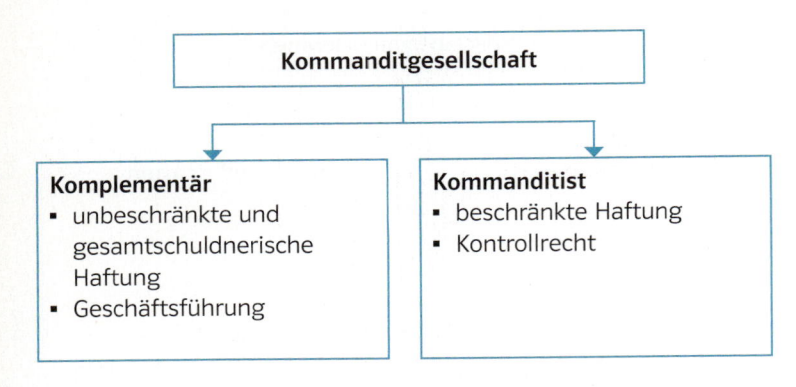

```
                    Kommanditgesellschaft
                              |
            ┌─────────────────┴─────────────────┐
   Komplementär                          Kommanditist
   • unbeschränkte und                   • beschränkte Haftung
     gesamtschuldnerische                • Kontrollrecht
     Haftung
   • Geschäftsführung
```

GmbH-Gesetz (GmbHG)
§1 Gesellschaften mit beschränkter Haftung können nach Maßgabe der Bestimmungen dieses Gesetzes zu jedem gesetzlich zulässigen Zweck durch eine oder mehrere Personen errichtet werden.

resbilanz verlangen und diese auf ihre Richtigkeit hin überprüfen. Die Einzelheiten der Zusammenarbeit werden in einem Gesellschaftsvertrag (KG-Vertrag) geregelt.
Der Gewinn der KG wird zunächst mit einer vierprozentigen Verzinsung der Kapitaleinlagen auf die Gesellschafter verteilt. Die Aufteilung weiterer Gewinne erfolgt in angemessenem Verhältnis und ist z. B. von höheren Haftungsrisiken und der eingebrachten Arbeitsleistung abhängig.

Eine besondere Form der Kommanditgesellschaft ist die **GmbH & Co KG**. Es handelt sich bei dieser Rechtsform um eine KG, bei der eine bereits bestehende GmbH als Vollhafter eingesetzt wird. Die Geschäfte leitet der Geschäftsführer der eingesetzten GmbH. Die Besonderheit dieser Unternehmensform liegt darin, dass die Gesellschafter nicht mehr mit dem Privatvermögen haften. Daher ist die Kreditwürdigkeit eher als gering einzuschätzen.

Arbeit der Gesellschafter im Vordergrund. Zu den Kapitalgesellschaften zählen AG und GmbH.

Zur Gründung einer klassischen **Gesellschaft mit beschränkter Haftung (GmbH)** muss ein Mindestkapital (Stammkapital) von 25 000 € vorliegen. Die GmbH hat einen oder mehrere Geschäftsführer, die das Unternehmen leiten. Die Gesellschafterversammlung bestimmt und kontrolliert die Geschäftsführung und entscheidet u. a. über die Verwendung des Jahresgewinns.
Die Haftung der GmbH ist auf das Gesellschaftsvermögen und damit auf den Geschäftsanteil jedes Gesellschafters beschränkt. Auch die Gewinnverteilung erfolgt im Verhältnis der Geschäftsanteile, wobei der Gesellschaftsvertrag einen anderen Maßstab der Verteilung festlegen kann.
Aufgrund der Haftungsbeschränkung erfreut sich die Rechtsform der GmbH einerseits bei Unternehmensgründungen und Umwandlungen großer Beliebtheit. Andererseits wird dadurch die Beschaffung von Krediten erschwert.

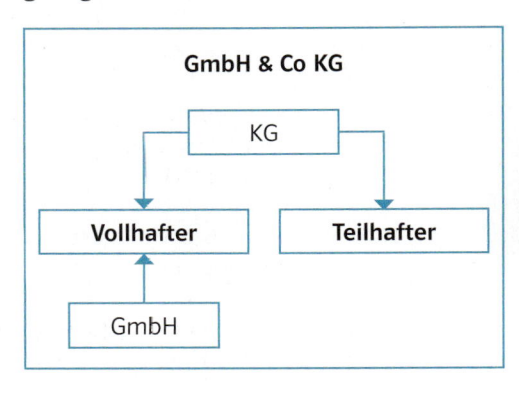

```
              GmbH & Co KG
                    |
                   KG
             ┌──────┴──────┐
         Vollhafter     Teilhafter
             |
           GmbH
```

Die Unternehmensform AG wird im folgenden Abschnitt „Ein Unternehmen in eine AG umwandeln" ausführlich dargestellt.

Kapitalgesellschaften

Bei **Kapitalgesellschaften** steht das aufgebrachte Kapital und nicht die gemeinsame

Seit November 2008 besteht die Möglichkeit, eine Gesellschaft mit beschränkter Haftung ohne Mindeststammkapital bzw. mit einem Stammkapital ab einem Euro zu gründen. Die Gesellschaft muss mit dem Rechtsformzusatz „**Unternehmergesellschaft (haftungsbeschränkt)**" oder „**UG (haftungsbeschränkt)**" geführt werden.

RECHTLICHE RAHMEN VON UNTERNEHMEN

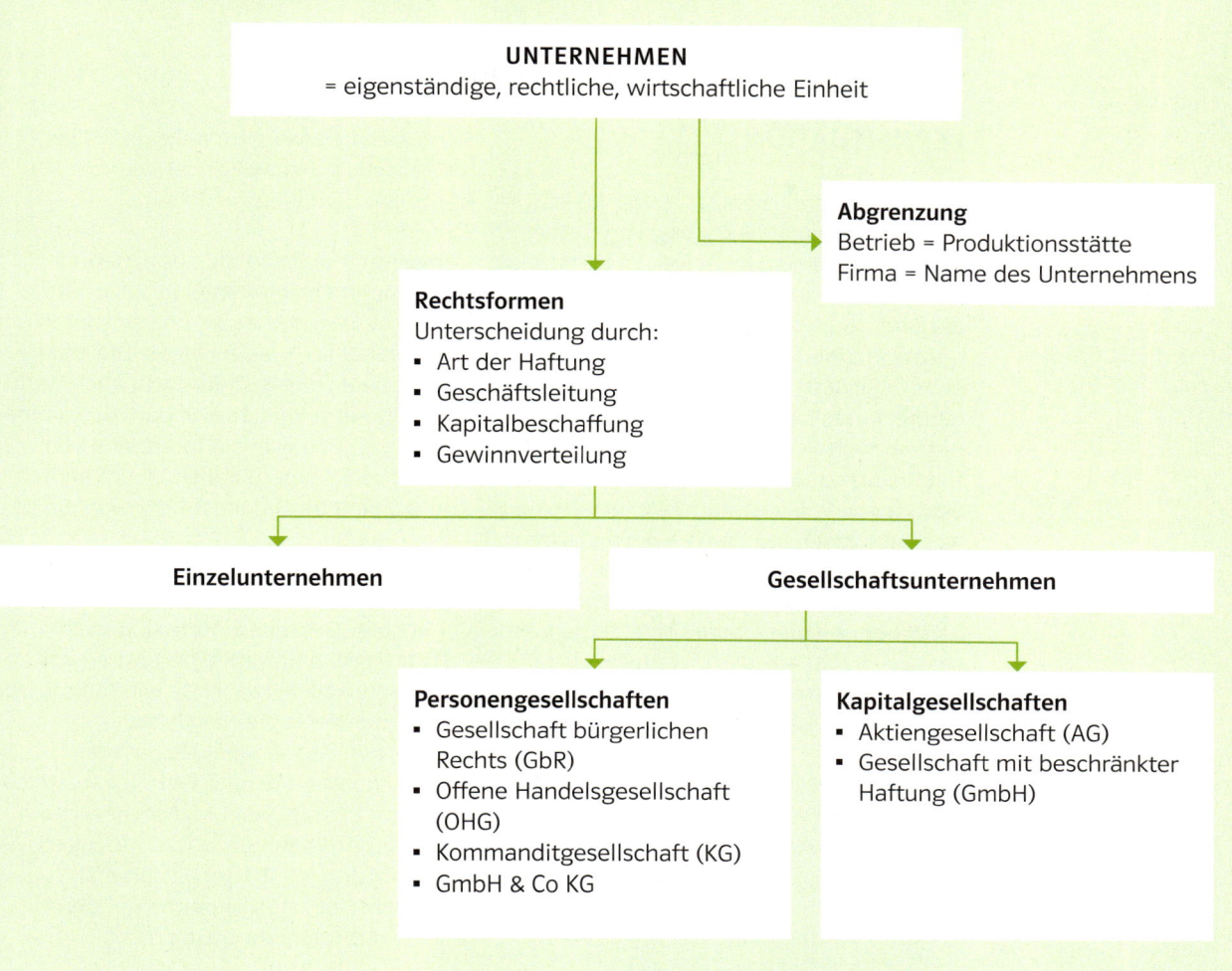

UNTERNEHMEN
= eigenständige, rechtliche, wirtschaftliche Einheit

Abgrenzung
Betrieb = Produktionsstätte
Firma = Name des Unternehmens

Rechtsformen
Unterscheidung durch:
- Art der Haftung
- Geschäftsleitung
- Kapitalbeschaffung
- Gewinnverteilung

Einzelunternehmen

Gesellschaftsunternehmen

Personengesellschaften
- Gesellschaft bürgerlichen Rechts (GbR)
- Offene Handelsgesellschaft (OHG)
- Kommanditgesellschaft (KG)
- GmbH & Co KG

Kapitalgesellschaften
- Aktiengesellschaft (AG)
- Gesellschaft mit beschränkter Haftung (GmbH)

Übungsaufgaben

1. **Beschreiben Sie das Einzelunternehmen anhand der Kriterien Mindestkapital, Haftung und Gewinnverteilung.**

2. **Unterscheiden Sie die Begriffe:**
   a) Firma, Betrieb und Unternehmen
   b) Personen- und Kapitalgesellschaften
   c) GmbH und GmbH & Co KG.

3. **Nennen Sie Gründe, warum sich Gesellschafter zu einem Gesellschaftsunternehmen zusammenschließen.**

4. **Erklären Sie, warum gerade bei der OHG das Vertrauensverhältnis der Gesellschafter untereinander groß sein sollte.**

5. **Erläutern Sie die Rechte eines Komplementärs und eines Kommanditisten.**

6. **Nennen Sie die Rechtsform, bei der die Gesellschafter uneingeschränkt und solidarisch haften.**

Ein Unternehmen in eine AG umwandeln

LERNSITUATION

Das Familienunternehmen Faber KG ist Marktführer in der Fertigung von Getrieben für Windkraftanlagen. Aufgrund der starken Nachfrage in den vergangenen Jahren ist die Zahl der Beschäftigten auf über 2 000 gestiegen. Die Marktprognose verspricht auch in Zukunft eine hohe Nachfrage. Aber bereits heute sind die Kapazitäten in den Betrieben der Faber KG voll ausgelastet. Um die Marktstellung zu sichern, müssen umfangreiche Investitionen vorgenommen werden. Weder von Banken noch aus dem Unternehmen selbst oder aus dem privaten Vermögen der Familie Faber kann das dafür notwendige Eigenkapital aufgebracht werden. Daher soll das Unternehmen in eine Aktiengesellschaft umgewandelt werden. Dies wurde bekannt gegeben.

Am nächsten Morgen: Anke und Silke, Mitarbeiterinnen der Faber KG, im Auto auf dem Weg zur Arbeit …

Anke: Jetzt machen die aus unserem Unternehmen eine Aktiengesellschaft. Jeder kann sich jetzt bei uns einkaufen und hat womöglich was zu sagen. Die Fabers kannte man wenigstens noch. Auch wenn ich mit deren Entscheidungen nicht immer einverstanden war, die Interessen von uns Arbeitnehmern haben Sie immer mit berücksichtigt. Damit ist jetzt wohl Schluss.

Silke: Ach, du weißt doch, wie gut der Laden läuft. Andere Unternehmen in unserer Größenordnung sind auch Aktiengesellschaften. Wenn wir weiter wachsen wollen, brauchen wir Kapital. Und die Börse bietet die Möglichkeit dazu. Außerdem hab' ich gehört, dass die Aktienmehrheit bei der Familie Faber bleibt. Und der Einfluss von uns Arbeitnehmern auf die Unternehmensentscheidungen wird sogar noch größer. Schon mal was vom Aufsichtsrat gehört? In dem sitzen auch Vertreter von uns.

Anke: Wenn das alles so toll ist, sollten wir uns von unserem Gesparten Aktien kaufen. Wir werden dann nicht nur satte Gewinne einfahren, sondern sind auch noch gleichzeitig als Anteilseigner und über unsere Vertreter als Arbeitnehmer im Aufsichtsrat vertreten und bestimmen die Unternehmenspolitik mit …

Arbeitsauftrag

Überprüfen Sie die Aussagen von Anke und Silke zur neuen Aktiengesellschaft.
1. In welcher Form lassen sich mit den Aktien Gewinne erzielen?
2. Wie stark ist der Einfluss der Arbeitnehmer und der Anteilseigner auf die Unternehmenspolitik?

Aktiengesellschaft

Wenn ein Unternehmen ständig wächst, reicht das Eigenkapital der Gesellschafter für notwendige Investitionen, z. B. Maschinen oder Fertigungsstätten, oft nicht mehr aus. Dann ist zu überlegen, ob das Unternehmen nicht in eine Aktiengesellschaft (AG) umgewandelt werden sollte. Das Unternehmen bietet dabei mithilfe von Kreditinstituten den neuen Kapitalgebern die Unternehmensanteile in Form von **Aktien** an. Aktionär kann jeder schon mit kleinen Summen werden. Die Aktien werden dem Käufer allerdings nicht ausgehändigt, sondern im **Depot** (Wertpapierkonto) des Kreditinstituts verwaltet. Die Aktiengesellschaft erhält die gezahlten Beträge und verfügt dadurch über zusätzliche eigene finanzielle Mittel.

Bei der Gründung einer Aktiengesellschaft muss das Eigenkapital (**Stammkapital**) mindestens 50 000 € betragen. Aktionäre haben als Miteigentümer der AG Eigentumsrechte. Sie sind gemäß ihrem Aktienanteil am Jahresgewinn beteiligt (Ausschüttung des Gewinns = **Dividende**). Sie haben auch das Recht, an Abstimmungen der Aktionäre (Hauptversammlung) teilzunehmen. Geht die AG in Konkurs, verlieren die Aktionäre den Kaufpreis für ihre Aktien. Sie haften nicht mit ihrem Privatvermögen und müssen auch keine nachträglichen Zahlungen leisten. Die Aktionäre können ihre Aktien jederzeit mithilfe von Banken an der Wertpapierbörse zum jeweiligen Kurswert verkaufen. Die AG erhält dabei kein zusätzliches Kapital, da nur der Eigentümer wechselt.

Da sich der **Kurswert** ständig verändert, können Aktionäre durch den Kauf oder Verkauf ihrer Anteilsscheine Gewinne, aber auch Verluste erzielen. Die Kursentwicklungen werden täglich in den Medien veröffentlicht. Der **DAX** (Deutscher Aktienindex) gibt die Kursentwicklung der 30 bedeutendsten deutschen Aktiengesellschaften wieder. Er gilt als Maßstab (Index) für die Entwicklung der Aktienkurse in Deutschland.

Da die Aktien einer AG oft auf Tausende von Aktionären verteilt sind, musste ein Weg gefunden werden, um solche Großunternehmen zu führen. Dazu hat man die AG mit folgenden Organen ausgestattet:

Online-Link
883501-0153
- Aktiengesetz
- Börse

Aktiengesetz (AktG)

§1 Die Aktiengesellschaft ist eine Gesellschaft mit eigener Rechtspersönlichkeit. Für die Verbindlichkeiten der Gesellschaft steht nur das Gesellschaftsvermögen zur Verfügung. Die Aktiengesellschaft hat ein in Aktien zerlegtes Grundkapital.

Kaufpreis für eine Aktie

Der Kurswert ergibt sich aus Angebot und Nachfrage an der Börse.

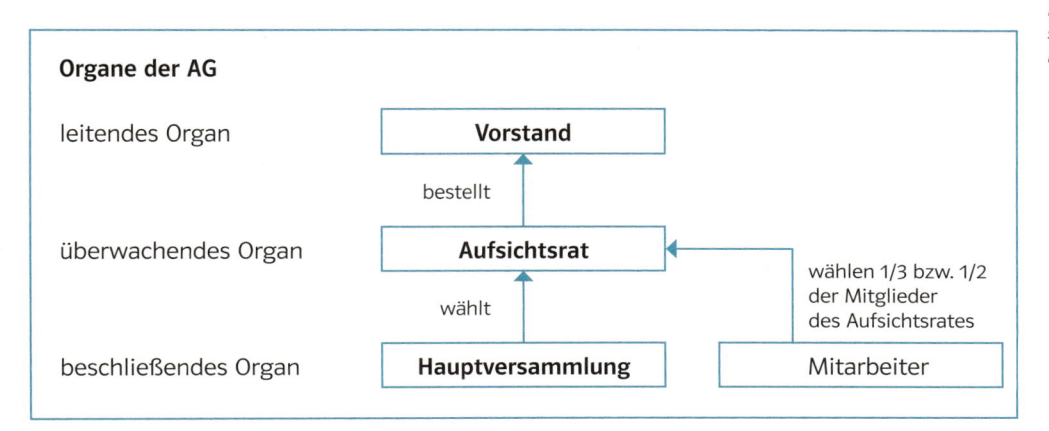

Organe der AG

leitendes Organ	**Vorstand**	
	↑ bestellt	
überwachendes Organ	**Aufsichtsrat**	← wählen 1/3 bzw. 1/2 der Mitglieder des Aufsichtsrates
	↑ wählt	
beschließendes Organ	**Hauptversammlung**	Mitarbeiter

Montanindustrie
Alle auf den Bergbau aufbauenden Unternehmen aus der Kohlen-, Eisenhütten- und Stahlindustrie

Die **Hauptversammlung**, zu der mindestens einmal im Jahr alle Aktionäre eingeladen werden, ist das Gremium der Aktieninhaber. Dabei werden die Beschlüsse gefasst, die für das Unternehmen von grundlegender Bedeutung sind (z. B. Verwendung des Bilanzgewinns, Satzungsänderungen, Wahl des Aufsichtsrats). Jeder Aktionär hat ein Stimmrecht pro Aktie.

Der **Aufsichtsrat** bestellt (wählt), überwacht und berät den Vorstand. Neben Vertretern der Aktionäre (Wahl durch die Hauptversammlung) entsenden auch Arbeitnehmer ihre Interessenvertreter in den Aufsichtsrat. Sie üben damit nicht nur ein Kontrollrecht gegenüber dem Vorstand aus, sondern nehmen Einfluss auf die Geschäftspolitik. Die Anzahl der dort vertretenen Arbeitnehmer wird durch die Mitbestimmungsgesetze geregelt.

Der **Vorstand** leitet die Geschäfte der Aktiengesellschaft.

Die Mitbestimmungsgesetze bei Kapitalgesellschaften

Die Beteiligung der Arbeitnehmer in Aufsichtsräten bezeichnet man als Mitbestimmung. Die Mitbestimmung wird angewandt bei Kapitalgesellschaften (vorwiegend bei AGs und GmbHs) und Genossenschaften. Es gibt drei verschiedene Mitbestimmungsmodelle. Welches Modell für das einzelne Unternehmen gilt, ist abhängig von bestimmten Voraussetzungen.

Das **Mitbestimmungsgesetz von 1976** gilt für alle Kapitalgesellschaften (Ausnahme Montanindustrie) mit über 2000 Arbeitnehmern. Genauso wie bei der Mitbestimmung nach dem **Montanmitbestimmungsgesetz** setzt sich auch hier der Aufsichtsrat zu gleichen Teilen aus Vertretern der Arbeitnehmer und Anteilseigner (paritätische Sitzaufteilung) zusammen. Eine volle Parität, wie in der Montanindustrie, wird jedoch nicht erreicht, da die Vertreter der Anteilseigner den Aufsichtsratsvorsitzenden bestimmen können. Dieser hat bei Abstimmungen mit Stimmengleichheit (Pattsituation) ein doppeltes Stimmrecht. Außerdem befindet sich unter den Arbeitnehmervertretern mindestens ein leitender Angestellter, der häufig die Interessen der Anteilseigner vertritt. In der Montanindustrie vermeidet man eine Pattsituation, indem sich beide Parteien auf ein weiteres, **neutrales Aufsichtsratsmitglied** einigen. Beide Gesetze sehen vor, dass in den Vorständen der Unternehmen ein **Arbeitsdirektor** für die personellen und sozialen Angelegenheiten zuständig ist.

Aufgrund der Sitzverteilung im Aufsichtsrat ist der Einfluss der Arbeitnehmervertreter auf betriebliche Entscheidungen nach dem Drittelbeteiligungsgesetz viel geringer als der der Aktionärsvertreter.

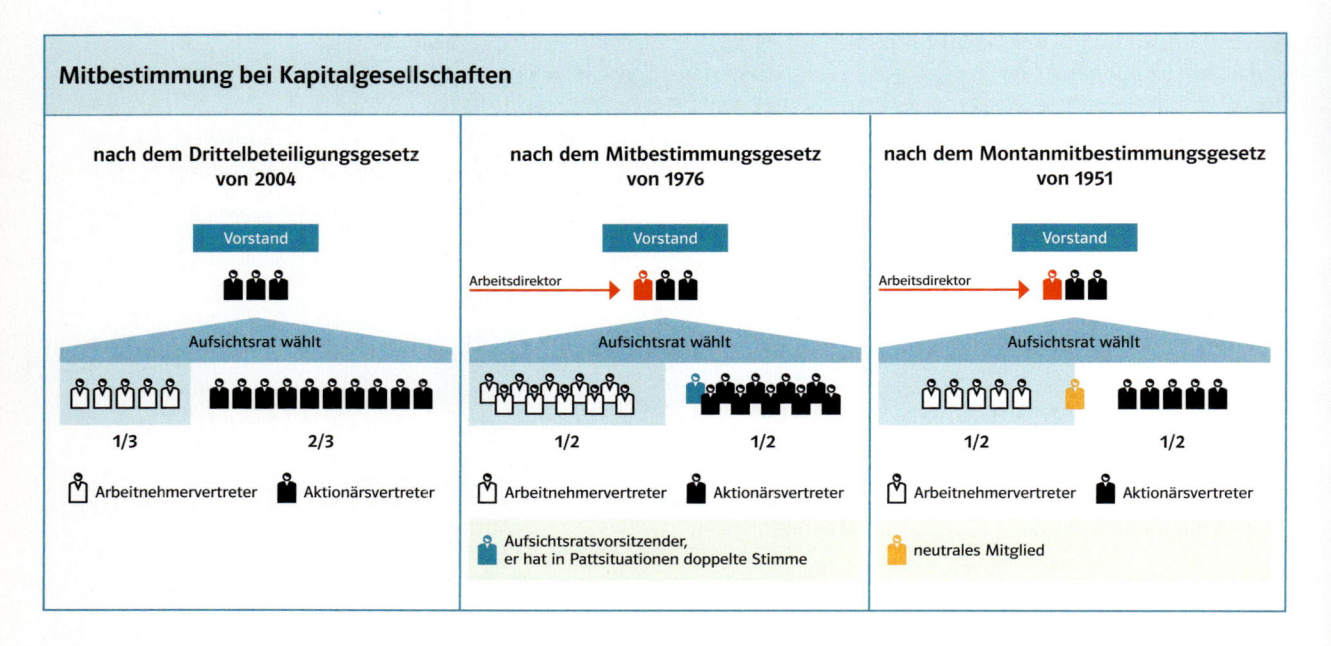

Mitbestimmung bei Kapitalgesellschaften

nach dem Drittelbeteiligungsgesetz von 2004
- Vorstand
- Aufsichtsrat wählt
- 1/3 Arbeitnehmervertreter
- 2/3 Aktionärsvertreter

nach dem Mitbestimmungsgesetz von 1976
- Vorstand
- Arbeitsdirektor
- Aufsichtsrat wählt
- 1/2 Arbeitnehmervertreter
- 1/2 Aktionärsvertreter
- Aufsichtsratsvorsitzender, er hat in Pattsituationen doppelte Stimme

nach dem Montanmitbestimmungsgesetz von 1951
- Vorstand
- Arbeitsdirektor
- Aufsichtsrat wählt
- 1/2 Arbeitnehmervertreter
- 1/2 Aktionärsvertreter
- neutrales Mitglied

1.5 Unternehmerische Chancen und Risiken abwägen

WESEN EINER AKTIENGESELLSCHAFT

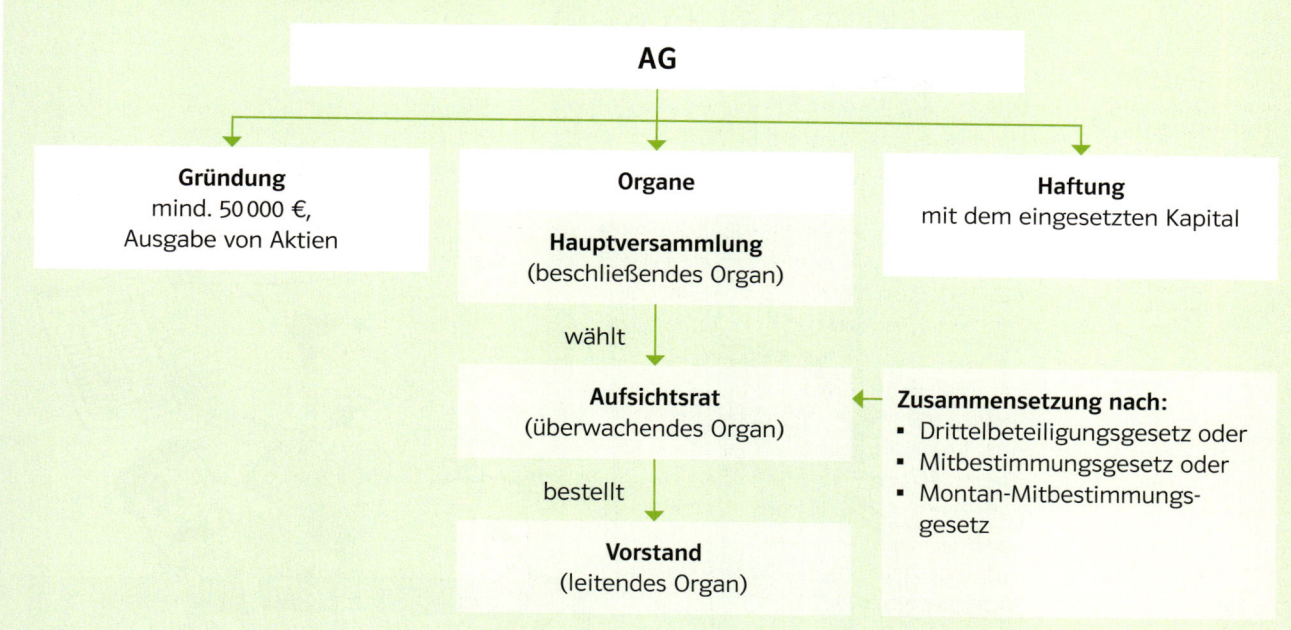

AG

- **Gründung**
  mind. 50 000 €,
  Ausgabe von Aktien
- **Organe**

  Hauptversammlung
  (beschließendes Organ)

  wählt

  Aufsichtsrat
  (überwachendes Organ)

  bestellt

  Vorstand
  (leitendes Organ)
- **Haftung**
  mit dem eingesetzten Kapital

Zusammensetzung nach:
- Drittelbeteiligungsgesetz oder
- Mitbestimmungsgesetz oder
- Montan-Mitbestimmungsgesetz

Übungsaufgaben

1. Unterscheiden Sie die Mitbestimmungsmodelle nach dem Drittelbeteiligungsgesetz, dem Mitbestimmungsgesetz von 1976 und dem Montanmitbestimmungsmodell anhand der folgenden Kriterien:
   a) Geltungsbereich
   b) Zusammensetzung des Aufsichtsrats
   c) Stellung des Aufsichtsratsvorsitzenden
   d) Arbeitsdirektor

   Verwenden Sie dazu ein Schema nach folgendem Muster:

Kriterien \ Modell	Drittelbeteiligungsgesetz		

2. Bestimmen Sie das Organ einer Aktiengesellschaft, das in den folgenden Fällen entscheidet.
   a) Gewinnverteilung
   b) Wahl des Vorstands
   c) Kauf einer neuen Maschine
   d) Wahl der Vertreter zum Aufsichtsrat
   e) Entlassung des Vorstands
   f) Satzungsänderungen.

3. Nennen Sie die Faktoren, die den Kurswert einer Aktie bestimmen.

4. Bestimmen Sie die Branchen, in denen die DAX-Unternehmen tätig sind.

1 Die berufliche Existenz sichern

Einen Unternehmenszusammenschluss beurteilen

LERNSITUATION

Anna ist Auszubildende zur Zerspanungsmechanikerin bei der Rieger AG. Das Unternehmen gehört zur metallverarbeitenden Branche und ist im Bereich der Antriebstechnik tätig. Als Anna am Morgen den Aufenthaltsraum betritt, sind die Mitarbeiter der Abteilung in heller Aufregung.

Völlig unerwartet ist bekannt geworden, dass die Radloff AG, bisher größter Konkurrent der Rieger AG, die Aktienmehrheit des Unternehmens mit 51 Prozent übernommen hat. Die Mitarbeiter befürchten, dass in Zukunft mit einigen Veränderungen bei der Rieger AG zu rechnen ist.

Arbeitsauftrag

Nehmen Sie eine Bewertung der Übernahme der Rieger AG durch die Radloff AG vor.
Bearbeiten Sie dabei mithilfe des Informationstextes folgende Teilaufgaben:
1. Stellen Sie Vermutungen über die Ursachen der Übernahme an.
2. Bestimmen Sie die Form und Art des Unternehmenszusammenschlusses.
3. Prüfen Sie, inwieweit sich die wirtschaftliche und rechtliche Selbstständigkeit der Rieger AG durch den Zusammenschluss verändert.
4. Welche Voraussetzungen mussten vorliegen, damit das Kartellamt diesem Zusammenschluss zustimmte?
5. Bestimmen Sie mögliche Vor- und Nachteile, die sich aus der Übernahme für die Rieger AG ergeben können.

1.5 Unternehmerische Chancen und Risiken abwägen

Wirtschaftliche Verflechtungen

Viele Unternehmen haben sich in den vergangenen Jahren zusammengeschlossen. Zu den Ursachen gehören:
- Ausbau der Marktanteile, um die Wettbewerbsposition zu stärken.
- Kostensenkung durch rationellere Produktion (Automation); durch die Produktion in größeren Stückzahlen können niedrigere Stückkosten entstehen (→ S. 112). Die Ausnutzung der Mengenrabatte beim Einkauf größerer Mengen ist der wichtigste Grund, warum man im Einzelhandel größere Unternehmenseinheiten schaffen will.
- Kostenintensive Forschung ist nur noch von großen Unternehmen durchzuführen,
- Einsatz modernster Technologie im Bereich der Planung, Steuerung und Kontrolle sowie im Vertrieb,
- Verminderung des unternehmerischen Risikos durch geringere Konkurrenz,
- Erweiterung des Eigenkapitals und somit höhere Kreditwürdigkeit.

VW und seine Töchter

Zu den **Kooperationen** zählen **Interessengemeinschaften** und Kartelle. Interessengemeinschaften sind rechtlich selbstständige Unternehmen. Sie verfolgen gemeinschaftlich bestimmte wirtschaftliche Interessen, z. B. gemeinsam Forschungs- und Entwicklungsarbeit zu leisten (z. B. zwei Elektrounternehmen entwickeln gemeinsam einen neuen Computerchip) oder gemeinsam Werbung zu betreiben (z. B. Winzer einer Region).

Bei einem **Kartell** schließen gleichartige Unternehmen sich durch einen Vertrag zusammen. Dabei bleiben sie rechtlich selbstständig, geben aber ihre wirtschaftliche Selbstständigkeit teilweise auf. Das Kartellamt verbietet jedoch Preisabsprachen (Preiskartell), die Aufteilung eines Absatzgebiets (Gebietskartell) und die Vereinbarung

Online-Link
883501-0154

- *Gesetz gegen Wettbewerbsbeschränkungen*
- *Kartellamt*

Formen des Unternehmenszusammenschlusses

Unternehmens-zusammenschluss	Selbstständigkeit	
	wirtschaftlich	rechtlich
Kooperation	bleibt erhalten	bleibt erhalten
Konzern	geht verloren	bleibt erhalten
Trust/Fusion	geht verloren	geht verloren

Wenn die Unternehmen beim Zusammenschluss ihre wirtschaftliche Selbstständigkeit ganz oder weitestgehend behalten, so bezeichnet man dies als Kooperation. Bei Verlust der wirtschaftlichen Selbstständigkeit spricht man von einem verbundenen Unternehmen (z. B. Konzern). Wenn die beteiligten Unternehmen sowohl die rechtliche als auch die wirtschaftliche Selbstständigkeit verlieren, entsteht ein Trust.

Unternehmenszusammenschlüsse in Deutschland 2005 – 2008

Quelle: Bundeskartellamt

1 Die berufliche Existenz sichern

1.5 Unternehmerische Chancen und Risiken abwägen

Aufbau eines Konzerns am Beispiel der Radloff AG

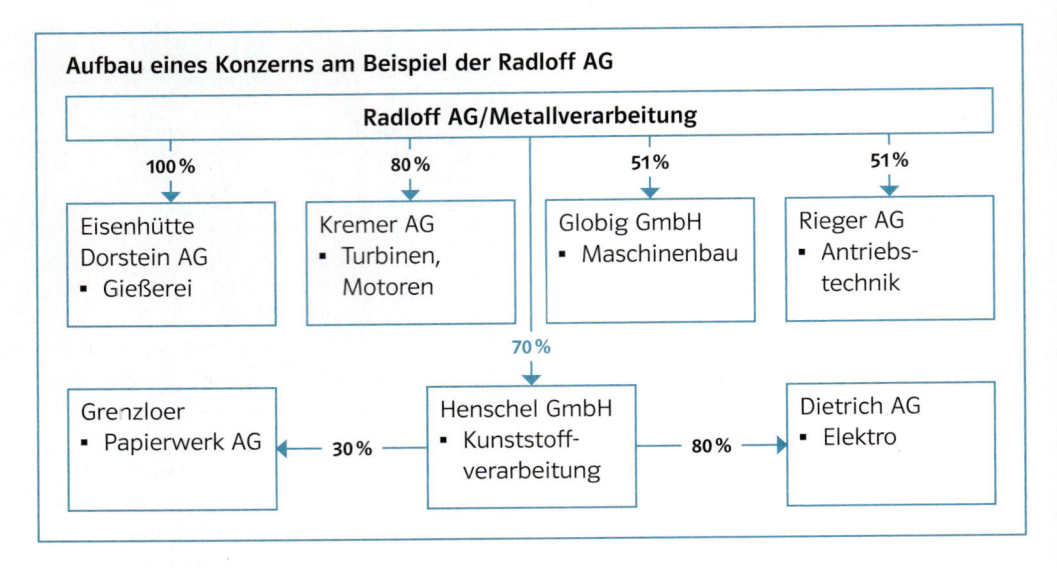

Radloff AG / Metallverarbeitung

- 100 % → Eisenhütte Dorstein AG
  - Gießerei
- 80 % → Kremer AG
  - Turbinen, Motoren
- 51 % → Globig GmbH
  - Maschinenbau
- 51 % → Rieger AG
  - Antriebstechnik

Globig GmbH — 70 % → Henschel GmbH
- Kunststoffverarbeitung

Henschel GmbH — 30 % → Grenzloer
- Papierwerk AG

Henschel GmbH — 80 % → Dietrich AG
- Elektro

Gesetz gegen Wettbewerbsbeschränkungen (GWB)

§1 Verbot wettbewerbsbeschränkender Vereinbarungen: Vereinbarungen zwischen Unternehmen, Beschlüsse von Unternehmensvereinigungen und aufeinander abgestimmte Verhaltensweisen, die eine Verhinderung, Einschränkung oder Verfälschung des Wettbewerbs bezwecken oder bewirken, sind verboten.

über bestimmte Produktionsmengen (Quoten- oder Mengenkartell), um Nachteile für Verbraucher zu verhindern.
Liegt kein spürbarer Nachteil für den Verbraucher und keine Einschränkung des Wettbewerbs vor, sind Ausnahmeregelungen möglich. Dazu zählen u. a. Vereinbarungen,
- die die Warenerzeugung oder Warenverteilung der Mitglieder verbessern,
- die den technischen und wirtschaftlichen Fortschritt fördern,
- die mittelständische Unternehmen zum Zweck der Rationalisierung treffen.

Beispiel: In einer Region können Nachprüfungen für Fahrschüler so von den Fahrschulen geregelt werden, dass zu den einzelnen Terminen jeweils nur eine Fahrschule diese Prüfung anbietet.

Ein **Konzern** entsteht, wenn ein Unternehmen die Mehrheit am Kapital (z. B. mehr als 50 Prozent des Aktienkapitals) eines anderen Unternehmens erwirbt, das rechtlich selbstständig bleibt, aber seine wirtschaftliche Selbstständigkeit verliert. Unternehmen, welche andere beherrschen, bezeichnet man als Muttergesellschaften, die abhängigen als Tochtergesellschaften. Konzerne, die im Ausland Töchter haben, bezeichnet man als **multinationale Konzerne**.

Beim **Trust** oder der **Fusion** verliert das aufgekaufte Unternehmen die rechtliche und wirtschaftliche Selbstständigkeit. Die Firma erlischt, indem das gesamte Vermögen in der anderen aufgeht, oder es entsteht durch Zusammenschluss der beteiligten Unternehmen ein neues Unternehmen.

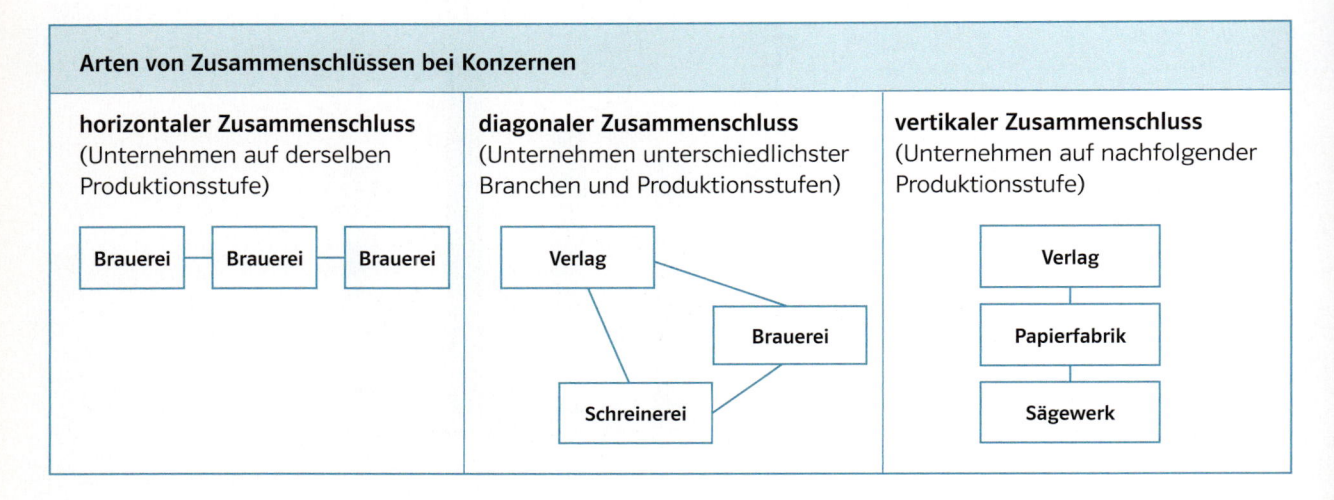

Arten von Zusammenschlüssen bei Konzernen

horizontaler Zusammenschluss (Unternehmen auf derselben Produktionsstufe)	diagonaler Zusammenschluss (Unternehmen unterschiedlichster Branchen und Produktionsstufen)	vertikaler Zusammenschluss (Unternehmen auf nachfolgender Produktionsstufe)
Brauerei — Brauerei — Brauerei	Verlag, Brauerei, Schreinerei	Verlag → Papierfabrik → Sägewerk

76 1 Die berufliche Existenz sichern

1.5 Unternehmerische Chancen und Risiken abwägen

Folgen des Zusammenschlusses

Wenn Großbetriebe mit Milliardenumsätzen das Bild einzelner Wirtschaftsbereiche bestimmen, besteht die Gefahr, dass diese Unternehmen, zumindest auf Teilmärkten, marktbeherrschend werden. Sie können z. B. die Preise nach Belieben festsetzen, weil die Konkurrenz fehlt. Außerdem kann die Vielfalt an angebotenen Waren verloren gehen, wenn sich nur noch wenige Unternehmen den Markt teilen. Weiterhin besteht die Gefahr, dass Großunternehmen aufgrund der wirtschaftlichen Macht leichter ihre Interessen durchsetzen können (z. B. Erlangung von Baugenehmigungen).

Eine solche Entwicklung soll durch das **Gesetz gegen Wettbewerbsbeschränkungen (Kartellgesetz)** verhindert werden. Zuständig für die Einhaltung der Bestimmungen ist das Kartellamt in Bonn.
So müssen beabsichtigte Zusammenschlüsse von Unternehmen ab einer bestimmten Größenordnung beim Kartellamt angemeldet werden. Ihm obliegt die **Fusionskontrolle**. Außerdem hat das Kartellamt die **Missbrauchsaufsicht**. Es überwacht marktbeherrschende Unternehmen und achtet darauf, dass keine verbotenen Kartelle entstehen oder genehmigungspflichtige Kartelle beantragt werden. Dies ist die **Kartellaufsicht**. Bei Verstößen gegen das Kartellgesetz können Bußgelder verhängt werden.

Zusammenschlüsse in Europa

Für Unternehmenszusammenschlüsse innerhalb der EU ist der EU-Kartellausschuss in Brüssel zuständig.

Preisabsprachen bei Kaffee

Die Kaffeeröster Tchibo, Dallmayr und Melitta sollen 160 Millionen Euro Strafe zahlen, weil sie Preise abgesprochen haben. Der Branche drohen weitere Enthüllungen.
Das Kaffeekränzchen traf sich meist am Wochenende – und in gediegener Umgebung. Mal tagten die Manager auf Sylt. Mal in Bremen. Während für ihre mitgereisten Gattinnen ein Damenprogramm organisiert wurde, zogen sich die Herren zurück. In den Hotel-Hinterzimmern ging es dann zwar um Kaffee, aber weniger ums Verwöhnaroma als um das knallharte Bohnen-Business.
Das zumindest glauben die Ermittler der Abteilung 11 des Bundeskartellamts. Seit Sommer 2008 sind sie einem Kartell der Kaffeeröster auf der Spur. Im Zentrum: mehr als ein halbes Dutzend Vertriebsmanager und Geschäftsführer der vier größten deutschen Kaffeeröstereien. Seit mindestens Januar 2000 sollen die Akteure bei regelmäßigen Treffen „Höhe, Umfang, Zeitraum und Zeitpunkt" von Preiserhöhungen besprochen haben. Auf diese Weise sei der Kaffeepreis über Jahre hinweg künstlich hochgehalten worden, glauben Ermittler.
Seit vergangener Woche ist der Fall aus Sicht der Bonner Wettbewerbshüter hinreichend dokumentiert. Das Ergebnis: Tchibo, Melitta und Dallmayr sollen wegen unerlaubter Preisabsprachen 160 Millionen Euro Bußgeld zahlen, aufgefächert gemäß ihren Marktanteilen (→Grafik Filterkaffee). Einspruch ist aber noch möglich.
Der vierte Kartellbruder, der US-Lebensmittelkonzern Kraft Foods mit seiner deutschen Kaffeemarke Jacobs, kommt wohl ungeschoren davon. Kraft ist der Kronzeuge der Behörde und hat die Ermittlungen erst ins Rollen gebracht.

Der Spiegel 53/2009, von Nils Klawitter und Jörg Schmitt

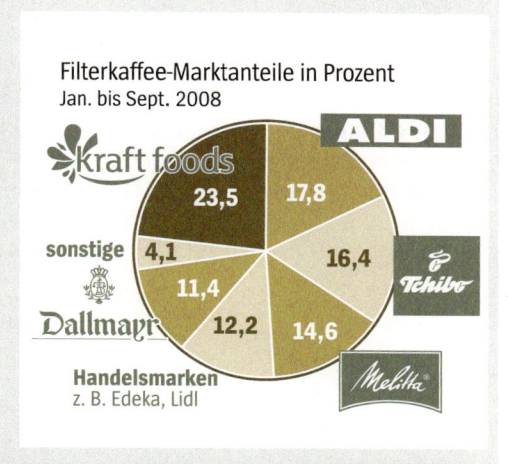

Filterkaffee-Marktanteile in Prozent
Jan. bis Sept. 2008

- Kraft foods: 23,5
- ALDI: 17,8
- Tchibo: 16,4
- Melitta: 14,6
- Handelsmarken z. B. Edeka, Lidl: 12,2
- Dallmayr: 11,4
- sonstige: 4,1

148 Liter Kaffee trinken Deutsche durchschnittlich im Jahr.
Der Spiegel 53/2009, Daten: Stat. Bundesamt, IRI Handelspanel

WIRTSCHAFTLICHE VERFLECHTUNGEN VON UNTERNEHMEN

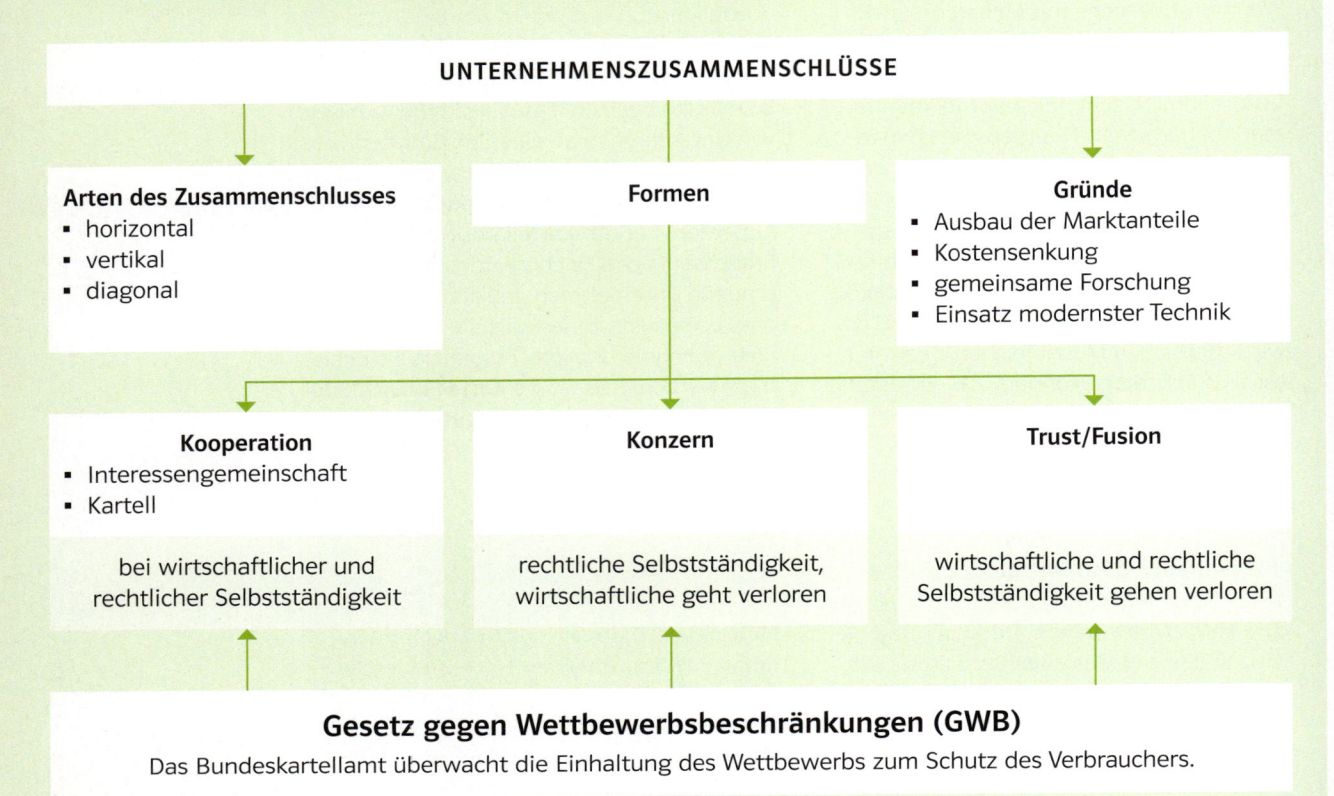

UNTERNEHMENSZUSAMMENSCHLÜSSE

Arten des Zusammenschlusses
- horizontal
- vertikal
- diagonal

Formen

Gründe
- Ausbau der Marktanteile
- Kostensenkung
- gemeinsame Forschung
- Einsatz modernster Technik

Kooperation
- Interessengemeinschaft
- Kartell

bei wirtschaftlicher und rechtlicher Selbstständigkeit

Konzern

rechtliche Selbstständigkeit, wirtschaftliche geht verloren

Trust/Fusion

wirtschaftliche und rechtliche Selbstständigkeit gehen verloren

Gesetz gegen Wettbewerbsbeschränkungen (GWB)
Das Bundeskartellamt überwacht die Einhaltung des Wettbewerbs zum Schutz des Verbrauchers.

Übungsaufgaben

1. Zu den Aufgaben des Kartellamts zählen die Missbrauchsaufsicht, die Fusionskontrolle und die Kartellaufsicht. Erläutern Sie diese Aufgabenbereiche.

2. Wenn Großunternehmen mit Milliardenumsätzen das Bild einzelner Wirtschaftsbereiche bestimmen, besteht die Gefahr, dass diese Unternehmen, zumindest auf Teilmärkten, marktbeherrschend werden und z. B. die Preise nach Belieben festsetzen können, weil die Konkurrenz fehlt.

   Bestimmen Sie weitere Gefahren, die sich für den Verbraucher aus der Unternehmenskonzentration ergeben können.

3. Unterscheiden Sie drei Möglichkeiten von Unternehmenszusammenschlüssen. Gehen Sie dabei auf die Kriterien der wirtschaftlichen und rechtlichen Selbstständigkeit ein.

4. Grenzen Sie die vertikalen, horizontalen und diagonalen Zusammenschlüsse voneinander ab und geben Sie jeweils ein Beispiel.

Konzept einer Unternehmensgründung

LERNSITUATION

Kundenberater: Sie wollen also eine Konditorei mit Stehcafé eröffnen.

Christian: Ich habe am Anfang des Jahres meine Meisterprüfung als Konditor abgelegt, um mich selbstständig zu machen. Sie kennen doch sicherlich das Gebiet am Berufskolleg. Als Schüler fiel mir damals schon auf, dass es dort nichts gibt, wo man sich außerhalb der Schule aufhalten und Verpflegung kaufen kann. Und wenn man bedenkt, dass praktisch den ganzen Tag Unterricht stattfindet, dann dürfte es keine Absatzprobleme geben. Ein geeignetes Ladenlokal habe ich auch schon gefunden.

Kundenberater: Das hört sich ja ganz vielversprechend an. Reden wir über die Finanzierung.
Sie haben ja bereits eine Aufstellung mitgebracht. Es fehlen aber die Ausgaben, die in der Gründungsphase anfallen. So brauchen Sie ein Warenlager von ca. 5 000 Euro. Für Gebühren rechnet man 1 500 Euro. Hinzu kommt auch noch der Werbeaufwand von etwa 3 000 Euro, der in der Gründungsphase besonders wichtig ist. Dann wären da noch die Rechnungen für Telefon, Steuern, Versicherungen und Miete mit Nebenkosten mit monatlich 6 000 Euro. Nicht zu vergessen die Lohnkosten.

Christian: Zum Glück übernimmt meine Verlobte den Verkauf im Café. Da haben wir die Personalkosten schon mal gespart.

Kundenberater: Aber Sie und Ihre Verlobte müssen ja auch von etwas leben. Also ein eigenes Einkommen muss ebenfalls in die Finanzierung mit einfließen.

Christian: Oh je, das ergibt ja Unsummen …

Kundenberater: Bisher liegt alles im normalen Rahmen. Wir benötigen von Ihnen allerdings einen Kapitalbedarfsplan, bevor wir über den Kredit entscheiden.

Arbeitsauftrag

Auf dem Weg von der Geschäftsidee bis zur Selbstständigkeit muss eine Reihe von Hürden überwunden werden.

1. Bestimmen Sie die persönlichen und rechtlichen Voraussetzungen, die mit einer Unternehmensgründung verbunden sind.
2. Stellen Sie für unseren angehenden Jungunternehmer einen Kapitalbedarfsplan auf. Berücksichtigen Sie dabei auch den Eigenbedarf.

1.5 Unternehmerische Chancen und Risiken abwägen

Eine Gründungsidee, die bei jungen Leuten gut ankommt: ein Schüler-Café

Online-Link
883501-0155
- Projekt/Wettbewerb
- Existenzgründung
- Businessplan

Das Bundesministerium für Wirtschaft und Technologie hat eine Initiative Unternehmensnachfolge mit einer bundesweiten Nachfolgebörse eingerichtet unter: www.next.org

Wege in die Selbstständigkeit

Es gibt verschiedene Möglichkeiten, sich beruflich selbstständig zu machen. Einer davon ist die **Neugründung eines Unternehmens**. Dabei fängt der Gründer bei null an. Eine gute Geschäftsidee ist jedoch nur der Anfang. Jedes „Start-up" muss sich seinen Markt erst erobern und Beziehungen zu Lieferanten und Kunden aufbauen. Neben einer vielleicht schwierigen Anlaufphase birgt die Gründung aber auch die Chance, das Unternehmen nach eigenen Vorstellungen zu gestalten.

Eine zweite Möglichkeit ist die **Betriebsübernahme**. Vor allem im Handwerk bietet sich die Chance, ein bereits etabliertes Unternehmen zu übernehmen. Eine Reihe von Unternehmern, die in Ruhestand gehen, sucht einen Nachfolger. Jedes Jahr stehen etwa 71 000 Unternehmen (in Industrie und Handwerk) vor einem Generationswechsel.

Eine Gründung „light" versprechen **Franchise-Systeme**. Dabei kauft sich ein Gründer in ein bereits bewährtes Geschäftsmodell ein. Bekannte Firmen sind die Fastfoodkette McDonald's, Blume2000.de oder die RENO Schuh- und Handelsgeschäfte. Dabei liefert der Franchise-Geber (z. B. RENO) Name, Marke und Marketing. Der Franchise-Nehmer (Herr Meier) errichtet mit eigenem Geld anhand vorgegebener Auflagen (z. B. einheitliche Innenausstattung) das Unternehmen. Gegen eine Gebühr (oder Umsatzbeteiligung) darf der Franchise-Nehmer nur die Produkte des Franchise-Gebers verkaufen. Dafür gibt ihm der Franchise-Geber die Garantie, dass im abgesprochenen Gebiet kein anderes Unternehmen dieses Systems eröffnet wird.

Persönliche und rechtliche Voraussetzungen

Vor dem Schritt in die Selbstständigkeit sollten angehende Unternehmer zunächst ihre persönliche Eignung kritisch überprüfen. Dabei können folgende Fragen hilfreich sein:
- Sind Sie bereit, auf ein erhebliches Maß an Freizeit, Urlaub und Familienleben zu verzichten?
- Können Sie sich selbst Ziele setzen und diese konsequent verfolgen?
- Ertragen Sie Stresssituationen auf Dauer und lösen Sie Probleme direkt?
- Haben Sie neben der technisch-fachlichen Qualifikation auch betriebswirtschaftliche bzw. kaufmännische Grundkenntnisse?
- Können Sie Mitarbeiter führen?
- Sind Sie kontaktfreudig?

Der Betrieb eines Gewerbes ist grundsätzlich jedermann gestattet, der voll geschäftsfähig ist. Ausnahmen von diesem Grundsatz der **Gewerbefreiheit** liegen dann vor, wenn die Art der ausgeübten Tätigkeit mit einer besonderen Verantwortung und fachlichen Eignung verbunden ist (z. B. bei Apotheken, im Kreditwesen, im Gaststättengewerbe oder im Handwerk). In diesen Fällen ist die Erteilung einer Genehmigung (Erlaubnis, Konzession, Meisterprüfung) neben der Gewerbeanzeige eine zusätzliche Voraussetzung für den Beginn des Gewerbes.

Gewerbe anzeigen

Der Beginn der Gewerbeausübung muss bei der zuständigen Stadt- oder Gemeindeverwaltung (Gewerbeamt) angezeigt werden. Über die Zuständigkeit entscheidet der geografische Sitz des Unternehmens. Durchschläge der Gewerbeanmeldung gehen an verschiedene Stellen, wie z. B. an das Finanzamt, an die zuständige Kammer (IHK oder Handwerkskammer) und an die Träger der Sozialversicherungen (Arbeitsagentur, Krankenkasse, Berufsgenossenschaft).

Eintragung ins Handelsregister

Das Handelsregister hat die Aufgabe, die Öffentlichkeit über die Rechtsverhältnisse in Unternehmen zu informieren (Wie wird gehaftet? Wer führt die Geschäfte? Wie hoch ist die Geschäftseinlage?). Das Handelsregister wird beim Amtsgericht geführt. Die Eintragungen werden im **Bundesanzeiger** und einer im Bezirk des jeweiligen Amtsgerichts ansässigen Zeitung veröffentlicht, z. B. in den Mitteilungsblättern der Industrie- und Handelskammern.

Kapitalgesellschaften werden immer in das Handelsregister eingetragen. Bei Einzel- und Personengesellschaften ist die Eintragung von der Art und dem Umfang des Geschäftsbetriebs abhängig.

Wahl des Standorts

Die Wahl des richtigen Standorts hängt von der Zielsetzung des Unternehmens und der betrieblichen Eigenart ab. So wird ein Einzelhandels- oder Dienstleistungsunternehmen (z. B. Friseurladen) sich in der Nähe der Kunden ansiedeln, Supermärkte und Einkaufszentren dagegen eher am Stadtrand, um ausreichend Parkmöglichkeiten anzubieten. Zulieferfirmen siedeln sich in unmittelbarer Nähe ihres Hauptabnehmers an (z. B. Automobilwerk), um eine schnelle und sichere Versorgung zu gewährleisten.
Darüber hinaus gibt es noch weitere Faktoren, die über die Wahl des Standorts entscheiden: Infrastruktur, Arbeitskräftepotenzial, Kosten für Mieten und Energie, Lohnkosten, behördliche Auflagen, Erweiterungsmöglichkeiten etc.

Der Geschäftsplan

Unzureichende Planung ist einer der häufigsten Gründe, warum Jungunternehmen schon nach wenigen Jahren scheitern. Deshalb sollte man sich intensiv auf die Selbstständigkeit vorbereiten und einen detaillierten Geschäftsplan (**Businessplan**) erarbeiten. Es genügt nicht, ein Konzept im Kopf zu haben. Für die eigene Absicherung ist es wichtig, dass man die Gedanken formuliert und zu Papier bringt. Ein durchdachter Geschäftsplan erleichtert den Start in die Selbstständigkeit, denn er zeigt die Chancen und Risiken des Vorhabens auf und kann Kapitalgeber (z. B. Banken) von der Geschäftsidee überzeugen (→ Checkliste).

Checkliste	
Geschäftsidee	Welches Produkt oder welche Dienstleistung will ich anbieten? Was ist das Neue oder Besondere an der Geschäftsidee? Welchen Bedarf deckt mein Produkt/meine Dienstleistung?
Rechtsform → S. 65 ff.	Will ich die Geschäftsidee allein oder mit Partnern verwirklichen? Wer übernimmt welche Aufgaben und Funktionen? Wie hoch sind die Kapitaleinlage und die Haftung?
Markteinschätzung → S. 173 ff.	Welche Kunden kommen infrage? Wer ist meine Zielgruppe? Wer sind meine Konkurrenten? Wie könnten die Konkurrenten reagieren?
Standort	Wo errichte ich das Geschäft/das Büro? Brauche ich Extraräume? Gibt es Erweiterungsmöglichkeiten? Welche der Standortfaktoren sind für mein Geschäft wichtig: Kundennähe, Verkehrslage, Parkplätze, Fachkräfte, Konkurrenz, Kosten für Miete und Energie, Lohnkosten, behördliche Auflagen, etc.?
Marketing → S. 178	Welche Werbemittel sollen eingesetzt werden? Wie will ich mein/e Produkt/Dienstleistung verkaufen? Welchen Preis verlange ich?
Finanzierung → S. 82	Welche Einnahmen und Ausgaben sind zu erwarten? Wie viel Geld benötige ich am Anfang? Woher bekomme ich das Startgeld? Welche Fördermittel stehen mir zu?
Zukunftsaussichten	Wie stelle ich mir meine Firma in zwei oder drei Jahren vor?

Kapitalbedarfsrechnung

Eine erfolgreiche Unternehmensgründung ist auch stark vom **Kapitalbedarf** und der damit verbundenen **Kapitalbeschaffung** (**Finanzierung**) abhängig. Die Unterschätzung des Kapitalbedarfs ist eine der Hauptursachen für das Scheitern von Existenzgründern. Unberücksichtigt bleibt häufig, dass ein Jungunternehmen in der Anfangsphase mit Anlaufverlusten, z. B. durch fehlende Bekanntheit, zu rechnen hat. Die finanziellen Mittel sind in der Planung so zu kalkulieren, dass der Spielraum zur Überbrückung von wirtschaftlich schlechten Zeiten (z. B. zu geringer Umsatz) groß genug ist. Im Vordergrund der Kapitalbedarfsermittlung stehen die zukünftigen Ausgaben für **Investitionen**. Investiert wird in Grundstücke, Maschinen, Fahrzeuge usw. Diese Güter bilden die Grundlage für die betriebliche Tätigkeit und werden langfristig genutzt. Daher spricht man von **Anlagegütern**.

Möglichkeiten der Finanzierung

Nach der Ermittlung des Kapitalbedarfs stellt man die voraussichtlichen Ein- und Ausgaben eines bestimmten Zeitraums (z. B. sechs Monate) gegenüber (**Liquiditätsplan** → S. 99). Liegen die Ausgaben über den Einnahmen (bei einer Unternehmensgründung ist dies immer der Fall), müssen die benötigten finanziellen Mittel beschafft werden, damit das Unternehmen zu jeder Zeit seinen Zahlungsverpflichtungen nachkommen kann (über ausreichende **Liquidität** verfügt).

Folgende Finanzierungsarten sind möglich:
- durch Eigenkapital
- durch Kredite → S. 119 ff.
- durch Leasing → S. 119 ff.
- durch Fördermittel.

Bei der **Finanzierung durch Eigenkapital** werden die Gelder von Unternehmensgründern und/oder ihren Partnern (abhängig von der jeweiligen Unternehmensform) aufgebracht. Das im Unternehmen investierte Eigenkapital sollte 30 bis 40 Prozent am Gesamtkapital ausmachen. Eine ausreichende Eigenkapitalquote bedeutet für das Unternehmen:
- finanzielle Engpässe und/oder Verluste können ausgeglichen werden,
- eine höhere Kreditwürdigkeit gegenüber Banken und anderen Gläubigern.

$$\text{Eigenkapitalquote} = \frac{\text{Eigenkapital} \times 100}{\text{Gesamtkapital}}$$

Bei der **Finanzierung durch Fördermittel** hilft der Staat (EU, Bund, Länder und Gemeinden) mit unterschiedlichen Maßnahmen. Die häufigste Form öffentlicher Förderung ist die Bereitstellung von **Krediten zu besonders günstigen Konditionen**. Dazu gehören niedrige Zinssätze, lange Laufzeiten, Beginn der Tilgung erst nach einigen Jahren. Somit werden die finanziellen Belastungen der Kreditnehmer in der schwierigen Anlaufphase niedrig gehalten. Wenn bestimmte Voraussetzungen vorliegen, erhalten Existenzgründer sogar **staatliche Zuschüsse**, die im Gegensatz zu den Krediten nicht zurückgezahlt werden müssen.

Kapitalbedarfsplan: Konditorei mit Frühstückscafé

Investitionen   in Euro
- Umbau/Renovierung ....
- Maschinen/Geräte ....
- Betriebs- u. Geschäftsausstattung ....
- Fahrzeuge ....
- erstes Material- u. Warenlager ....

Gründungsausgaben
- Gebühren/Anmeldungen ....
- Markteinführungskosten (Werbung) ....

Anlaufverluste (monatlich)
- Miete ....
- Lohnkosten ....
- Gebühren/Steuern/Versicherungen ....
- Eigenbedarf des Gründers ....

Gesamt   ....

WEGE IN DIE SELBSTSTÄNDIGKEIT

UNTERNEHMENSGRÜNDUNG

Möglichkeiten
- Betriebsneugründung
- Betriebsübernahme
- Franchise-System

Voraussetzungen
- persönliche
- rechtliche (Geschäftsfähigkeit, Gewerbeanzeige, Anmeldungen)

Geschäftsplan (Businessplan)

Geschäftsidee

Einflussfaktoren
- Kosten
- Verkehrsanbindung
- Kundennähe
- Konkurrenz
- …

Wahl des Standorts

Wahl der Rechtsform

Marketing

Kapitalbedarfsrechnung und Finanzierung
(für Investitionen, Gründungsausgaben und Anlaufverluste)

Finanzierung durch
- Eigenkapital
- Kredite
- Fördermittel
- Leasing

Zukunftsprognosen

Übungsaufgaben

1. Nennen Sie fünf persönliche Voraussetzungen, die ein Unternehmensgründer mitbringen sollte.

2. Der Weg in die Selbstständigkeit kann u. a. über eine Neugründung oder über ein Franchise-System erfolgen. Stellen Sie Vor- und Nachteile beider Geschäftsmodelle gegenüber.

3. Nennen Sie drei Gründe, warum bei einer Unternehmensgründung die Aufstellung eines Geschäftsplans (Business-Plan) sinnvoll ist.

4. Der Staat fördert durch unterschiedliche Maßnahmen Unternehmensgründungen. Welche Interessen könnte der Staat damit verfolgen?

5. Erläutern Sie, warum Unternehmen mit ausreichend Eigenkapital ausgestattet sein sollen.

6. Bestimmen Sie am Beispiel Ihres Ausbildungsbetriebs/Ihrer Branche die Faktoren, die bei der Wahl des Standorts von Bedeutung sind.

1 Methode: Projektmethode

Lernen für die Selbstständigkeit

Fast 80 Prozent der Deutschen finden es reizvoll, ihr eigener Chef zu sein. Das ist das Ergebnis einer Umfrage (TNS Emnid). Dabei steht für viele im Vordergrund, eigene Ideen umzusetzen, keinem Vorgesetzten Rechenschaft zu schulden und die Früchte des Erfolgs ganz allein zu ernten.

Doch gleichzeitig fürchten sich 90 Prozent der Befragten vor dem finanziellen Risiko. Neben einer guten Geschäftsidee bedarf es somit eines detaillierten Geschäftsplans. Die Planung einer Unternehmensgründung lässt sich als Projekt durchführen. Dabei ist der Arbeits- und Lernprozess, der durch eine Projektidee ausgelöst wird, ebenso wichtig wie das Ergebnis, das am Ende des Projektes stehen soll.

In folgenden Schritten sollte man dabei vorgehen:

1. Schritt:
Auseinandersetzung mit der Projektidee

- eine Projektidee diskutieren
- eigene Ideen und Wünsche einbringen
- soziale Regeln und Regeln der Diskussion beachten
- eine Ideensammlung erstellen
- eine Projektskizze erstellen

2. Schritt:
gemeinsame Absprachen über die Vorgehensweise

- eine Ideensammlung/Projektskizze auf Durchführbarkeit überprüfen
- Meinung äußern
- Absprachen über die Aufgabenverteilung treffen
- einen Projektplan erstellen

3. Schritt:
Durchführung des Projektes

- Organisationsformen und Methoden festlegen
- den Weg zum Ziel planen
- Arbeitszeiten und Arbeitsorte planen

4. Schritt:
Projektpräsentation

- die Projektpräsentation planen
- die Projektpräsentation durchführen

Methode: Projektmethode

Eine Projektidee: Unternehmensgründung

Planen Sie als Klasse/Gruppe eine Unternehmensgründung. Erstellen Sie dazu einen Geschäftsplan (Businessplan). Die Unternehmensgründung kann sich beziehen auf:
- ein rein fiktives Unternehmen,
- ein Unternehmen, das in Ihren Ausbildungsbereich fällt,
- ein praxisorientiertes Schulunternehmen (z. B. Schulkiosk),
- die Konditorei mit Stehcafé (→ S. 79).

1. Schritt:
Sammeln Sie in einem Brainstorming Ideen zur Gründung eines Unternehmens. Alle Äußerungen – auch ausgefallene und abwegig erscheinende – sind erlaubt (keine Kritik und Kommentare!).
Diskutieren Sie, für welche Idee Sie sich entscheiden wollen.
Nehmen Sie diese Idee noch einmal genau unter die Lupe. Dabei helfen Ihnen u. a. die folgenden Fragen:
- Wie originell ist die Idee?
- Gibt es Vergleichbares in der Praxis?
- Welche wichtigen Fragen müssen geklärt werden?
- Lassen sich Antworten auf diese offenen Fragen finden?
- Lässt sich das Projekt in der vorgegebenen Zeit durchführen?

Hinweis: Halten Sie die Vereinbarungen und Entscheidungen in einem Ergebnisprotokoll fest. Jeder Teilnehmer der Arbeitsgruppe erhält eine Kopie. Somit lassen sich Termine und verteilte Aufgaben überprüfen.

2. Schritt:
In dieser Phase findet der vielleicht wichtigste Teil des Projektes statt. Bei der Planung helfen Ihnen die folgenden Fragen:
- Welche Punkte enthält ein Business-Plan?
- Woher erhalten wir die notwendigen Informationen?
- In welcher Reihenfolge sollen die Arbeitsschritte erledigt werden?
- Wer übernimmt welche Aufgaben?

Danach legen Sie das Zeitraster fest, d. h., zu welchem Zeitpunkt müssen welche Arbeiten erledigt sein (Meilensteine).
Dies kann mithilfe eines Balkendiagramms oder auch eines Netzplans geschehen (→ S. 215).

Vorgang	Dauer	1. Woche	2. Woche	3. Woche	4. Woche
Rechtliche Klärung	5 Tage	■■■			
Marktanalyse	6 Tage		■■■		
Standortanalyse	4 Tage		■■		
Wahl der Rechtsform					

3. Schritt:
Führen Sie nun die geplanten Arbeitsschritte durch. Achten Sie auf die Einhaltung der von Ihnen gesetzten Meilensteine.

4. Schritt:
Zum Ende des Projektes erstellen Sie eine Dokumentation/PowerPoint-Präsentation, mit der Sie Ihre Ergebnisse darstellen. Versuchen Sie, die Zuhörer für ihre Ideen zu gewinnen. In der Praxis wären dies mögliche Investoren bzw. Kreditgeber.

PRÜFUNGSAUFGABEN

1.1 Erste Orientierung im Beruf

1.

Welche Aussage über die Dauer der Probezeit bei der dualen Ausbildung ist richtig?
A Die Probezeit beträgt 3 Monate.
B Die Probezeit beträgt 1–4 Monate.
C Die Probezeit beträgt bis zu 3 Monate.
D Die Probezeit beträgt bis zu 4 Monate.
E Die Probezeit beträgt 1–3 Monate.

2.

In welchem Gesetz sind die wichtigsten Grundlagen der Berufsausbildung niedergeschrieben?
A im Grundgesetz (GG)
B im Bürgerlichen Gesetzbuch (BGB)
C im Betriebsverfassungsgesetz (BetrVG)
D im Jugendarbeitsschutzgesetz (JArbSchG)
E im Berufsbildungsgesetz (BBiG).

3.

Was muss ein Berufsausbildungsvertrag *nicht* enthalten?
A die Dauer der Probezeit
B die überbetrieblichen Ausbildungsmaßnahmen
C die Anzahl der Urlaubstage
D die Höhe der Ausbildungsvergütung
E die Angabe über den Prüfungstermin.

4.

In welchem der folgenden Fälle gilt das Berufsbildungsgesetz *nicht*?
A Fortbildung zum Techniker
B Ausbildung zum Gesundheits- und Krankenpfleger an der Krankenpflegeschule
C Ausbildung zum Drucker
D Umschulung zum Industriemechaniker
E Ausbildung zur Zahnmedizinischen Fachangestellten.

5.

Welche Aussage über die Pflichten des Auszubildenden ist richtig?
A Der Auszubildende muss allen Weisungen des Ausbilders folgen.
B Der Auszubildende muss alle Arbeiten im Betrieb durchführen.
C Der Auszubildende muss bei Terminarbeiten Überstunden machen.
D Der Auszubildende muss alle erforderlichen Arbeitsmittel selbst beschaffen.
E Der Auszubildende muss die vorgeschriebenen Fertigkeiten, Fähigkeiten und Kenntnisse möglichst selbstständig lernen.

6.

Nennen Sie je zwei Aufgaben der Berufsschule und des Ausbildungsbetriebs.

7.

Der Berufsschulunterricht beginnt ausnahmsweise um 10:30 Uhr und dauert fünf Unterrichtsstunden. Prüfen Sie anhand des Auszugs aus dem Jugendarbeitsschutzgesetz (JArbSchG):
a) Kann der Arbeitgeber einen berufsschulpflichtigen Jugendlichen an diesem Tag vor Unterrichtsbeginn beschäftigen?
b) Kann der Arbeitgeber diesen Jugendlichen an diesem Tag nach Ende des Berufsschulunterrichts beschäftigen?
Begründen Sie Ihre Entscheidung.

Auszug aus dem Jugendarbeitsschutzgesetz (JArbSchG)
§ 9: Berufsschule
(1) Der Arbeitgeber hat den Jugendlichen für die Teilnahme am Berufsschulunterricht freizustellen. Er darf den Jugendlichen nicht beschäftigen

1. vor einem vor 9 Uhr beginnenden Unterricht; dies gilt auch für Personen, die über 18 Jahre alt und noch berufsschulpflichtig sind,
2. an einem Berufsschultag mit mehr als fünf Unterrichtsstunden von mindestens je 45 Minuten, einmal in der Woche,
3. in Berufsschulwochen mit einem planmäßigen Blockunterricht von mindestens 25 Stunden an mindestens fünf Tagen; zusätzliche betriebliche Ausbildungsveranstaltungen bis zu zwei Stunden wöchentlich sind zulässig.

8.

Leon Karsunke hat die Abschlussprüfung der Berufsausbildung nicht bestanden. Der Ausbildungsbetrieb ist der Meinung, dass damit das Ausbildungsverhältnis beendet ist.
a) Prüfen Sie, ob diese Aussage zutrifft. Begründen Sie.
b) Welche Schritte muss Leon unternehmen, um die Ausbildung trotzdem abschließen zu können?

Beantworten Sie die Aufgaben anhand des folgenden Auszugs aus dem Berufsbildungsgesetz (BBiG).

Auszug aus dem Berufsbildungsgesetz (BBiG)
§ 8: Abkürzung und Verlängerung der Ausbildungszeit
(1) Auf gemeinsamen Antrag der Auszubildenden und Ausbildenden hat die zuständige Stelle die Ausbildungszeit zu kürzen, wenn zu erwarten ist, dass das Ausbildungsziel in der gekürzten Zeit erreicht wird. Bei berechtigtem Interesse kann sich der Antrag auch auf die Verkürzung der täglichen oder wöchentlichen Ausbildungszeit richten (Teilzeitberufsausbildung).
(2) In Ausnahmefällen kann die zuständige Stelle auf Antrag Auszubildender die Ausbildungszeit verlängern, wenn die Verlängerung erforderlich ist, um das Ausbildungsziel zu erreichen. Vor der Entscheidung nach Satz 1 sind die Ausbildenden zu hören.

§ 21: Beendigung
(1) Das Berufsausbildungsverhältnis endet mit dem Ablauf der Ausbildungszeit. Im Falle der Stufenausbildung endet es mit Ablauf der letzten Stufe.
(2) Bestehen Auszubildende vor Ablauf der Ausbildungszeit die Abschlussprüfung, so endet das Berufsausbildungsverhältnis mit Bekanntgabe des Ergebnisses durch den Prüfungsausschuss.
(3) Bestehen Auszubildende die Abschlussprüfung nicht, so verlängert sich das Berufsausbildungsverhältnis auf ihr Verlangen bis zur nächstmöglichen Wiederholungsprüfung, höchstens um ein Jahr.

1.2 Weichen für den Beruf stellen

1.

Warum bekommt die Berufsausbildung für das spätere Arbeitsleben eine immer größere Bedeutung?
A Weil der berufliche Aufstieg unabhängig von der Berufsausbildung ist.
B Weil ausgebildete Arbeitskräfte auf dem Arbeitsmarkt deutlich bessere Chancen haben.
C Weil Arbeitslose nur Arbeitslosengeld beziehen können, wenn sie eine abgeschlossene Berufsausbildung haben.
D Weil man ohne Ausbildung keinen Arbeitsplatz mehr findet.
E Weil man nur mit abgeschlossener Berufsausbildung im Betrieb Aufstiegschancen hat.

2.

Welche der folgenden Aussagen über den Strukturwandel der Wirtschaft ist richtig?
A Strukturwandel führt zum Verschwinden der Großunternehmen.
B Vom Strukturwandel sind manche Wirtschaftszweige nicht betroffen.
C Der Strukturwandel verändert die Qualifikationsanforderungen an die Beschäftigten.

D Der Strukturwandel hat seine Ursache in den Veränderungen der betrieblichen Arbeitsorganisation.
E Der Strukturwandel führt dazu, dass nur noch in Billiglohnländern produziert wird.

3.

Männer und Frauen im Beruf
a) Nennen Sie zwei Gründe, warum Frauen oft weniger verdienen als Männer.
b) Nennen Sie zwei geeignete Maßnahmen, mit denen Unternehmen Frauen fördern können.

4.

Veränderung des Bedarfs der deutschen Wirtschaft an Arbeitskräften nach Qualifikationsstufen 2010 – 2020 (Prognose)
a) Stellen Sie in eigenen Worten dar, wie sich der unten stehenden Tabelle zufolge der Bedarf an Arbeitskräften bis 2020 auf den verschiedenen Qualifikationsstufen entwickelt.
b) Ermitteln Sie, wie hoch das Risiko von Arbeitslosigkeit auf den verschiedenen Qualifikationsstufen ist.

1.3 Berufliche Perspektiven entwickeln

1.

Welcher Begriff muss im freien Feld eingetragen werden?
A Fortbildung
B Lebenslanges Lernen
C Zweiter Bildungsweg
D Meisterschule
E Technikerausbildung.

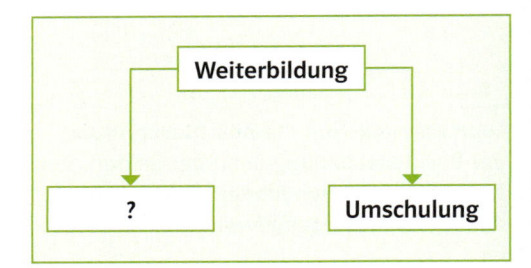

```
          Weiterbildung
         /             \
        ?            Umschulung
```

2.

Welche Maßnahme gehört bei einem Mechatroniker *nicht* zu Fortbildungen?
A Aufstiegslehrgang für künftige Mitarbeiter mit Personalverantwortung
B Fahrsicherheitstraining des ADAC
C Einweisung in neue Software zur Programmierung der CNC-Maschinen
D Vorbereitungskurs zum Industriemeister
E Fortbildung zu betrieblichem Qualitätsmanagement.

Qualifikationsstufe	Veränderungen 2010 – 2020 (Prognose)	Anteil an den Beschäftigten im Jahr 2020
ohne abgeschlossene Berufsausbildung	– 410 000	9 %
mit abgeschlossener Berufsausbildung	– 150 000	56 %
mit Meister-/Techniker-/Fachschulabschluss	150 000	12 %
mit Fachhochschulabschluss	250 000	24 %
mit Universitätsabschluss	500 000	

Nach: Zukunft von Bildung und Arbeit (IZA Research-Report 9), 2007, S. 81 – Zahlen gerundet. Autoren: Holger Bonin, Marc Schneider, Hermann Reinke, Tobias Arens

3.

Nennen Sie je einen Vorteil, den das Unternehmen von betrieblicher Weiterbildung hat, und einen Vorteil, den die Teilnehmer an solchen Maßnahmen haben.

4.

Warum wird berufliche Mobilität immer wichtiger?
A Weil die Unternehmen immer schlechter mit öffentlichen Verkehrsmitteln zu erreichen sind.
B Weil erwartet wird, dass alle Arbeitnehmer einen Führerschein haben.
C Weil die Unternehmen vermehrt Arbeitnehmer in anderen Städten oder im Ausland einsetzen.
D Weil die Unternehmen keine Rücksicht auf die Interessen der Beschäftigten nehmen.
E Weil immer weniger Menschen heiraten.

5.

Nennen Sie vier Fortbildungsmöglichkeiten in Ihrem Ausbildungsberuf.

6.

Der Europäische Sprachenpass ...
A wird nach Ablegung einer Sprachprüfung ausgestellt.
B ist eine Selbsteinschätzung der eigenen Fremdsprachenkenntnisse.
C wird von Schulen am Ende der Schulzeit ausgegeben, wenn der Unterricht in der Fremdsprache besucht wurde.
D muss vor der Aufnahme der Arbeit in einem anderen EU-Staat dem Arbeitgeber vorgelegt werden.
E bestätigt die Teilnahme an Sprachkursen der EU.

7.

Der Europass ...
A wird bei Reisen in Länder außerhalb der EU ausgestellt.
B erleichtert die Beurteilung von Abschlüssen und Qualifikationen in anderen EU-Staaten.
C ergänzt den europäischen Führerschein bei längeren Auslandsaufenthalten.
D ist für EU-Bürgerinnen und EU-Bürger vorgeschrieben, die in einem anderen EU-Staat arbeiten wollen.
E ersetzt im europäischen Ausland den Sozialversicherungsausweis.

8.

In Deutschland erworbene Berufsabschlüsse werden in anderen EU-Staaten ...
A automatisch anerkannt.
B nicht anerkannt.
C anerkannt, wenn eine beglaubigte Übersetzung vorliegt.
D abhängig vom Beruf anerkannt.
E Eine Anerkennung ist nicht nötig.

9.

Nennen Sie drei Mobilitätsprogramme der Europäischen Union und ihre Zielgruppe.

10.

Wir nehmen an, Sie wollen sich nach dem Ende Ihrer Ausbildung im europäischen Ausland bewerben. Stellen Sie für einen möglichen ausländischen Arbeitgeber in einer leicht verständlichen Übersicht zusammen, welche Qualifikationen Sie in Ihrer Ausbildung erworben haben und welche Tätigkeitsbereiche für Sie infrage kommen.

1.4 Die eigene Existenz absichern

1.

Welche der folgenden Versicherungen gehört zu den Sozialversicherungen?
A Unfallversicherung
B Berufsunfähigkeitsversicherung
C Private Rentenversicherung
D Lebensversicherung
E Kfz-Haftpflichtversicherung.

2.

Wonach richtet sich der Beitrag zur gesetzlichen Krankenversicherung?
A Nach dem Alter.
B Nach dem Bruttoeinkommen.
C Nach der Zahl der versicherten Personen.
D Nach der Zahl der Familienmitglieder.
E Nach dem Krankheitsrisiko.

3.

Frau Nerkamp kann nach einem Sportunfall wegen einer Knieverletzung ihren bisherigen Beruf nicht mehr ausüben. Welche Versicherung ist für ihre Rente zuständig?
A Gesetzliche Unfallversicherung
B Rentenversicherung
C Haftpflichtversicherung
D Arbeitslosenversicherung
E Krankenversicherung.

4.

Wonach richten sich die Beiträge zur gesetzlichen Unfallversicherung?
A Nach dem Bruttolohn der Beschäftigten.
B Nach der Lohnsumme der Beschäftigten.
C Nach der Schadenklasse des Unternehmens.
D Nach der Schadenklasse des Unternehmens und der Lohnsumme der Beschäftigten.
E Nach der Häufigkeit, mit der im vergangenen Jahr Unfälle vorgekommen sind.

5.

Was versteht man unter der Versicherungspflichtgrenze?

6.

Subsidiarität bedeutet:
A Fürsorgeleistungen des Staates müssen bei Verbesserung der eigenen Einkommensverhältnisse zurückbezahlt werden.
B Fürsorgeleistungen des Staates gibt es nur, wenn das eigene Einkommen und Vermögen nicht ausreicht.
C Fürsorgeleistungen gibt es nur für Menschen, die nicht sozialversichert sind.
D Fürsorgeleistungen werden nach einem Regelsatz ausbezahlt, der sich am Lohn in den untersten Lohngruppen orientiert.
E Die Krankenversicherung erbringt auch Leistungen für Familienangehörige ohne eigenes Einkommen.
F

7.

Tim wird nach Ende der Ausbildung als Elektroniker wegen seiner schlechten Leistungen in der Abschlussprüfung nicht vom Betrieb übernommen. Hat er Anspruch auf Arbeitslosengeld I?
A Ja, weil er die Anwartschaftszeit erfüllt hat.
B Ja, wenn er nicht mehr bei seinen Eltern lebt.
C Nein, weil er die Arbeitslosigkeit selbst verschuldet hat.
D Nein, weil es offene Stellen in diesem Beruf gibt.
E Nein, weil er noch keine Beiträge als Facharbeiter in die Arbeitslosenversicherung einbezahlt hat.

8.

Was ist *keine* Leistung der gesetzlichen Krankenversicherung?

A Lohnfortzahlung bei Krankheit bis zu sechs Wochen
B Zahnersatz
C Vorsorgeuntersuchungen
D Rehabilitation
E Ärztliche Behandlung nach Sportunfällen.

9.

Welche Berufsgruppe muss keine Beiträge zur Rentenversicherung bezahlen?

A Auszubildende
B Arbeiter
C Angestellte
D Leitende Angestellte
E Beamte.

10.

Mike Strittmatter ist wegen eines Bandscheibenvorfalls drei Monate arbeitsunfähig. Zehn Monate nach der ersten Erkrankung kommt es erneut zu einem Bandscheibenvorfall und er ist wieder zwei Monate krank.

a) Klären Sie anhand des folgenden Textauszugs, in welchem Umfang er Anspruch auf Lohnfortzahlung durch den Arbeitgeber hat. Begründen Sie.
b) Wie kann er im vorliegenden Fall seinen Lebensunterhalt bestreiten, solange er keinen Anspruch auf Lohnfortzahlung durch den Arbeitgeber hat?

Entgeltfortzahlungsgesetz
§ 3 Anspruch auf Entgeltfortzahlung im Krankheitsfall
(1) Wird ein Arbeitnehmer durch Arbeitsunfähigkeit infolge Krankheit an seiner Arbeitsleistung verhindert, ohne dass ihn ein Verschulden trifft, so hat er Anspruch auf Entgeltfortzahlung im Krankheitsfall durch den Arbeitgeber für die Zeit der Arbeitsunfähigkeit bis zur Dauer von sechs Wochen. Wird der Arbeitnehmer infolge derselben Krankheit erneut arbeitsunfähig, so verliert er wegen der erneuten Arbeitsunfähigkeit den Anspruch nach Satz 1 für einen weiteren Zeitraum von höchstens sechs Wochen nicht, wenn
1. er vor der erneuten Arbeitsunfähigkeit mindestens sechs Monate nicht infolge derselben Krankheit arbeitsunfähig war oder
2. seit Beginn der ersten Arbeitsunfähigkeit infolge derselben Krankheit eine Frist von zwölf Monaten abgelaufen ist.

11.

Nennen Sie zwei Gründe, warum der Beitrag zur Gesetzlichen Krankenversicherung in den vergangenen Jahren immer wieder angehoben werden musste.

12.

Vergleichen Sie den Altersaufbau der Bevölkerung in der unten stehenden Grafik im Jahr 2008 mit dem für das Jahr 2060 erwarteten Aufbau.

a) Nennen Sie zwei Veränderungen.
b) Stellen Sie zwei Auswirkungen dar, die diese Veränderungen auf das System der Rentenversicherung in Zukunft haben werden.
c) Nennen Sie zwei Maßnahmen, die der Staat ergriffen hat, um die negativen Auswirkungen dieser Veränderungen zu begrenzen.

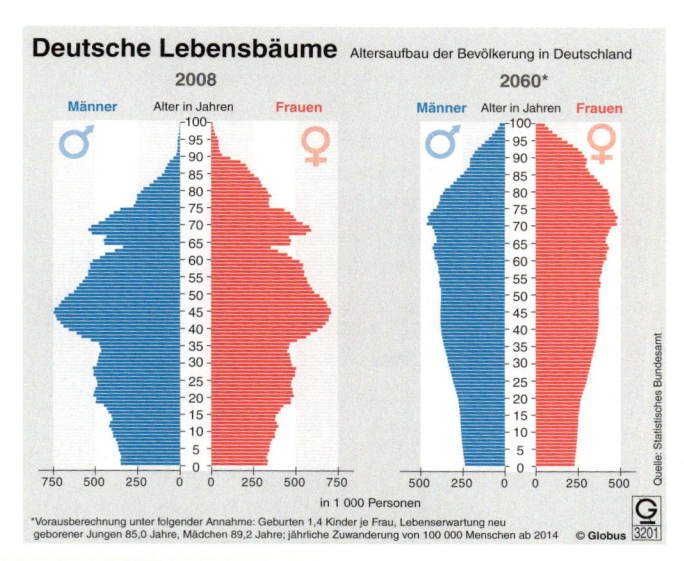

Deutsche Lebensbäume — Altersaufbau der Bevölkerung in Deutschland (2008 und 2060*)

*Vorausberechnung unter folgender Annahme: Geburten 1,4 Kinder je Frau, Lebenserwartung neu geborener Jungen 85,0 Jahre, Mädchen 89,2 Jahre; jährliche Zuwanderung von 100 000 Menschen ab 2014
Quelle: Statistisches Bundesamt / © Globus 3201

13.

Welche der folgenden Aussagen über die Lohnberechnung ist richtig?
A Arbeitnehmer mit niedrigem Einkommen müssen keine Lohnsteuer zahlen (Grundfreibetrag).
B Auszubildende mit einem Einkommen bis 400 € werden in der Sozialversicherung wie Minijobber behandelt.
C Der Beitrag von Arbeitnehmer und Arbeitgeber für die Krankenversicherung ist gleich hoch.
D Die Beiträge für die Sozialversicherungen richten sich nach dem Nettolohn, die Lohnsteuer nach dem Bruttolohn.
E Arbeitnehmer müssen mindestens 14 Prozent und höchstens 45 Prozent des Bruttolohns als Lohnsteuer zahlen (Stand 2010).

14.

Interpretieren Sie die Grafik „Das soziale Netz"
a) Nennen Sie drei Sozialleistungen der Grafik auf S. 53, die nach dem Versicherungsprinzip ausbezahlt werden.
b) Nennen Sie drei Leistungen der Grafik nach dem Fürsorgeprinzip.
c) Nennen Sie drei Leistungen der Grafik nach dem Versorgungsprinzip.

15.

Wer eine Privatinsolvenz anmeldet,
A darf nicht mehr in Urlaub fahren.
B muss sein pfändbares Vermögen einem Treuhänder abgeben.
C bekommt nach fünf Jahren eine Restschuldbefreiung.
D muss seinen Vermieter darüber informieren.
E muss ein Haushaltsbuch führen und dem Treuhänder vorlegen.

1.5 Unternehmerische Chancen und Risiken abwägen

1.

Was ist das oberste Ziel eines erwerbswirtschaftlich ausgerichteten Unternehmens?
A Steigerung des Umsatzes
B Gewinne erzielen
C Rationalisierung
D Schaffung neuer Arbeitsplätze
E Versorgung der Verbraucher mit Gütern und Dienstleistungen.

2.

Welche Aussagen über die öffentlichen Unternehmen sind richtig?
A Die Leistungen sollen möglichst kostendeckend angeboten werden.
B Man versucht, für seine Mitglieder wirtschaftliche Vorteile zu erzielen.
C Man arbeitet nach dem Bedarfsdeckungsprinzip.
D Man arbeitet nach dem erwerbswirtschaftlichen Prinzip.
E Verluste werden von den Haushalten der Städte und Gemeinden getragen.

3.

In der Wirtschaftslehre unterscheidet man zwischen Betrieb und Unternehmen. Welche Aussage über das Unternehmen ist richtig? Das Unternehmen ist ...
A Teil eines Betriebes.
B der Name eines Betriebes.
C die Produktionsstätte.
D eine eigenständige, rechtliche und wirtschaftliche Einheit.
E Zu einem Unternehmen gehören nur die kaufmännischen Abteilungen.

4.

Bei welcher der genannten Firmen handelt es sich um ein Einzelunternehmen?
A Flugzeugwerke GmbH
B Meyer AG

C Wohnungsbaugesellschaft e.G.
D Franz Schulz Anlagenbau
E Müller OHG.

5.

In welcher Unternehmensform haften die Gesellschafter uneingeschränkt und solidarisch?
A OHG
B GmbH
C KG
D AG
E GmbH & Co KG.

6.

Welche Aussage über Kapitalgesellschaften ist richtig?
A Kapitalgesellschaften hängen sehr stark von den Fähigkeiten der Eigentümer ab.
B Bei Kapitalgesellschaften wird das Risiko stets von einem Kapitalgeber getragen.
C Die meisten Unternehmen (ca. 90 %) sind Kapitalgesellschaften.
D Bei Kapitalgesellschaften gibt es einen Vollhafter und mehrere Teilhafter.
E Rechtsgeschäfte werden mit der Gesellschaft und nicht mit Gesellschaftern geschlossen.

7.

Welche zwei Aussagen über den Vorstand einer Aktiengesellschaft sind richtig?
A Der Vorstand wird vom Aufsichtsrat gewählt.
B Dem Vorstand müssen zwei Arbeitgeber- und zwei Arbeitnehmervertreter angehören.
C Der Vorstand hat in der Hauptversammlung Stimmrecht.
D Der Vorstand führt die Geschäfte der Aktiengesellschaft.
E Dem Vorstand muss ein Aktionär, der mindestens drei Prozent der Aktien besitzt, angehören.

8.

Welche Aussage über eine GmbH ist richtig?
A Eine GmbH haftet nicht mit dem eingebrachten Kapital.
B Die GmbH hat einen oder mehrere Geschäftsführer.
C Die Einlage der GmbH muss mindestens 100 000 Euro betragen.
D Die GmbH ist besonders kreditwürdig.
E Die GmbH wird von einem Kommanditisten überwacht.

9.

Welche der folgenden Begriffe müssen in die Übersicht der Unternehmensformen in die mit 1, 2, 3 und 4 gekennzeichneten Rechtecke eingetragen werden?
A Kapitalgesellschaften
B KG
C Großbetriebe
D Personengesellschaft
E AG.

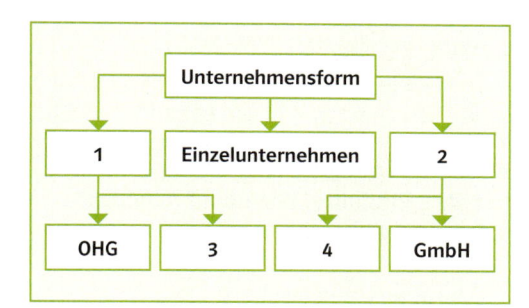

```
            Unternehmensform
           ↓      ↓       ↓
          1   Einzelunternehmen   2
          ↓                       ↓
         OHG    3        4      GmbH
```

10.

Ordnen Sie diese Organe einer AG in die mit 1, 2, 3 gekennzeichneten Rechtecke zu.
A Aufsichtsrat
B Hauptversammlung
C Vorstand

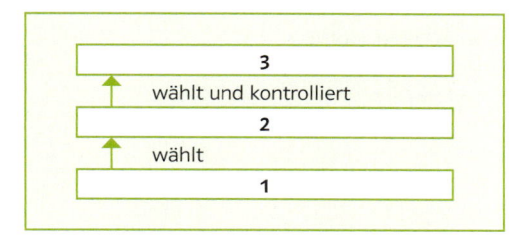

```
                3
         ↑ wählt und kontrolliert
                2
         ↑ wählt
                1
```

11.

In welcher Auswahlantwort sind alle drei Abteilungen den Betriebsbereichen richtig zugeordnet?

	Einkauf	Fertigung	Absatz
A	Materialeinkauf	Konstruktion	Werbung
B	Wareneingangskontrolle	Arbeitsvorbereitung	Materialeinkauf
C	Vertrieb	Wareneingangskontrolle	Qualitätskontrolle
D	Arbeitsvorbereitung	Materialeinkauf	Buchhaltung
E	Personalplanung	Fertigungsplanung	Fertigungskontrolle

12.

Ein Unternehmen wird von einem Konkurrenten aufgekauft und verliert seine wirtschaftliche und rechtliche Selbstständigkeit. Wie wird ein solcher Unternehmenszusammenschluss bezeichnet?
A Trust
B Konzern
C Kartell
D Interessengemeinschaft
E Aktiengesellschaft.

13.

Winzer einer Region vermarkten gemeinsam ihre Produkte. Wie nennt man das?
A Preiskartell
B Fusion
C Interessengemeinschaft
D Konzern
E Gebietskartell.

14.

Wo erfolgt bei Gründung eines Handwerksbetriebes *keine* Anmeldung?
A beim Gewerbeamt
B bei der Berufsgenossenschaft
C beim Finanzamt
D bei der Handwerkskammer
E bei der IHK.

15.

Bei der Wahl des Standorts für einen Handwerksbetrieb spielt welcher Faktor eine untergeordnete Rolle?
A Kundennähe
B Rohstoffreserven
C Fachkräfte
D Kosten für Umweltauflagen
E Konkurrenz.

16.

Welche Abteilung gehört zum technischen Bereich eines Großbetriebes?
A Wareneingangslager
B Rechtsabteilung
C Forschung und Entwicklung
D Personalabteilung
E Finanzabteilung.

17.

Welche Behauptung über Handwerksbetriebe ist richtig?
A Der Maschineneinsatz ist größer als in Industriebetrieben.
B Fertigung im Handwerk ist lohnintensiv.
C Der Kapitalbedarf im Handwerk ist größer als in der Industrie.
D Im Handwerk findet eine weitergehende Arbeitsteilung als in der Industrie statt.
E Industrieunternehmen haben eine engere Kundenbeziehung zum Endverbraucher als Handwerksbetriebe.

18.

Ordnen Sie für ein Maschinenbauunternehmen die Produktionsfaktoren den einzelnen Begriffen zu:
A Arbeit
B Boden
C Kapital.

Industriemechaniker	
Drehmaschine	
Reparaturschlosser	
Betriebsgelände	
Parkplatz	
Gabelstapler	

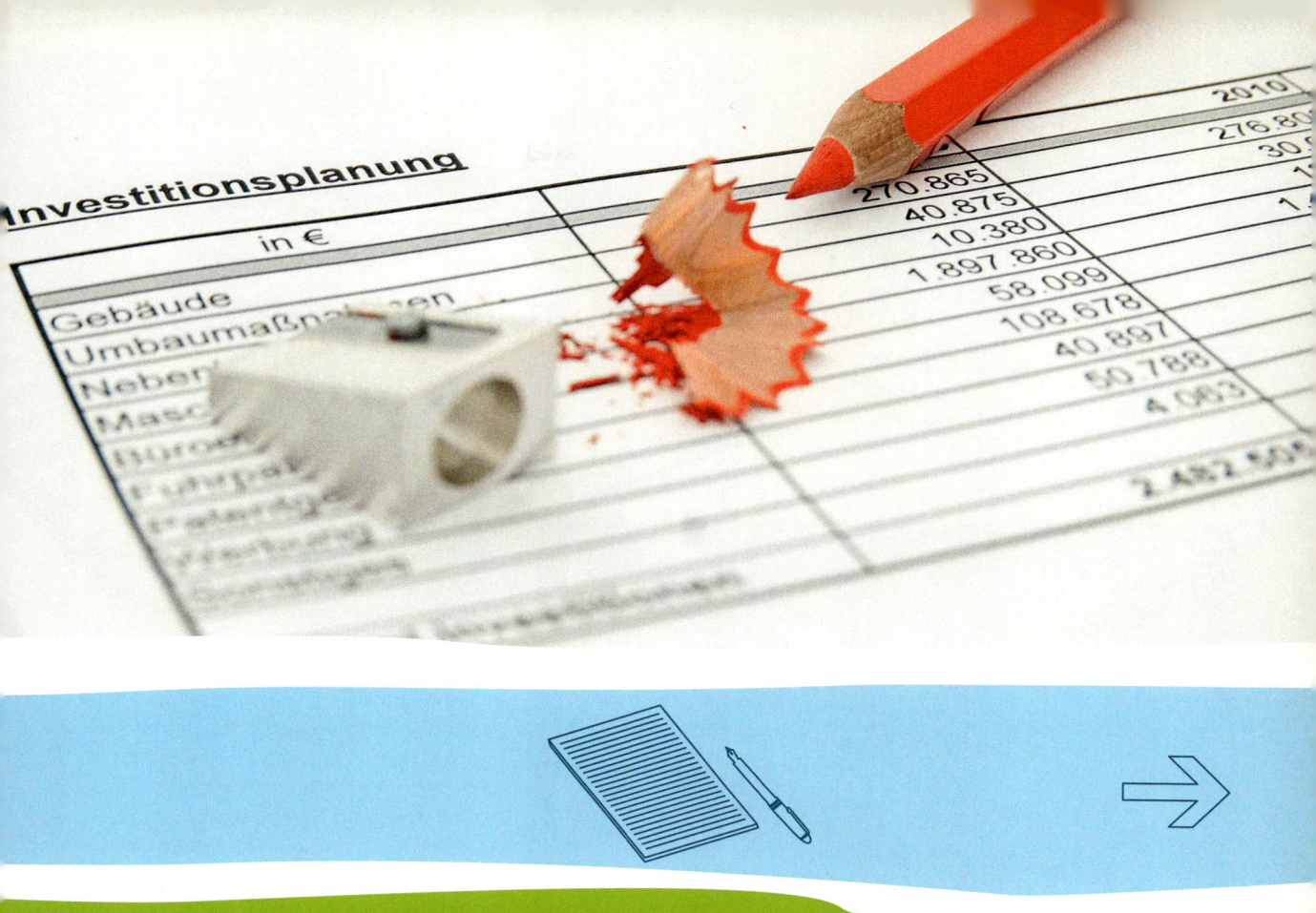

2

Kosten beurteilen

2.1 Kosten ermitteln und Preise kalkulieren
2.2 Investitionsentscheidungen vorbereiten und durchführen
2.3 Wirtschaftlichkeit der Unternehmen überprüfen

2   2.1 Kosten ermitteln und Preise kalkulieren

Kosten von Ausgaben unterscheiden

LERNSITUATION

Das Taxiunternehmen Hüls kauft am Anfang des Jahres beim Autohaus Scholz ein neues Taxi. Der Rechnungsbetrag in Höhe von 40 000 Euro wird am 15.01. per Banküberweisung bezahlt. Die jährliche Versicherungsgebühr und die Jahressteuer in Höhe von 4 000 Euro werden am 15.02. an die Versicherung und das Finanzamt überwiesen. Jeweils am Ende des Monats überweist Martin Hüls den Lohn für die Aushilfsfahrer in Höhe von 2 000 Euro. Ebenfalls am Ende des Monats bucht die Tankstelle von seinem Konto den Rechnungsbetrag für den Diesel ab. Die Nutzungsdauer des Taxis wird mit vier Jahren berechnet, die Kilometerleistung pro Jahr mit 96 000 km (monatlich gleichmäßig mit 8 000 km), der Benzinverbrauch mit 10 l/100 km und der Dieselpreis pro Liter mit 1,20 Euro.

Arbeitsauftrag

1. Erstellen Sie eine Übersicht über die monatlichen Ausgaben des ersten Jahres.

Ausgaben	Januar	Februar	März	...	...
gesamt					

2. Berechnen Sie die Kosten des ersten Jahres und eines gefahrenen Kilometers.

2.1 Kosten ermitteln und Preise kalkulieren

Aufwendungen – Erträge

Unternehmen erbringen Dienstleistungen oder produzieren Güter, um bestimmte Unternehmensziele zu erreichen (z. B. hoher Umsatz, hoher Gewinn). Den dabei verursachten Verbrauch von Gütern und Dienstleistungen bezeichnet man als Aufwendungen.

Beispiel: In einer Möbelschreinerei sind u. a. Aufwendungen entstanden für: Materialverbrauch, Löhne, Reparaturen. Werbung, Spenden, Verluste aus dem Verkauf einer alten Maschine und Abschreibungen.

Unter Abschreibung versteht man den Wertverlust eines Anlagegegenstandes innerhalb einen bestimmten Zeitraums.

Beispiel: Der Anschaffungswert einer Maschine betrug 100 000 Euro. Die Nutzungsdauer beträgt fünf Jahre. Der Wertverlust (Abschreibungskosten) beläuft sich somit im Jahr auf 20 000 Euro (100 000 : 5).

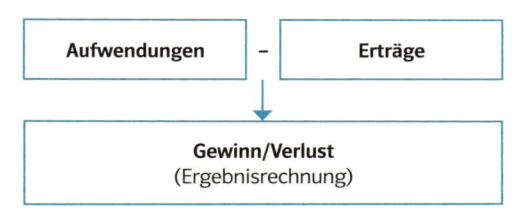

```
Aufwendungen  –  Erträge
         ↓
   Gewinn/Verlust
  (Ergebnisrechnung)
```

Den Aufwendungen stehen die **Erträge**, z. B. Umsatzerlöse oder Mieteinnahmen, gegenüber. Aus der Differenz errechnet sich der **Gewinn bzw. Verlust (Ergebnisrechnung)**.

Kosten – Leistungen – Betriebsergebnis

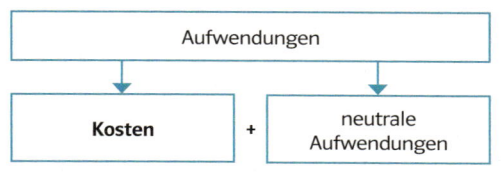

```
      Aufwendungen
       ↙        ↘
   Kosten   +   neutrale
                Aufwendungen
```

Den Teil der Aufwendungen, der im direkten Zusammenhang mit dem unternehmerischen Ziel steht, nennt man **Kosten**. Den anderen Teil bezeichnet man als neutrale Aufwendungen.
Beispiel: Löhne, Materialverbrauch, Reparaturen und Abschreibungen sind in der Möbelschreinerei unbedingt zur Erreichung des normalen Betriebszwecks (Herstellung von

Online-Link
883501-0121
- *Liquiditätsplanung*
- *Ergebnisrechnung*

Lineare Abschreibung
Wird der Wertverlust des Anlagegutes gleichmäßig auf die Nutzungsdauer verteilt, spricht man von linearer Abschreibung.

Arten von Kosten
Kosten lassen sich unterteilen in:
- fixe und variable Kosten
- Einzel- und Gemeinkosten

Gewinn/Verlust (Ergebnisrechnung)			
Aufwand	**Ergebnisrechnung**	**Ertrag**	
Materialverbrauch	3 000 €	Erlöse	12 100 €
Löhne	4 000 €	Mieteinnahmen	700 €
Reparaturen	1 000 €		
Werbung	500 €		
Zinsen	800 €		
Spenden	200 €		
Verlust aus dem Verkauf einer Maschine	600 €		
Abschreibungen	2 000 €		
Gewinn	**700 €**		
	12 800 €		12 800 €

Gewinn ergibt sich als Saldo aus Aufwand und Ertrag

Möbeln) erforderlich und sind somit Kosten. Spenden oder Verluste aus dem Verkauf der Maschine stehen nicht in direktem Zusammenhang mit dem Betriebszweck (neutrale Aufwendungen).

Die betriebsbedingten Erträge bezeichnet man als **Leistungen** (Umsatzerlöse aus dem Verkauf der Möbel). Mieteinnahmen stehen nicht im Zusammenhang mit dem betrieblichen Zweck (= sonstige Erträge).

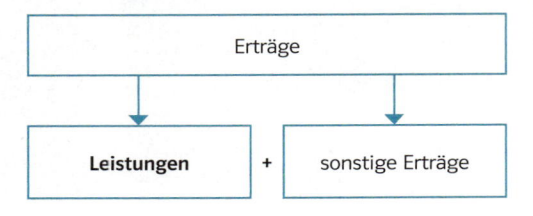

```
        Erträge
           |
    ┌──────┴──────┐
 Leistungen  +  sonstige Erträge
```

Personalkosten × 100
Gesamtkosten

Personalkosten × 100
Umsatzerlöse

Aus der Gegenüberstellung der Kosten und Leistungen ergibt sich das **Betriebsergebnis** (**Betriebsergebnisrechnung**):

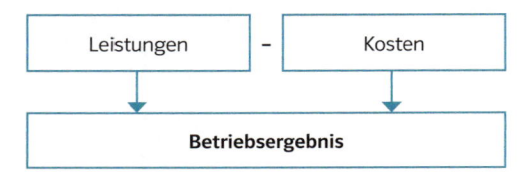

```
 Leistungen  −  Kosten
           |
     Betriebsergebnis
```

Der Soll-Ist-Vergleich gehört zu den Aufgaben des Controllings.

Aufgaben der Kostenrechnung

Hohe Umsätze und damit vielleicht auch hohe Gewinne lassen sich nur erzielen, wenn im Vergleich zur Konkurrenz kostengünstig produziert wird. Dabei kommt der Kostenrechnung eine besondere Bedeutung zu. Zu den wesentlichen Aufgaben gehören:

- **Kalkulation des Verkaufspreises:** Sie soll gewährleisten, dass die Kosten gedeckt werden.

- **Kostenvergleich:** Durch Vergleich mit den Branchendurchschnittswerten lässt sich die Wirtschaftlichkeit eigener Abteilungen in bestimmten Zeiträumen messen. Das Ergebnis bildet somit eine Grundlage für zukünftige Entscheidungen.
Beispiel: Inwieweit z. B. die eigenen Personalkosten mit denen der Konkurrenten vergleichbar sind, lässt sich ermitteln, indem man diese Kosten ins Verhältnis zu den Gesamtkosten oder den Umsatzerlösen setzt.

- **Kostenkontrolle:** Dabei werden die tatsächlich entstandenen Kosten (Ist-Kosten) den geplanten Kosten (Soll-Kosten) gegenübergestellt. Damit lassen sich Abweichungen feststellen, die anschließend auf ihre Ursachen hin untersucht werden.

Arten der Kostenrechnung

Die Ergebnisse der Kostenrechnung sind Grundlage für unternehmerische Entscheidungen. Mögliche Fragen sind: Wie viel darf für Material ausgegeben werden? Wie kann ich meinen Preis senken? Sollen die Waren von uns oder von einer Spedition zum Kunden transportiert werden? Die unterschiedliche Betrachtungsweise von Kosten findet sich in den folgenden Kostenrechnungsarten:

- **Vollkostenrechnung**: Unterteilung der Kosten in Einzel- und Gemeinkosten,
  → S. 102 ff.
- **Deckungsbeitragsrechnung**: Unterteilung der Kosten in fixe und variable Kosten,
  → S. 111 ff.
- **Zielkostenrechnung**: Der Preis eines Auftrages/Produktes wird in vielen Fällen vom Markt bzw. den Kunden vorgegeben. Bei der Zielkostenrechnung wird festgelegt, wo und in welcher Höhe Kosten anfallen dürfen.

2.1 Kosten ermitteln und Preise kalkulieren

- **Prozesskostenrechnung**: Arbeitsgänge/Prozesse, z. B. das Lagern von Waren, werden kostenmäßig erfasst. Anhand dieser Zahlen lassen sich unternehmerische Entscheidungen, z. B. das Ausgliedern von Tätigkeiten, (→ S. 128 ff.) treffen.

Ausgaben – Einnahmen

Die Begriffe **Ausgaben** und **Einnahmen** stehen im Zusammenhang mit einem Zahlungsvorgang. Geld wird der Kasse entnommen/zugeführt oder Zahlungseingänge werden dem Konto gutgeschrieben, Überweisungen belasten das Konto.

Beispiele: Wir zahlen eine Lieferrechnung durch Banküberweisung. Ein Kunde zahlt bar.

Einen Überblick über die voraussichtlichen Ein- und Ausgaben können private Haushalte mithilfe eines Haushaltsplanes erhalten. Unternehmen erstellen zu diesem Zweck einen sogenannten **Liquiditätsplan**. Ausreichende Liquidität bedeutet, dass man jederzeit in der Lage ist, seinen Zahlungsverpflichtungen nachzukommen.

Liquiditätsplan (verkürzt)				
Bestand an liquiden Mitteln (zu Beginn jeden Monats)	1. Monat	2. Monat	3. Monat	...
Kasse	550	720	680	
Bank	32 800	34 370	33 670	
Überschuss Vormonat	33 350	35 090	34 350	
Einzahlungen aus				
Forderungen	15 200	12 800	16 200	
Barverkäufen	10 800	9 500	7 200	
Sonstige Einzahlungen	1 700	1 800	1 900	
Summe	27 700	24 100	25 300	
Auszahlungen für				
Material/Waren	12 400	11 500	12 100	
Bareinkäufe	780	860	620	
Lohn/Gehalt	5 080	5 080	5 280	
Miete/Nebenkosten	3 400	3 400	3 400	
Privatentnahmen	2 500	2 600	2 000	
Übrige Ausgaben	1 800	1 400	1 900	
Summe	25 960	24 840	25 300	
Überschuss/Fehlbetrag	+35 090	+34 350	+34 350	

2 Kosten beurteilen

KOSTENRECHNUNG UND LIQUIDITÄTSPLANUNG

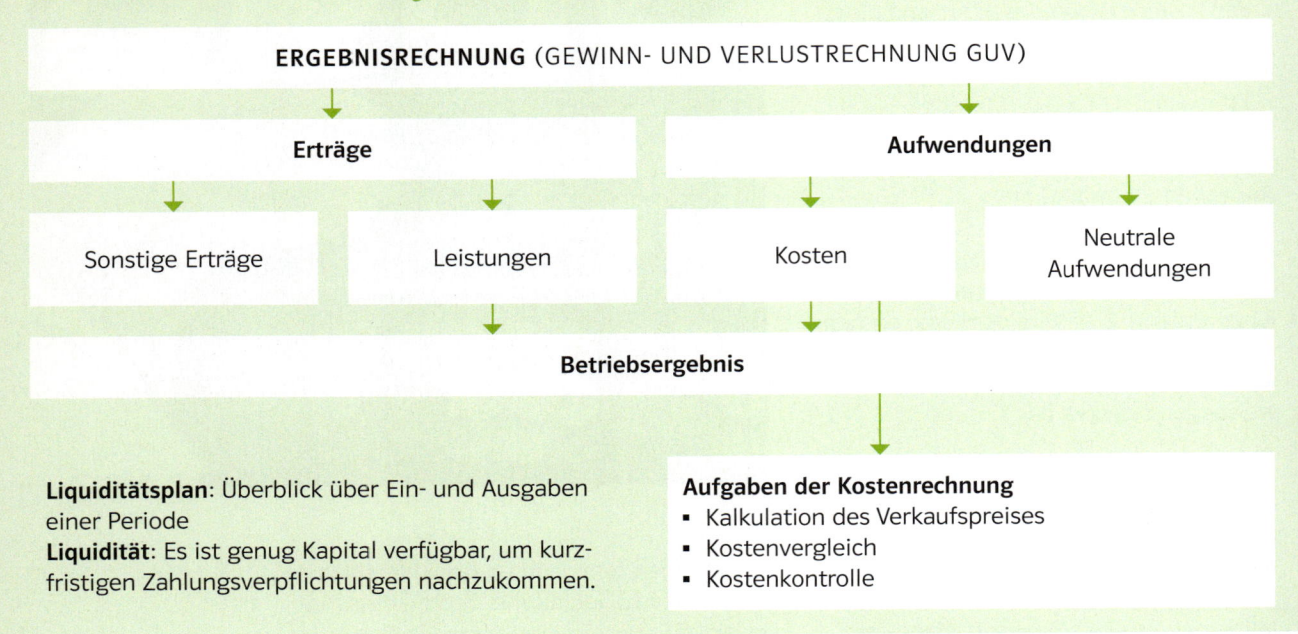

ERGEBNISRECHNUNG (GEWINN- UND VERLUSTRECHNUNG GUV)

- Erträge
  - Sonstige Erträge
  - Leistungen
- Aufwendungen
  - Kosten
  - Neutrale Aufwendungen

Betriebsergebnis

Liquiditätsplan: Überblick über Ein- und Ausgaben einer Periode
Liquidität: Es ist genug Kapital verfügbar, um kurzfristigen Zahlungsverpflichtungen nachzukommen.

Aufgaben der Kostenrechnung
- Kalkulation des Verkaufspreises
- Kostenvergleich
- Kostenkontrolle

Übungsaufgaben

1. Handelt es sich bei den folgenden Geschäftsfällen um Aufwendungen, Kosten oder Ausgaben?
   a) Rohmaterialien werden gegen Barzahlung eingekauft und gelagert.
   b) Rohmaterialien werden für die Produktion vom Lager entnommen.
   c) Banküberweisung der Löhne.
   d) Spende an eine mildtätige Organisation.
   e) Verlust aus Maschinenverkauf.
   f) Eine Maschine wird abgeschrieben.
   g) Die Bank bucht vom Geschäftskonto Zinsen und Tilgung für einen Kredit.

2. Ein Bauunternehmer kauft im Januar einen Pkw, der ausschließlich für betriebliche Zwecke genutzt wird. Der Rechnungsbetrag in Höhe von 38 000 Euro wird noch im gleichen Monat überwiesen. Die Nutzungsdauer wird mit fünf Jahren angesetzt. In welcher Höhe fallen im Anschaffungsjahr Ausgaben und Kosten an?

3. Worin unterscheiden sich
   a) Erträge von Leistungen?
   b) Ergebnisrechnungen von Betriebsergebnisrechnungen?

4. In einem Unternehmen wurden folgende Zahlen ermittelt:
   Aufwendungen: 1 250 000 €
   Kosten: 1 100 000 €
   Erträge: 1 500 000 €
   Umsatzerlöse: 1 200 000 €

   Berechnen Sie
   a) den Gewinn oder Verlust
   b) das Betriebsergebnis.

2.1 Kosten ermitteln und Preise kalkulieren

Die Selbstkosten eines Auftrags festlegen

LERNSITUATION

Ein Möbelschreiner hat im Juni eine Anfrage über zehn Tische erhalten. Dem Kunden soll ein schriftliches Angebot gemacht werden. Dazu liegen bereits folgende Zahlenangaben vor:

Einzelkosten pro Tisch

Fertigungsmaterial	21,00 €
Fertigungslöhne/Std.	24,00 €
Fertigungszeit pro Tisch:	90 Min.

Kosten des Vormonats Mai:

Fertigungmaterial (Einzelkosten)	100 000 €
Materialgemeinkosten	25 000 €
Fertigungslöhne (Einzelkosten)	80 000 €
Fertigungsgemeinkosten	120 000 €
Verwaltungsgemeinkosten	32 500 €
Vertriebsgemeinkosten	48 750 €
Gewinn:	8 %
Mehrwertsteuer:	19 %

Arbeitsauftrag

Berechnen Sie anhand der angegebenen Daten den Angebotspreis für zehn Tische.
Ermitteln Sie zunächst die Gemeinkostenzuschlagssätze und führen Sie anschließend eine Zuschlagskalkulation durch.

2.1 Kosten ermitteln und Preise kalkulieren

Aufbau der Vollkostenrechnung

Kostenartenrechnung	Kostenstellenrechnung						Kostenträgerrechnung
Kostenarten	direkt →						**Kostenträger**
Einzelkosten, z. B. Material	Betriebsabrechnungsbogen (BAB)						
				Kostenstellen			
	Kostenarten	€	Schlüssel	Abt. I	Abt. II	Abt. III	
Gemeinkosten, z. B. Zinsen Miete Abschreibung							
	Summe						

Online-Link
883501-0212
- Vollkostenrechnung

Aufbau der Vollkostenrechnung

Die Kalkulation eines Produktes oder eines Auftrages lässt sich anhand der Vollkostenrechnung durchführen. Sie lässt sich in drei Bereiche unterteilen: die Kostenarten-, die Kostenstellen- und die Kostenträgerrechnung.

Kostenartenrechnung: Welche Kosten sind entstanden?
Aufgabe der Kostenartenrechnung ist die Erfassung aller Kosten nach ihrer Art. Dabei wird in Einzel- und Gemeinkosten unterschieden.

- **Einzelkosten** können einer betrieblichen Leistung (Ware/Produkt/Auftrag/Dienstleistung) direkt zugeordnet werden. Dazu zählen die Materialkosten und der Fertigungslohn aufgrund von Aufzeichnungen (Materialentnahmescheine oder Zeiterfassung).
- **Gemeinkosten** fallen dagegen für das gesamte Unternehmen an und können deshalb nicht einzelnen Produkten, Aufträgen usw. zugeordnet werden. Zu den Gemeinkosten zählen u. a. Miete, Werbung, Abschreibung.

Kostenstellenrechnung: Wo sind die Kosten entstanden?
Die Kostenstellenrechnung fragt, wo oder an welchem Ort die Kosten entstanden sind. Die Kostenstellen decken sich häufig mit den Abteilungen im Betrieb (z. B. Modellschreinerei, Gießerei, CNC-Arbeitsplatz, Personalabteilung, Damensalon, Herrensalon). Grundlage dieser Verteilung ist die Verantwortung für einen bestimmten Bereich. Man spricht hier von Verantwortungsbereichen. Der Betrieb lässt sich auch in Kostenbereiche gliedern, die sich aus den Funktionen (Funktionsbereiche) eines Betriebes ergeben. Dabei handelt es sich um die Bereiche:
- Material
- Fertigung
- Verwaltung
- Vertrieb

2.1 Kosten ermitteln und Preise kalkulieren

Vereinfachter Betriebsabrechnungsbogen: Monat Mai						
Gemeinkosten	Euro	Verteilung	Kostenstellen in Euro			
			Material	Fertigung	Verwaltung	Vertrieb
Personal	70 000	Gehaltsliste	14 000	35 000	14 000	7 000
Abschreibung	30 000	Anlagewert	5 000	15 000	5 000	5 000
Miete	10 000	Fläche	1 500	5 000	3 000	500
Fahrzeugkosten	15 000	gefahrene km	2 000	1 000	3 000	9 000
Zinsen	8 000	1:7:1:1	800	5 600	800	800
Versch. Kosten	9 800	Belege	1 000	3 800	3 000	2 000
Summe der Gemeinkosten	142 800		24 300	65 400	28 800	24 300
Zuschlagsgrundlagen			Fertigung: Material 132 000	Fertigung: Löhne 43 600	Herstellkosten 265 300	
Zuschlagssätze			MGKZ 18,41 %	FGKZ 150 %	VwGKZ 10,86 %	VtrGKZ 9,16 %

Berechnung der Herstellkosten

Fertigungsmaterial 132 000
+ Materialgemeink. 24 300
+ Fertigungslöhne 43 600
+ Fertigungsgemeink. 65 400
Herstellkosten 265 300

Die Verteilung der Kosten auf die Kostenstellen kann
- direkt aufgrund von Belegen vorgenommen werden, z. B. Personalkosten anhand der Lohn- und Gehaltsliste, oder
- nach einem festgelegten Schlüssel erfolgen, z. B. Miete anhand der genutzten Fläche.

Der Betriebsabrechnungsbogen

Die Verteilung der Gemeinkosten wird in tabellarischer Form im **Betriebsabrechnungsbogen (BAB)** durchgeführt. In der Industrie und im Handwerk ist die Kostenstellenbildung in der Regel am Prozess der Leistungserstellung (nach Funktionsbereichen) ausgerichtet (Kostenstellen: Material, Fertigung, Verwaltung, Vertrieb). Einzelkosten werden direkt dem Kostenträger (Produkt/Ware/Auftrag) zugeordnet.

Die Selbstkosten eines Auftrags/Produktes setzen sich aus den Einzelkosten und den anteiligen Gemeinkosten zusammen. In welcher Höhe die Gemeinkosten berücksichtigt werden müssen, ergibt sich aus den Gemeinkostenzuschlagssätzen. Bei der **Ermittlung der Zuschlagssätze** wird das Verhältnis der Einzelkosten zu den Gemeinkosten der vergangenen Abrechnungsperioden (hier Monat Mai) zugrunde gelegt. Da bei den Kostenstellen Verwaltung und Vertrieb fast keine Einzelkosten anfallen, nimmt man als Zuschlagsgrundlage die Herstellungskosten.

Formeln zur Berechnung der Gemeinkostenzuschlagssätze:

Materialgemeinkostenzuschlag (MGKZ)

$$= \frac{\text{Materialgemeinkosten} \times 100}{\text{Fertigungsmaterial}}$$

$$\frac{24\,300 \times 100}{132\,000} = 18,41\,\%$$

Fertigungsgemeinkostenzuschlag (FGKZ)

$$= \frac{\text{Fertigungsgemeinkosten} \times 100}{\text{Fertigungslöhne}}$$

$$\frac{65\,400 \times 100}{43\,600} = 150\,\%$$

Verwaltungsgemeinkostenzuschlag (VwGKZ)

$$= \frac{\text{Verwaltungsgemeinkosten} \times 100}{\text{Herstellkosten}}$$

$$\frac{28\,800 \times 100}{265\,300} = 10,86\,\%$$

Vertriebsgemeinkostenzuschlag (VtrGKZ)

$$= \frac{\text{Vertriebsgemeinkosten} \times 100}{\text{Herstellkosten}}$$

$$\frac{24\,300 \times 100}{265\,300} = 9,16\,\%$$

Kostenträgerrechnung: Wer hat die Kosten verursacht?
Aufgabe der Kostenträgerrechnung ist die Kalkulation eines Auftrages oder eines Produktes. Folgende Methoden lassen sich bei der Aufteilung der Kosten nach ihren Verursachern anwenden:
- Bei Unternehmen, die nur ein Produkt herstellen, lassen sich die Stückkosten ermitteln, indem die Gesamtkosten einer Periode durch die Anzahl der in diesem Zeitraum produzierten Güter dividiert werden. Dies bezeichnet man als **Divisionskalkulation**.

Beispiel: Eine Brauerei produziert in einer Woche 8 000 Hektoliter Bier. Die Gesamtkosten belaufen sich auf 220 000 Euro. Die Selbstkosten betragen 27,50 Euro pro Hektoliter Bier.

- Bei Unternehmen, die verschiedene Produkte herstellen, wird die **Zuschlagskalkulation** angewandt. Mithilfe von Zuschlagssätzen werden die anteiligen Gemeinkosten zu den Einzelkosten hinzugerechnet. Das Ergebnis dieser Berechnung sind die **Selbstkosten**. Rechnet man den Gewinn und die Mehrwertsteuer hinzu, erhält man den Bruttoverkaufspreis bzw. Angebotspreis.

Beispiel: Für die Berechnung eines Auftrages liegen folgende Zahlen vor:

Fertigungsmaterial (Materialeinzelkosten):	50 €
Fertigungslöhne (Fertigungseinzelkosten):	100 €
Materialgemeinkosten (z. B. Lagerhaltung):	10 % des Fertigungsmaterials
Fertigungsgemeinkosten (z. B. Energiekosten):	90 % der Fertigungslöhne
Verwaltungsgemeinkosten (Gehälter d. Angestellten):	10 % der Herstellkosten
Vertriebsgemeinkosten (z. B. Verpackung):	5 % der Herstellkosten

	Kalkulationsschema	%	€	€
	1. Fertigungsmaterial		50	
+	2. Materialgemeinkosten	10	5	
=	3. Materialkosten (1+2)			55,00
+	4. Fertigungslöhne		100	
+	5. Fertigungsgemeinkosten	90	90	
=	6. Fertigungskosten (4+5)			190,00
=	7. Herstellkosten (3+6)			245,00
+	8. Verwaltungsgemeinkosten	10		24,50
+	9. Vertriebsgemeinkosten	5		12,25
=	10. Selbstkosten			281,75
+	11. Gewinn	10		28,18
=	12. Nettoverkaufspreis			309,93
+	Mehrwertsteuer	19		58,89
=	13. Bruttoverkaufspreis			368,82

2.1 Kosten ermitteln und Preise kalkulieren

MIT EINZEL- UND GEMEINKOSTEN RECHNEN

VOLLKOSTENRECHNUNG

Kostenunterteilung in

- **Einzelkosten** können Produkt bzw. Auftrag direkt zugerechnet werden
- **Gemeinkosten** können Produkt bzw. Auftrag nicht direkt zugerechnet werden

Unterteilung in die Bereiche

- **Kostenartenrechnung** – **Welche** Kosten sind entstanden?
- **Kostenstellenrechnung** – **Wo** sind die Kosten entstanden? **BAB**: Aufteilung der Kosten
- **Kostenträgerrechnung** – **Wer** hat die Kosten verursacht?
  - Divisionskalkulation
  - Zuschlagskalkulation

Übungsaufgaben

1. Ordnen Sie die angegebenen Abteilungen diesen Kostenstellen (Material, Fertigung, Verwaltung, Vertrieb) zu:
Buchhaltung, Lager, Marketingabteilung, Rechtsabteilung, Gießerei, Geschäftsleitung, Reparaturabteilung, CNC-Arbeitsplatz, Arbeitsvorbereitung

2. Der Besitzer einer Grube fördert im Monat 6 200 Tonnen Kies. Dabei entstehen folgende Kosten (Angaben in Euro):

Personalkosten:	87 000
Abschreibungen:	34 000
Verwaltungskosten:	25 000
Vertriebskosten:	12 000
Übrige Kosten:	42 000

Berechnen Sie die Selbstkosten für eine Tonne Kies.

3. Eine Kundin wünscht von der Firma Homann einen Kostenvoranschlag für eine Küche. Folgende Zahlen sind bekannt:

Fertigungsmaterial:	1 500 €
Materialgemeinkosten:	10 %
Fertigungslöhne:	2 000 €
Fertigungsgemeinkosten:	150 %
Verwaltungsgemeinkosten:	20 %
Vertriebsgemeinkosten:	5 %
Gewinnzuschlag:	10 %
Umsatzsteuer:	19 %

Ermitteln Sie den Preis für die Küche.

Die Kosten einer Handwerkerstunde berechnen

LERNSITUATION

Frau Enders: Enders, Kreishandwerkerschaft. Guten Morgen.
Frau Stein: Stein. Guten Morgen. Wer kann mir denn Auskunft über eine Handwerkerrechnung geben?
Frau Enders: Worum geht es denn?
Frau Stein: Also, wir hatten in der letzten Woche einen Rohrbruch. Normalerweise macht mein Mann ja alles selber. Aber der Rohrbruch konnte ja nicht warten, bis mein Mann von der Arbeit kam. Daher rief ich bei dem Installationsbetrieb Haas an, und die schickten mir sofort einen Handwerker, der den Schaden behob. Heute Morgen bekam ich dann die Rechnung: Für zwei Stunden Arbeit sollen wir 102 Euro bezahlen. Mein Mann bekommt 17 Euro in der Stunde. Da kann doch etwas nicht stimmen!
Frau Enders: Frau Stein, bedenken Sie aber bitte, dass ein Handwerksbetrieb mehr in Rechnung stellen muss, als er an seine Mitarbeiter auszahlt. Dazu gehören auch die Lohnnebenkosten.
Frau Stein: Natürlich zahlt der Arbeitgeber einen Teil der Sozialversicherungsbeiträge. Aber 51 Euro pro Stunde, das ist doch völlig überzogen.
Frau Enders: Viele Kunden sehen nur die Zeit, in der der Handwerker in ihrer Wohnung arbeitet. Der Preis für eine Arbeitsstunde muss aber z. B. auch die Zeit der Arbeitsvorbereitung abdecken.
Frau Stein: So viel kann das doch gar nicht sein.
Frau Enders: Denken Sie auch daran, dass die Mitarbeiter Fahrzeuge und Maschinen benötigen und dass Aufträge im Büro vor- und nachbereitet werden müssen. Ich schicke Ihnen gerne eine Aufstellung zu, aus der hervorgeht, wie viel eine Handwerkerstunde kostet. Dann können Sie sich selber ein Bild machen.
Frau Stein: Das würde mich wirklich einmal interessieren.

Arbeitsauftrag

Berechnen Sie die Kosten für die Arbeitsstunde eines Handwerkers im Bereich Gas- und Wasserinstallation.
1. Berechnen Sie zunächst die jährliche produktive Arbeitszeit eines Handwerkers und anschließend die Selbstkosten einer Handwerkerstunde.
2. Übernehmen Sie dabei die im Informationstext angegebenen Informationen und die dort vorgestellten Formulare.

2.1 Kosten ermitteln und Preise kalkulieren

Nicht nur die Zeit beim Kunden verursacht Kosten

Erfassung der Kosten

Damit Unternehmen keine Verluste erwirtschaften, müssen alle Kosten über die Erlöse abgedeckt sein. Dazu ist es erforderlich, zunächst einmal alle Kosten zu erfassen.

Neben den reinen Stundenlöhnen gibt es noch andere Kosten, die bei der Kalkulation der Selbstkosten berücksichtigt werden müssen. Dazu zählen **Lohnnebenleistungen** (z. B. Weihnachtsgeld, Urlaubsgeld, vermögenswirksame Leistungen) ebenso wie **Lohnnebenkosten**, vor allem als Arbeitgeberanteil zur Sozialversicherung. Außerdem muss der Betrieb Kosten tragen, die durch die Nutzung von Maschinen und Fahrzeugen sowie durch den Einsatz von Verwaltungspersonal begründet sind. Das sind die **Gemeinkosten**.

Beispiel: Ein Reparaturauftrag wird im Büro angenommen. Arbeitskräfte werden zur Erledigung des Auftrages eingeteilt. Nähere Anweisungen erteilt der Meister an einen Gesellen und an einen Auszubildenden. Ein Fahrzeug muss für die Fahrt zum Kunden bereitgestellt werden. Beim Kunden stellt sich heraus, dass an einem Werkstück umfangreichere Arbeiten zu erledigen sind, für die eine Spezialmaschine erforderlich ist. Der Geselle fährt zur Werkstatt zurück, bearbeitet das Werkstück und beendet die Arbeiten beim Kunden. Nach der Rückkehr der Mitarbeiter erhält das Büro einen Stun-

Nicht jede Arbeitszeit ist produktiv

Nehmen wir an, dass eine tariflich vereinbarte Arbeitszeit von 37,5 Stunden pro Woche vereinbart ist. Bei einer Fünf-Tage-Woche ergibt das eine tägliche Arbeitszeit von 7,5 Stunden. Da samstags und sonntags nicht gearbeitet wird, bleiben von den 365 Tagen des Jahres zunächst 261 Tage übrig. Weiterhin sind Zeiten zu berücksichtigen, die zwar bezahlt werden, in denen die Mitarbeiter aber nicht produktiv tätig sind. Durchschnittlich fallen im Jahr elf Feiertage, 30 Urlaubstage und neun Krankheitstage an. Aber auch im Betrieb fallen unproduktive Zeiten an, z. B. für Schulungen. Durchschnittlich sind das 172 Stunden im Jahr.

Online-Link
883501-0213
- *Arbeitskosten*

Bruttolohn
+ *Lohnnebenleistungen*
+ *Lohnnebenkosten*
= *Jahreslohnkosten*

Sozialversicherung:
Arbeitgeberanteil
→ *S. 42*

Berechnung der jährlichen produktiven Arbeitszeit Tägliche Arbeitszeit = 7,5 Std. (Wochenarbeitszeit = 37,5 Std.)		
Kalendertage des Jahres • Samstage • Sonntage	365 Tage ___ Tage ___ Tage	
Bezahlte Stunden (Jahresarbeitszeit) Abzüglich: • Feiertage • Urlaub • Krankheitstage	___ Tage × 7,5 ___ Tage × 7,5 ___ Tage × 7,5 ___ Tage × 7,5	= _____ Stunden = _____ Stunden = _____ Stunden = _____ Stunden
Anwesenheit im Betrieb: Abzüglich: • Unproduktive Arbeitszeit • Schulung • Arbeitsvorbereitung	___ Tage × 7,5	= _____ Stunden = _____ Stunden
Produktive Arbeitszeit: (anrechenbare Stunden)		= _____ Stunden

2.1 Kosten ermitteln und Preise kalkulieren

Schema zur Berechnung der Selbstkosten pro Handwerkerstunde		
Bruttolohn: Jahresarbeitszeit (volle Std.) x Stundenlohn	=	€
+ Lohnnebenleistungen (Urlaubsgeld u. ä.)	=	€
= Jahresarbeitslohn	=	€
+ Lohnnebenkosten	=	€
= Jahreslohnkosten	=	€
Lohnkosten pro produktive Stunde: (Jahreslohnkosten : produktive Arbeitszeit)	=	€
+ Gemeinkostenzuschlag (Maschinen, Verwaltung u. Ä.)	=	€
= **Selbstkosten pro Handwerkerstunde**	=	€

Im Installationsbetrieb Haas liegen folgende Daten vor:	
Bezahlte Arbeitszeit: Stundenlohn:	1931 Stunden 16,00 €
Lohnnebenleistungen (Urlaubsgeld, Weihnachtsgeld, vermögenswirksame Leistungen) pro Jahr:	rund 2 800 €
Lohnnebenkosten (Arbeitgeberanteil zur Sozialversicherung):	ca. 20 % des Jahresarbeitslohnes
Produktive Arbeitsstunden:	1389
Gemeinkostenzuschlag (für die Nutzung von Maschinen, Fahrzeugen, Verwaltungsarbeiten)	ca. 75 % der Lohnkosten (Jahr)

denzettel, der die Grundlage für die Rechnung bildet. Bis zum Zahlungseingang wird der Vorgang durch das Büro überwacht. Materialkosten werden dem Kunden meist gesondert in Rechnung gestellt.

Selbstkosten einer Handwerkerstunde

Mitarbeiter im Handwerk (Meister, Gesellen, Hilfskräfte) erhalten an zahlreichen Tagen im Jahr einen Lohn, obwohl sie nicht arbeiten. Daher ergibt sich eine erhebliche Differenz zwischen den Stunden, die der Betrieb seinen Mitarbeitern bezahlen muss, und den Stunden, die Kunden in Rechnung gestellt werden können (produktive Arbeitszeit). Letztlich müssen alle Kosten über die Erlöse wieder an das Unternehmen zurückfließen. Dazu ist es erforderlich, alle Kosten auf die Arbeitszeit umzulegen, die Kunden in Rechnung gestellt werden.
Die Arbeitszeit, die für einen Kundenauftrag aufgewendet werden musste, lässt sich exakt messen und damit jedem einzelnen Auftrag genau zurechnen. Man spricht daher auch von **Einzelkosten**.
Die Nutzung von Maschinen und Fahrzeugen, der planerische und kontrollierende Einsatz eines Meisters sowie die Leistungen der Verwaltung können nur schwer oder mit erheblichem Aufwand exakt erfasst werden. Daher rechnet man diese allgemeinen, d. h. für viele Aufträge anfallenden Kosten in einen Prozentsatz um (Gemeinkostenzuschlag), den man auf die Lohnkosten aufschlägt.

Beispiel zur Berechnung des Gemeinkostenzuschlags:

50 000 € Jahreslohnkosten = 100 %
100 000 € Gemeinkosten = ? %

$$\frac{100 \times 100\,000}{50\,000} = \frac{200\,\%}{\text{Gemeinkostenzuschlag}}$$

Mit dem Gemeinkostenzuschlag werden die Gemeinkosten über den Stundenlohn an den Kunden weiterberechnet. Die Basis für die Berechnung (100 %) sind die Jahreslohnkosten. Die Gemeinkosten eines Jahres werden zu den Jahreslohnkosten ins Verhältnis gesetzt.
Mit dem errechneten Gemeinkostenzuschlag können die Selbstkosten ermittelt werden. Dabei kann der Gemeinkostenzuschlag auf die Jahreslohnkosten oder auch auf eine Handwerkerstunde bezogen sein.

Kalkulation des Selbstkostenpreises pro Handwerkerstunde:

Lohnkosten je produktive Std.	16,00 €
+ Gemeinkostenzuschlag (200 %)	32,00 €
= **Selbstkostenpreis**	48,00 €

ERFASSUNG DER KOSTEN IM HANDWERK

SELBSTKOSTEN PRO HANDWERKERSTUNDE

Jahresarbeitslohn ÷ Produktive Arbeitszeit × Gemeinkostenzuschlag

- Bruttolohn
- + Lohnnebenleistungen
- + Lohnnebenkosten

- Bezahlte Arbeitszeit
  - Feiertage, Urlaubs- und Krankentage
  - Unproduktive Zeiten

- Verhältnis der Gemeinkosten (Maschinen-, Fahrzeug-, Bürokosten etc.) zu den Lohnkosten in Prozent

Übungsaufgaben

1. Ein Dachdeckerbetrieb packt alle anfallenden Gemeinkosten in einen einheitlichen Gemeinkostenzuschlag.

a) Berechnen Sie den Gemeinkostenzuschlag nach folgenden Angaben:

Jahresbruttolohn insgesamt	100 000 €
Lohnnebenleistungen	34 000 €
Lohnnebenkosten	48 000 €
Gemeinkosten	
▪ Gehälter	33 000 €
▪ Aufwendungen für bezogene Leistungen	10 000 €
▪ Abschreibungen	12 500 €
▪ Aufwendungen für die Inanspruchnahme von Rechten und Diensten	17 000 €
▪ Aufwendungen für Kommunikation	4 000 €
▪ Aufwendungen für Beiträge	2 000 €
▪ Betriebliche Steuern	4 000 €
▪ Zinsen	7 500 €

b) Berechnen Sie die durchschnittlichen Selbstkosten pro Handwerkerstunde.
Die produktive Arbeitszeit der Mitarbeiter beträgt im Jahr 9 580 Stunden.

2. Kalkulieren Sie für das Friseurfachgeschäft „Trend-Frisuren Helmer" den Preis für eine modische Tagesfrisur mit Kopfwäsche und modellierendem Nachschnitt anhand folgender Zahlenangaben:

Arbeitszeit:	55 Min.
Stundenlohn:	8,50 €
Gemeinkostenzuschlagssatz:	165 %
Gewinn:	30 %
Umsatzsteuer:	19 %

3. Eine Bauunternehmung könnte einen Auftrag für den Umbau einer Garage erhalten. Allerdings muss sie auf das günstigste Angebot in Höhe von 15 000 Euro (ohne MwSt) eingehen.
Prüfen Sie anhand der nachfolgenden Angaben, ob das Unternehmen den Auftrag übernehmen sollte.

Fertigungsmaterial:	4 100 €
Fertigungslöhne:	40 Meisterstunden zu je 15 €, 110 Gesellenstunden zu je 14 €, 110 Stunden Hilfslöhne zu je 14 €
Gemeinkostenzuschlag auf den Lohn:	140 %
Gewinnzuschlag:	mindestens 12 %

Die Preisuntergrenze eines Auftrags bestimmen

LERNSITUATION

In der Schreinerei Klein. Herr Klein, der Inhaber, im Gespräch mit seiner Tochter:
Herr Klein: Ich habe gerade mit Herrn Schröder gesprochen.
Anja Klein: Haben wir den Auftrag?
Herr Klein: Ja, aber nur dann, wenn wir mit dem Preis um 1500 Euro runtergehen. Er hat sich auch von unseren Konkurrenten ein Angebot eingeholt. Und Schmidt baut ihm die Küche für 1500 Euro weniger.
Anja Klein: Dann soll Schmidt den Auftrag machen. Wir haben doch alles genau durchgerechnet. Auf den Gewinn von 500 Euro könnten wir noch verzichten, aber wenn wir 1000 Euro unter Selbstkosten verkaufen, ist das für uns ein Verlust. Außerdem lassen sich nirgendwo Kosten sparen. Vergessen wir den Auftrag.
Herr Klein: Aber dieser Auftrag hätte gut in die 44. Woche gepasst. Bisher liegt für diesen Zeitraum noch nichts an und daran wird sich wohl auch nichts ändern.

Anja Klein: Das heißt also, für die Woche haben wir keine Einnahmen.
Herr Klein: Dafür aber Kosten. Bei den Lohnkosten ist das kein Problem. Martin und Petra haben ein dickes Plus auf ihren Arbeitszeitkonten. Beide bekommen zwar für die Woche ihren Lohn, können aber zu Hause bleiben, um die zuvor geleistete Mehrarbeit auszugleichen. Miete, Abschreibungen und Zinsen fallen aber an, auch wenn wir nicht fertigen. Angenommen, mit dem Erlös aus der Schröder-Küche könnten wir nicht nur die Kosten decken, die uns durch den Auftrag entstehen, sondern auch noch einen Teil der Fixkosten, dann …
Anja Klein: Du meinst, es lohnt sich doch, über das Angebot von Herrn Schröder nachzudenken? Dann lass' uns die Kalkulation noch mal durchgehen.

```
Kalkulation Schröder

Material                         3000 €
Haushaltsgeräte                  3500 €
160 Arbeitsstunden à 34 €        5440 €
Gemeinkosten:
- Abschreibungen                  800 €
- Zinsen                          250 €
- Werbung                         100 €
- Verwaltung/Büro                 900 €
- Leasing/Pkw                     400 €
- Versicherungen                  200 €
- Reparatur/Wartung               300 €
- Energie                         150 €
Selbstkosten                    15040 €
Gewinn                            500 €
Gesamt (ohne MwSt)              15540 €
```

Arbeitsauftrag

Entscheiden Sie, ob es sich für die Schreinerei lohnt, den Auftrag anzunehmen.
Herr Schröder ist bereit, für die Küche 14 000 Euro (ohne MwSt) zu bezahlen.

2.1 Kosten ermitteln und Preise kalkulieren

Deckungsbeitragsrechnung

Bei der Vollkostenrechnung werden die Kosten in Einzel- und Gemeinkosten aufgeteilt (→ S. 101–105). Eine andere Art der Kostenrechnung ist die Aufteilung in fixe und variable Kosten. Man spricht auch von der Deckungsbeitragsrechnung als Teil der Teilkostenrechnung.

Fixe Kosten (feste, zeitabhängige Kosten) entstehen in einem bestimmten Zeitraum (Monat/Jahr) unabhängig davon, wie viele Güter produziert werden. Sie entstehen selbst dann, wenn nicht produziert wurde. Zu den Fixkosten gehören:
Mieten, Leasingraten, Zinsen, Versicherungsprämien, Abschreibungen.

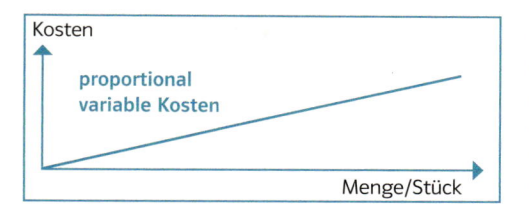

Variable Kosten (veränderbare, leistungsabhängige Kosten) sind abhängig von der Produktionsmenge. Zu den variablen Kosten gehören u. a. Materialverbrauch und Energiekosten.
Lohnkosten lassen sich dann den variablen Kosten zurechnen, wenn der Lohn nur für geleistete Arbeit gezahlt wird. Dies gilt z. B. für die Beschäftigung von Leiharbeitern. Unternehmen mit fest angestellten Arbeitnehmern können Lohnkosten als variabel ansehen, wenn sie Arbeitszeitkonten einsetzen. Bei guter Auftragslage arbeitet der Mitarbeiter länger als die normal vereinbarte Arbeitszeit und bekommt diese Stunden auf dem Arbeitszeitkonto gutgeschrieben. Bei schlechter Auftragslage erhält er diese Mehrarbeit in Form von Freizeitausgleich zurück.

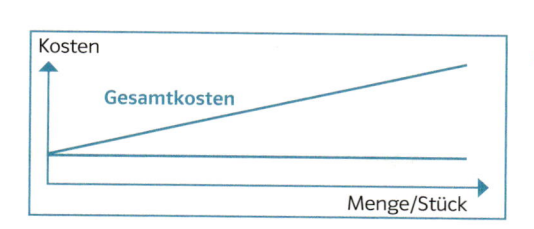

Zählt man die fixen Kosten und die variablen Kosten zusammen, erhält man die **Gesamtkosten**.
Wenn sich die variablen Kosten im gleichen Ausmaß oder Umfang wie die Produktionsmenge ändern, spricht man von proportional variablen Kosten. Die Veränderung der variablen Kosten kann auch progressiv sein (dann steigen die Kosten stärker, z. B. weil die Maschinen durch die Überbelastung extrem verschleißen) oder die Kosten verändern sich degressiv (sie steigen weniger, z. B. weil es Mengenrabatte beim Einkauf gibt).

Die absolute Preisuntergrenze

Die Kosten eines Produktes (Stückkosten) setzen sich somit zusammen aus den variablen Kosten pro Stück (gleicher Betrag) und den anteiligen Fixkosten (Gesamtfixkosten, verteilt auf Fertigungsmenge). Damit ein Unternehmen am Markt besteht, muss der Verkaufspreis langfristig die Stückkosten decken. Lässt sich dieser Preis kurzfristig aufgrund geringer Nachfrage und verstärkter Konkurrenz nicht erzielen, so kann es durchaus Sinn machen, seine Leistung unter den Stückkosten anzubieten.

Verluste entstehen nämlich auch dann, wenn nicht produziert und keine Einnahmen erzielt werden. Es fallen zwar keine variablen Kosten an, aber die fixen Kosten bleiben. Liegt der Verkaufspreis über den variablen Kosten, kann ein Teil der Fixkosten gedeckt und somit der Verlust gemindert werden. Die variablen Kosten bilden jedoch die Preisuntergrenze. Es lohnt sich also nicht, einen Auftrag anzunehmen, wenn nicht einmal die variablen Kosten gedeckt werden. Den Betrag, der über die variablen Kosten hinaus die Fixkosten deckt, nennt man **Deckungsbeitrag**.

Online-Link
883501-0214
- *Teilkostenrechnung*

Deckungsbeitrag (ges.):
Gesamterlös – variable Kosten (ges.)

Deckungsbeitrag pro Stück:
Erlös pro Stück – variable Kosten pro Stück

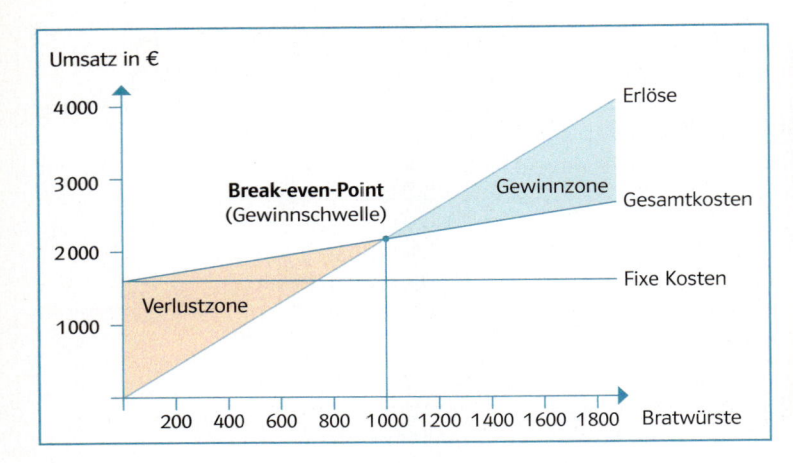

Der Break-even-Point

Mit Hilfe des Deckungsbeitrags lässt sich der Break-even-Point berechnen. Dieser Punkt gibt an, bei welcher Produktionsmenge bzw. bei welchem Umsatz die **Gewinnschwelle** erreicht wird. In diesem Punkt sind die Gesamtfixkosten und der Deckungsbeitrag für das Unternehmen insgesamt gleich hoch (Deckungsbeitrag gesamt = Gesamtfixkosten).

Beispiel: Nach dem Verlust seines Arbeitsplatzes eröffnet Peter einen Bratwurststand. An festen Kosten (Standgebühr, Strom, Werbung usw.) hat er monatlich 1 600 €. Die Bratwurst kauft er für 0,60 € ein und bietet sie für 2,20 € an. Pro Bratwurst erzielt er einen Deckungsbeitrag von 1,60 €. Bei 1 000 verkauften Bratwürsten deckt er seine gesamten Fixkosten ab und hat den erforderlichen Deckungsbeitrag von 1 600 € erwirtschaftet. Jede zusätzlich verkaufte Bratwurst bedeutet nun einen Gewinn von 1,60 €.

Das Gesetz der Massenproduktion

Die variablen Kosten verändern sich bei unterschiedlicher Produktionsmenge (Kapazitätsauslastung); der Anteil der variablen Kosten pro Stück ist aber immer gleich hoch. Anders verhalten sich die Fixkosten pro Stück. Dividiert man die Gesamtfixkosten (fester Betrag) durch die Ausbringungsmenge, ergeben sich die Fixkosten pro Stück. Bei steigender Ausbringungsmenge werden die Fixkosten pro Stück und somit auch die Gesamtstückkosten immer kleiner. Diese Art des Kostenverhaltens wirkt sich besonders bei Unternehmen aus, die mit hohem Maschineneinsatz (kapitalintensiv) produzieren. Durch Abschreibungen, Zinskosten, regelmäßige Wartungen und Reparaturen entstehen in einer Periode hohe Fixkosten. Bei optimaler Auslastung der Produktionsanlagen sinken die Fixkosten pro Stück auf ein Minimum. Dadurch können diese Unternehmen kostengünstiger produzieren als kleinere Unternehmen, deren gesamte Fixkosten niedriger sind, die dafür aber höhere variable Stückkosten haben, z. B. höhere Lohnkosten. Bei rückläufiger Nachfrage sind solche kapitalintensiven Unternehmen aber krisenanfälliger, da die Gesamtstückkosten steigen, und zwar durch die dann bestehenden hohen Fixkosten pro Stück. Deckt der Marktpreis dann nicht mehr die Gesamtstückkosten, führt dies zu Verlusten.

Monat	Stückzahl	variable Kosten/Stück	variable Kosten ges.	Fixkosten gesamt	Fixkosten/Stück	Stückkosten
März	2 500	10 €	25 000 €	100 000 €	40 €	50 €
April	4 000	10 €	40 000 €	100 000 €	25 €	35 €
Mai	5 000	10 €	50 000 €	100 000 €	20 €	30 €

MIT FIXEN UND VARIABLEN KOSTEN RECHNEN

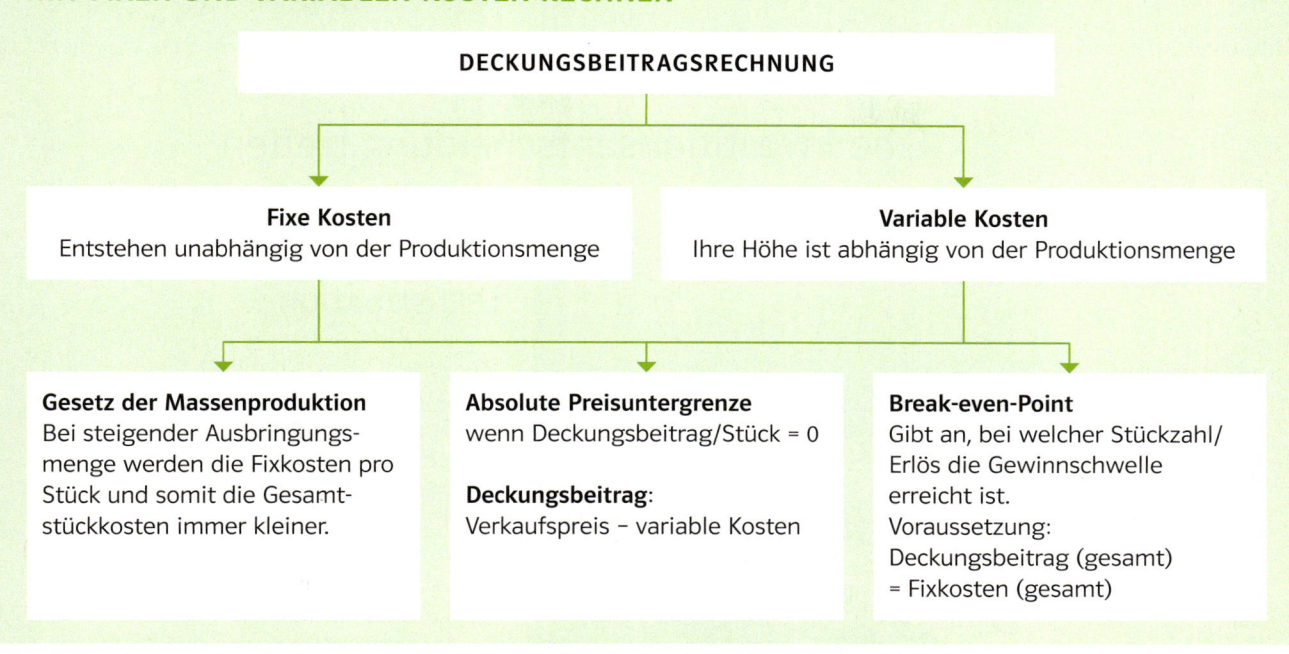

DECKUNGSBEITRAGSRECHNUNG

Fixe Kosten
Entstehen unabhängig von der Produktionsmenge

Variable Kosten
Ihre Höhe ist abhängig von der Produktionsmenge

Gesetz der Massenproduktion
Bei steigender Ausbringungsmenge werden die Fixkosten pro Stück und somit die Gesamtstückkosten immer kleiner.

Absolute Preisuntergrenze
wenn Deckungsbeitrag/Stück = 0

Deckungsbeitrag:
Verkaufspreis – variable Kosten

Break-even-Point
Gibt an, bei welcher Stückzahl/ Erlös die Gewinnschwelle erreicht ist.
Voraussetzung:
Deckungsbeitrag (gesamt)
= Fixkosten (gesamt)

Übungsaufgaben

1. **Nehmen Sie eine Aufteilung der folgenden Kosten in fixe und variable Kosten vor:**
   Miete, Werbung, Reparatur, Verpackungsmaterial, Materialverbrauch, Zinsen, Leasingraten, Meistergehalt.

2. **Im Juli wurden 3 000 Teile gefertigt, im August 4 800 Teile und im September 5 400. Die monatlichen Fixkosten betrugen 240 000 Euro, die variablen Stückkosten lagen bei 60 Euro.**
   a) Stellen Sie für alle Monate eine Kostentabelle auf, aufgeteilt in fixe und variable Gesamt- und Stückkosten.
   b) Beschreiben Sie, wie sich Fixkosten (gesamt und pro Stück) und variable Kosten (gesamt und pro Stück) bei veränderter Produktionsmenge verhalten.

3. **Einem Unternehmen liegen folgende Zahlen vor:**
   Fixkosten Mai: 229 500 €
   variable Kosten (Stück): 250 €
   Verkaufspreis (Stück): 520 €
   verkaufte Stückzahl: 780 Einheiten

   Bestimmen Sie
   a) den Deckungsbeitrag (Stück)
   b) den Deckungsbeitrag (gesamt)
   c) die absolute Preisuntergrenze
   d) den Gewinn bzw. Verlust
   e) den Break-even-Point.

4. **Erstellen Sie anhand der Zahlenangaben aus Aufgabe 3 eine Zeichnung, aus der der Break-even-Point und die Gewinn- und Verlustzonen hervorgehen.**

2.2 Investitionsentscheidungen vorbereiten und durchführen

Eine Investitionsentscheidung treffen

LERNSITUATION

Die Gerling KG ist ein mittelständisches Unternehmen, das Fahrräder für den Sportbereich produziert. In letzter Zeit fragt der Fachhandel immer mehr Freizeiträder nach. Die Gerling-Geschäftsleitung hat deshalb beschlossen, in das Marktsegment Freizeiträder einzusteigen. Das erfordert allerdings eine zusätzliche Investition in Maschinen. Zur Auswahl stehen für die Teilefertigung zwei Produktionsanlagen mit gleicher Produktqualität.

Arbeitsauftrag

Entscheiden Sie mithilfe verschiedener Methoden der Investitionsrechnung, welche Anlage angeschafft werden soll.

	Anlage 1	Anlage 2
Investitionssumme (€)	2 000 000	3 000 000
Fixkosten pro Jahr (€) • davon Abschreibungen	500 000 400 000	700 000 600 000
variable Stückkosten (€)	300	250
Kapazitätsgrenze/Jahr/Stück	10 000	15 000

Man rechnet in den nächsten fünf Jahren mit folgender Absatzentwicklung:

Jahr	1	2	3	4	5
Fahrräder (Stück)	5 000	8 000	10 000	10 000	8 000
Verkaufspreis/Stück/€	400	400	400	400	400

2.2 Investitionsentscheidungen vorbereiten und durchführen

Aussagen der Bilanz

Industrie- und Handwerksbetriebe stellen Güter her, bearbeiten Materialien, führen Reparaturen durch oder erbringen Dienstleistungen. Dazu benötigt man Betriebsmittel, wie z. B. Maschinen und Werkzeuge. Die Anschaffung dieser Güter nennt man **Investition**. Die Beschaffung des dazu notwendigen Kapitals nennt man **Finanzierung**. Von daher besteht ein enger Zusammenhang zwischen Finanzierung und Investition. Dieser Zusammenhang lässt sich an der Bilanz eines Unternehmens ablesen (→ Schema unten).

Die **Aktivseite** einer Bilanz gibt Auskunft über die Vermögenswerte eines Unternehmens (Vermögensverwendung), die **Passivseite** über die Vermögensherkunft. Die Aktivseite macht sichtbar, in welche Bereiche des Unternehmens investiert wurde. Dabei unterscheidet man zwischen Anlage- und Umlaufvermögen:

- **Anlagevermögen** sind die Vermögensteile, die langfristig im Unternehmen genutzt werden. Das Anlagevermögen bildet die Grundlage für die betriebliche Tätigkeit.
- **Umlaufvermögen** bezeichnet die Vermögensteile, die nur kurzfristig im Unternehmen bleiben. Sie unterliegen einem ständigen Prozess. Materialien werden zu Fertigprodukten verarbeitet, die an Kunden verkauft werden. Wird die Rechnung sofort bezahlt, erhöhen sich die flüssigen Mittel (Bank, Kasse) oder aber es entsteht eine Forderung gegenüber dem Kunden.

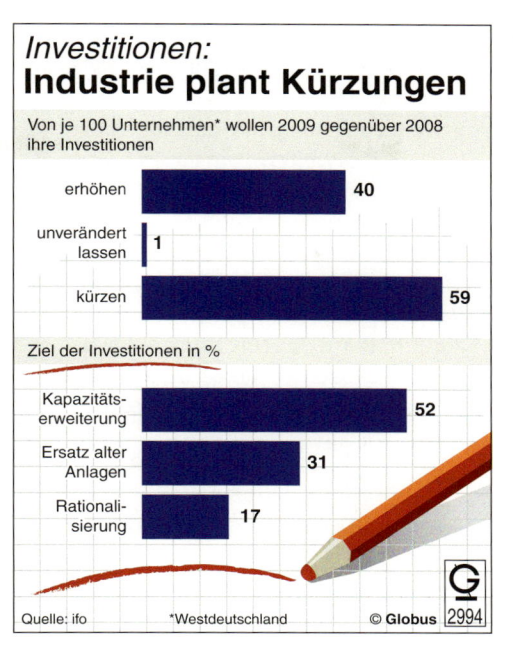

Investitionen: Industrie plant Kürzungen

Von je 100 Unternehmen* wollen 2009 gegenüber 2008 ihre Investitionen
- erhöhen: 40
- unverändert lassen: 1
- kürzen: 59

Ziel der Investitionen in %
- Kapazitätserweiterung: 52
- Ersatz alter Anlagen: 31
- Rationalisierung: 17

Quelle: ifo *Westdeutschland © Globus 2994

Arten der Investitionen

Wenn von Investitionen die Rede ist, bezieht sich das im allgemeinen Sprachgebrauch auf das Anlagevermögen eines Unternehmens. Investitionen können aus unterschiedlichen Gründen erfolgen:

- **Erstinvestitionen (Gründungsinvestitionen)** erfolgen zur Aufnahme einer Tätigkeit, die bisher noch nicht im Betrieb durchgeführt wurde. Der Grund kann in einer Neugründung, einer Sortimentserweiterung oder in einem neuen Produktionsverfahren bestehen. Bei umfang-

Online-Link
883501-0221
- Investitionsrechnung
- Bilanz

Pflicht zur Aufstellung einer Bilanz HGB § 242

(1) Jeder Kaufmann hat zu Beginn seines Handelsgewerbes und für den Schluss eines jeden Geschäftsjahres einen das Verhältnis seines Vermögens und seiner Schulden darstellenden Abschluss (Eröffnungsbilanz, Bilanz) aufzustellen.

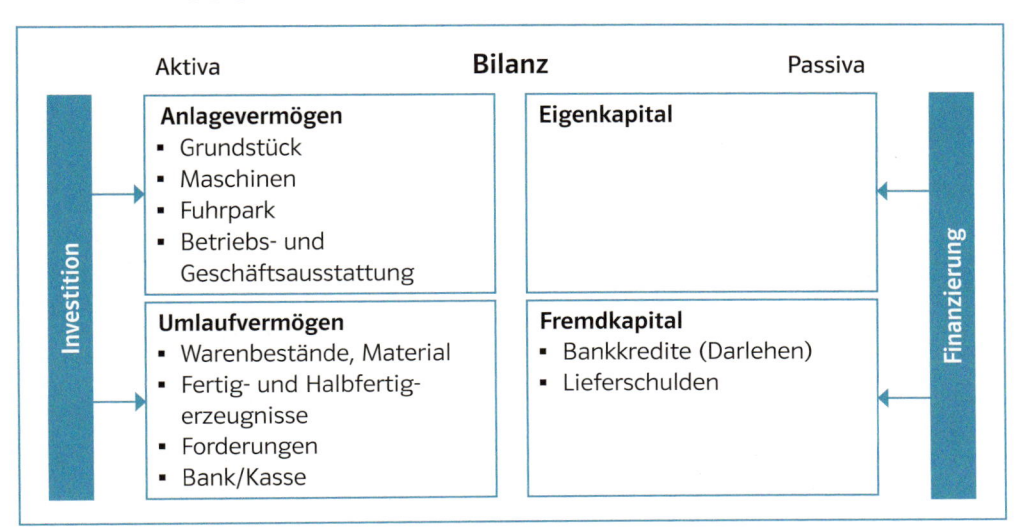

Bilanz

Aktiva	Passiva
Anlagevermögen • Grundstück • Maschinen • Fuhrpark • Betriebs- und Geschäftsausstattung	**Eigenkapital**
Umlaufvermögen • Warenbestände, Material • Fertig- und Halbfertigerzeugnisse • Forderungen • Bank/Kasse	**Fremdkapital** • Bankkredite (Darlehen) • Lieferschulden

Investition → / ← Finanzierung

reichen Investitionen wird dazu ein Kapitalbedarfsplan erstellt (→ S. 82).

- **Erweiterungsinvestitionen** sollen die Kapazität erweitern, um einen höheren Umsatz zu erzielen.
- **Ersatzinvestitionen** erfolgen, z. B., wenn nicht mehr funktionstüchtige Maschinen durch gleichwertige ersetzt werden.
- **Rationalisierungsinvestitionen** dienen zur Erhöhung der Leistungsfähigkeit oder der Kostensenkung. Dabei wird ein Betriebsmittel gegen ein verbessertes ausgetauscht.

Methoden der Investitionsrechnung

Damit eine Investition nicht zu einer Fehlinvestition wird, muss jede Entscheidung genau geprüft werden. Investitionen sind in die Zukunft gerichtet. Daher besteht ein Zusammenhang zwischen Zukunftserwartungen und der Investitionsbereitschaft. Investitionen werden nur dann getätigt, wenn dadurch eine Kosteneinsparung (z. B. Rationalisierungsinvestition) oder ein höherer Produktionsausstoß und damit ein höherer Gewinn erzielt wird.

Auch wenn die zu erwartenden Ein- und Ausgaben in der Regel geschätzt werden, bedient man sich zur Beurteilung und Berechnung der Wirtschaftlichkeit mathematischer Berechnungsmethoden. Einige werden im Folgenden kurz dargestellt.

- Die **Kostenvergleichsrechnung** stellt die Kosten zweier Anlagen gegenüber. Die Rechnung kann sich auf die gesamte Nutzungsdauer, aber auch auf einzelne Zeitabschnitte (z. B. ein Jahr) beziehen. Die Kosten einer Anlage setzen sich aus fixen und variablen Kosten zusammen (→ S. 110).
- Die **Gewinnvergleichsrechnung** vergleicht die zu erwartenden Gewinne der Anlage. Gewinne errechnen sich aus: Kosten minus Erlöse.
- Die **Rentabilitätsrechnung** berücksichtigt nicht allein den zu erwartenden Gewinn. Sie bezieht in ihre Rechnung den Investitionsbetrag mit ein. Da im Laufe der Nutzungsdauer der Anlage das investierte Kapital zurückfließt, wird mit dem durchschnittlichen Investitionsbetrag (halber Investitionsbetrag) gerechnet. Der ermittelte Wert gibt an, mit wie viel Prozent das investierte Kapital verzinst wird.

Rentabilität

$$= \frac{\text{Jahresgewinn} \times 100}{\text{durchschnittl. Kapitalbetrag}}$$

oder

$$= \frac{\text{durchschnittl. Jahresgewinn} \times 100}{\text{durchschnittl. Kapitalbetrag}}$$

- Die **Amortisationsrechnung** gibt an, in welcher Zeit das investierte Kapital zurückfließt. Man nennt diesen Zeitraum die Kapitalrückflusszeit. Ein schneller Kapitalrückfluss hat den Vorteil, dass die Gelder für neue Investitionen verfügbar sind. Der Kapitalrückfluss errechnet sich aus dem durchschnittlichen jährlichen Gewinn und dem Abschreibungsbetrag.

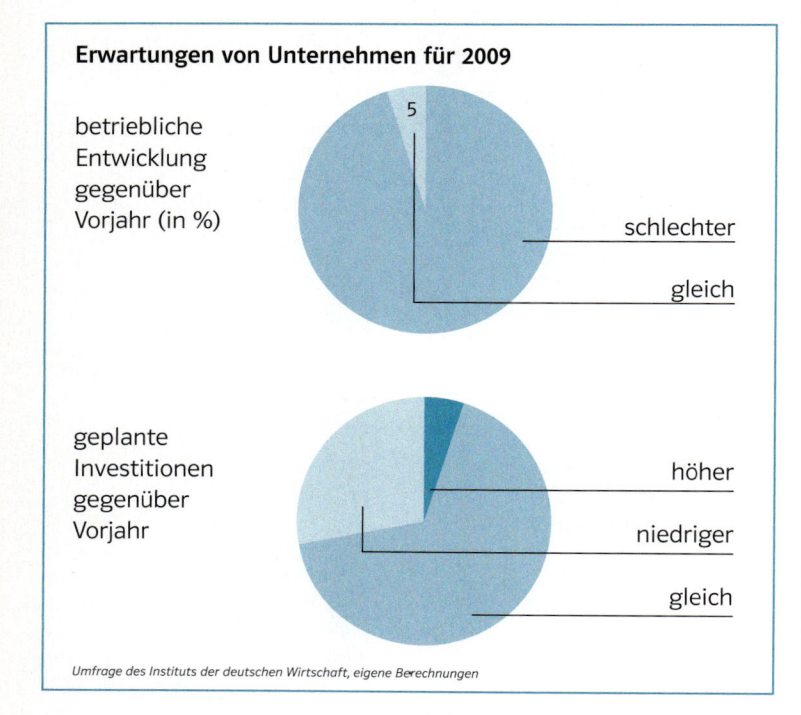

Amortisation

$$= \frac{\text{Investitionsbetrag}}{\text{Gewinn/Jahr} + \text{Abschreibung/Jahr}}$$

Erwartungen von Unternehmen für 2009

betriebliche Entwicklung gegenüber Vorjahr (in %)
- 5 schlechter
- gleich

geplante Investitionen gegenüber Vorjahr
- höher
- niedriger
- gleich

Umfrage des Instituts der deutschen Wirtschaft, eigene Berechnungen

INVESTITIONSRECHNUNG

INVESTITIONEN
langfristige Anlage von Kapital in Sachanlagen
(Maschinen, Geschäftsausstattung …)

Arten
- Erstinvestitionen (Gründungsinvestitionen)
- Erweiterungsinvestitionen
- Ersatzinvestitionen
- Rationalisierungsinvestitionen

Methoden
= Berechnung der Wirtschaftlichkeit
(Kosteneinsparung, höherer Produktionsausstoß)
- Kostenvergleichsrechnung
- Gewinnvergleichsrechnung
- Rentabilitätsrechnung
- Amortisationsrechnung (Kapitalrückflusszeit)

Übungsaufgaben

1. Erläutern Sie den Zusammenhang zwischen Investition und Finanzierung.

2. Beschreiben Sie die Aussagekraft der Aktiv- und Passivseite einer Bilanz.

3. Ordnen Sie die folgenden Positionen dem Anlage- oder dem Umlaufvermögen zu:
Bankguthaben, Betriebs- und Geschäftsausstattung, Fahrzeuge, Forderungen, Maschinen.

4. Nennen Sie die Ziele, die sich mit folgenden Investitionsarten erreichen lassen:
a) Erweiterungsinvestition
b) Erstinvestition
c) Rationalisierungsinvestition

5. Führen Sie anhand der folgenden Zahlenangaben eine Kostenvergleichs-, Gewinnvergleichs- und Rentabilitätsrechnung durch.

	Anlage 1	Anlage 2
Investitionssumme	200 000	250 000
Fixkosten gesamt	80 000	120 000
Var. Stückkosten	50	30
Verkaufte Menge	2 200	2 200
Verkaufspreis/Stück	100	100

6. Beschreiben Sie die Vorteile einer kurzen Amortisationszeit.

Einen Kreditkauf mit einem Leasingvertrag vergleichen

LERNSITUATION

Im Büro des Bauunternehmers Koslowski:
Herr Rudzki: Wir müssen noch mal über die Finanzierung des neuen Baggers sprechen.
Herr Begic: Ich dachte, es ist alles klar.
Herr Rudzki: Nein, eigentlich nicht. Ich habe mir das Angebot der Firma Lapos noch mal angesehen. Und die bieten den Bagger über ihre Bank als Kreditkauf oder zum Leasen an.
Herr Begic: Leasing ist doch viel zu teuer. Außerdem haben wir immer gesagt, wir leihen uns die Geräte nicht zusammen, sondern die sollen uns gehören, damit wir damit tun und lassen können, was wir wollen.
Herr Rudzki: Das können wir sowieso erst dann, wenn die letzte Rate bezahlt ist. Die Bank verlangt Sicherheiten. Vielleicht ist Leasing gar nicht so viel teurer und darüber hinaus gibt es eine Reihe von Vorteilen. Hier steht z. B., der Leasingvertrag schließt einen Wartungsvertrag mit ein. Bevor wir uns endgültig entscheiden, sollten wir beide Finanzierungsformen prüfen.

Objektwert: 100 000 €

Unkündbare Grundmietzeit: 36 Monate

Monatszins: 3,5 % vom Objektwert (einschließlich Wartungsvertrag)

Restbuchwert: 30 % vom Objektwert (nach Ablauf der Grundmietzeit kann der Leasinggegenstand zum Restbuchwert gekauft oder zurückgegeben werden).

Objektwert: 100 000 €

Zinssatz: effektiv 10 % (vom Restwert des Kredits, Gebühren inkl.)

Laufzeit des Kredits: 48 Monate

Tilgung: am Ende d. Jahres 25 % des ursprünglichen Kreditbetrags

Sicherheiten: Sicherungsübereignung

Arbeitsauftrag

Vergleichen Sie den Kreditkauf mit dem Leasingangebot, indem Sie eine Übersicht nach folgendem Muster erstellen:

Beurteilungsmerkmale	Leasing	Kreditkauf
Kosten		
Eigentumserwerb		
Zusatzleistungen		
Weitere Vorteile		

Finanzierungsformen

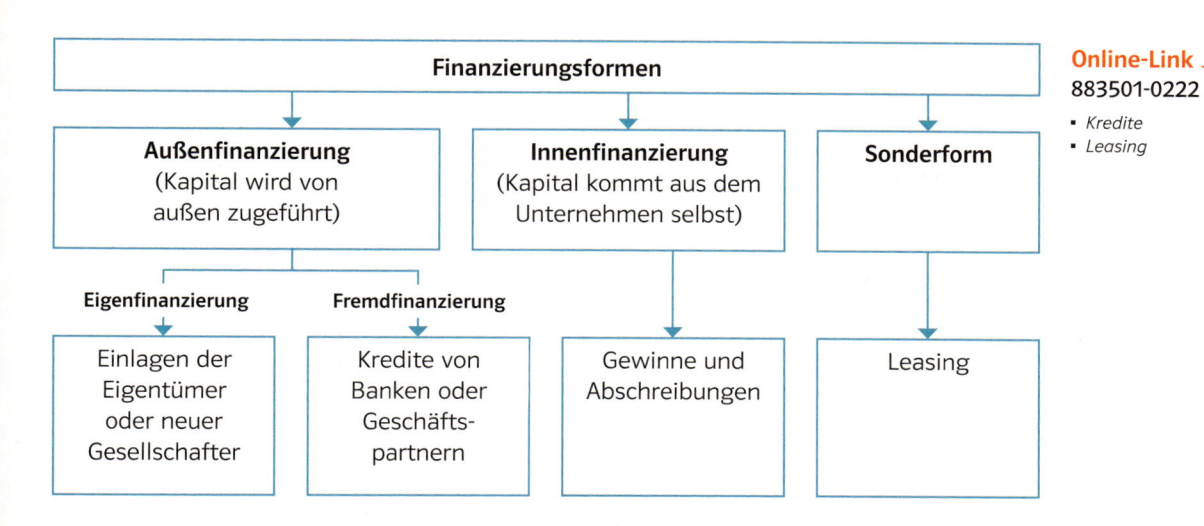

- **Außenfinanzierung** (Kapital wird von außen zugeführt)
  - Eigenfinanzierung: Einlagen der Eigentümer oder neuer Gesellschafter
  - Fremdfinanzierung: Kredite von Banken oder Geschäftspartnern
- **Innenfinanzierung** (Kapital kommt aus dem Unternehmen selbst): Gewinne und Abschreibungen
- **Sonderform**: Leasing

Online-Link
883501-0222

- Kredite
- Leasing

Finanzierung von Investitionen

Wenn Unternehmen oder Privatpersonen sich für eine Investition (Maschine, Auto) entschieden haben, muss das notwendige Kapital beschafft werden. Dies nennt man **Finanzierung**. Die einfachste Form der Finanzierung ist gegeben, wenn kein „Dritter" zur Kapitalbeschaffung erforderlich ist. Bei Privatpersonen ist das der Fall, wenn eine Privatperson vom Ersparten oder aus den laufenden Einnahmen die Investition tätigen kann. Bei Unternehmen müssen die Eigentümer dem Unternehmen Kapital zuführen oder die Investition aus Gewinnen und zurückgeflossenen Abschreibungen (→ S. 82) finanzieren.

Mit dem Kauf ist eine Reihe von Vorteilen verbunden. Man ist Eigentümer des Gegenstandes, hat keine regelmäßige monatliche Belastung und ist bei einem Barkauf in einer guten Verhandlungsposition gegenüber dem Verkäufer. Da aber vor allem bei größeren Investitionen meist nicht ausreichend eigene Mittel zur Verfügung stehen, bedient man sich anderer Finanzierungsformen. Im Folgenden werden der Bankkredit und das Leasing dargestellt.

Die Voraussetzung: Kreditwürdigkeit

Wer einen Kredit aufnimmt, muss kreditwürdig sein, d. h., der Antragsteller muss sich in geordneten wirtschaftlichen Verhältnissen befinden und voraussichtlich in der Lage sein, den Kredit vereinbarungsgemäß zurückzuzahlen.

Bei Privatpersonen spielen bei der Kreditwürdigkeit das Einkommen, die berufliche Sicherheit und die ständigen wirtschaftlichen Belastungen eine Rolle. Bei juristischen Personen (Unternehmen) ergibt sich die Kreditwürdigkeit vor allem aus der Bilanz und der Gewinn- und Verlustrechnung, dem Ruf des Unternehmens sowie der Haftungsfrage. Bei Neugründungen ist ein Businessplan vorzulegen (→ S. 81). Leasinggesellschaften prüfen die Kreditwürdigkeit eines Leasingnehmers nach den gleichen Grundsätzen wie Banken bei der Vergabe von Krediten.

Bei der Überprüfung der Kreditwürdigkeit können z. B. Banken die Hilfe der **Schufa** (Schutzgemeinschaft für allgemeine Kreditsicherung) in Anspruch nehmen. Dort werden die Kreditverträge mit Kreditinstituten und Einzelhandelsunternehmen mit Ein-

Fördermöglichkeiten im Rahmen von Neugründungen → S. 82

Rating
Verbindliches Verfahren der Banken zur Bewertung der Kreditwürdigkeit von Unternehmen

Wie man aus Gewinnen und Abschreibungen finanziert

Erfolgsrechnung:		von den Erlösen fließen
Materialkosten:	35 €	an den Lieferanten
Personalkosten:	25 €	an die Mitarbeiter
Zinskosten:	5 €	an die Bank
Sonstige Kosten:	10 €	an Vermieter etc.
Abschreibungen:	**20 €**	an Bank/Kasse
Kosten ges.:	95 €	
Erlöse:	100 €	
Gewinn:	**5 €**	an Bank/Kasse

willigung des Kunden gespeichert. Der Anfragende erhält Auskunft über noch bestehende Verpflichtungen des Kreditnehmers und ob dieser seinen Zahlungsverpflichtungen nachkommt.

die Lebensdauer des Gutes sein. So kann die Finanzierung eines Hauses (**Hypothekendarlehen**) über langfristige Darlehensverträge (30 Jahre) erfolgen; bei einer Autofinanzierung (**Anschaffungsdarlehen**) sollte das Darlehen spätestens nach fünf Jahren zurückgezahlt sein. Unternehmen sollten Anlageinvestitionen mit langfristigen Krediten finanzieren.

Vorab Kreditkosten prüfen

Die Kosten eines Kredits ergeben sich aus dem **effektiven Jahreszins**. Dieser drückt aus, wie hoch die Kosten insgesamt für den Kreditnehmer in einem Jahr sind. Diese Kosten bestehen v. a. aus folgenden Faktoren:
- Zinssatz,
- Bearbeitungsgebühr (meist einmalig 2 % der Kreditsumme),
- Disagio: Bei einem Kredit kann vereinbart werden, dass die Kreditsumme höher als der ausgezahlte Betrag ist. Die Bank behält einen Teil der Summe vorab für Zinsen und Verwaltungskosten ein.

Privatinsolvenz
wenn Privatpersonen ihre Rechnungen, Zinsen und Tilgung nicht mehr bezahlen können
→ S. 58

Verbraucherschutzbestimmungen zu Kreditverträgen
→ S. 169

Zins
Der Preis für die zeitweilige Überlassung von Geld und Kapital, ausgedrückt in Prozent

Festzins
Für einen bestimmten Zeitraum festgeschriebener Prozentsatz

Variabler Zinssatz
Der Prozentsatz wird immer an den aktuellen Marktzins angepasst

Die häufigsten Kreditarten

Banken und Sparkassen bieten unterschiedliche Kreditformen an, die sich je nach Laufzeit und Finanzierungsanlass unterscheiden.

- **Dispositions-/Kontokorrentkredit**: Zur Buchung der laufenden Ein- und Ausgaben nutzen Privatleute Girokonten, bei Kaufleuten spricht man von Kontokorrentkonten. Die Banken bieten ihren Kunden die Möglichkeit, dieses Konto zu überziehen, d. h. auch dann noch Abbuchungen vorzunehmen, wenn kein Guthaben mehr auf dem Konto ist. Wie hoch das Konto überzogen werden darf, muss mit dem Kreditinstitut vereinbart werden.

- **Darlehen**: Ein Darlehen wird in einer Summe zur Verfügung gestellt. Das Kreditinstitut erstellt für jedes Darlehen einen detaillierten Rückzahlungsplan, der die monatlichen Zahlungen bis zum Ende der Kreditlaufzeit auflistet. Der Zinssatz für Darlehen wird oft „festgeschrieben", d. h., während der Laufzeit verändert er sich nicht mehr. Die Dauer der Finanzierung darf niemals länger als

Banken verlangen Sicherheiten

Neben der Kreditwürdigkeit verlangen Banken bei hohen und langfristigen Krediten zusätzliche Sicherheiten. Kleinere und kurzfristige Kredite werden in der Regel so vergeben, wenn keine Bedenken bestehen.

Mögliche Sicherheiten sind:
- **Abtretung von Forderungen**: Bei einem Privatkredit können als Sicherheit Lohn- und Gehaltsforderungen abgetreten werden. Der Lebensunterhalt des Schuldners darf dabei aber nicht gefährdet werden (das Mindesteinkommen bleibt erhalten).

- **Grundschuld/Hypothek**: Erfolgt die Finanzierung eines Grundstücks oder Gebäudes über ein Darlehen, so kann als Sicherheit eine Hypothek oder Grundschuld ins Grundbuch (Amtsgericht) eingetragen werden. Kommt der Schuldner seinen Zahlungen nicht nach, so hat der Kreditgeber das Recht, das Grundstück oder Gebäude im Zuge einer Zwangsversteigerung zu verkaufen. Die Unterscheidung in 1., 2. und 3. Hypothek drückt aus, in welcher Reihenfolge Gläubiger Zugriff auf das Vermögen des Schuldners haben. Der Kreditgeber mit der 1. Hypothek bedient sich als Erster, dann der mit der 2. Hypothek usw.

- **Sicherungsübereignung**: Die Sicherungsübereignung wird als Kreditsicherheit gewählt, wenn der Kreditnehmer die Sache weiter benutzt, z. B. den Pkw. Der Bank wird das Eigentumsrecht an dem Vermögensteil (Pkw) übertragen. Bei Rückzahlung der Schuldsumme geht das Eigentum auf den Kreditnehmer zurück. Die Hinterlegung des Kfz-Briefes schützt die Bank davor, dass der Kreditnehmer den Pkw an einen gutgläubigen Dritten verkauft.

- **Vertragliches Pfandrecht**: In diesem Fall bleibt der Kreditnehmer Eigentümer, das Kreditinstitut/Pfandhaus wird Besitzer der Sache. Es werden werthaltige Sachen als Sicherheit übergeben (Schmuck, Aktien, Goldmünzen), die leicht aufbewahrt werden können.

- **Bürgschaften**: Eine Bürgschaft ist ein Vertrag zwischen einem Bürgen (z. B. Verwandter, Ehefrau) und dem Kreditgeber. Darin verpflichtet sich der Bürge, für die Schulden des Kreditnehmers einzustehen, wenn dieser seinen Verpflichtungen nicht mehr nachkommt.

Leasing: Mieten statt kaufen

Leasing ist das Mieten und Vermieten von langfristig nutzbaren Gütern (Anlagegütern). Leasinggeber sind entweder spezielle Leasinggesellschaften oder die Hersteller der Produkte selbst. Leasingverträge enthalten häufig neben der Vertragslaufzeit und der Leasingrate zusätzliche Regelungen, z. B. einen Wartungsvertrag. In der Regel wird vereinbart, dass der Leasinggegenstand am Ende der Nutzungsdauer zum Restwert gekauft werden kann. Bei einigen Leasingverträgen ist eine Anzahlung fällig (z. B. Auto). Der Leasingnehmer erhält nicht das Eigentum an der geleasten Sache, auch wenn er beispielsweise bei einem Auto als Fahrzeughalter im Fahrzeugbrief eingetragen ist. Eigentümer ist der Leasinggeber. Daher dient dem Leasinggeber das Leasingobjekt zunächst einmal als Sicherheit. Je nach Risikoeinschätzung kann eine Anzahlung oder Bürgschaft verlangt werden.

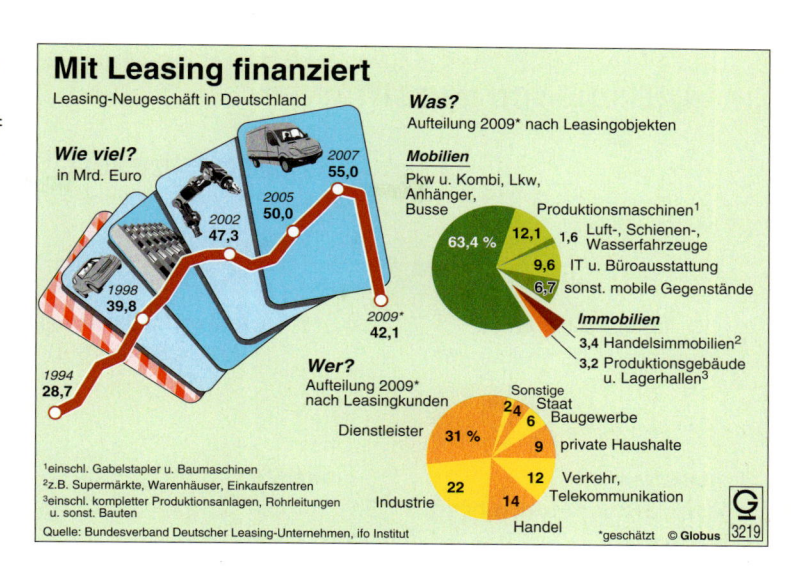

Leasing hat den Vorteil, dass man das Gut nicht sofort in einer Summe bezahlen muss. Dadurch werden Finanzmittel geschont und können an anderer Stelle des Unternehmens oder auch privat (z. B. für eine Urlaubsreise) eingesetzt werden. Außerdem lassen sich Maschinen, die einem schnellen technischen Wandel unterliegen, nach wenigen Jahren gegen modernere austauschen. Nachteilig bei Leasingverträgen ist, dass für die Nutzung des Gegenstandes insgesamt mehr Geld eingesetzt werden muss als beim Kauf. Unternehmen können Leasingraten bei der Steuer als Betriebsausgaben absetzen.

Eigentum ist die rechtliche, Besitz die tatsächliche Herrschaft über eine Sache.

FINANZIERUNG VON INVESTITIONEN

FINANZIERUNG
Bereitstellung von Kapital

- **Innenfinanzierung** (Gewinne, Abschreibungen)
- **Außenfinanzierung** (Einlagen, Kredite)
- **Sonderform**

Sicherheiten
- Abtretung von Forderungen
- Bürgschaft
- Sicherungsübereignung
- Pfandrecht
- Grundschuld/Hypothek

Kredite
Formen
- Dispositions-/Kontokorrentkredit
- Darlehen

Kosten:
effektiver Jahreszins

Leasing
Miete/Kauf von langfristig nutzbaren Gütern
Kosten:
laufende Leasingraten

Übungsaufgaben

1. Vergleichen Sie die Kosten folgender Finanzierungsformen:

   - **Kauf eines Autos**
     Preis: 19 500 €
     Barzahlung: Rabatt 8 %
   - **Leasing**
     Anzahlung: 4 875 €
     Möglichkeit des Anschlusskaufs, Restwert: 7 800 €
     Laufzeit: 36 Monate
     Leasingrate: monatlich 2 % vom Kaufpreis

2. Erläutern Sie den Unterschied zwischen einem Pfandrecht und einer Sicherungsübereignung.

3. Beschreiben Sie jeweils anhand eines Beispiels, wann das Überziehen des Kontos (Dispositionskredit) und wann die Inanspruchnahme eines Darlehens sinnvoller ist.

4. Nennen Sie die Faktoren, aus denen sich der „effektive Jahreszins" errechnet.

5. Beschreiben Sie die Funktion der „Schufa".

6. Nur zehn Prozent aller Leasingobjekte werden von Privathaushalten geleast. Versuchen Sie, dafür eine Erklärung zu finden.

7. Nennen Sie die Vorteile des Barkaufs gegenüber anderen Finanzierungsformen.

2.3 Wirtschaftlichkeit der Unternehmen überprüfen

Rationalisierungsmaßnahmen darstellen und bewerten

Phonotek AG sichert Standort

BIELACH. Die Phonotek AG hat es geschafft. Dank einer konsequenten Änderung der Unternehmensstrategie hat das Telefon-Werk in Bielach innerhalb von nur vier Jahren die Kosten um 40 Prozent gesenkt. Die noch vor einigen Jahren gefährdeten Arbeitsplätze sind vorerst gesichert.

Angesichts der starken Konkurrenz aus Fernost und des rasanten Preisverfalls bei Telefonen konnten nur noch einschneidende Änderungen den Standort retten.
Weglassen, vereinfachen, automatisieren: Nach diesem Motto wurde die Anzahl der verschiedenen Telefon-Modelle verringert. Anstelle von 1 500 Lieferanten gibt es heute nur noch 150. Dadurch wird Zeit und Geld gespart. Die Zahl der für die Produktion benötigten Einzelteile sank innerhalb der vier Jahre von 27 000 auf 4 000. Gezielt wurde das Baukastensystem angewandt, bei dem einzelne Teile für mehrere Modelle einsetzbar sind.
Es musste jedoch auch Personal abgebaut werden. Die Mitarbeiterzahl hat sich auf 2 000 halbiert. Durch Investitionen in neue vollautomatische Fertigungsanlagen wurden die Fertigungsdurchlaufzeiten auf ein Viertel ehemaliger Werte verkürzt. Dabei erhöhte sich der Kapitaleinsatz von 800 Millionen Euro auf eine Milliarde Euro; die Zahl der gefertigten Telefone pro Jahr stieg von drei Millionen vor fünf Jahren bis auf zehn Millionen in diesem Jahr.
Ein weiterer Grund für die gestiegene Produktivität ist die Einführung der Gruppenarbeit. Dies kam auch der Qualität zugute. Statt 20 Prozent Ausschuss (wie vor vier Jahren) zu produzieren, muss heute nur noch eines von 100 Geräten beanstandet werden.

Arbeitsauftrag

Bewerten Sie die Rationalisierungsmaßnahmen der Phonotek AG.
1. Stellen Sie der jeweiligen Rationalisierungsmaßnahme das Ergebnis gegenüber. Verwenden Sie dazu das folgende Schema:

Rationalisierungsmaßnahmen	Ergebnisse
Telefonmodelle reduzieren	

2. Ermitteln Sie die zur Bewertung notwendigen betrieblichen Kennzahlen.

Henry Ford hat 1913 die Fließbandarbeit eingeführt

Von daher ist es wichtig, dass ein Unternehmen nicht erst dann Veränderungen vornimmt, wenn es sich in wirtschaftlichen Schwierigkeiten befindet. Häufig fehlen dann dafür auch die finanziellen Mittel. Rationalisierungsmaßnahmen können auf Erzeugnisse, auf den Einsatz von Maschinen oder auf eine Veränderung der Arbeitsabläufe und somit der Betriebsorganisation bezogen sein.

Erzeugnisbezogene Maßnahmen

- **Normung** bedeutet die Vereinheitlichung von Einzelteilen und einfachen Erzeugnissen. Beispiele: Autoreifen, Schrauben, Steckdosen.

Online-Link
883501-0231
- Rationalisierung

Ziel der Rationalisierung

Wenn von Rationalisierung die Rede ist, wird dies häufig mit dem Abbau von Arbeitsplätzen gleichgesetzt. Tatsächlich bedeutet Rationalisierung den Einsatz aller Maßnahmen, die zur Leistungssteigerung oder Kostensenkung beitragen. Rationalisierung heißt wirtschaftlich handeln. Dabei unterscheidet man zwei ökonomische Prinzipien:
- **Maximalprinzip** (Ergiebigkeitsprinzip): mit den gegebenen Mitteln (z. B. Mitarbeiter, Maschinen …) die maximale Leistung (möglichst viele Produkte) zu erzielen.
- **Minimalprinzip** (Sparprinzip): eine gegebene Leistung (Bau eines Hauses) mit möglichst geringen Mitteln (Mitarbeiter, Material …) zu erbringen.

Rationalisierung ist ein Muss, um gegenüber der Konkurrenz bestehen zu können. Dies gilt für den Handwerksbetrieb auf dem lokalen Markt genauso wie für Großunternehmen, die sich dem weltweiten Wettbewerb stellen.
Erfolgreiche Rationalisierungsmaßnahmen führen dazu, dass
- sich die betrieblichen Kosten verringern,
- neue Produkte entwickelt werden,
- höhere Lohnzahlungen an Mitarbeiter möglich sind,

aber auch dass
- Arbeitsplätze verloren gehen.

DIN Deutsches Institut für Normung e.V.

Erarbeitet Normen und Standards als Dienstleistung für Wirtschaft, Staat und Gesellschaft.

- **Typung** ist die Vereinheitlichung von Endprodukten. Man erreicht dadurch eine Vereinheitlichung von Produktvarianten, die sich in Einzelheiten unterscheiden. Beispiele sind Autos, Waschmaschinen; Ziel ist meist die Verkleinerung des Sortiments.
- **Spezialisierung** bedeutet die Beschränkung der Produktpalette auf wenige Arten von Erzeugnissen. Dadurch ist eine Produktion in größeren Stückzahlen möglich. Es entstehen kaum Rüstkosten und bei optimaler Auslastung der Produktionsanlagen sinken die Fixkosten pro Stück (Gesetz der Massenproduktion → S. 112)

Baukastensystem bedeutet, dass sich die einzelnen Produkte aus Bausteinen zusammensetzen.

Beispiel: Beim Telefon ist die Leiterplatte ein Bauteil, das aus vielen Einzelteilen besteht. Dieser Baustein kann in unterschiedlichen Telefonen eingebaut werden.

2.3 Wirtschaftlichkeit der Unternehmen überprüfen

Arbeitsbezogene Maßnahmen

- **Arbeitsteilung** (Mengeneinteilung): Aufteilung gleicher Arbeiten auf verschiedene Arbeitskräfte.

Bauer Hain teilt seine Erntehelfer zum Spargelstechen auf dem Feld ein.

- **Arbeitszerlegung**: Zerlegung von Arbeit in einzelne Arbeitsschritte, die von verschiedenen Mitarbeitern ausgeführt werden.
- **Gruppenarbeit**: Die Gruppenmitglieder entscheiden selbstständig und eigenverantwortlich über die notwendigen Maßnahmen, die zur Erledigung der vorgegebenen Aufgabe erforderlich sind. Dazu gehören neben den ausführenden Tätigkeiten (drehen, lackieren, montieren usw.) auch Aufgaben der Planung, des Rüstens, der Qualitätssicherung und der Instandhaltung. Die Verteilung der Aufgaben regelt die Arbeitsgruppe ähnlich wie die Einteilung der Pausen, Freischichten oder Urlaubspläne weitgehend selbst. Gruppen arbeiten produktiver als Einzelne, da sich die Gruppenmitglieder gegenseitig helfen. Selbstständigkeit und Eigenverantwortlichkeit fördern zudem die Leistungsbereitschaft der Gruppe, die sich in hohen Produktionszahlen, geringer Fehlerquote, hoher Kapazitätsauslastung und ständigen Verbesserungen niederschlagen soll.

Beispiel: Eine Gruppe besteht aus 15 Mitarbeitern. Einer von ihnen führt die Qualitätsprüfung durch. Die gesamte Gruppe wird nach der Anzahl der fehlerfreien Geräte bezahlt. Sobald das Qualitätsziel während der laufenden Schicht erreicht ist, wird die Qualitätsprüfung eingestellt. Der dadurch frei werdende Prüfmitarbeiter kann sich nun der Montage anschließen. Durch die entsprechend steigende Stückzahl erhöht sich der Lohn der gesamten Gruppe.

Maschinenbezogene Maßnahmen

Die Industrie hat sich kontinuierlich weiterentwickelt, von der **manuellen Fertigung** (Handarbeit) bis zu unterschiedlichsten Einsätzen von Maschinen.
Mechanisierung liegt vor, wenn Produkte mithilfe von Maschinen gefertigt werden. Übernimmt die Maschine die Steuerung und Kontrolle eines Arbeitsprozesses, spricht man von **Automatisierung**. Wird auch der Materialtransport neben dem Arbeitsprozess (Fließbänder) von solchen Maschinen übernommen, spricht man von einer **vollautomatischen Fertigung** (Verkettung mehrerer Automaten).

Rüstkosten
Kosten, die anfallen, wenn Betriebsmittel (z. B. Maschinen) für einen bestimmten Arbeitsgang eingerichtet (z. B. mit den notwendigen Werkzeugen bestückt) oder in den ungerüsteten Zustand zurückversetzt werden

Betriebliche Kennzahlen

Häufig müssen Betriebe verglichen werden. Geschäftsführung, Anleger und Kreditgeber

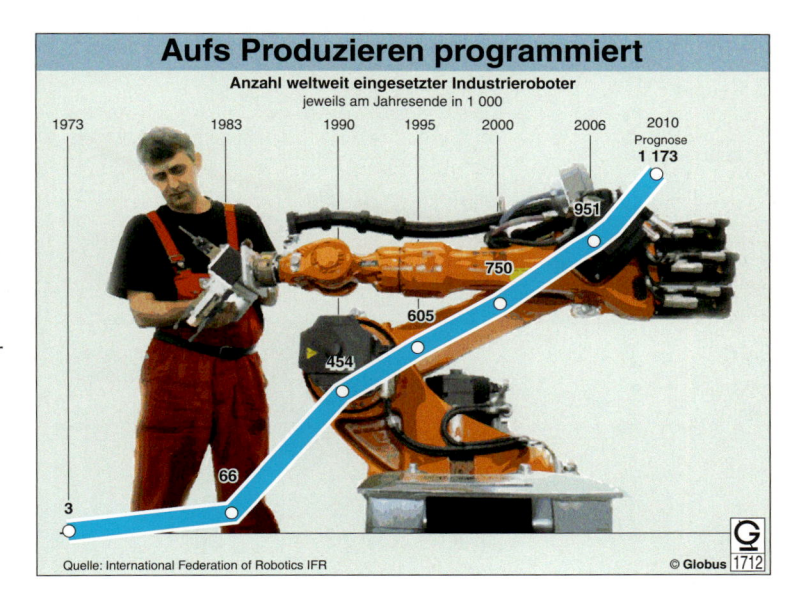

Aufs Produzieren programmiert
Anzahl weltweit eingesetzter Industrieroboter
jeweils am Jahresende in 1 000

1973	1983	1990	1995	2000	2006	2010 Prognose
3	66	454	605	750	951	1 173

Quelle: International Federation of Robotics IFR © Globus 1712

2 Kosten beurteilen

2.3 Wirtschaftlichkeit der Unternehmen überprüfen

wollen sich, bevor sie eine Entscheidung treffen, ein Bild über den Leistungsstand des Unternehmens machen. Kennzahlen helfen bei der Bewertung.

Beispiel: Am Ende des Geschäftsjahres liegen in der Schreinerei Pattberg, einem Hersteller von Küchen, folgende Zahlen vor:

Gewinn = Ertrag – Aufwand

Anzahl der hergestellten Küchen:	150
Mitarbeiter:	5
Ertrag:	2 500 000 €
Aufwand:	2 000 000 €
Gewinn:	500 000 €
Eigenkapital: (von den Eigentümern investiertes Kapital)	5 000 000 €

*Die **Produktivität** lässt sich auch messen anhand des eingesetzten Kapitals:*

Kapitalproduktivität
$$= \frac{Produktionsmenge}{Kapital}$$

und anhand der genutzten Fläche:

Flächenproduktivität
$$= \frac{Produktionsmenge}{Fläche}$$

Daraus lassen sich wichtige betriebliche Kennzahlen ermitteln.

- **Rentabilität**

Die Höhe des erwirtschafteten Gewinns in einer Periode (z. B. ein Jahr) wird ins Verhältnis gesetzt zum eingebrachten Kapital. Die Rentabilität bringt zum Ausdruck, in welchem Maße sich der Einsatz von Kapital im Unternehmen gelohnt (d. h. rentiert oder verzinst) hat. Zu vergleichen ist dieser Wert mit der Rendite anderer Anlageformen (z. B. Spareinlagen) oder mit der Rendite, die Unternehmen der gleichen Branche erzielt haben.

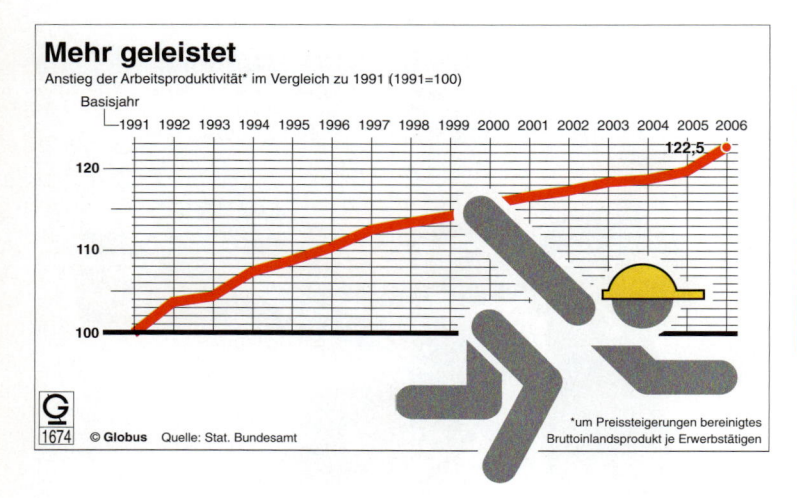

$$\text{Rentabilität} = \frac{\text{Gewinn} \times 100}{\text{Eigenkapital}}$$

$$= \frac{500\,000 \times 100}{5\,000\,000}$$

$$= 10\,\%$$

Das eingesetzte Kapital wird mit 10 % verzinst.

- **Produktivität**

Die Leistungserstellung erfolgt durch den Einsatz von Kapital (z. B. Maschinen) und Arbeitskräften. Die Produktivität drückt die Ergiebigkeit dieser Faktoren aus. Alle Maßnahmen (Rationalisierungen), die zu einer Leistungssteigerung und Kostensenkung beitragen, erhöhen die Produktivität.

$$\text{Arbeitsproduktivität} = \frac{\text{Produktionsmenge}}{\text{Anzahl der Beschäftigten}}$$

$$= \frac{150}{5}$$

$$= 30$$

Pro Mitarbeiter werden im Jahr 30 Küchen produziert.

- **Wirtschaftlichkeit**

Die Wirtschaftlichkeit eines Betriebes lässt sich aus dem Verhältnis seiner Erträge (Umsatzerlöse) zu seinen Aufwendungen (z. B. Löhne, Material, Wertverlust der Maschinen, Miete) ermitteln. Die Wirtschaftlichkeit misst den Wert der geschaffenen Leistung.

$$\text{Wirtschaftlichkeit} = \frac{\text{Ertrag}}{\text{Aufwand}}$$

$$= \frac{2\,500\,000}{2\,000\,000}$$

$$= 1{,}25$$

Die Erträge, die jeweils auf einen Euro Aufwand entfallen, liegen bei 1,25 Euro.

Mehr geleistet
Anstieg der Arbeitsproduktivität* im Vergleich zu 1991 (1991=100)
*um Preissteigerungen bereinigtes Bruttoinlandsprodukt je Erwerbstätigen
© Globus Quelle: Stat. Bundesamt

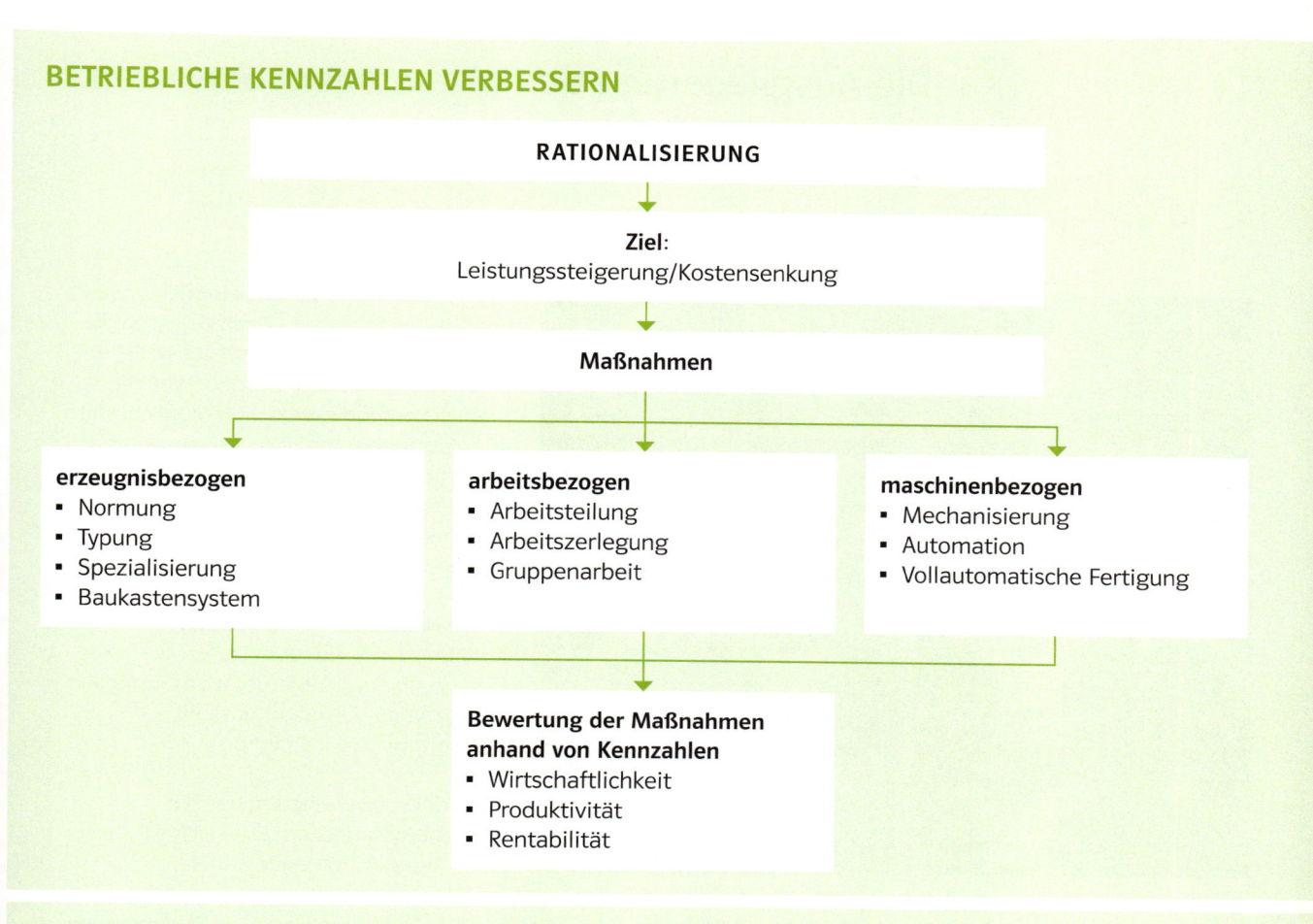

2.3 Wirtschaftlichkeit der Unternehmen überprüfen

BETRIEBLICHE KENNZAHLEN VERBESSERN

RATIONALISIERUNG

↓

Ziel: Leistungssteigerung/Kostensenkung

↓

Maßnahmen

erzeugnisbezogen
- Normung
- Typung
- Spezialisierung
- Baukastensystem

arbeitsbezogen
- Arbeitsteilung
- Arbeitszerlegung
- Gruppenarbeit

maschinenbezogen
- Mechanisierung
- Automation
- Vollautomatische Fertigung

Bewertung der Maßnahmen anhand von Kennzahlen
- Wirtschaftlichkeit
- Produktivität
- Rentabilität

Übungsaufgaben

1. Erläutern Sie die Aussagekraft der folgenden Kennzahlen:
   - Wirtschaftlichkeit
   - Rentabilität
   - Produktivität.

2. Erläutern Sie, warum verbesserte Produktivitätskennzahlen nicht automatisch zu einer Verbesserung der Wirtschaftlichkeit und einer Erhöhung der Rentabilität führen.

3. Nennen Sie Beispiele für Normung und Typung in Ihrem Ausbildungsbetrieb.

4. Vergleichen Sie die beiden Unternehmen anhand der Kennzahlen zur Produktivität, Rentabilität und Wirtschaftlichkeit.

	Unternehmen A	Unternehmen B
Produktionsmenge (in Stück)	400 000	700 000
Kapitaleinsatz (in €)	4 500 000	8 000 000
Mitarbeiter	500	800
Ertrag/Erlöse (in €)	28 000 000	40 000 000
Aufwand (in €)	25 000 000	38 000 000
Eigenkapital	30 000 000	35 000 000

Die Ausgliederung des Warenlagers bewerten

LERNSITUATION

Die Flander KG stellt Getriebe her. Wegen der stark gestiegenen Nachfrage soll die Produktionskapazität durch zusätzliche Maschinen erweitert werden. Weil die finanziellen und räumlichen Möglichkeiten des Unternehmens keine Erweiterung der Produktionsgebäude zulassen, muss die zusätzliche Produktion mit der vorhandenen Fläche bewältigt werden. Die Geschäftsleitung erwägt daher, das Materiallager an einen Spediteur in der Nähe auszugliedern. Das Angebot des Spediteurs lautet: Einlagerung und Lagerung von Gussteilen, Anlieferung an Produktionslinie, Preis pro Gussteil: 35 Euro

Aus der Kostenrechnung des vergangenen Monats ergaben sich für die Flander KG folgende Zahlen:

Daten	Mitarbeiter		Fläche/qm	Abschreibungen	Prozessmengen
Prozess	var.	fix	fix	fix	(Gussteile)
Einlagern	7	1	120	3 %	2 575
Lagern	3	1	1 800	93 %	10 800
Auslagern	4	1	80	4 %	2 500
Summe	**14**	**3**	**2 000**	**100 %**	——

Kostenart	Kosten (€)	Schlüssel
Personalkosten	85 000	Mitarbeiter
Flächenkosten	60 000	Fläche
Abschreibungen	45 000	Abschreibungen

Arbeitsauftrag

Entscheiden Sie, ob die Flander KG das Angebot des Spediteurs annehmen soll. Begründen Sie Ihre Entscheidung.
1. Bestimmen Sie zunächst die Prozesskosten der Einlagerung, Lagerung und Auslagerung eines Gussteils bei der Flander AG.
2. Berücksichtigen Sie bei Ihrer Entscheidung weitere Faktoren.

2.3 Wirtschaftlichkeit der Unternehmen überprüfen

Berliner Morgenpost — Ausgabe 157

Luxushotels lassen in Polen waschen

Dienstag, 10. Juni 2008 Adlon, Bristol, Regent, Dorint Sofitel, Crown Plaza, Westin Grand, Grand Hyatt, Interconti – viele Berliner Luxushotels lassen ihre Hotelwäsche in Polen waschen und bekommen sie binnen 24 Stunden schrankfertig zurück.
Matthias Stengel

Unternehmen konzentrieren sich aufs Kerngeschäft

Vor 30 Jahren gab es sie noch, die mittelständischen Betriebe, die fast alle anfallenden Tätigkeiten selbst durchführten. Da wurde die Werkskantine noch in eigener Regie des Unternehmens geführt. Es gab die verschiedensten Reparaturwerkstätten, in denen Elektriker, Maler, Schreiner und Maurer beschäftigt waren. Die meisten Vorprodukte stellte man selbst her. So gehörte zu einem Bekleidungshersteller eine eigene Spinnerei, Weberei und Färberei.

Heute werden die meisten Vorprodukte von anderen Unternehmen bezogen. Viele Betriebe sind reine Montagebetriebe. Durch die Globalisierung verteilen sich die Zulieferer heute über den ganzen Globus. In vielen Betrieben werden Reparaturarbeiten von Fremdfirmen durchgeführt. Facility-Service-Gesellschaften übernehmen die Reinigung und Wartung, die Buchführung wird von einem Steuerberater erledigt. Große Unternehmen lassen diese Arbeiten, ebenso wie bestimmte Serviceleistungen, z. T. im Ausland durchführen.

Dieser Trend, unternehmerische Tätigkeiten auszugliedern, lässt sich mit zwei Begriffen umschreiben, die häufig gleichbedeutend verwendet werden:
- Outsourcing
- Make or buy (Eigen- oder Fremdfertigung).

Weniger Kosten durch Outsourcing

Outsourcing ist im vergangenen Jahrzehnt zum Inbegriff für die Auslagerung unternehmerischer Tätigkeiten geworden. Er entstand in den 1980er-Jahren im Zusammenhang mit der Auslagerung von IT-Prozessen. Unter Outsourcing versteht man heute die Ausgliederung und Übertragung von unterstützenden Maßnahmen an andere Unternehmen. Zu den unterstützenden Maßnahmen zählt man neben den Leistungen aus dem IT-Bereich auch Logistikleistungen (Speditionen), Kantinenbetrieb, Gebäudereinigung, Wachdienst, Buchhaltung usw. In den meisten Fällen werden diese Leistungen an externe Unternehmen vergeben. Große Unternehmen (z. B. Konzerne) gliedern Abteilungen (z. B. den IT-Bereich) als selbstständiges Unternehmen aus, das dann für die anderen Konzernunternehmen die Leistungen erbringt.

Der Grundgedanke des Outsourcing-Konzeptes ist es, die Tätigkeiten, die andere Unternehmen kostengünstiger und effizienter ausführen können, an diese abzugeben. Speditionen verfügen in der Regel über ein größeres Wissen (Know-how), was die Lagerung und den Transport von Waren betrifft. So beschränken sich Unternehmen auf das, was ihr Hauptgeschäft ist und was sie am besten können, die sogenannte **Kernkompetenz**.

Das Make-or-buy-Prinzip

Unter „Make or buy" versteht man die Entscheidung zwischen Eigenfertigung und Fremdbezug. Dies bezieht sich sowohl auf Einzelteile und Baugruppen als auch auf Fertigprodukte. Der Grund liegt darin, dass

---

Online-Link
883501-0232
- Outsourcing
- Make-or-buy-Prinzip

Zulieferbetriebe für einen 7er BMW → S. 29

Outsourcing
Kunstwort, das sich aus den englischen Wörtern „outside" (außen), „resource" (Quelle) und „using" (nutzen) zusammensetzt.

Ein Nachteil von Outsourcing ist das hohe Verkehrsaufkommen

Unternehmen ihre Modell- und Typenvielfalt erhöht haben. So finden sich in der Palette mancher Unternehmen Produkte, die sie nicht selbst hergestellt haben. Ähnlich wie beim Outsourcing spielt neben der Festlegung auf die eigene Kernkompetenz der Kostenfaktor eine entscheidende Rolle.

In eine endgültige Entscheidung müssen auch folgende Überlegungen einfließen:
- Können die Fixkosten sofort abgebaut werden? (Kann ich die Mitarbeiter und Maschinen an einer anderen Stelle im Unternehmen einsetzen?)

- Wie verändert sich meine Kostenstruktur, wenn ich mehr oder weniger Teile im Monat produziere?

Vor- und Nachteile der Auslagerung

Neben einer möglichen Kosteneinsparung und der Konzentration auf die eigene Leistungsfähigkeit gibt es weitere Vorteile, die für eine Auslagerung bestimmter Tätigkeiten sprechen. Dadurch, dass sich Unternehmen nur noch auf wenige Tätigkeiten beschränken, lassen sich die Abläufe im Unternehmen vereinfachen und die Flexibilität erhöhen. Zur Flexibilität gehört es, dass man jederzeit zum kostengünstigsten Lieferanten wechseln kann. Bei Produktionsschwankungen liegt das Risiko, unwirtschaftlich zu fertigen, dann beim Fremdunternehmen. Durch eine geringere Fertigungstiefe benötigt man zudem weniger Kapital für die Anschaffung von Maschinen und Werkzeugen. Als Nachteile lassen sich u. a. folgende Punkte anführen:
- Man verliert die Kontrolle über den gesamten Geschäftsprozess.
- Man begibt sich in Abhängigkeit zum Lieferanten/Dienstleister.
- Eine einmal aufgegebene betriebliche Tätigkeit ist schwer rückgängig zu machen (hohe Investitionskosten, verloren gegangenes Know-how).
- Teil- und Fertigprodukte müssen vom Zulieferer zum Kunden transportiert werden. Dies erklärt auch den rasant angestiegenen Güterverkehr, mit der Folge verstopfter Straßen und hoher Umweltbelastung.

Der Trend geht zu einer weiteren Auslagerung betrieblicher Tätigkeiten. Die Fertigung und Montage in Industrie und Handwerk gleicht in Zukunft vielleicht einem modernen Supermarkt. Hier mieten die Firmen die Regale und füllen sie selber mit ihren Produkten auf. So müssten Zulieferfirmen nicht nur für eine pünktliche und ordnungsgemäße Anlieferung der Teile sorgen, sondern sie würden mit eigenen Mitarbeitern am Montageplatz ihrer Kunden den Einbau der Teile vornehmen. Dies ist in einigen Betrieben schon Praxis.

Beispiel: Kostenvergleichsrechnung

In der Abteilung Teilefertigung betragen die
- Fixkosten/Monat (Zinsen, Miete, …)   100 000 €
- variablen Kosten/Stück (Material …)   40 €

Einkaufspreis bei Fremdbezug   55 €
Produktionsmenge/Monat   5 000 Stück

Eigenfertigung/Kosten pro Stück:
$$\frac{\text{Fixkosten} + \text{variable Gesamtkosten}}{\text{Stückzahl}}$$
$$\frac{100\,000 + (5\,000 \times 40)}{5\,000} = 60$$

Kostenersparnis bei Fremdbezug = 5 €.

Bei einer monatlichen Produktionsmenge von 6 667 Stück sind die Kosten gleich hoch.
Berechnung (x = Stückzahl): $55x = 100\,000 + 40x$; $x = 6\,667$

2.3 Wirtschaftlichkeit der Unternehmen überprüfen

AUSLAGERUNG UNTERNEHMERISCHER TÄTIGKEITEN

FORMEN DER AUSLAGERUNG

Outsourcing
Unterstützung unternehmerischer Tätigkeiten (z. B. IT-Bereich, Logistik, Wartungsdienst, Buchhaltung)

Make or buy
Eigenherstellung oder Fremdbezug von Vor- und Fertigprodukten

Vorteile
- Kosteneinsparung
- Konzentration auf Kernkompetenz
- höhere Flexibilität
- Verlagerung des Risikos
- geringerer Kapitalbedarf

Probleme/Risiken
- Abhängigkeit vom Lieferanten/Dienstleister
- meist unwiderrufliche Entscheidung
- Verlust der Gesamtkontrolle
- hohes Verkehrsaufkommen, hohe Umweltbelastung

Übungsaufgaben

1. Nennen Sie Beispiele für das Outsourcing in Produktions- und Handwerksbetrieben.

2. Unterscheiden Sie zwischen Outsourcing und Make or buy.

3. Fixkosten/Monat: 40 000 €
   variable Kosten/Stück: 30 €
   geplante Produktionsmenge: 1000 Stück
   Kosten pro Stück bei Fremdbezug: 65 €
   a) Führen Sie eine Kostenvergleichsrechnung durch.
   b) Bestimmen Sie die Menge, ab der die Eigenfertigung günstiger als der Fremdbezug ist.

4. Erläutern Sie die Gründe, warum Unternehmen Tätigkeiten auf andere Unternehmen übertragen.

5. Zeigen Sie die Gefahren auf, die mit einer Fremdfertigung von eigenentwickelten technisch hochwertigen Teilen verbunden sind.

6. Prüfen Sie die folgenden Aussagen zur Auslagerung unternehmerischer Tätigkeiten auf ihre Richtigkeit. Begründen Sie Ihre Entscheidung!
   a) Outsourcing ist für alle daran Beteiligten von Vorteil, da sich jeder auf seine Kernkompetenz konzentriert.
   b) Outsourcing erhöht die Abhängigkeit gegenüber Lieferanten und Dienstleistern.
   c) Der zunehmende Fremdbezug von Vor- und Fertigprodukten hat keinen Einfluss auf die Umweltbelastung.
   d) Die Auslagerung von Tätigkeiten führt zu mehr Spezialisierung und damit zu einem größeren Risiko, unwirtschaftlich zu produzieren.
   e) Die Auslagerung von Tätigkeiten wird in den nächsten Jahren noch zunehmen.

2 Methode: Auswertung von Statistiken

Wie lerne ich aus Vergleichen?

1. Schritt:
Was ist das Thema der Statistik?

- Auf welchen Staat, welche Region, welchen Bereich, welche Personengruppe, welchen Zeitraum oder Zeitpunkt bezieht sie sich?

2. Schritt:
Welche Bedeutung haben die Zahlen?

- Handelt es sich um absolute Zahlen, um Prozentzahlen, um Mengen- oder Größenangaben?
- Welche Bezugs- und Vergleichsgrößen habe ich? Sind sie der Statistik zu entnehmen?

3. Schritt:
Welche Zahlen sind wichtig?

- Welche Werte sind stabil bzw. entsprechen dem Durchschnitt? Welche Werte weichen ab? Wie groß sind die Abweichungen?
- Wie kann ich die Zusammenhänge zwischen den Zahlen in Worten formulieren?

4. Schritt:
Wie ist die Statistik zustande gekommen?

- Handelt es sich um eine Umfrage, um eine exakte Erhebung, eine Prognose oder um ein Stimmungsbild?
- Von wem stammt sie? Wie seriös ist die Quelle?

Kostenstruktur in sonstigen Dienstleistungsbereichen 2006
Verhältnis der Personalkosten zum Umsatz (in Prozent)

Bereich	Prozent
Fahr- und Flugschulen	24,7
Film- und Videofilmherstellung	21,6
Kinos	18,6
Wäscherei und Chemische Reinigung	39,9
Friseur- und Kosmetiksalons	42,3
Bestattungsinstitute	28,7
Bäder, Saunas, Solarien, Fitnesszentren u. Ä.	26,2

Statistisches Bundesamt, Statistisches Jahrbuch 2009; Zahlen sind gerundet

Die Grafik zeigt: Das Verhältnis der Personalkosten zum Umsatz in den einzelnen Dienstleistungsbereichen ist sehr unterschiedlich. Die Gründe dafür lassen sich ihr nicht entnehmen.

Der praktische Nutzen für ein Unternehmen ist der: Die Daten zeigen, ob es in Bezug auf die Personalkosten im Vergleich zu seiner Branche besser oder schlechter dasteht. Der Chef kann seine Kennzahlen mit denen der Branche oder wichtiger Konkurrenten vergleichen.

Methode: Auswertung von Statistiken

Beispiel: Arbeitskosten in Deutschland je geleistete Stunde (2008)			
Wirtschaftsabschnitt	Arbeitskosten je geleistete Stunde [1]	Veränderung 2008 gegenüber Vorjahr	Durchschnittliche jährliche Entwicklung zwischen 2000 und 2008
	Euro	Prozent	Prozent
Produzierendes Gewerbe und Dienstleistungsbereich	29,60	2,3	1,6
Darunter: Privatwirtschaft	29,80	2,5	1,8
Produzierendes Gewerbe	**32,80**	**2,7**	**2,0**
Bergbau und Gewinnung von Steinen und Erden	33,20	2,0	0,6
Verarbeitendes Gewerbe	33,90	2,7	2,2
Energie- und Wasserversorgung	46,00	4,9	3,1
Baugewerbe	23,10	2,2	0,9
Dienstleistungsbereich	**28,00**	**2,1**	**1,4**
Handel; Instandhaltung und Reparatur von Kraftfahrzeugen und Gebrauchsgütern	25,00	2,7	1,9
Gastgewerbe	15,80	2,1	1,1
Verkehr und Nachrichtenübermittlung	27,40	2,4	1,4
Kredit- und Versicherungsgewerbe	40,50	0,7	2,0
Unternehmensnahe Dienstleistungen	27,30	2,2	1,5
Öffentliche Verwaltung, Verteidigung, Sozialversicherung	30,30	3,1	1,9
Erziehung und Unterricht	33,60	0,2	0,4
Gesundheits-, Veterinär- und Sozialwesen	25,80	2,7	1,0
Erbringung von sonstigen öffentlichen und persönlichen Dienstleistungen	26,60	1,8	0,4

1) Auszubildende werden bei den Arbeitskosten, nicht aber bei den geleisteten Stunden mitgezählt.

Statistisches Bundesamt: Verdienste und Arbeitskosten 2008, S. 28

Übungsaufgaben

Erarbeiten Sie nach den vier Schritten auf der linken Seite die Aussage der Statistik. Überprüfen Sie Ihr Ergebnis anhand der folgenden Hilfsfragen:

1. Wo können Sie der Tabelle die durchschnittlichen Arbeitskosten entnehmen?
2. Aus welchen Daten können Sie Schlüsse auf die Höhe der Arbeitskosten ziehen?
3. Aus welchen Daten können Sie Schlüsse auf die Veränderung der Arbeitskosten ziehen?
4. Welchem Wirtschaftsabschnitt würden Sie Ihren Ausbildungsberuf zuordnen? Vergleichen Sie dessen Arbeitskosten mit denen der anderen Bereiche.

PRÜFUNGSAUFGABEN

2.1 Kosten ermitteln und Preise kalkulieren

1.

Was gehört *nicht* zu den Aufgaben der Kostenrechnung?
A Ermittlung der Selbstkosten
B Wirtschaftlichkeit einzelner Abteilungen ermitteln
C Kostenabweichungen feststellen
D Wirtschaftlichkeit mit anderen Unternehmen vergleichen
E Für eine ausreichende Liquidität im Unternehmen sorgen.

2.

Unter Abschreibung eines Anlagegutes versteht man ...
A den Wertverlust eines Anlagegutes.
B den Diebstahl eines Anlagegutes.
C die Reparatur- und Wartungskosten.
D die Kapitalkosten des Anlagegutes.
E den Materialverbrauch bei der Produktion.

3.

Unter Einzelkosten versteht man Kosten, ...
A die einem Produkt/Auftrag direkt zugerechnet werden können.
B die einem Produkt/Auftrag nicht direkt zugerechnet werden können.
C die nur bei der Einzelfertigung anfallen.
D die bei der Divisionskalkulation entstehen.
E deren Höhe abhängig ist von der Produktionsmenge.

4.

Ein Industriebetrieb kalkuliert die Selbstkosten eines Auftrags anhand folgender Zahlenangaben: Fertigungsmaterial 100 Euro, Materialgemeinkostenzuschlagssatz 15 %, Fertigungslöhne 80 Euro, Fertigungsgemeinkostenzuschlagssatz 200 %, Verwaltungsgemeinkostenzuschlagssatz 10 %. Vertriebsgemeinkostenzuschlagssatz 8 %.
Die Selbstkosten betragen:
A 430,50 €
B 460,89 €
C 418,90 €
D 430,78 €
E 489,00 €.

5.

Der Break-even-Point ist der Punkt, an dem ...
A die fixen und variablen Kosten gleich hoch sind.
B die variablen Kosten höher sind als die Fixkosten.
C der Deckungsbeitrag so hoch wie die gesamten Fixkosten ist.
D der Deckungsbeitrag so hoch wie die variablen Kosten ist.
E der Deckungsbeitrag so hoch wie die Erlöse ist.

6.

Das Gesetz der Massenproduktion besagt, dass bei steigender Produktionsmenge ...
A die variablen Kosten pro Stück steigen.
B der Fixkostenanteil pro Stück steigt.
C die variablen Kosten pro Stück sinken.
D der Fixkostenanteil pro Stück sinkt.
E die Gesamtkosten sich nicht verändern.

2.2 Investitionsentscheidungen vorbereiten und durchführen

1.

In welchem Beispiel spricht man bei Industriebetrieben von Investitionen?
A Kauf von Maschinen
B Einkauf von Rohstoffen
C Start einer Werbekampagne
D Aufnahme neuer Gesellschafter
E Einstellung neuer Mitarbeiter.

2.

Unter Finanzierung versteht man:
A Preise kalkulieren
B Investitionen vorbereiten
C Gewinne erwirtschaften
D Finanzielle Mittel beschaffen
E Kosten senken.

3.

Zu dem Anlagevermögen eines Unternehmens gehören *nicht*
A Maschinen
B Lkws
C Büroeinrichtungen
D Grundstücke
E Warenbestände.

4.

Welche Hauptaufgabe kommt der Kapitalbedarfsrechnung zu?
A Preise festlegen
B Rationalisierungsmaßnahmen bewerten
C Investitionsmaßnahmen bewerten
D Eigenkapital ermitteln
E Zukünftige Ausgaben für Investitionen ermitteln.

5.

Welche Aussage zum Leasing ist richtig?
A Leasing ist ein anderer Begriff für Kredit.
B Leasing ist kostengünstiger als ein Barkauf.
C Der Leasingnehmer wird Eigentümer an dem Leasingobjekt.
D Leasing ist nur etwas für Unternehmen.
E Leasing ist das Mieten und Vermieten von langfristig nutzbaren Gütern.

6.

Die Absicherung eines Kredites durch eine Grundschuld erfolgt beim Kauf ...
A eines Pkw
B eines Hauses.
C einer Urlaubsreise.
D einer Wohnungseinrichtung.
E einer Waschmaschine.

2.3 Wirtschaftlichkeit der Unternehmen überprüfen

1.

Wodurch lässt sich die Arbeitsproduktivität steigern?
A Einsatz moderner Maschinen
B Einstellung neuer Mitarbeiter
C Herabsetzung der Wochenarbeitszeit
D Lohnerhöhung
E Zahlung einer Sonderprämie.

2.

Die Arbeitsproduktivität in einem Betrieb ist um 2,5 % gestiegen.
Was bedeutet das?
A Die Arbeitslosigkeit nimmt jährlich um 2,5 % ab.
B Die Löhne und Gehälter steigen im Jahresdurchschnitt um 2,5 %.

C Der Anteil der Überstunden an der Gesamtarbeitszeit ist um 2,5 % zurückgegangen.
D Die Gewinne der Unternehmen steigen um 2,5 %.
E Die Arbeitsleistung pro Stunde hat sich durchschnittlich um 2,5 % erhöht.

3.

Durch Rationalisierung des Produktionsprozesses möchte man …
A die Produktion einschränken.
B Mitarbeiter entlassen.
C Kosten senken und die Leistung steigern.
D die Arbeitsbedingungen verbessern.
E die Lohnkosten senken.

4.

Unter Normung versteht man:
A Die Zerlegung von Arbeit in Einzelschritte
B Die Beschränkung der Produktpalette auf wenige Arten von Erzeugnissen
C Die Zusammensetzung einzelner Teile zu Bausteinen
D Die Vereinheitlichung von Endprodukten
E Die Vereinheitlichung von Einzelteilen und einfachen Erzeugnissen.

5.

Ergänzen Sie die Übersicht, indem Sie den Berechnungsformeln die folgenden Kennzahlen zuordnen:
Wirtschaftlichkeit, Produktivität, Rentabilität

	$= \dfrac{\text{Gewinn}}{\text{Eigenkapital}} \times 100$
	$= \dfrac{\text{Produktionsmenge}}{\text{Anzahl der Beschäftigten}}$
	$= \dfrac{\text{Ertrag}}{\text{Aufwand}}$

6.

Versuchen Sie, einen Zusammenhang zwischen der Steigerung der Arbeitsproduktivität und der Lohnentwicklung herzustellen.

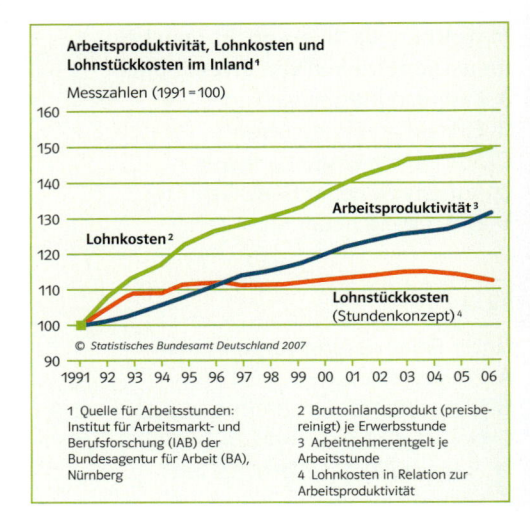

Arbeitsproduktivität, Lohnkosten und Lohnstückkosten im Inland[1]
Messzahlen (1991 = 100)

Arbeitsproduktivität[3]
Lohnkosten[2]
Lohnstückkosten (Stundenkonzept)[4]

© Statistisches Bundesamt Deutschland 2007

1 Quelle für Arbeitsstunden: Institut für Arbeitsmarkt- und Berufsforschung (IAB) der Bundesagentur für Arbeit (BA), Nürnberg
2 Bruttoinlandsprodukt (preisbereinigt) je Erwerbsstunde
3 Arbeitnehmerentgelt je Arbeitsstunde
4 Lohnkosten in Relation zur Arbeitsproduktivität

7.

In einem Unternehmen ist die Arbeitsproduktivität gestiegen.
a) Worin unterscheiden sich Rentabilität, Produktivität und Wirtschaftlichkeit?
b) Nennen Sie drei mögliche Ursachen für diese Produktivitätssteigerung.

8.

Unter Outsourcing versteht man:
A die Verlagerung des Produktionsstandortes
B die Auslagerung unternehmerischer Tätigkeiten
C Rationalisierung
D die Entlassung von Mitarbeitern
E den Abbau von Ressourcen.

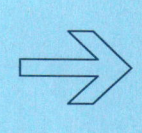

3

Mit Kunden und Auftragnehmern kommunizieren

3.1 Verantwortlich handeln und situationsgerecht kommunizieren
3.2 Verträge schließen und mit den Vertragsfolgen umgehen
3.3 Ein Unternehmen präsentieren und in seiner Identität fördern

3

3.1 Verantwortlich handeln und situationsgerecht kommunizieren

Ein Konzept zur Kundengewinnung und -bindung erstellen

LERNSITUATION

Herr Malek ist Chef eines Malerbetriebes. Heute hat er seine Mitarbeiter zu einer Besprechung eingeladen. Nach einer kurzen Begrüßung erscheint ohne Kommentar auf einer Leinwand folgende Frage:

Arbeitsauftrag

Erstellen Sie für Ihren Ausbildungsbetrieb einen Maßnahmenkatalog zur Kundengewinnung und Kundenbindung.
Bei der Lösung helfen Ihnen der Informationstext und die folgenden Fragen:
1. Wie kommt der Kontakt zwischen Ihrem Ausbildungsbetrieb und den Kunden zustande?
2. Welche Maßnahmen setzt Ihr Ausbildungsbetrieb zur Kundenbindung ein?
3. Welche weiteren Maßnahmen zur Kundenbindung schlagen Sie für Ihren Ausbildungsbetrieb vor?

Die drei Phasen im Kundenkontakt

Unternehmen verkaufen Güter und bieten Dienstleistungen an. Die Basis für den Verkaufserfolg legt ein schlüssiges Marketingkonzept, das Vorgaben für das Produktangebot, den Preis, die Vertriebsform und die Kommunikationspolitik beinhaltet.
Sind die Kunden auf die Leistungen eines Betriebes aufmerksam geworden, entscheidet häufig ein Kunden- oder Beratungsgespräch über das Zustandekommen eines Auftrages. Um eine Geschäftsbeziehung langfristig aufrechtzuerhalten, müssen verschiedene Maßnahmen der Kundenbindung eingesetzt werden.

Die drei Phasen im Kundenkontakt

1. Akquise- und Angebotsphase
Bekanntmachung des Unternehmens oder des Produktes, Aufbau eines Vertrauensverhältnisses zu möglichen Kunden

2. Abwicklungsphase
Durchführung des Auftrages zur Kundenzufriedenheit, Einbindung des Kunden in die Auftragsabwicklung

3. After-Sales-Phase
Aufrechterhaltung des Kundenkontaktes, Aufbau einer langfristigen Kundenbeziehung

---

Mit Kunden kommunizieren

Vor allem Auszubildende und Mitarbeiter im Handwerk haben häufig den ersten Kontakt mit einem Privatkunden, sei es z. B. die Bäckereifachverkäuferin oder der Gas-Wasser-Installateur, der einen Reparaturauftrag durchführt. Einen Kunden zu gewinnen, bedeutet einen viel höheren Einsatz, als einen schon einmal gewonnenen Kunden an ein Unternehmen zu binden. Daher ist der erste Eindruck, den ein Kunde von einem Unternehmen gewinnt, besonders wichtig. Wenn ein Kunde einen positiven Eindruck von dem Betrieb erhält, wird er sich bei Bedarf wieder an ihn wenden. Dagegen wendet sich ein unzufriedener Kunde vom Unternehmen ab. Die gerade im Handwerk wichtige „Mundpropaganda" wird zum Bumerang.

Der erste Eindruck ist der wichtigste

Der erste Eindruck, den ein Kunde von einem Unternehmen hat, umfasst:
- das Erscheinungsbild der Mitarbeiter. Die Kleidung sollte sauber, gepflegt und zweckmäßig sein. Daneben kommt es auf das richtige Auftreten an.
Die Bereitschaft der Mitarbeiter, freundlich und offen mit den Kunden umzugehen, setzt eine entsprechende Arbeitsatmosphäre voraus. Diese wird durch eine positive Grundeinstellung im ganzen Betrieb verwirklicht (→ S. 182 Corporate Identity).
- die Ausstattung des Betriebes, die zum Kauf anregen soll.

Ablauf eines Kundengesprächs

Ziel eines Kunden- bzw. Beratungsgesprächs ist es, Kunden verschiedene Alternativen aufzuzeigen und Entscheidungshilfen zu geben. Dazu ist ein fachlich geschultes Personal erforderlich.
Der Ablauf eines Kundengesprächs kann in folgenden Schritten erfolgen:
- In der Phase der Gesprächseröffnung beschreibt der Kunde seine Wünsche.

Online-Link
883501-0311
- *Kundengewinnung*

Ausführliche Darstellung des Marketing-Mix
→ *S. 179 – 182*

Akquise (Akquisition)
Maßnahmen zur Kundengewinnung

Guter Service, schlechter Service

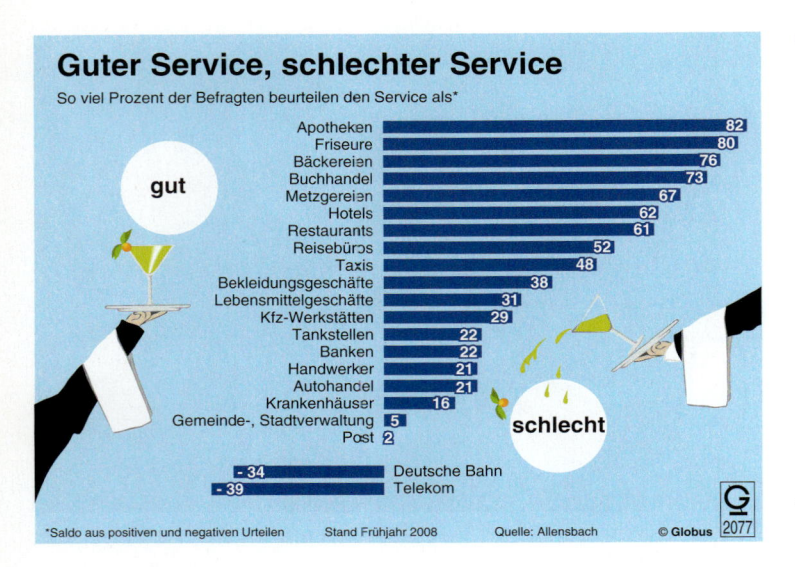

So viel Prozent der Befragten beurteilen den Service als*

gut:
- Apotheken 82
- Friseure 80
- Bäckereien 76
- Buchhandel 73
- Metzgereien 67
- Hotels 62
- Restaurants 61
- Reisebüros 52
- Taxis 48
- Bekleidungsgeschäfte 38
- Lebensmittelgeschäfte 31
- Kfz-Werkstätten 29
- Tankstellen 22
- Banken 22
- Handwerker 21
- Autohandel 21
- Krankenhäuser 16
- Gemeinde-, Stadtverwaltung 5
- Post 2

schlecht:
- Deutsche Bahn −34
- Telekom −39

*Saldo aus positiven und negativen Urteilen. Stand Frühjahr 2008. Quelle: Allensbach. © Globus 2077

- In der 2. Phase wird der Kundenwunsch mit den Angebotsmöglichkeiten abgeglichen.
- In der 3. Phase wird eine Lösung des Kundenwunsches präsentiert. Der Kunde hat sich für eine Lösung entschieden, aber noch nicht den Auftrag erteilt.
- In der 4. Phase kann versucht werden, ein Zusatzgeschäft (Cross-Selling) abzuschließen. *Beispiel:* Hat sich der Kunde für eine neue Heizungsanlage entschieden, ergibt sich vielleicht ein Zusatzgeschäft mit neuen Heizthermostaten.
- Kommt es zum Vertragsabschluss, sollte der Kunde das Gefühl haben, dass er genau das erreicht hat, was er wollte.

Kunden binden

Beispiel für eine Bonuskarte

Ob ein Kunde zum zweiten Mal ein Geschäft betritt, nicht etwa, um sich zu beschweren, sondern um erneut einen Auftrag zu erteilen, hängt davon ab, ob seine Erwartungen erfüllt wurden. Immer anspruchsvollere Kunden und die zunehmende Markttransparenz (z. B. Information und Kauf per Internet) führen jedoch zu einer sinkenden Kundentreue. Daher ist es wichtig, mit gezielten Maßnahmen die Kundenbindung zu erhöhen. Dazu gehören u. a.:

- **Reparatur- und Wartungsverträge**, die den Kunden langfristig an den Auftraggeber binden.
- **Serviceleistungen**, d. h., das Unternehmen steht auch nach erbrachter Leistung für Wünsche und Fragen der Kunden zur Verfügung. Bei Handwerksbetrieben, die meist in unmittelbarer Nähe des Kunden liegen, erfolgt dies durch persönliche Kontakte; Industrieunternehmen schalten eine Hotline, um für Anfragen erreichbar zu sein.
  Als besondere Serviceleistung empfinden Kunden es, wenn ein Unternehmen auch außerhalb der normalen Geschäftszeiten erreichbar ist, z. B. wenn der Rohrbruch am Feiertag passiert oder der Pkw am Wochenende nicht anspringt.
- **Bonusleistungen**, die Kundentreue belohnen. Das frühere Rabattmarkensystem wird heute vielfach durch das Sammeln von Punkten ersetzt. Dies gilt nicht nur für den Einzelhandel, sondern auch für den Bereich des Handwerks, in dem überwiegend Dienstleistungen oder wiederkehrende Leistungen angeboten werden (z. B. Friseure, Bäckereien).
- **Laufende Kundeninformationen** über Waren und Dienstleistungen können in Form einer Kundenzeitschrift, in Anschreiben oder durch Angebote im Internet erfolgen.
  Zumindest einmal im Jahr sollten die Stammkunden angeschrieben werden. Anlässe dafür gibt es viele, angefangen mit Weihnachtsgrüßen über neue Produkte bis hin zu Sonderangeboten.
- Durch **Anrufe bei Kunden** nach der Auftragsabwicklung lassen sich die Kundenzufriedenheit und Kundenwünsche feststellen. Man vermittelt den Kunden zudem das Gefühl, dass dem Unternehmen ihre Meinung und Leistungsbewertung wichtig sind.
- Zur **Kontaktpflege** gehören Einladungen zu Seminaren, Firmenveranstaltungen (z. B. „Tag der offenen Tür", Vorstellung eines neuen Produktes) oder zu vom Unternehmen gesponserten Sport- und Kulturveranstaltungen.
- Damit auf Mängel und Fehler schnell und für den Kunden zufriedenstellend reagiert wird, sollten Unternehmen über ein **Beschwerdemanagement** verfügen (→ S. 143–144).

KUNDEN GEWINNEN UND AN DAS UNTERNEHMEN BINDEN

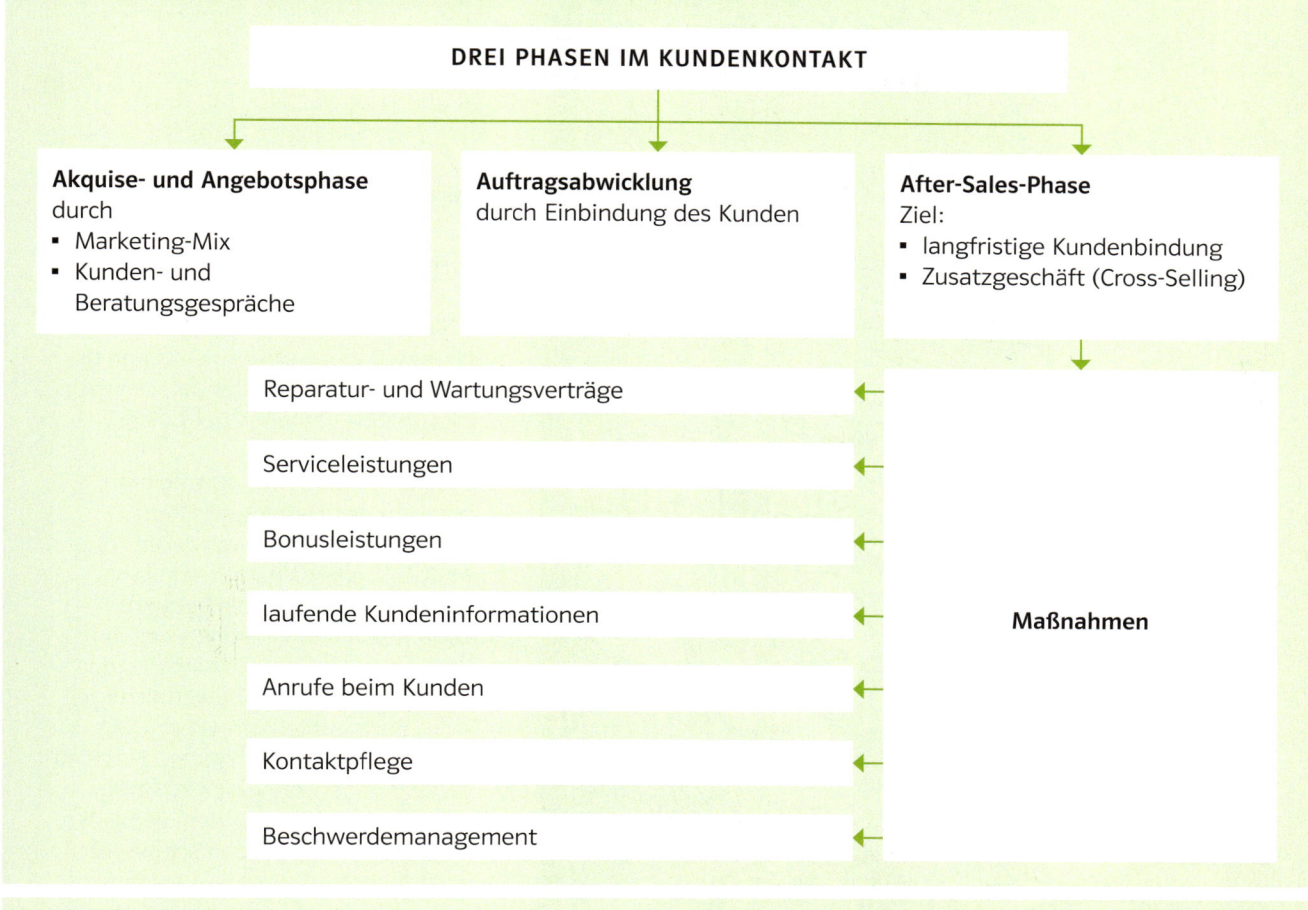

DREI PHASEN IM KUNDENKONTAKT

Akquise- und Angebotsphase
durch
- Marketing-Mix
- Kunden- und Beratungsgespräche

Auftragsabwicklung
durch Einbindung des Kunden

After-Sales-Phase
Ziel:
- langfristige Kundenbindung
- Zusatzgeschäft (Cross-Selling)

Reparatur- und Wartungsverträge ←

Serviceleistungen ←

Bonusleistungen ←

laufende Kundeninformationen ← **Maßnahmen**

Anrufe beim Kunden ←

Kontaktpflege ←

Beschwerdemanagement ←

Übungsaufgaben

1. Erläutern Sie die Bedeutung des Kunden- bzw. Beratungsgesprächs für Handwerksbetriebe.

2. Bewerten Sie die Aussage „Der Kunde ist König".

3. Welchen Stellenwert hat die „Mundpropaganda" für Handwerksbetriebe?

4. In der Grafik S. 140 bewerten die Verbraucher die Serviceleistungen verschiedener Berufsgruppen bzw. Branchen. Wählen Sie eine Gruppe, die positiv, und eine, die negativ bewertet wurde. Finden Sie Gründe und Ursachen für diese Bewertung.

5. Erläutern Sie, warum es für Unternehmen zunehmend schwieriger wird, Kunden an sich zu binden.

6. Man sagt: „Es ist fünfmal schwerer, Kunden zu gewinnen, als Kunden zu binden."
Bewerten Sie diese Aussage aus der Sicht Ihres Ausbildungsbetriebes.

Verhaltensregeln für Mitarbeiter beim Kunden aufstellen

LERNSITUATION

Beim Malerbetrieb Malek herrscht „dicke Luft". Eine Kundin, Frau Baier, hat sich über die Gesellen Thomas und Mehmet beschwert. Dabei wurden die ausgeführten Arbeiten nicht beanstandet, vielmehr ging es um das Verhalten der beiden.

Herr Malek empört nach dem Telefongespräch zu der Büroangestellten: „Das muss man sich mal vorstellen! Schon früh morgens gab es Ärger mit dem Nachbarn, weil sie die Einfahrt zugeparkt haben. Dann haben sie, ohne nachzufragen, einfach alle Möbel in den Flur gepackt, sodass Frau Baier nicht mal mehr ins Bad konnte. Den ganzen Tag dröhnte das Radio und zu guter Letzt sind sie verschwunden, ohne sich zu verabschieden. Von dem Dreck, den die beiden hinterlassen haben, ganz zu schweigen. Denen bring ich erst mal bei, wie man sich beim Kunden zu verhalten hat!"

Arbeitsauftrag

„**Wie verhalte ich mich beim Kunden?**". Entwerfen Sie dazu einen Katalog von Regeln. Teilen Sie die Verhaltensregeln auf folgende Bereiche auf:
- Ankunft beim Kunden
- Vor Arbeitsbeginn
- Bei der Arbeit im Haus
- Bei Arbeitsschluss.

Arten von Reklamationen

Mit Abschluss eines Vertrags verpflichtet sich der Verkäufer, die vereinbarten Leistungen zu erbringen. Dazu zählt die pünktliche und ordnungsgemäße Lieferung der Ware (→ S. 154–157). Darüber hinaus kann sich der Verkäufer zu Garantieleistungen verpflichten. Der Käufer hat das Recht zur Mängelrüge bzw. Reklamation, wenn die Leistung verspätet erbracht wurde (Lieferungsverzug), die Ware bereits bei der Übergabe Mängel aufweist (Gewährleistung) oder Mängel während der Garantiephase auftreten.

Anlässe für Reklamationen oder Beschwerden können auch im Verhalten der Mitarbeiter oder der Geschäftsleitung gegenüber dem Kunden liegen. Selbst wenn Kunden nicht immer davon ausgehen dürfen, dass sie wie „Könige" behandelt werden, so dürfen sie doch von ihrem Gegenüber eine persönliche Ansprache und eine freundliche und zuvorkommende Behandlung erwarten. Wird eine Leistung bei Kunden erbracht (z. B. Reparatur der Heizungsanlage, Anstrich einer Wohnung), so können diese von den Mitarbeitern des ausführenden Betriebes erwarten, dass die Arbeitsstätte sauber verlassen wird.

Was bedeuten Reklamationen für das Unternehmen?

Das Recht zur Reklamation bzw. zur Beschwerde nehmen nicht alle Kunden in Anspruch. Ein großer Teil der Kunden beschwert sich nicht, sondern bleibt einfach weg, wenn er mit der Leistung oder dem Verhalten des Auftragnehmers nicht einverstanden ist. Das bedeutet: Ein unzufriedener Kunde ist ein verlorener Kunde. Das ist auch der Fall, wenn ein Kunde verärgert das Geschäft verlässt. Darum ist es wichtig, mit eventuellen Reklamationen richtig umzugehen, unabhängig davon, ob ein Verschulden des Unternehmers vorliegt oder nicht. Dabei ist ein Beschwerdemanagement hilfreich. Ein gut funktionierendes **Beschwerdemanagement** kann sich in zweierlei Hinsicht positiv auswirken:

So arbeiten vorbildliche Handwerker

- Die meisten Kunden, die sich beschweren, sind grundsätzlich an einer Fortführung der Zusammenarbeit interessiert. Sie akzeptieren, dass Fehler passieren können. Wenn die Beschwerde zur Zufriedenheit des Kunden gelöst wird, kann sich daraus sogar eine stärkere Kundenbindung entwickeln.
- Kunden zeigen durch ihre Beschwerden Qualitätsmängel auf. Sie machen auf unfreundliche und inkompetente Mitarbeiter aufmerksam. So entdeckt das Unternehmen seine Schwachstellen und kann diese zielgerichtet beheben.

Mit Reklamationen richtig umgehen

Ziel einer jeden Reklamation muss es sein, das Vertrauen des Kunden in den Betrieb und die Mitarbeiter wiederherzustellen. Es gilt der Grundsatz, berechtigte Reklamationen zu akzeptieren, die Mängel anzuerkennen und möglichst schnell zu beheben. Jeder Mitarbeiter sollte dabei folgende Regel beachten: **Gelassenheit und Ruhe ausstrahlen.**

Jeder Kunde, der eine Reklamation anbringt, sieht sich zunächst einmal im Recht. Er ist

Online-Link
883501-0312

- *Kundenreklamationen*

Garantieleistungen BGB § 443

Die rechtlichen Möglichkeiten des Käufers sind im BGB geregelt.

verärgert, weil die Ware nicht funktionsfähig ist. Oft hat er einen erheblichen Zeitaufwand mit Telefonaten, mit der Fahrt zum Betrieb des Auftragnehmers oder mit Warten auf den Kundendienst gehabt. Daher ist es verständlich, dass er seinem Ärger Luft macht. Verkäufer oder Gesellen sind schlecht beraten, wenn sie dem Kunden im gleichen Ton begegnen.

Vielmehr sollten sie Verständnis für das Problem zeigen.

Ist der Kunde am Ende mit dem Ergebnis zufrieden, wirkt sich eine Kundenreklamation nicht unbedingt negativ auf das Ansehen des Betriebes aus. Es ist jedoch darauf zu achten, dass bei diesem Kunden in Zukunft kein Anlass mehr für eine weitere Reklamation entsteht.

Abwicklung einer Kundenreklamation

- **Zeitpunkt**: Reklamationen sind sofort zu behandeln und nicht aufzuschieben.

- **Öffentlichkeit**: Auf keinen Fall sollte eine Beschwerde Aufsehen erregen oder in Anwesenheit anderer Kunden diskutiert werden.

- **Zuhören**: Kunden lässt man ausreden und notiert sich das Wichtigste.

- **Verständnis:** Man zeigt Verständnis für die Situation des Kunden.

- **Fremdverschulden:** Ein Kunde zeigt häufig kein Verständnis dafür, wenn die Schuld auf Dritte abgeschoben wird.

- **Sachverhalt und Rechtslage prüfen:** Man geht mit dem Kunden noch einmal den Sachverhalt durch und prüft, ob ein Verschulden des Betriebes vorliegt.

- **Eigene Lösungsvorschläge:** Man sollte Lösungsvorschläge machen und nicht auf Forderungen der Kunden warten.

- **Kulante Regelungen:** Geringfügige Beanstandungen, ob zu Recht oder zu Unrecht, erledigt man ohne lange Diskussion.

- **Entschuldigung:** Man entschuldigt sich für den entstandenen Fehler.

- **Erinnerung:** Man sollte Kunden die langjährige gute Zusammenarbeit in Erinnerung rufen sowie auf die vielen zur vollen Zufriedenheit verlaufenen Aufträge hinweisen.

UMGANG MIT KUNDENREKLAMATIONEN

BESCHWERDEMANAGEMENT

Gründe für Reklamationen:
- mangelhafte Lieferung
- verspätete Lieferung
- Mängel während der Garantiephase
- unsaubere Arbeiten
- unangemessenes Verhalten der Geschäftsleitung oder der Mitarbeiter
- …

Ziel:
- Kundenzufriedenheit erreichen
- Schwachstellen beheben

Maßnahmen:
- schnelle Fehlerbehebung
- Kulanz
- zuhören
- Verständnis zeigen
- entschuldigen
- keine Öffentlichkeit
- …

Übungsaufgaben

1. Bewerten Sie die folgenden Aussagen des Mitarbeiters gegenüber einem Kunden, der eine Reklamation vorgetragen hat.
   a) „Sie hätten besser erst einmal die Gebrauchsanweisung lesen sollen, bevor Sie an dem Gerät herumhantieren. Kein Wunder, dass es nichts mehr tut."
   b) „Sie sind der Erste, der sich so pingelig anstellt."

2. Beschreiben Sie jeweils anhand eines Beispiels die verschiedenen Ursachen, warum sich Kunden beschweren.

3. Warum ist es für ein Unternehmen wichtig, dass sich unzufriedene Kunden melden?

4. Ein Kunde, der eine Reklamation anbringt, kann schon mal seiner Verärgerung Luft machen.
   a) Wie sollte ein Mitarbeiter darauf reagieren?
   b) Wie sollte man in diesem Fall auf eine unberechtigte Reklamation des Kunden reagieren?

5. Warum sollten Kundenreklamationen nicht in der Öffentlichkeit ausgetragen werden?

6. Unternehmen sollen Kundenreklamationen mit Kulanz bearbeiten. Erläutern Sie anhand eines Beispiels aus Ihrem Ausbildungsbereich, was damit gemeint ist.

7. Erläutern Sie den Unterschied zwischen Garantie- und Gewährleistungsansprüchen.

3.2 Verträge schließen und mit den Vertragsfolgen umgehen

Das Zustandekommen von Rechtsgeschäften prüfen

LERNSITUATION

Thomas hat vor Kurzem seinen Führerschein gemacht und möchte sich ein Auto kaufen. In der Zeitung findet der Auszubildende unter der Rubrik Gebrauchtwagen folgende Anzeige:

!!! Gelegenheitskauf !!!
- VW-Golf, 7 Jahre alt, 80 000 km
- TÜV neu, **Top-Zustand**
VB: 3 000 €

Tel.: (0 28 71) 98 33 46

Thomas meldet sich noch am gleichen Tag auf diese Anzeige und einigt sich mit dem Verkäufer, Herrn Kirch, dass er das Auto am nächsten Tag abholen und bezahlen wird.

Pünktlich, wie verabredet, erscheint Thomas am nächsten Tag bei Herrn Kirch. Zu seiner Überraschung teilt Herr Kirch ihm jedoch mit, dass er das Auto bereits am Morgen jemand anderem verkauft habe. Er habe ja nicht wissen können, ob Thomas auch wirklich komme. Schließlich habe man ja nichts Schriftliches vereinbart und dann gelte nun mal: „Wer zuerst kommt, mahlt zuerst."

Arbeitsauftrag

Prüfen Sie, ob zwischen Herrn Kirch und Thomas ein rechtsgültiger Kaufvertrag zustande gekommen ist.
Beantworten Sie zur Lösung des Arbeitsauftrags die folgenden Fragen:
1. Hat Herr Kirch ein rechtsgültiges Angebot abgegeben?
2. Liegen zwei übereinstimmende Willenserklärungen vor?
3. Wurde die für den Abschluss eines solchen Kaufvertrags vorgeschriebene Form eingehalten?

3.2 Verträge schließen und mit den Vertragsfolgen umgehen

Kaufvertrag BGB §§ 433 ff.	Veräußerung von Sachen. *Beispiel: Sabine erwirbt in einem Elektrofachgeschäft einen Fernseher.*
Darlehensvertrag BGB §§ 488 ff.	Überlassung von vertretbaren Sachen oder Geld. Der Darlehensnehmer verpflichtet sich zur Rückzahlung. *Beispiel: Aufnahme eines Kredites bei der Bank.*
Mietvertrag BGB §§ 535 ff.	Überlassung einer Sache zum Gebrauch gegen Zahlung der vereinbarten Miete. *Beispiel: Wohnungsgesellschaft vermietet an Petra eine Wohnung.*
Pachtvertrag BGB §§ 581 ff.	Überlassung einer Sache zum Gebrauch und zur Nutzung des Ertrages gegen Entgelt. *Beispiel: Bauer Heinz pachtet von seinem Nachbarn Ackerland.*
Leihvertrag BGB §§ 598 ff.	Überlassung einer Sache zum Gebrauch ohne Entgelt *Beispiel: Peter überlässt seinem Freund kostenlos für einen Tag sein Fahrrad.*
Dienstvertrag/ Arbeitsvertrag BGB §§ 611 ff.	Leistung von Diensten gegen Entgelt. *Beispiel: Frau Meier arbeitet als Technische Zeichnerin bei der Firma Flander.*
Werkvertrag BGB §§ 631 ff.	Herstellung eines Werkes. Der Auftraggeber liefert den Gegenstand oder das Material. *Beispiel: Eine Schneiderin ändert einen Anzug nach den Wünschen des Kunden um.*

Rechtsgeschäfte abschließen

Rechtsgeschäfte kommen durch **Willenserklärungen** zustande. Eine Willenserklärung liegt vor, wenn eine Person ihren Willen zum Ausdruck bringt. Dies kann
- mündlich,
- schriftlich oder
- durch schlüssiges Handeln erfolgen (z. B. durch Handheben bei einer Versteigerung).

Rechtsgeschäfte lassen sich in einseitige und zweiseitige Rechtsgeschäfte unterteilen.
- **Einseitige Rechtsgeschäfte**: Sie entstehen, wenn nur eine Person eine Willenserklärung abgibt (*Beispiele*: Kündigung, Testament).

Im Vertragsrecht gilt der Grundsatz: Verträge sind einzuhalten. Bei einem Kaufvertrag gilt:

Der Kunde muss die gekaufte Ware	Der Verkäufer muss
- annehmen und - bezahlen	- rechtzeitig liefern und - mangelfrei liefern und - das Eigentum übertragen

Online-Link
883501-0321
- *Verträge*
- *Testament*

Testament

Ich, Heinz Müller, geboren am 3. April 1954, wohnhaft in 50674 Köln, Am Ring 467, verheiratet, 2 Kinder, deutscher Staatsangehöriger, errichte folgendes Testament:

- **Zweiseitige Rechtsgeschäfte**: Sie entstehen, wenn zwei übereinstimmende Willenserklärungen vorliegen. Zu diesen Rechtsgeschäften zählen alle Verträge. Zu den wichtigen Verträgen gehören:

Form der Rechtsgeschäfte

Die meisten Rechtsgeschäfte können nach dem **Prinzip der Formfreiheit** abgeschlossen werden (z. B. mündlich oder schriftlich). Häufig empfiehlt es sich jedoch, einen Vertrag schriftlich abzuschließen, damit man bei Streitigkeiten ein Beweismittel hat. Bei einigen Rechtsgeschäften verlangt das Gesetz eine bestimmte Form. Wird diese Form nicht eingehalten, führt dies zur Nichtigkeit, d. h., es kommt kein Rechtsgeschäft zustande.

Es gelten folgende **Formvorschriften**:
- **Schriftform**: Berufsausbildungsvertrag, Testament, Verbraucherkredite.

3 Mit Kunden und Auftragnehmern kommunizieren

- **Öffentliche Beglaubigung**: Die Echtheit der Unterschrift wird von einem Notar oder einer Behörde beglaubigt. *Beispiel:* Antrag auf Eintragung ins Handels- oder Vereinsregister.
- **Notarielle Beurkundung**: Der Inhalt und die Unterschrift eines Schriftstücks werden von einem Notar beglaubigt. *Beispiele:* Ehevertrag, Grundstückskauf, Schenkungsversprechen.

Angebotsvergleich → S. 197–201

Das Handelsgesetzbuch (HGB) gilt für Kaufleute

Einen Kaufvertrag abschließen

Der Kaufvertrag gehört zu den wichtigsten Vertragsarten. Ein Vertragspartner macht einen Antrag (z. B. ein Angebot), der andere nimmt diesen Antrag (Annahme/Bestellung) an. Der erste Schritt (der Antrag) kann aber auch ein ausgefülltes Bestellformular sein, das vom Vertragspartner angenommen wird (Bestellungsannahme).

Beispiel: Ein Kunde bestellt bei einem Versandhandel einen Artikel. Durch die Lieferung erfolgt die Bestellannahme.

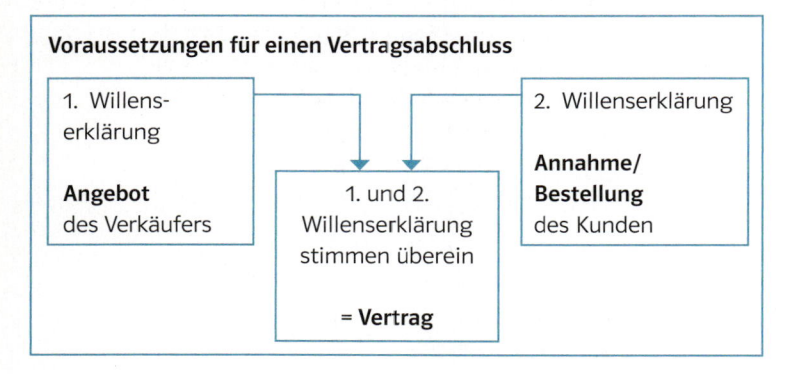

Ein Angebot abgeben

Das Angebot ist eine Willenserklärung an eine bestimmte Person, in der die Bereitschaft versichert wird, eine Ware oder Dienstleistung zu einem bestimmten Preis zu verkaufen bzw. anzubieten. Ein Autoverkäufer bietet einem Kunden ein Auto zum Kauf an. Für den Verkäufer besteht Vertragsfreiheit, d. h., er kann selber bestimmen, ob und an wen er seine Ware verkauft. Gibt er jedoch ein rechtswirksames Angebot ab, ist er daran auch gebunden.

Anpreisungen von Waren in Zeitungsanzeigen, Rundschreiben, Preislisten oder auch im Schaufenster richten sich an die Allgemeinheit. Sie sind keine Vertragsangebote im rechtlichen Sinn. Die in einem Supermarkt ausgelegten Waren gelten als verbindliches Angebot. Wenn der Kunde die Ware auf das Verkaufsband legt, wird dies als Kaufannahme bezeichnet.

In einem Angebot werden in der Regel nur die wichtigsten Punkte genannt. Wenn ein Sachverhalt nicht ausdrücklich zwischen zwei Partnern geklärt ist, tritt die gesetzliche Regelung in Kraft. Diese Regelungen finden sich im BGB und im HGB.

Angebote sind so lange gültig, wie unter normalen Umständen eine Antwort erwartet werden kann.

Beispiel:
- Telefonisches oder mündliches Angebot gilt für die Dauer des Gesprächs.
- Schriftliches Angebot gilt eine Woche.

Besonderheiten bei Internetangeboten

Grundsätzlich gelten für Internetangebote die gleichen rechtlichen Bestimmungen wie für das herkömmliche Einkaufen:
- Die Internetseite des Anbieters stellt eine Anpreisung dar (das Angebot richtet sich an die Allgemeinheit).
- Die Bestellung des Internetkäufers ist die erste Willenserklärung (Antrag).
- Durch die Auftragsbestätigung des Anbieters kommt der Kaufvertrag zustande (Annahme). An die Stelle einer schriftlichen Bestätigung kann auch die Lieferung der Ware treten (schlüssiges Handeln).

Voraussetzungen für einen Vertragsabschluss

1. Willenserklärung

Angebot des Verkäufers

2. Willenserklärung

Annahme/Bestellung des Kunden

1. und 2. Willenserklärung stimmen überein

= **Vertrag**

ZUSTANDEKOMMEN VON RECHTSGESCHÄFTEN

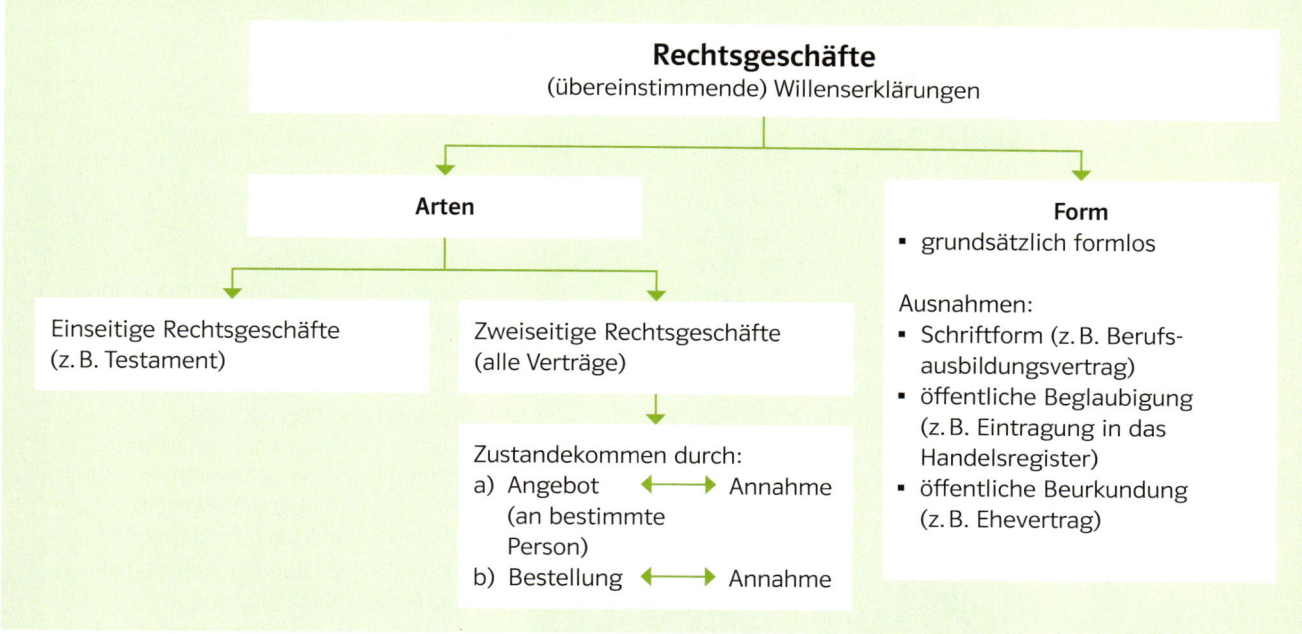

Rechtsgeschäfte
(übereinstimmende) Willenserklärungen

Arten

- Einseitige Rechtsgeschäfte (z. B. Testament)
- Zweiseitige Rechtsgeschäfte (alle Verträge)

Zustandekommen durch:
a) Angebot ⟷ Annahme (an bestimmte Person)
b) Bestellung ⟷ Annahme

Form
- grundsätzlich formlos

Ausnahmen:
- Schriftform (z. B. Berufsausbildungsvertrag)
- öffentliche Beglaubigung (z. B. Eintragung in das Handelsregister)
- öffentliche Beurkundung (z. B. Ehevertrag)

Übungsaufgaben

1. Geben Sie bei den folgenden Rechtsgeschäften an, ob es sich um einseitige oder zweiseitige Rechtsgeschäfte handelt.
a) Kündigung
b) Arbeitsvertrag
c) Testament
d) Pachtvertrag.

2. In welcher Form müssen die folgenden Verträge abgeschlossen werden?
a) Berufsausbildungsvertrag
b) Grundstückskauf
c) Kauf von Aktien
d) Ehevertrag
e) Schenkungsversprechen.

3. Entscheiden Sie, ob in den folgenden Situationen jeweils ein Vertrag zustande gekommen ist:
a) Verkäufer: „Ich kann Ihnen diesen Fernseher für 420 € anbieten."
Kunde: „Ihr Konkurrent bietet dieses Modell für 399 € an. Wenn Sie mir den Fernseher zum gleichen Preis verkaufen, nehme ich ihn."
Verkäufer: „Einverstanden."

b) In einer Maschinenfabrik steht im Aufenthaltsraum ein Getränkeautomat. Ein Angestellter steckt eine Ein-Euro-Münze hinein und entnimmt dann eine Flasche Limonade.

c) Meister zu dem Auszubildenden: „Wenn du im nächsten Monat die Prüfung zum Zerspanungsmechaniker bestehst, kannst du hier weiterarbeiten."

4. Einem Kunden gefällt das neue Pkw-Modell, das im Ausstellungsraum eines Autohauses steht, so gut, dass er es unbedingt haben möchte, und zwar sofort. Der Händler ist bereit, dieses neu eingetroffene Modell in einigen Tagen abzugeben. Er möchte warten, bis ein weiteres Modell eingetroffen ist, da er mehrere Interessenten hat, die sich bereits angemeldet haben, um sich diesen Wagen anzuschauen. Kunde: „Wenn Sie die Wagen im Ausstellungsraum anbieten, müssen Sie sie auch verkaufen."
Hat der Kunde Recht? Begründen Sie Ihre Entscheidung.

Als Jugendlicher Rechtsgeschäfte abschließen

LERNSITUATION

Im Verkaufsraum der Firma „Motor Kranz": Der 17-jährige Henning betrachtet schon einige Zeit den Motorroller. Als ein Verkäufer auf ihn zukommt:
Verkäufer: Gefällt Ihnen der Roller?
Henning: Ja sehr. Aber 3 100 Euro ist auch ein stolzer Betrag. Ich überlege schon die ganze Zeit, wie ich es finanzieren soll.

Verkäufer: Sie sehen sehr jung aus, entschuldigen Sie die Frage, aber sind Sie schon 18?
Henning: Noch nicht, aber in zwei Monaten.
Verkäufer: Wenn Sie erst 17 Jahre alt sind, darf ich Ihnen den Roller ohne Einwilligung Ihrer Eltern nicht verkaufen.
Henning: Wieso? Das ist doch mein Geld. Ich bekomme 420 Euro Ausbildungsvergütung. Seit einem Jahr spare ich für den Roller. Außerdem, mit 17 Jahren kann ich mit meinem Taschengeld doch kaufen, was ich will.
Verkäufer: Solch ein Betrag geht aber über das Taschengeld hinaus. Wir können den Vertrag ja schon so weit fertig machen. Wenn Ihre Eltern dann unterschreiben, ist alles klar.
Henning: Meine Eltern lassen wir besser aus dem Spiel. Wenn der Betrag in einer Summe zu hoch ist, bezahle ich eben in Raten. Sie bieten diese Zahlungsform an. Hier steht doch: 36 Monatsraten à 90 Euro; und 90 Euro im Monat bewegen sich doch im Rahmen meines Taschengelds, oder?

Arbeitsauftrag

Prüfen Sie mithilfe des folgenden Informationstextes, ob Henning ohne Einwilligung der Eltern mit der Firma „Motor Kranz" einen rechtsgültigen Vertrag
1. über den Barkauf eines Motorrollers zum Preis von 3 100 Euro oder
2. über 36 Monatsraten in Höhe von je 90 Euro
abschließen darf.

Rechtsfähigkeit besitzen

Die Rechtsfähigkeit beinhaltet die Fähigkeit von Personen, Träger von Rechten und Pflichten zu sein.
Beispiele: Erben, Steuern zahlen.

Man unterscheidet zwischen natürlichen und juristischen Personen.
Natürliche Personen (alle Menschen) sind von der Geburt bis zum Tod rechtsfähig, **juristische Personen** von der Gründung bis zur Auflösung. Zu den juristischen Personen zählen u.a. Unternehmen, Vereine, Gemeinden, Handwerkskammern, IHKs.

Beispiel: Eine GmbH existiert von der Eintragung ins Handelsregister bis zur Löschung dort.
Tiere sind nicht rechtsfähig.

Drei Stufen der Geschäftsfähigkeit

Von der Rechtsfähigkeit des Menschen ist die Geschäftsfähigkeit zu unterscheiden. Wenn Kinder und Jugendliche teure Sachen einkaufen wollen, ist zu prüfen, ob sie berechtigt sind, Kaufverträge abzuschließen. Kaufverträge sind Rechtsgeschäfte. Die Berechtigung, Rechtsgeschäfte selbstständig und wirksam abzuschließen, ist vom Alter eines Menschen abhängig. Man unterscheidet drei Stufen der Geschäftsfähigkeit.

Bis zum siebten Lebensjahr ist der Mensch **geschäftsunfähig**. Er kann keine Kaufverträge abschließen, weil seine Willenserklärungen von vornherein ungültig (nichtig) sind. Kinder können als Boten eingesetzt werden, indem sie z.B. die Willenserklärung der Mutter übermitteln. Der Kaufvertrag kommt dann zwischen der Mutter und dem Verkäufer zustande.

Vom siebten Geburtstag an werden Kinder **beschränkt geschäftsfähig**. Das bedeutet, sie dürfen rechtswirksam
- im Rahmen ihres Taschengelds einkaufen; Kaufverträge mit beschränkt Geschäftsfähigen, die über das Taschengeld hinausgehen, sind **schwebend unwirksam**, d.h., erst durch die nachträgliche Zustimmung der Erziehungsberechtigten kommt ein rechtswirksamer Vertrag zustande. Bei der Frage, ob ein Kauf sich im Rahmen des Taschengeldes bewegt, ist zu prüfen, wie alt das Kind oder der Jugendliche ist und in welchem familiären Umfeld es/er sich bewegt. Bestimmte Geldbeträge können nicht genannt werden, weil sich die Auffassung über die angemessene Höhe des Taschengelds ändert. Für die Beurteilung ist nur die Höhe des Kaufbetrags entscheidend. So dürfen z.B. beschränkt Geschäftsfähige auch nicht über höhere Geldbeträge frei verfügen, die sie aus dem Taschengeld angespart haben. Kreditverträge bzw. Teilzahlungsverträge, auch in Höhe des Taschengelds, sind unwirksam.

Jugendliche dürfen:
- im Rahmen ihres Ausbildungs- oder Arbeitsverhältnisses Geschäfte abschließen.
- Erziehungsberechtigte, die zusammen mit ihrem minderjährigen Kind einen Ausbildungsvertrag oder Arbeitsvertrag abschließen, stimmen durch ihre Unterschrift allen Geschäften zu, die im Rahmen der Ausbildung bzw. der Arbeit anfallen.

Beispiele: Kauf von Ausbildungsmitteln, Kündigung des Arbeitsvertrags

---

Online-Link
883501-0322
- Geschäftsfähigkeit
- Nichtigkeit
- Anfechtbarkeit

Erbfähigkeit BGB § 1923:
(2) Wer zur Zeit des Erbfalls noch nicht lebte, aber bereits gezeugt war, gilt als vor dem Erbfall geboren.

Geschäftsfähigkeit BGB §§ 104 – 113

Beschränkte Geschäftsfähigkeit
Geistig behinderte Menschen sind – je nach Schwere ihrer Behinderung – in ihrer Geschäftsfähigkeit eingeschränkt oder geschäftsunfähig.

„Taschengeldparagraph" BGB § 110:
Mit Kindern und Jugendlichen zwischen sieben und 18 Jahren sind nur Bargeschäfte erlaubt.

Geschäfte, die gegen ein gesetzliches Verbot verstoßen, sind immer illegal

- Verträgen, die im Zustand der Bewusstlosigkeit oder bei vorübergehender Störung der Geistestätigkeit abgeschlossen wurden,
- Scherz- und Scheingeschäften (nicht ernst gemeinte Willenserklärungen),
- Verträgen, die gegen ein gesetzliches Verbot verstoßen (z. B. Rauschgifthandel),
- Verträgen, die gegen die guten Sitten verstoßen (z. B. Mietwucher),
- Verträgen, die gegen die vorgeschriebene Form verstoßen (z. B. mündlich abgeschlossener Ehevertrag).

Anfechtbare Rechtsgeschäfte

Im Unterschied zur Nichtigkeit sind anfechtbare Rechtsgeschäfte zunächst gültig und werden erst mit der erfolgreichen Anfechtung rückwirkend außer Kraft gesetzt. Solange keine Anfechtung erfolgt, ist das Rechtsgeschäft gültig. Gründe, die zu einer Anfechtung führen können, sind:
- **Irrtum**, z. B. in der Erklärung, wenn die Äußerung eines Vertragspartners nicht das besagt, was er eigentlich ausdrücken wollte, z. B. durch Verschreiben oder durch einen Versprecher. Die Anfechtung muss unverzüglich nach Entdeckung vorgenommen werden. Den dadurch entstandenen Schaden trägt der Anfechtende.
- **Arglistige Täuschung**, wenn z. B. eine Fälschung als echtes Bild verkauft wird.
- **Widerrechtliche Drohung**, wenn z. B. ein Versicherungsvertreter einem Kunden droht, dass er dessen Vorstrafe in der Nachbarschaft erzählen werde, wenn dieser nicht bei ihm eine Lebensversicherung abschließt.

Dagegen ist der **Motivirrtum** nicht anfechtbar. Damit ist Folgendes gemeint: Viele Kaufverträge sind mit bestimmten Erwartungen (Absichten, Motiven) verbunden. Eltern kaufen z. B. ihrer Tochter ein Fahrrad zum Geburtstag, weil sie glauben, dass sie sich darüber freut. Ist das nicht der Fall, ist der Fahrradhändler dafür nicht verantwortlich. Der Kaufvertrag bleibt gültig, weil die Erklärung der Eltern zum Kauf des Fahrrads eindeutig war und ihrem damaligen Willen entsprach. Es liegt lediglich ein Motivirrtum vor.

„Gute Sitten"
Entsprechen dem Gerechtigkeits- und Anstandsgefühl der Mehrheit der Menschen in einer Gesellschaft

- Geschäfte abschließen, die nur Vorteile bringen. *Beispiel:* Geldgeschenk.

Mit 18 Jahren wird man **voll geschäftsfähig**.

Nichtige Rechtsgeschäfte

Auch wenn Vertragsfreiheit herrscht, sind Rechtsgeschäfte mit Geschäftsunfähigen von vornherein ungültig, d. h., sie sind nichtig. Die **Nichtigkeit** von Rechtsgeschäften gilt ebenfalls bei:

Erst ab sieben Jahren dürfen Kinder etwas für ihr Taschengeld kaufen

GÜLTIGKEIT VON RECHTSGESCHÄFTEN

Rechtsgeschäfte

Voraussetzungen für Gültigkeit
Rechtsfähigkeit aller beteiligten Personen (natürliche und juristische Personen), das bedeutet:

- Volle Geschäftsfähigkeit
- Beschränkte Geschäftsfähigkeit nur in bestimmten Ausnahmefällen

Nichtigkeitsgründe
- Geschäftsunfähigkeit
- Verstoß gegen die guten Sitten
- Verstoß gegen ein Gesetz
- Scherz- und Scheingeschäfte
- Nichteinhaltung der vorgeschriebenen Form

Rechtsgeschäfte sind von Anfang an ungültig.

Anfechtungsgründe
- Irrtum
- arglistige Täuschung
- widerrechtliche Drohung

Rechtsgeschäfte werden durch Anfechtung ungültig.

Übungsaufgaben

1. Unterscheiden Sie zwischen natürlichen und juristischen Personen.
a) Fußballverein
b) Herr Kleinert
c) Staatsanwalt Schulte
d) GmbH
e) Firma Kremer.

2. Sind die nachfolgenden Rechtsgeschäfte nichtig oder anfechtbar? Begründen Sie Ihre Entscheidung.
a) Auf einem Markt werden Schmuckteile aus 585er Gold angeboten, obwohl es sich nur um 333er Gold handelt.
b) Ein Artikel wurde irrtümlich zu einem falschen Preis ausgezeichnet.
c) Ein Betrunkener verkauft im Rausch an der Theke eine wertvolle Krawattennadel.
d) Um Einkommensteuern zu sparen, wird der Arbeitsvertrag schriftlich zu einem niedrigeren Lohn abgeschlossen, als mündlich vereinbart.
e) Ein Kioskbesitzer verkauft eine Flasche Branntwein an einen 15-jährigen Schüler.
f) Ein Vermieter verlangt von einem Studenten 550 Euro Miete für ein Kellerzimmer, für das er unter marktüblichen Bedingungen nur 350 Euro bekommen hätte.
g) Ein Hauseigentümer verkauft seine Villa ohne die gesetzlich vorgeschriebene notarielle Beurkundung.

3. Prüfen Sie, ob in folgenden Fällen ein Rechtsgeschäft zustande gekommen ist!
a) Ein Zehnjähriger erwirbt für 25 Euro eine Lokomotive für seine elektrische Eisenbahn.
b) Susanne ist 17 Jahre alt und Auszubildende in einer Kfz-Werkstatt. Heute hat sie einem Kunden ein Autoradio für 298 Euro verkauft.
c) Herr Meier, keine Angehörigen, hat in seinem Testament den örtlichen Fußballverein und seinen Hund Rex als Erben eingesetzt.
d) Nach fünf Monaten hat Azubi Frank (17 Jahre) so viel Taschengeld gespart, dass er sich die lang gewünschte Stereoanlage für 250 Euro kaufen kann.
e) Regelmäßig kommt die kleine Mira (fünf Jahre) ins Lebensmittelgeschäft, händigt einen Einkaufszettel aus und übergibt einen Geldbeutel, der ihr von ihrer Mutter mitgegeben wurde. Daraufhin wird ihr die auf der Einkaufsliste genannte Ware ausgehändigt.
f) Der 15-jährige Patrick erhält gegen den Widerstand der Eltern von seinem Onkel einen Hund geschenkt. Patrick möchte den Hund behalten.

Die Annahme einer verspäteten Lieferung ablehnen

Sie müssen das Kleid nehmen! Mich trifft keine Schuld!

Was soll ich jetzt noch damit? Sie müssen mir den Schaden ersetzen!

LERNSITUATION

Frau Schlüter lässt sich für ihre Hochzeit bei der Schneiderin Frau Brauer ein Hochzeitskleid fertigen. Sie vereinbaren, dass das Kleid am Morgen der kirchlichen Trauung abgeholt wird. Drei Tage vor diesem Termin liegt die Schneiderin aufgrund eines Unfalls eine Woche bewusstlos im Krankenhaus. Da Frau Brauer das Geschäft allein betreibt, wird Frau Schlüter darüber nicht informiert. Als sie am Hochzeitstag das Kleid abholen will, findet sie das Geschäft geschlossen vor. Kurz entschlossen kauft Frau Schlüter im nächstgelegenen Fachgeschäft ein Brautkleid, das jedoch 300 Euro teurer ist als das vergleichbare Brautkleid von der Schneiderin. Nach ihrer Entlassung aus dem Krankenhaus erscheint Frau Brauer mit dem Hochzeitskleid bei Frau Schlüter und verlangt die Abnahme und die Bezahlung des Kleides. Schließlich habe sie Auslagen für Material gehabt und viele Arbeitsstunden eingesetzt. Dass sie für einige Tage bewusstlos war, dafür könne sie ja schließlich nichts. Da Frau Schlüter keine Verwendung mehr für das Kleid hat, verweigert sie nicht nur die Annahme, sondern verlangt Schadenersatz für die höheren Ausgaben, die ihr durch den Kauf im Fachgeschäft entstanden sind.

Arbeitsauftrag

**Prüfen Sie, ob Frau Schlüter das Kleid annehmen muss oder ob sie neben der Annahmeverweigerung Schadenersatz verlangen kann.
Bitte begründen Sie Ihre Entscheidungen.**

Eigentum übertragen

Mit Abschluss des Kaufvertrags verpflichtet sich der Verkäufer, die Ware dem Käufer zu übertragen; der Käufer verpflichtet sich, die Ware anzunehmen. Erfolgt dies unter bestimmten Voraussetzungen nicht, spricht man von Verzug (→ Zahlungsverzug S. 158–162).

Der Begriff **„Eigentum"** wird im allgemeinen Sprachgebrauch häufig mit dem Begriff **„Besitz"** gleichgesetzt. Aber aus juristischer Sicht gibt es einen Unterschied: Eigentum ist die rechtliche Gewalt über eine Sache, der Besitzer einer Sache übt nur die tatsächliche Gewalt über den Gegenstand aus.

Beispiel: Peter hat seinem Freund Fabian über das Wochenende sein Auto geliehen. Fabian ist demnach am Wochenende Besitzer eines Pkw, da er zu der Zeit mit dem Wagen fährt; Eigentümer ist nach wie vor Peter.

Die Übertragung des Eigentums erfolgt bei
- beweglichen Sachen (z. B. Auto, Möbelstück) durch Einigung der Vertragspartner und Übergabe des Gegenstandes,
- unbeweglichen Sachen (Haus, Grundstück) durch Einigung vor einem Notar (notarielle Beurkundung) und durch die Eintragung ins Grundbuch.

Bei gestohlenen Waren kann das Eigentum grundsätzlich nicht übertragen werden. Der rechtmäßige Eigentümer kann von dem Käufer einer gestohlenen Ware diese zurückverlangen. Dies gilt auch, wenn der Käufer die Ware gutgläubig erworben hat, d. h. der Käufer davon ausging, dass er sie tatsächlich vom Eigentümer kaufte.

Erwirbt ein Käufer gutgläubig Ware vom Besitzer (z. B. kauft jemand von Fabian ein Fahrrad, das dieser sich nur von einem anderen geliehen hatte), so wird der Käufer Eigentümer. Der ursprüngliche Eigentümer kann vom Besitzer (Fabian) Schadenersatz verlangen.

In Lieferungsverzug geraten

Damit ein Verkäufer in Lieferungsverzug gerät, müssen zwei Voraussetzungen erfüllt sein. Die erste Voraussetzung ist, dass nicht oder nicht rechtzeitig geliefert wird, also der Termin der Fälligkeit überschritten wird. Zum Zweiten muss ein Verschulden des Lieferanten vorliegen.

Bei **Fälligkeit** ist zu unterscheiden:
- Der Liefertermin ist kalendermäßig festgelegt (Lieferdatum, z. B. 22. Juni oder Ende April). In diesem Fall kommt der Verkäufer ohne Mahnung in Verzug.
- Der Liefertermin ist kalendermäßig unbestimmt. Der Verkäufer ist dann dazu verpflichtet, unverzüglich zu liefern. Kommt er der Verpflichtung nicht nach, muss der Käufer mahnen.

Verschulden bedeutet, dass der Lieferant die Gründe für die verspätete Lieferung zu vertreten hat. *Beispiele:*
- Der Lieferant überwacht die Liefertermine nicht sorgfältig genug: **fahrlässiges Handeln**.
- Er liefert bewusst ein Einzelstück an einen anderen Kunden, weil dieser für das Produkt einen höheren Preis bezahlt: **vorsätzliches Handeln**.

Rechte des Käufers bei Lieferungsverzug

Ist der Lieferant in Verzug, so kann der Käufer wahlweise verschiedene Rechte beanspruchen. Er kann:
- auf Lieferung, d. h. auf Erfüllung des Vertrags bestehen,
- auf Lieferung und Schadenersatz wegen Verzögerung bestehen (Verzögerungsschaden),
- vom Vertrag zurücktreten,

Online-Link
883501-0323
- *Eigentum übertragen*

Eigentumsvorbehalt

Im Kaufvertrag wird vereinbart, dass der Verkäufer bis zur vollständigen Bezahlung Eigentümer der Ware bleibt. Kommt der Käufer seinen Zahlungsverpflichtungen nicht nach (Zahlungsverzug), kann der Verkäufer die Ware zurückverlangen. Dies gilt auch bei einem Insolvenzverfahren → S. 200

Verzug des Schuldners BGB § 286

- vom Vertrag zurücktreten und Schadenersatz wegen Nichterfüllung (Nichterfüllungsschaden) verlangen.

Sein Recht auf Rücktritt mit oder ohne Schadenersatz kann der Käufer einzeln oder zusammen geltend machen. Er muss aber dem Schuldner eine angemessene Nachfrist setzen.
Der Käufer kann, ohne eine Nachfrist zu setzen, vom Vertrag zurücktreten, wenn für ihn kein Interesse mehr an der Leistung besteht.

Beispiel: Ein Weihnachtsbaum wird nach Weihnachten geliefert.

Rücktrittsrecht BGB § 323
(2) Die Fristsetzung ist entbehrlich, wenn besondere Umstände vorliegen, die unter Abwägung der beiderseitigen Interessen den sofortigen Rücktritt rechtfertigen.

Konventionalstrafe festlegen

Die Festlegung der Schadenersatzansprüche kann mit einigen Schwierigkeiten verbunden sein, da nur der konkrete Schaden geltend gemacht werden darf. Die Mehrausgaben, die im Rahmen einer Ersatzbeschaffung entstanden sind, lassen sich einfach nachweisen. Schwieriger ist da schon die Berechnung des entgangenen Gewinns sowie abstrakter Verluste (Geschäftsschädigung). Diese Probleme kann man umgehen, indem man bei Vertragsabschluss festlegt, wie hoch eine Vertragsstrafe bei Nichteinhaltung des Liefertermins ist. Diese Regelung heißt **Konventionalstrafe**; sie wird häufig im Baugewerbe eingesetzt.

Beispiel: Es wird eine Vertragsstrafe von 10 000 Euro für jeden Tag festgelegt, um den der vereinbarte Liefer- bzw. Fertigstellungstermin überschritten wird.

In Annahmeverzug geraten

Kommt ein Käufer seiner Pflicht aus dem Kaufvertrag zur Annahme der Ware nicht nach, liegt eine Leistungsstörung von Seiten des Käufers vor. Er gerät in Annahmeverzug, wenn er die ordnungsgemäß gelieferte Ware nicht annimmt. Ordnungsgemäß heißt, die Ware muss zur richtigen Zeit, an den richtigen Ort und mängelfrei geliefert worden sein. Dabei spielt es keine Rolle, warum der Käufer die Ware nicht annimmt.

Rechte des Verkäufers bei Annahmeverzug

Weigert sich ein Kunde, die Ware anzunehmen, so kann der Verkäufer dem Kunden entgegenkommen, indem er die Ware zurücknimmt und anderweitig verkauft. Ist der Verkäufer dazu jedoch nicht bereit, hat er folgende rechtliche Möglichkeiten:
- **Auf Annahme der Ware bestehen** und gegebenenfalls auf Annahme klagen. In der Zwischenzeit kann der Verkäufer die Ware auf Kosten und Gefahr des Käufers in einem öffentlichen Lagerhaus oder sonst sicher hinterlegen. Für die Lagerung und Pflege der Ware kann der Verkäufer Kostenerstattung verlangen.
- Einen **Selbsthilfeverkauf durchführen**. Das bedeutet, dass der Verkäufer die Ware nach vorheriger Androhung und Setzen einer angemessenen Frist öffentlich versteigern lassen kann. Diese Androhung ist nicht nötig, wenn es sich um leicht verderbliche Ware handelt (Obst, Gemüse, Fisch usw). In diesem Fall spricht man von Notverkauf. Sämtliche Kosten und einen möglichen Mindererlös muss der Käufer tragen.

Bei Annahmeverzug von leicht verderblicher Ware darf der Verkäufer einen Selbsthilfeverkauf starten.

STÖRUNGEN BEI DER ÜBERTRAGUNG DES EIGENTUMS

EIGENTUMSÜBERTRAGUNG
Eigentum: rechtliche Gewalt über einen Gegenstand

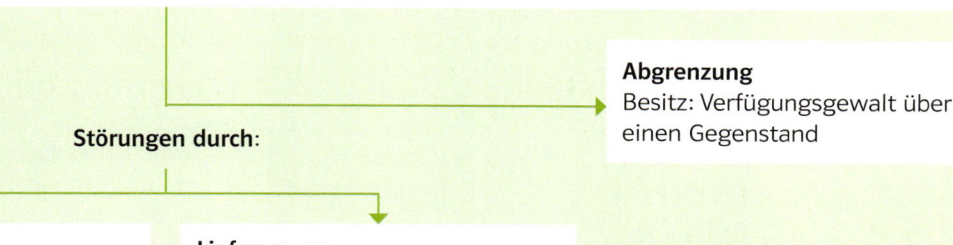

Abgrenzung
Besitz: Verfügungsgewalt über einen Gegenstand

Störungen durch:

Annahmeverzug
Voraussetzung:
Käufer verweigert Annahme

Rechte des Verkäufers:
- auf Annahme bestehen und klagen
- Einlagerung / Kostenerstattung
- Selbsthilfeverkauf
- Schadenersatz

Lieferverzug
Voraussetzungen:
Fälligkeit und Verschulden des Verkäufers

Rechte des Käufers:
- Lieferung verlangen unter Setzen einer Nachfrist
- Schadenersatz
- Rücktritt vom Vertrag

Übungsaufgaben

1. Unterscheiden Sie zwischen Eigentum und Besitz.

2. Liegt in folgenden Fällen ein Annahmeverzug vor?
a) Ein Kunde hat bei einem Elektrogeschäft eine Waschmaschine bestellt. Als der Händler zum vereinbarten Termin die Ware ausliefern möchte, ist der Kunde nicht zu Hause.
b) Ein Kunde hat eine Ware gekauft und sie angezahlt. Zum vereinbarten Termin holt er die Ware aber nicht ab.

3. Welches Recht aus dem Annahmeverzug würden Sie aus der Sicht der Schreinerei in Anspruch nehmen?
Ein Küchenhersteller hat den Auftrag, für eine Villa eine besonders exklusive Einbauküche zu bauen. Der Hersteller hat diese Küche mit hohen Kosten fertiggestellt. Der Käufer aber verweigert die Annahme der Küche, da er inzwischen eine ähnliche Küche bei einem Küchenhersteller am Ort günstiger bekommen habe.

4. Bestimmen Sie, ob in den folgenden Fällen Fahrlässigkeit bzw. Vorsatz des Lieferanten vorliegt.
a) Eine Auszubildende vergisst, den Auftrag weiterzuleiten.
b) Aufgrund eines Streiks im Rahmen der Tarifauseinandersetzungen fällt die Produktion aus.

5. Welche der möglichen Rechte bei Lieferungsverzug würden Sie in folgenden Fällen geltend machen?
a) Aufgrund der Verbilligung des Rohstoffs (z. B. Gold) ist der Preis der Ware inzwischen um ca. zehn Prozent gesunken.
b) Die bestellte Ware ist eine Sonderanfertigung, die nur bei diesem einen Lieferanten zu erhalten ist.

Die Ablaufskizze eines Mahnverfahrens erstellen

LERNSITUATION

Klaus hat vor einiger Zeit sein Auto zur Reparatur gegeben. Da die Reparaturkosten höher als erwartet ausfielen, konnte er den Rechnungsbetrag nicht bezahlen. Später ließ er drei Mahnungen des Autohauses unbeachtet, weil er das Geld schon für andere Zwecke ausgegeben hatte. Heute ist in dieser Angelegenheit der Brief eines Rechtsanwalts gekommen. Darin teilt er Klaus mit, dass er vom Autohaus beauftragt wurde, den Forderungsbetrag einzuziehen. Der Betrag ist durch Gebühren, Zinsen und Auslagen von ursprünglich 583 Euro auf 655 Euro gestiegen. Sollte Klaus in den nächsten zwei Wochen seinen Zahlungsverpflichtungen nicht nachkommen, wird ein gerichtliches Mahnverfahren eingeleitet.

Arbeitsauftrag

Übernehmen Sie die Ablaufskizze zu Beginn des gerichtlichen Mahnverfahrens und vervollständigen Sie sie.
Begründen Sie anschließend, wie Klaus sich Ihrer Meinung nach verhalten soll.

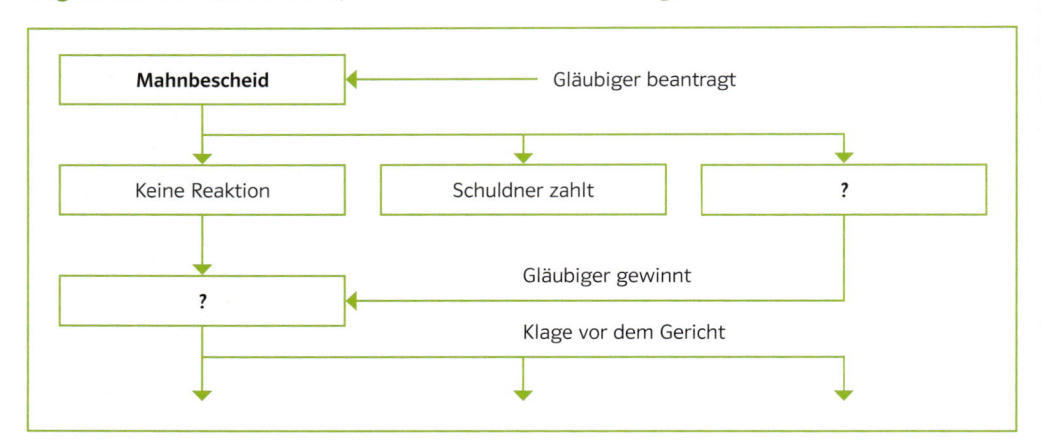

```
        Mahnbescheid  ←——— Gläubiger beantragt
             │
      ┌──────┼──────────────┐
      ↓      ↓              ↓
 Keine    Schuldner         ?
 Reaktion  zahlt
      │
      ↓                Gläubiger gewinnt
      ?          ←———  Klage vor dem Gericht
      │
      ↓
```

In Zahlungsverzug geraten

Der Käufer hat sich mit Abschluss des Kaufvertrags verpflichtet, den vereinbarten Kaufpreis zum vereinbarten Termin zu zahlen. Wenn er dieser Verpflichtung nicht nachkommt, gerät er in Zahlungsverzug. Dabei müssen bestimmte **Voraussetzungen** erfüllt sein:

- **Verschulden:** Ein Verschulden liegt vor, wenn der Käufer vergisst zu zahlen, sich in Zahlungsschwierigkeiten befindet oder nicht zahlen will.
- **Fälligkeit:** Wurde der Zahlungstermin kalendermäßig bestimmt (z. B. „Die Rechnung ist bis zum 22. April 201(X) zahlbar"), so befindet sich der Schuldner (Käufer) vom Fälligkeitstag an in Zahlungsverzug. Ist kein kalendermäßig bestimmter Zahlungstermin vereinbart, gerät der Käufer in Zahlungsverzug: wenn der Gläubiger eine Mahnung ausspricht oder wenn 30 Tage nach Rechnungseingang vergangen sind. (Ist der Schuldner ein Verbraucher, muss der Verkäufer in der Rechnung ausdrücklich darauf hinweisen.)

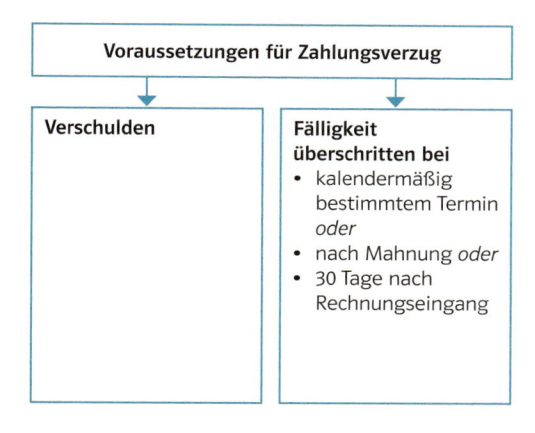

Voraussetzungen für Zahlungsverzug	
Verschulden	Fälligkeit überschritten bei • kalendermäßig bestimmtem Termin *oder* • nach Mahnung *oder* • 30 Tage nach Rechnungseingang

Rechte des Gläubigers

Ist ein Zahlungsverzug des Schuldners gegeben, kann der Gläubiger

- die **Zahlung des Kaufpreises** verlangen,
- die **Zahlung des Kaufpreises** und die durch den Zahlungsverzug entstandenen **Kosten** (Mahngebühren, Verzugszinsen, d. h. den Verzögerungsschaden) verlangen oder
- **vom Vertrag zurücktreten**,
- **vom Vertrag zurücktreten und Schadenersatz** wegen Nichterfüllung (Nichterfüllungsschaden) verlangen.

Für den Rücktritt vom Vertrag gilt, dass der Gläubiger dem Schuldner den beabsichtigten Rücktritt androhen und ihm eine Nachfrist zur Zahlung einräumen muss. Die Nachfrist entfällt, wenn der Schuldner die Zahlung verweigert oder der Zahlungstermin kalendermäßig festgelegt worden ist.

Außergerichtliches (kaufmännisches) Mahnverfahren

In der kaufmännischen Praxis ist es üblich, drei Mahnungen zu versenden, obwohl eine Mahnung genügen würde. Die erste und zweite Mahnung sind mehr als **Zahlungserinnerung** aufzufassen. Sie werden daher gewöhnlich sehr höflich, aber mit zunehmender Bestimmtheit abgefasst.
Die dritte Mahnung sollte ein konkretes Datum als letzten Zahlungstermin enthalten. Der Schuldner ist verpflichtet, den Schaden zu ersetzen, der dem Gläubiger durch die verspätete Zahlung entstanden ist. Der Gläubiger wird z. B. durch Zinsverluste (**Verzugszinsen**) geschädigt oder durch Rechtsanwaltskosten, die mit der Durchsetzung der Zahlung verbunden sind.

Online-Link
883501-0324

- *Mahnverfahren*
- *Verjährung*

Gerichtliches Mahnverfahren

Wenn das kaufmännische Mahnverfahren nicht zum Erfolg führt, hat der Gläubiger die Möglichkeit, eine Mahnung durch das zuständige Amtsgericht aussprechen zu lassen. Dies geschieht durch ein einheitliches Formular (Mahnbescheid), das dem Schuldner vom Amtsgericht zugestellt wird.
Im Mahnbescheid wird der Schuldner aufgefordert, den geschuldeten Betrag (einschließlich Verzögerungsschaden) an den Gläubiger zu zahlen. Der Schuldner hat folgende Möglichkeiten, auf den Mahnbescheid zu reagieren:

- **Er zahlt** den geforderten Betrag. Damit ist das Verfahren beendet.
- **Er erhebt Widerspruch** gegen den Mahnbescheid. Es kommt zu einer Gerichtsverhandlung, in der geklärt wird, ob bzw. in welcher Höhe eine Forderung besteht. Hat die Klage des Gläubigers vor Gericht Erfolg, so kann er die Zwangsvollstreckung einleiten.
- **Er unternimmt nichts**. Der Gläubiger beantragt bei seinem Amtsgericht den Erlass eines Vollstreckungsbescheids.

Der Schuldner, dem ein **Vollstreckungsbescheid** zugestellt wurde, hat wiederum drei Möglichkeiten zu reagieren:

- **Er zahlt** den geforderten Betrag. Damit ist das Verfahren beendet.
- **Er erhebt Einspruch** gegen den Vollstreckungsbescheid. Es kommt zu einer Gerichtsverhandlung.
- **Er unternimmt nichts**. Damit wird der Vollstreckungsbescheid rechtskräftig. Der Gläubiger kann jetzt die Zwangsvollstreckung gegen den Schuldner durchführen lassen.

Die **Zwangsvollstreckung** wird vom Gerichtsvollzieher vorgenommen. Er darf pfänden:
- bewegliche Sachen (z. B. Wertpapiere, Fahrzeuge, Maschinen),
- unbewegliche Sachen (z. B. Grundstücke, Gebäude),
- Forderungen/Rechte: Lohnforderungen, Bankguthaben.

Nicht pfändbar sind:
- Sachen, die zum Existenzminimum gehören (z. B. normale Kleidung, Möbelgrundausstattung),
- berufsnotwendige Gegenstände (z. B. Auto des Vertreters).

Gepfändete Sachen werden versteigert. Ihr Erlös geht an den Gläubiger.

Ablauf Zwangsvollstreckung	
Pfändbar • unbewegliches Vermögen • bewegliches Vermögen • Rechte/Forderungen	**Nicht Pfändbar** • lebensnot-wendige Gegenstände, • berufsnotwendige Gegenstände
erfolgreich	erfolglos
Versteigerung	Eidesstattliche Versicherung
Abrechnung	

Wenn die Pfändung erfolglos verlief oder der Versteigerungserlös nicht ausreicht, kann der Gläubiger beim Amtsgericht beantragen, dass der Schuldner ein Verzeichnis über sein Vermögen aufstellt und dies eidesstattlich bekräftigt: **Eidesstattliche Versicherung**. Eine falsche Aussage wird mit Gefängnis bestraft.

Manchmal beauftragen Unternehmen **Inkassobüros** mit dem Eintreiben ihrer Forderungen.

Bestehen bereits Zahlungsansprüche anderer Personen, z. B. Unterhaltsansprüche, gehen diese vor.

Recht auf Einrede der Verjährung

Leistungsverweigerungsrecht des Schuldners, er muss die Verjährung geltend machen

Verjährung beendet Zahlungspflicht

Einem Schuldner kann nicht zugemutet werden, für unbegrenzte Zeit seine Unterlagen, z. B. Rechnungen, Bankauszüge, Überweisungsdurchschriften, aufzubewahren. Nach mehreren Jahren ist es oft schwierig, eine bestimmte Rechtslage noch eindeutig nachzuweisen. Deshalb hat der Gesetzgeber verschiedene Verjährungsfristen festgelegt. Sie ergeben sich aus der Überlegung heraus, in welcher Zeit es dem Gläubiger zugemutet werden kann, seine Forderungen einzutreiben. Nach Ablauf der Verjährungsfrist kann es der Schuldner ablehnen, die Schuld zu begleichen. Die Schuld besteht zwar weiterhin, der Gläubiger kann sie dann aber nicht mehr gerichtlich einklagen. Zahlt der Schuldner nach Ablauf der Verjährungsfrist, kann er den Betrag nicht mehr zurückfordern.
Es gelten folgende **Verjährungsfristen**:

- **Regelmäßige Verjährungsfrist: drei Jahre**
  Diese Regelung betrifft die meisten Ansprüche. Die Verjährung **beginnt am Ende des Jahres**, in dem der Anspruch entstanden ist:

```
Anspruch
01.08.2009
           Verjährungsfrist 3 Jahre
  31.12.2009                31.12.2012
   (Beginn)                   (Ende)
```

- **Verlängerte Verjährungsfristen: 10 und 30 Jahre**
  Bei Rechten an Grundstücken beträgt die Verjährungsfrist zehn Jahre (z. B. Ansprüche aus dem Verkauf eines Grundstücks). Rechtskräftige Entscheidungen (z. B. Urteile, Vollstreckungsbescheide, familien- und erbrechtliche Ansprüche) verjähren nach 30 Jahren. Beide Verjährungsfristen **beginnen mit der Entstehung des Anspruchs**:

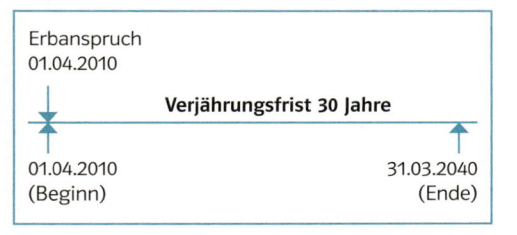

```
Erbanspruch
01.04.2010
           Verjährungsfrist 30 Jahre
  01.04.2010                31.03.2040
   (Beginn)                   (Ende)
```

Katastrophen können die Verjährung hemmen

Hemmung der Verjährung

Bei der Hemmung ruht für einen bestimmten Zeitraum die Verjährungsfrist. Die Verjährungsfrist wird um den Zeitraum der Hemmung verlängert.
Hemmungsgründe sind zum *Beispiel:*
- Wenn Gläubiger und Schuldner über die Berechtigung des Anspruchs verhandeln (verlängert sich um drei Monate).
- Wenn ein Mahnbescheid ausgestellt, eine Klage erhoben oder ein Vollstreckungsbescheid erlassen ist (verlängert sich um sechs Monate).
- Wenn der Gläubiger innerhalb der vergangenen sechs Monate der Verjährungsfrist durch höhere Gewalt (Krieg, Katastrophen) gehindert wurde, seine Ansprüche durchzusetzen (verlängert sich um diese Zeit).

BGB §§ 195 ff.

Neubeginn der Verjährung

Anders als bei der Hemmung beginnt hier die Verjährungsfrist nach dem Zeitpunkt der Unterbrechung von Neuem zu laufen. Neubeginngründe sind, wenn
- der Schuldner die Schuld anerkennt (z. B. durch Anzahlung, Zinszahlung, Bitte um Stundung) oder
- der Gläubiger eine gerichtliche Vollstreckung (z. B. Pfändung von Kontenguthaben) beantragt oder durchführen lässt.

DURCHSETZUNG VON ZAHLUNGSANSPRÜCHEN

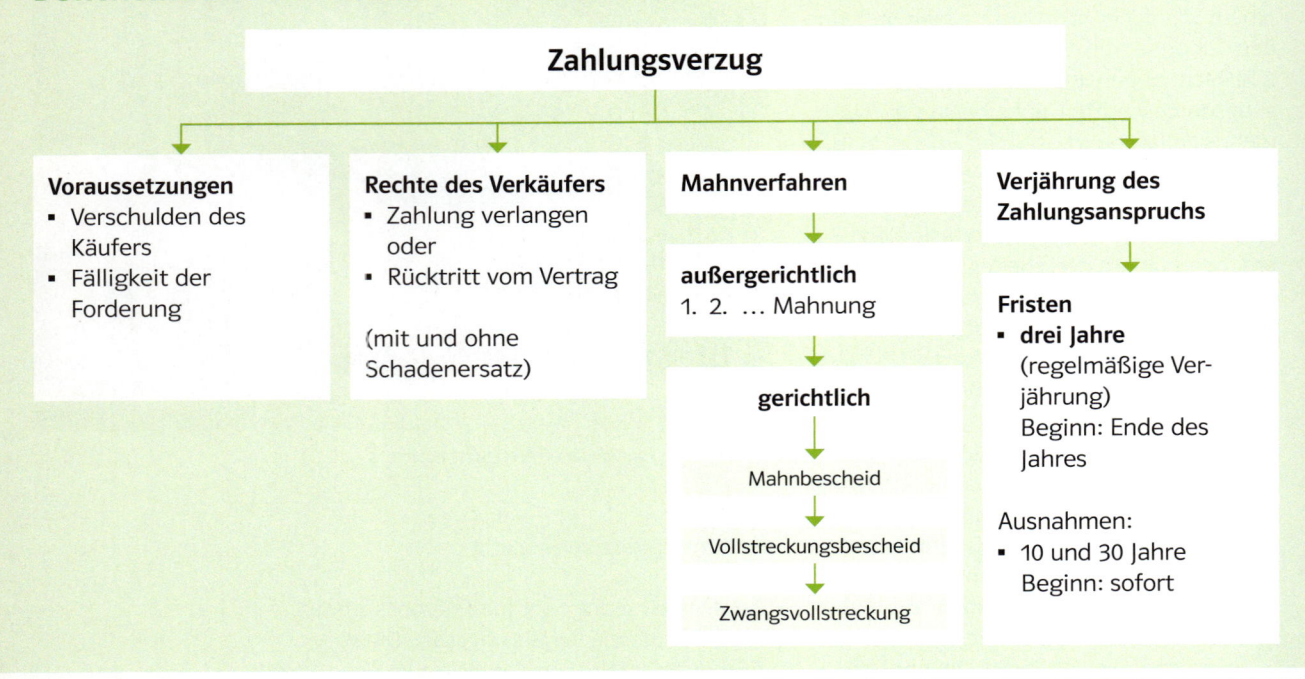

Zahlungsverzug

Voraussetzungen
- Verschulden des Käufers
- Fälligkeit der Forderung

Rechte des Verkäufers
- Zahlung verlangen oder
- Rücktritt vom Vertrag

(mit und ohne Schadenersatz)

Mahnverfahren

außergerichtlich
1. 2. … Mahnung

↓

gerichtlich

↓

Mahnbescheid

↓

Vollstreckungsbescheid

↓

Zwangsvollstreckung

Verjährung des Zahlungsanspruchs

Fristen
- **drei Jahre** (regelmäßige Verjährung) Beginn: Ende des Jahres

Ausnahmen:
- 10 und 30 Jahre Beginn: sofort

Übungsaufgaben

1. Erläutern Sie, warum der Gläubiger nach dem erfolglosen außergerichtlichen Mahnverfahren das gerichtliche Mahnverfahren einleitet.

2. Nennen Sie die Voraussetzungen, die vorliegen müssen, damit ein Schuldner in Zahlungsverzug gerät.

3. Am Ende eines erfolglosen gerichtlichen Mahnverfahrens kann der Gläubiger vom Schuldner eine „Eidesstattliche Versicherung" verlangen. Erläutern Sie den Sinn einer solchen Maßnahme.

4. Erläutern Sie, welche der folgenden Positionen zwangsvollstreckt werden können. Begründen Sie.
   a) Sparguthaben
   b) DVD-Player
   c) Polstergarnitur
   d) Webstühle in einer Weberei
   e) Fernsehgerät
   f) Anspruch auf Arbeitslosengeld.

5. Notieren Sie, wann die folgenden Ansprüche verjährt sind.
   a) Der Holzgroßhändler König hat eine Forderung an den Schreinermeister Schwers. Rechnungsdatum: 22.09.2009.
   b) Der Vermieter Klein bekommt noch Miete für den Monat Januar 2010.
   c) Frau Schmittker hat ihrer Nachbarin am 13.05.2010 ein Grundstück für 50 000 Euro verkauft. Bisher ist keine Zahlung erfolgt.
   d) Der Malermeister Krieg hat eine Forderung an den Kunden Fritz Fischer. Rechnungsdatum: 28.12.2009.
   e) Durch ein rechtskräftiges Urteil des Amtsgerichts hat Ernst Busch eine Forderung von 1 000 Euro gegenüber seinem Nachbarn. Wann verjährt sein Anspruch?

6. Unterscheiden Sie jeweils anhand eines Beispiels zwischen der Hemmung und dem Neubeginn der Verjährung.

Eine mangelhafte Ware reklamieren

LERNSITUATION

In einer Boutique:
Lisa: Guten Tag. Dieses Top habe ich hier letzte Woche gekauft und zu Hause erst festgestellt, dass da im Rückenteil ein Webfehler ist. Ich möchte das Top zurückgeben.
Verkäuferin: Darf ich mal sehen? (Lisa gibt der Verkäuferin das Top.) Naja, da muss man aber schon ganz genau hinschauen.
Lisa: Bei einem Top, das 110 Euro kostet, kann man doch erwarten, dass es einwandfrei ist.
Verkäuferin: Also gut, möchten Sie sich etwas anderes aussuchen oder soll ich Ihnen einen Gutschein ausstellen?
Lisa: Weder noch. Ich hätte gerne das Geld zurück.
Verkäuferin: Das ist nicht möglich. Die Kassenabrechnung der letzten Woche ist bereits abgeschlossen. Wie soll ich den Betrag buchen? Außerdem ist es nicht üblich, dass bei zurückgebrachter Ware das Geld erstattet wird. Das machen wir grundsätzlich nicht.
Lisa: Und was soll ich mit einem Gutschein, wenn ich hier nichts anderes kaufen möchte? Nein, ich bestehe auf meinem Geld.

Arbeitsauftrag

Überprüfen Sie, ob Lisa die Herausgabe des Geldes verlangen kann. Beantworten Sie mithilfe des Informationstextes zunächst die folgenden Fragen:
1. Ist der von Lisa vorgebrachte Mangel erheblich?
2. Welche Mängelart liegt hier vor?
3. Ist die Frist für eine Mängelrüge eingehalten worden?
4. Welche Rechte können bei Lieferung mangelhafter Ware in Anspruch genommen werden?

3.2 Verträge schließen und mit den Vertragsfolgen umgehen

Auch eine falsche Montageanleitung ist ein Mangel

Online-Link
883501-0325
- Mängelrüge

Verjährung der Mängelansprüche BGB § 438

Rügefrist
Die Zeitspanne, in der ein Käufer den Mangel rügen muss, damit seine Ansprüche gegenüber dem Verkäufer erhalten bleiben.

Gewährleistung
Zusicherung, dass zum Zeitpunkt der Übergabe eines Gutes keine Mängel vorliegen.

Bei arglistiger Täuschung kann der Käufer den Vertrag anfechten, → S. 152

Mangel ist nicht gleich Mangel

Im Kaufvertrag verpflichtet sich der Verkäufer, dem Käufer die Ware ohne Mängel zu übergeben. Dennoch tauchen in der Praxis immer wieder folgende Sachmängel auf:
- **Mangel in der Art** (Gattungsmangel): Falsche Ware wird geliefert.
- **Mangel in der Menge** (Quantitätsmangel): Es wurde zu wenig Ware geliefert.
- **Mangel in der Güte** (Qualitätsmangel): Die tatsächliche Beschaffenheit weicht von der vereinbarten Beschaffenheit ab (z. B. ein Backofen erreicht nicht die vertraglich zugesicherte Leistung) oder die Beschaffenheit dient nicht dem Zweck, zu dem sie gekauft wurde (fehlerhafte oder verdorbene Ware).
- **Mangel in der Werbung**: Die gelieferte Ware entspricht nicht den Versprechen der Werbung, z. B. verbraucht ein Pkw mehr Benzin als in der Werbung angegeben.
- **Mangel in der Montage**: Der Verkäufer hat die Montage falsch durchgeführt.
- **Mangel in der Montageanleitung**: Die Montageanleitung ist so fehlerhaft, dass der Käufer die Sache nicht montieren kann oder fehlerhaft montiert ("Ikea-Klausel").

Rügefristen einhalten

Die Dauer der Rügefristen hängt davon ab, zwischen welchen Personen der Vertrag zustande kommt.
- Sind Käufer und Verkäufer Kaufleute, hat der Käufer die Ware unverzüglich, soweit dies nach ordnungsgemäßem Geschäftsgang möglich ist, auf Güte, Menge und Art zu prüfen und zu rügen. Durch einen Vertrag kann der Verkäufer seine Haftung beliebig verkürzen oder ausschließen.
- Ist der Käufer eine Privatperson und kauft er bei einem Unternehmen, spricht man von einem **Verbrauchsgüterkauf**. Die Rügefrist beträgt zwei Jahre und gilt auch, wenn Käufer und Verkäufer Privatpersonen sind. Bei gebrauchten Produkten kann die Frist beim Verbrauchsgüterkauf ein Jahr herabgesetzt werden. Der normale Verschleiß gehört nicht zu den Sachmängeln.

Bei Mängeln aus Bauwerken verjähren die Ansprüche nach fünf Jahren.
Bei einem arglistig verschwiegenen Mangel gilt die regelmäßige Verjährungsfrist (drei Jahre). Sie beginnt Ende des Jahres, in dem der Mangel festgestellt wurde.

Besonderheiten beim Kauf von Verbrauchsgütern (Verbraucherprivileg)

Innerhalb der zweijährigen Sachmangelhaftung gilt, wenn der Käufer eine Privatperson und der Verkäufer ein Unternehmen ist:
- Wenn innerhalb der ersten sechs Monate ein Sachmangel auftritt, so kann man unterstellen, dass der Mangel bereits bei

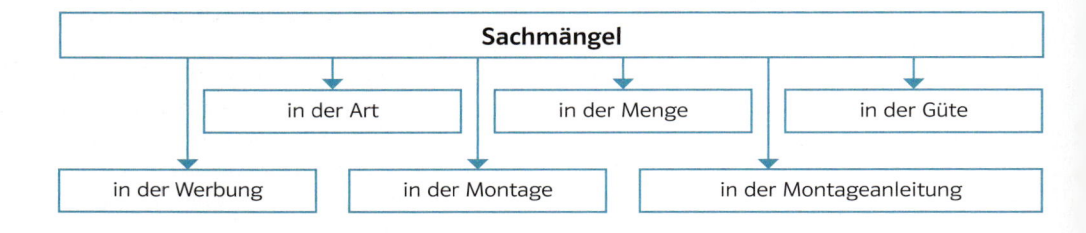

Sachmängel		
in der Art	in der Menge	in der Güte
in der Werbung	in der Montage	in der Montageanleitung

164 3 Mit Kunden und Auftragnehmern kommunizieren

der Übergabe vorhanden war (**Rückwirkungsvermutung**). Der Verkäufer muss nun nachweisen, dass die Ware zum Zeitpunkt der Übergabe mangelfrei war (**Beweislastumkehr**).
- In der restlichen Gewährleistungsfrist muss der Käufer beweisen, dass die Ware bereits bei der Übergabe Mängel hatte.

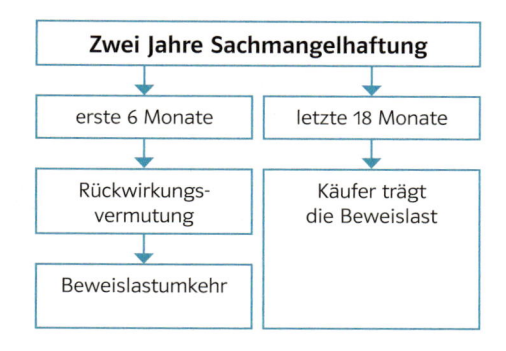

Stufe 1	**Nacherfüllung**: Der Käufer kann die Nacherfüllung verlangen. Dabei hat er folgendes Wahlrecht: - **Nachbesserung**: Er kann die Reparatur der Ware fordern oder - **Ersatzlieferung**: Der Käufer kann eine mangelfreie Ware beanspruchen. Die mit der Nacherfüllung verbundenen Aufwendungen, wie Transport-, Arbeits- und Materialkosten, hat der Verkäufer zu tragen.

Das Wahlrecht des Käufers auf Nachbesserung oder Ersatzlieferung gilt jedoch nicht in jedem Fall.
- Der Verkäufer kann die Nachbesserung verweigern, wenn damit unverhältnismäßig hohe Kosten verbunden sind. *Beispiel:* die Reparatur eines Haartrockners kostet 30 €, der Kaufpreis beträgt 20 €.
- Der Verkäufer hat das Recht auf Nachbesserung, wenn dies in den AGB oder im Vertrag wirksam vereinbart wurde. Der Käufer braucht nur zwei Nachbesserungen zu akzeptieren.

Nacherfüllung BGB § 439

Besondere Bedingungen für Rücktritt und Schadenersatz BGB §§ 440 ff.

Zwei Jahre Sachmangelhaftung
- erste 6 Monate → Rückwirkungsvermutung → Beweislastumkehr
- letzte 18 Monate → Käufer trägt die Beweislast

Wenn der Käufer die Mängelrüge unterlässt, so gilt die Ware als genehmigt. Um sicherzugehen, sollte ein Mangel unverzüglich angezeigt werden. Die Mängelrüge kann formlos erteilt werden.

Auswirkungen einer Garantie

Gibt der Verkäufer eine über die gesetzliche Gewährleistungspflicht von zwei Jahren hinausgehende Garantie, z. B. von fünf Jahren, so gelten die Rechte, die in der Garantieerklärung aufgeführt sind.

Beispiel: Ein Automobilhersteller gibt in seiner Fernsehwerbung eine Garantie von fünf Jahren gegen Durchrostungsschäden.

Die Rechte des Käufers bei Sachmängeln

Bringt ein Kunde einwandfreie Ware zurück, z. B. weil sie ihm nicht mehr gefällt, so liegt kein Sachmangel vor und es besteht kein Umtauschrecht. Bietet man dem Kunden in diesem Fall die Rücknahme der Ware gegen einen Gutschein an, liegt ein Entgegenkommen des Verkäufers (Kulanz) vor.
Liegt ein Sachmangel vor, hat der Käufer in zwei Stufen folgende Rechte:

Hat die Nacherfüllung keinen Erfolg, tritt die Stufe zwei in Kraft.

Stufe 2	In dieser Stufe hat der Käufer folgende Rechte:
	- **Rücktritt vom Kaufvertrag**: Der Käufer kann wegen eines Mangels vom Kaufvertrag zurücktreten und erhält, falls die Ware schon bezahlt ist, den Kaufpreis erstattet. Einen Gutschein muss der Kunde nicht akzeptieren.
	- **Minderung** (Herabsetzung des Kaufpreises): Wenn der Käufer die fehlerhafte Ware noch verwenden kann, ist durch eine Einigung mit dem Verkäufer auch eine angemessene Preisminderung möglich.
	- **Ersatz vergeblicher Aufwendungen**: Der Käufer kann auf den Schadenersatz verzichten und dafür den Ersatz seiner vergeblichen Aufwendungen verlangen.
	Beispiel: Ein Käufer hat für den Einbau eines Pizzaofens im Garten Vorarbeiten verrichtet. Der gelieferte Pizzaofen ist zweimal vergeblich repariert worden. Nun kann der Käufer den Ersatz für seine Vorarbeiten verlangen.
	- **Schadenersatz**: Der Käufer kann zusätzlich Schadenersatz verlangen, wenn folgende Voraussetzungen vorliegen:
	  – Der Verkäufer muss schuldhaft gehandelt haben.
	  – Der Käufer hat eine angemessene Frist zur Nacherfüllung gesetzt und die Frist ist abgelaufen.

Ist der Mangel unerheblich, besteht kein Rücktrittsrecht vom Vertrag.
In folgenden Fällen kennt das Gesetz keine Gewährleistungsansprüche:
- Der Käufer nimmt die Ware trotz Kenntnis des Mangels ohne Vorbehalt an, rügt den Mangel nicht (*Beispiel:* Die Ware ist schon im Preis herabgesetzt).
- Die Ware wurde auf einer öffentlichen Versteigerung gekauft.

Garantie

Zusicherung der Funktionsfähigkeit eines Gutes für eine bestimmte Periode

RECHTE DES KÄUFERS BEI MANGELHAFTER LIEFERUNG

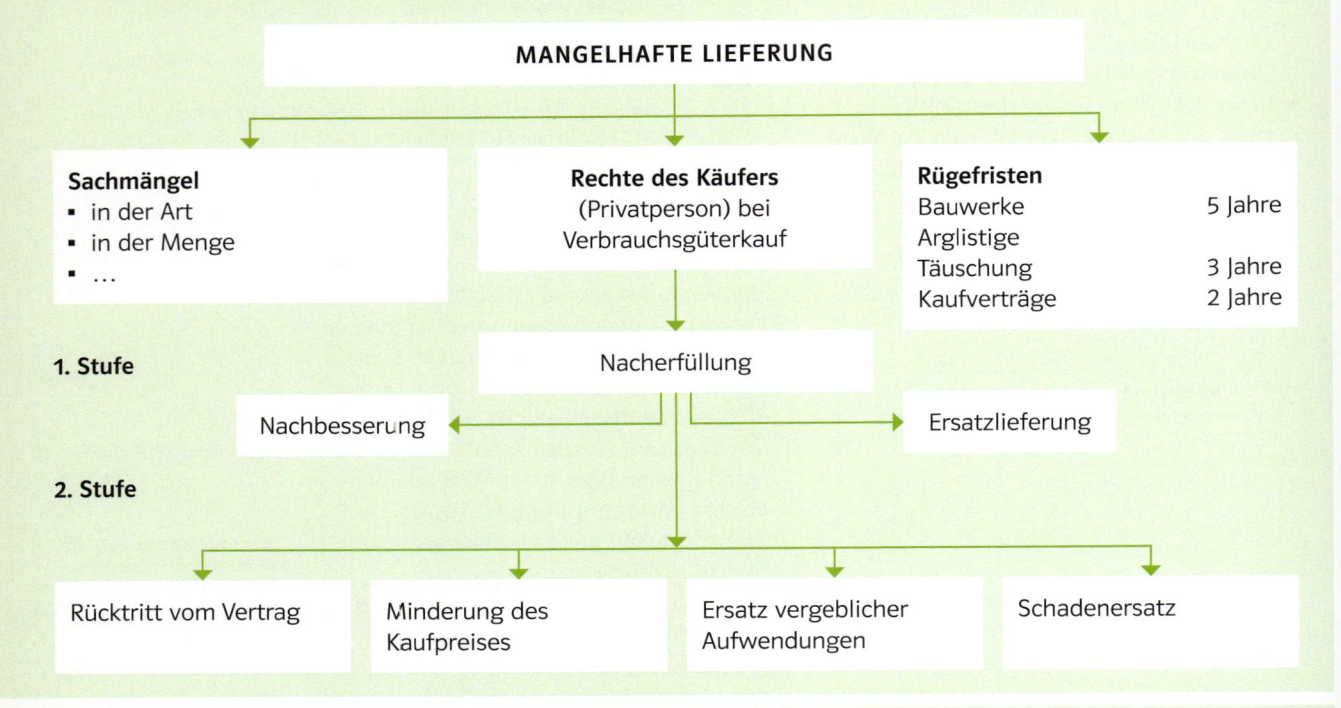

MANGELHAFTE LIEFERUNG

Sachmängel
- in der Art
- in der Menge
- …

Rechte des Käufers (Privatperson) bei Verbrauchsgüterkauf

Rügefristen
Bauwerke	5 Jahre
Arglistige Täuschung	3 Jahre
Kaufverträge	2 Jahre

1. Stufe

Nacherfüllung → Nachbesserung / Ersatzlieferung

2. Stufe

- Rücktritt vom Vertrag
- Minderung des Kaufpreises
- Ersatz vergeblicher Aufwendungen
- Schadenersatz

Übungsaufgaben

1. **Bestimmen Sie jeweils den Sachmangel, der in den folgenden Fällen vorliegt.**
   a) Der neue Backofen der Bäckerei Schmitz erreicht nicht die im Vertrag zugesicherte Backleistung.
   b) Michael kauft einen neuen Pkw. Im Werbeprospekt gibt der Hersteller an, dass der durchschnittliche Benzinverbrauch bei vier Litern pro 100 Kilometern liegt. Im ersten Monat verbraucht der Pkw jedoch durchschnittlich acht Liter.
   c) Einem Kunden wird das falsche Waschbecken eingebaut.
   d) Schreinermeister Klein hat eine Tür falsch herum eingebaut.

2. **Bei mangelhafter Lieferung kann der Käufer Nacherfüllung verlangen. Erläutern Sie, was der Gesetzgeber darunter versteht.**

3. **Erläutern Sie, von welchen Käuferrechten Sie in den folgenden Fällen Gebrauch machen können.**
   a) Ein Pkw hatte bereits nach einigen Hundert Kilometern Fahrleistung einen Motorschaden, der von der Werkstatt behoben wurde. Wenige Wochen später trat der gleiche Fehler noch einmal auf. Das Fahrzeug wurde ein zweites Mal repariert. Als der Fehler zum dritten Mal auftritt, ist der Käufer mit seiner Geduld am Ende.
   b) Peter hat in einem Mitnahmemarkt ein Regal gekauft. Die Montageanleitung ist lückenhaft. Nach jedem Zusammenbau bricht das Regal zusammen.
   c) Ein Pizzaservice liefert anstelle einer Pizza Margarita eine Pizza Calzone aus.

4. **Notieren Sie, worin sich Garantie und Gewährleistung unterscheiden.**

Verstöße gegen Verbraucherschutzbestimmungen aufzeigen

LERNSITUATION

Frau Schmöller vom Verbraucherschutzverband erhält neben dem Fax und dem Anruf folgenden Brief:

„[…] mein Sohn Klaus ist mit dem Fahrrad verunglückt. Ursache des Unfalls waren blockierte Bremsen. Dadurch wurde Klaus über das Lenkrad katapultiert und verlor durch den Aufprall mehrere Zähne. Eine Fahrradwerkstatt stellte fest, dass aufgrund eines Konstruktionsfehlers das Blockieren der Bremsen bei diesem Modell schon viele Male vorgekommen sei. Der Fahrradhändler Kremer, lehnt alle Forderungen mit der Begründung ab, dass die Gewährleistungsfrist bereits abgelaufen sei und ihn keine Schuld am Konstruktionsfehler treffe. Er habe lediglich das Fahrrad aus Asien importiert und verkauft. Kann ich eine kostenlose Reparatur, den Eigenanteil an der Zahnarztrechnung von 1200 € und Schmerzensgeld verlangen?"

> …ich habe für mich und meinen Freund vor drei Wochen beim Verkaufssender TV-Shop telefonisch eine Urlaubsreise gebucht. Seit einer Woche sind wir getrennt. Kann ich den Vertrag mit dem Reiseveranstalter auflösen?

> Das Kaufhaus Gräbner wirbt jeden Donnerstag in der Tageszeitung für seine Produkte. Jedes mal sind am Nachmittag alle Sonderangebote ausverkauft, weil diese Artikel in viel zu geringen Mengen angeboten werden. Ist das Verhalten des Lebensmittelgeschäftes zulässig?

Arbeitsauftrag

In den oben dargestellten Fällen bitten die Verbraucher um die rechtliche Klärung ihrer Probleme. Bearbeiten Sie bitte diese Fälle.

Sind genug Sonderangebote da?

Online-Link
883501-0326
- Gesetze
- Verbraucherschutzverbände

ProdHaftG §1: Haftung
Wird durch den Fehler eines Produktes jemand getötet, sein Körper oder seine Gesundheit verletzt oder eine Sache beschädigt, so ist der Hersteller des Produktes verpflichtet, dem Geschädigten den daraus entstandenen Schaden zu ersetzen.

Verstöße gegen UWG
Der Anspruch auf Unterlassung wird in der Praxis von Mitbewerbern und der IHK geltend gemacht.

Gefährdungshaftung
Der Hersteller haftet für alle Gefahren, die von seinem Produkt ausgehen.

Ansprüche aus dem Produkthaftungsgesetz (ProdHaftG)

Ein Unternehmen haftet nach dem Produkthaftungsgesetz für Schäden, die sein mangelhaftes Produkt beim Verbraucher anrichtet. Wichtig für den Verbraucher ist, dass er die gesetzlichen Regelungen zur Produkthaftung von den Gewährleistungsrechten (→ S. 163 – 166) unterscheidet.

Beispiel: Jemand kauft ein mangelhaft verarbeitetes Fantrikot. Zu allem Übel färbt es auch noch auf andere Kleidungsstücke ab. Geht es dem Kunden darum, sein Geld für das Trikot zurückzubekommen, so hat er alle Rechte eines Käufers (z. B. aus der Gewährleistung). Dagegen regelt die Produkthaftung die Schäden, die ein fehlerhaftes Produkt verursacht. Das sind hier verfärbte Textilien, z. B. eine teure Designerjacke.

Nach dem Gesetz haften:
- Hersteller mit Sitz in der EU,
- Quasihersteller, die sich durch Anbringen ihres Namens als Hersteller ausgeben,
- am Vertrieb Beteiligte, z. B. der Importeur, der die Ware in die EU eingeführt hat.

Voraussetzungen für die Haftung

Damit das Produkthaftungsgesetz greift, muss ein Fehler am Produkt vorhanden sein. Ein Fehler liegt vor, wenn das Produkt nicht die Sicherheit bietet, die üblicherweise erwartet werden kann. Allenfalls ein unvernünftiger Missbrauch schließt die Haftung des Herstellers aus (z. B. Nichtbeachtung der Gebrauchsanweisung, eigene unsachgemäße Reparatur).
Gehaftet wird für Konstruktionsfehler, Fabrikationsfehler und Instruktionsfehler (mangelhafte Bedienungsanleitung).
Ein Verschulden des Herstellers ist nicht erforderlich. Es genügt, wenn durch die Produkte ein Schaden verursacht worden ist: Man spricht von Gefährdungshaftung.

Umfang der Haftung

Gehaftet wird für Personenschäden und Sachbeschädigung. Bei Personenschäden muss der Händler den entstandenen Schaden bis höchstens 85 Mio. Euro ersetzen. Sachschäden werden ersetzt, sofern sie den Betrag von 500 Euro überschreiten. Sachschäden bis zu dieser Höhe muss der Geschädigte selbst tragen.
Alle Ansprüche aus der Produkthaftung verjähren drei Jahre ab Kenntnis des Mangels und maximal zehn Jahre, nachdem der Gegenstand verkauft wurde.

Gesetz gegen den unlauteren Wettbewerb (UWG)

Kaufleute sollen nach fairen Regeln um Kunden werben. Das UWG verbietet es den Marktteilnehmern,
- mit ihren Handlungen gegen die guten Sitten zu verstoßen oder
- irreführende Angaben zu machen.

Als **Verstoß gegen die guten Sitten** gelten insbesondere
- anreißerische (aufdringliche, belästigende) Werbung, z. B. unaufgeforderte Telefonanrufe an Privatleute, das Ansprechen von Personen auf offener Straße;
- vergleichende Werbung, wenn die Aussagen nicht nachprüfbar sind oder wenn es zu einer Verunglimpfung oder Herabsetzung fremder Waren, Dienstleistungen oder Mitbewerber kommt. Direkte Werbevergleiche mit Konkurrenten sind jedoch erlaubt;

- Gewinnspiele/Preisausschreiben/Verlosungen mit Kaufzwang, z. B. wenn die Aushändigung von Teilnahmekarten an einem Preisausschreiben vom Kauf einer Ware abhängig gemacht wird.

Von einer **Irreführung des Verbrauchers** spricht das UWG
- bei falschen Angaben über Beschaffenheit und Qualität von Waren;
- bei Lockvogelangeboten: Sonderangebotswerbung, ohne dass Artikel in ausreichender Menge zur Verfügung stehen;
- wenn Produkte in der Werbung mengenmäßig beschränkt werden („Abgabe nur in Haushaltsmengen", „Kein Verkauf an Wiederverkäufer"). Davon ausgenommen ist der Verkauf von Sonderangeboten. Wie lange Sonderangebote aus der Werbung vorrätig gehalten werden müssen, hängt von der Ware und von vergleichbaren Aktionen aus der Vergangenheit ab. Sonderangebote sind naturgemäß nur in begrenzter Stückzahl vorhanden. Der Kaufmann darf daher die Menge und den Zeitraum des Angebots begrenzen.

Die Preisangabenverordnung (PAngV)

Wer erwerbs- oder geschäftsmäßig Verbrauchern Waren oder Dienstleistungen anbietet, muss diese mit Preisen auszeichnen. Dabei gelten nach der PAngV folgende Vorschriften:
- Die Preise sind einschließlich der Mehrwertsteuer und sonstiger Bestandteile anzugeben. Dazu zählt z. B. der Preis für Bedienung in Gaststätten.
- Für angebotene Dienstleistungen (z. B. Friseur, Gaststätten) muss ein Preisverzeichnis erstellt und ausgehängt werden.
- Der Preis für unverpackte Ware, die noch ausgewogen wird, muss in 1000 g oder 100 g angegeben sein. Energieversorger (für Strom, Gas, Wasser …) haben den Preis für eine Mengeneinheit, z. B. Kilowattstunde, anzugeben.
- Bei der Auszeichnung der Preise müssen die Grundsätze der **Preisklarheit** und **Preiswahrheit** beachtet werden. Die Preise müssen dem Angebot oder der Werbung eindeutig zugeordnet werden

können, leicht erkennbar und deutlich lesbar sein. So sind an Tankstellen die Kraftstoffpreise so auszuzeichnen, dass der auf der Straße heranfahrende Kraftfahrer die Preise lesen kann.
- Für Kredite ist der „effektive Jahreszins" anzugeben (→ S. 120).

Widerrufsrecht bei Haustürgeschäften

Der Käufer kann **innerhalb von 14 Tagen schriftlich widerrufen**, wenn der Abschluss des Vertrages
- am Arbeitsplatz oder in der Privatwohnung,
- durch überraschendes Ansprechen auf der Straße oder in Verkehrsmitteln oder
- auf einer vom Verkäufer organisierten Veranstaltung („Kaffeefahrt") zustande kam.

Die Frist von zwei Wochen verlängert sich auf einen Monat, wenn die Belehrung über das Widerrufsrecht erst nach Vertragsabschluss erfolgte. Wenn der Verbraucher nicht ordnungsgemäß belehrt wird, erlischt das Widerrufsrecht nicht.

Widerrufsrecht BGB § 312

Ein Recht auf Widerruf besteht nicht, wenn
- die Kaufverhandlung auf Wunsch des Käufers geführt wurde, er also den Berater bestellt hat;
- wenn sofort geliefert und gezahlt wird und der Kaufpreis 40 Euro nicht übersteigt.

Schnäppchen oder Nepp?

Teilzahlungsgeschäfte BGB §§ 501 ff.

Widerrufsrechte BGB §§ 312b – 312c

E-Commerce wird hier als elektronischer Handel/ Handelsverkehr verstanden.

Widerrufsfristen § 355 BGB

Zur Verlängerung der Widerrufsfrist → Widerrufsrecht bei Haustürgeschäften

In Raten zahlen

Bei **Teilzahlungsgeschäften** wird der Kaufpreis in Raten beglichen. Der Vertrag zwischen Unternehmer und Verbraucher muss schriftlich abgeschlossen werden und folgende Angaben enthalten:
- den Barzahlungspreis,
- den Teilzahlungspreis (Gesamtbetrag von Anzahlungen und allen vom Verbraucher zu zahlenden Teilbeträgen, einschließlich Zinsen und sonstiger Kosten),
- Betrag, Anzahl und Fälligkeit der einzelnen Teilzahlungen,
- den effektiven Jahreszins,
- die Belehrung, dass der Verbraucher innerhalb von 14 Tagen schriftlich ohne Angabe von Gründen oder durch Rücksendung der Sache den Vertrag widerrufen kann.

Die angegebenen Vorschriften gelten nur, wenn die Summe der zu leistenden Teilzahlungen über 200 Euro liegt.

Das Widerrufsrecht gilt ebenfalls beim:
- **Verbraucherdarlehensvertrag**
- **Ratenlieferungsvertrag**.

Zu den Ratenlieferverträgen zwischen Unternehmen und Verbrauchern gehören
- regelmäßige Lieferungen von Sachen gleicher Art, z. B.: Zeitschriftenabonnements;
- die Verpflichtung des Verbrauchers, in regelmäßigen Abständen immer wieder Sachen zu kaufen oder zu beziehen, Beispiel: Mitgliedschaft im Bücherclub.

Fernabsatzverträge und elektronischer Geschäftsverkehr

Dieses Gesetz gilt für Verträge, die unter ausschließlicher Verwendung von Fernkommunikationsmitteln abgeschlossen werden, d. h. durch Briefe, Kataloge, Telefonanrufe, Fax, E-Mails sowie Rundfunk, Tele- und Mediendienste.

Dieses Gesetz gilt aber nicht für:
- die Lieferung von Speisen und Getränken, z. B. Pizzaservice;
- Bank-, Wertpapier- und Versicherungsgeschäfte.

Einige Besonderheiten sind im E-Commerce zu beachten. Danach hat der Unternehmer dem Verbraucher die Möglichkeit zu verschaffen, die Vertragsbestimmungen einschließlich der Allgemeinen Geschäftsbedingungen (AGB) abzurufen und auf seinem PC zu speichern.
Zudem hat jedes Unternehmen eine **Informationspflicht**, d. h., es muss dem Käufer folgende Daten angeben:
- Anschrift des Unternehmens,

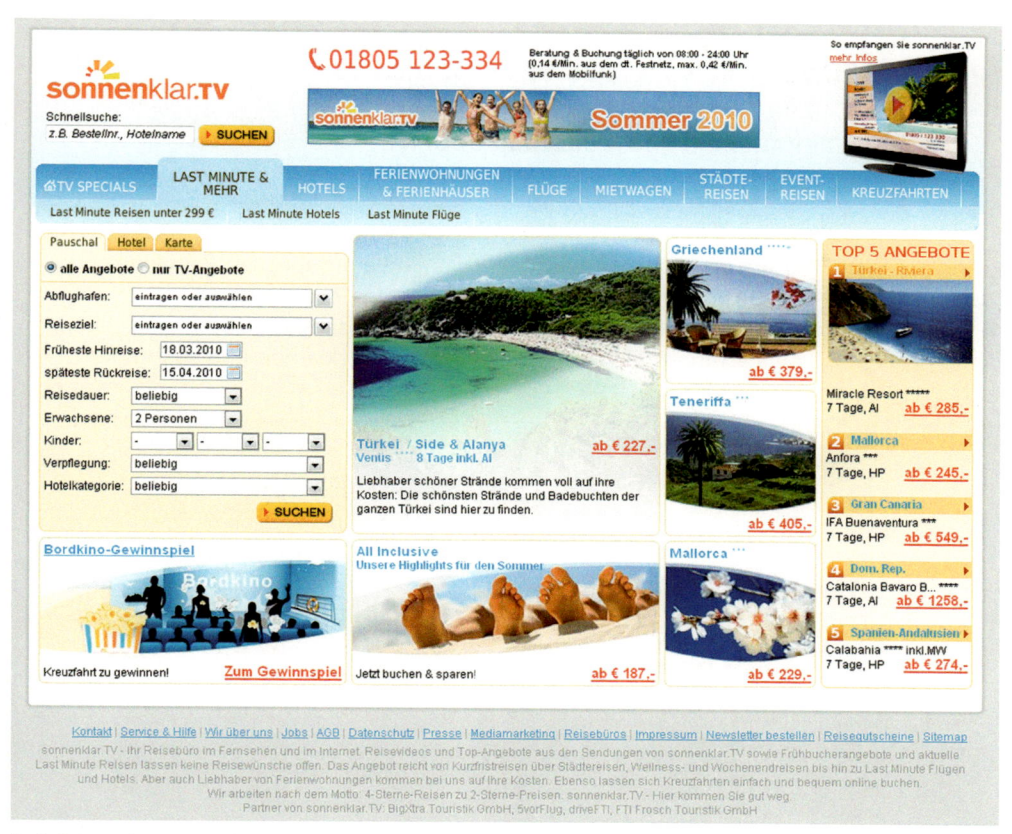

3.2 Verträge schließen und mit den Vertragsfolgen umgehen

Auch Reisen gibt es beim Tele-Shopping

- wesentliche Eigenschaften der Ware oder Dienstleistung,
- Preise der Waren und Dienstleistung einschließlich aller Steuern und sonstigen Preisbestandteile,
- zusätzlich anfallende Versandkosten,
- Gewährleistungs- und Garantiebedingungen,
- Bestehen eines Widerrufs- oder Rückgaberechts.

Das Widerrufsrecht besteht nicht bei ersteigerten Gegenständen, entsiegelten Audio- und Videoaufzeichnungen und Software, Spezialanfertigungen und Waren, die für eine Rücksendung ungeeignet sind (z. B. schnell verderbende Ware).
Auch bei Geschäften über Tele- und Mediendienste muss der **Widerruf** schriftlich innerhalb von 14 Tagen erfolgen. Gründe müssen dafür nicht angegeben werden.

Wenn sich der Unternehmer zum Abschluss des Vertrags eines Tele- oder Mediendienstes (Internet) bedient, hat er dem Kunden gegenüber bestimmte Pflichten. Er muss
- technische Mittel zur Verfügung stellen, mit deren Hilfe der Kunde Eingabefehler vor Abgabe einer Bestellung erkennen und berichtigen kann,
- den Zugang der Bestellung unverzüglich auf elektronischem Weg bestätigen,
- bestimmte Informationen mitteilen und dem Kunden die Möglichkeit geben, Vertragsbestimmungen abzurufen und zu speichern.

Falls der Unternehmer eine dieser Pflichten verletzt, kann der Käufer schriftlich innerhalb von sechs Monaten vom Vertrag zurücktreten.

GESETZLICHE BESTIMMUNGEN ZUM SCHUTZ DES VERBRAUCHERS

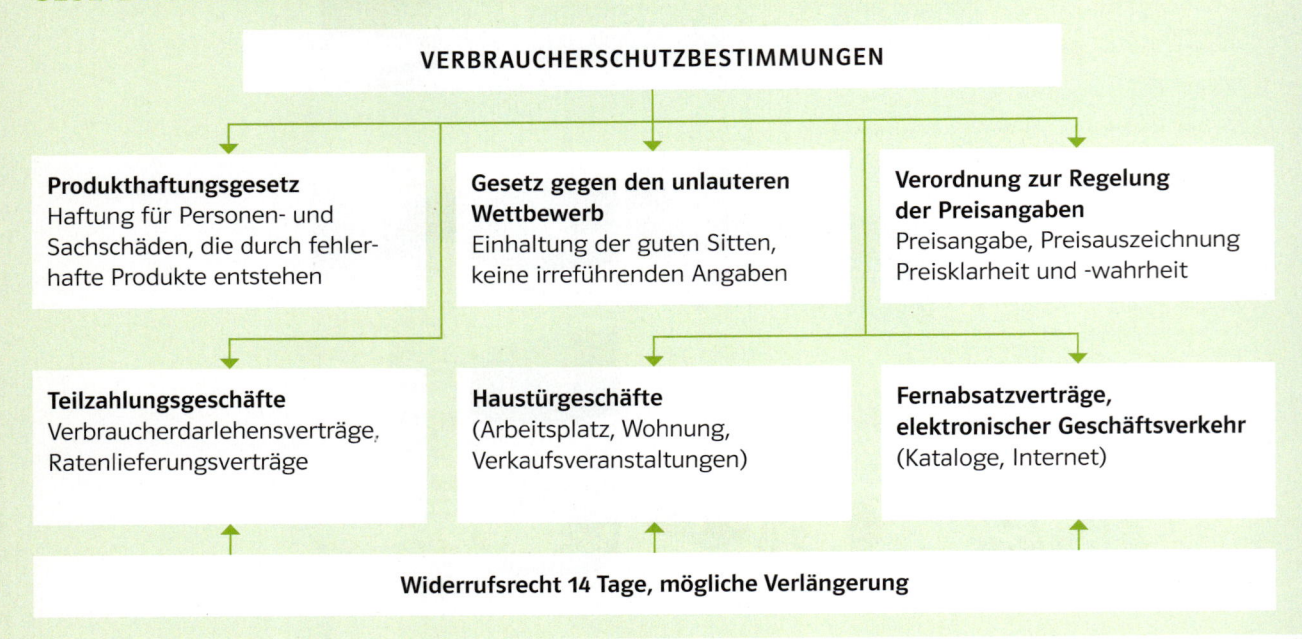

VERBRAUCHERSCHUTZBESTIMMUNGEN

Produkthaftungsgesetz
Haftung für Personen- und Sachschäden, die durch fehlerhafte Produkte entstehen

Gesetz gegen den unlauteren Wettbewerb
Einhaltung der guten Sitten, keine irreführenden Angaben

Verordnung zur Regelung der Preisangaben
Preisangabe, Preisauszeichnung Preisklarheit und -wahrheit

Teilzahlungsgeschäfte
Verbraucherdarlehensverträge, Ratenlieferungsverträge

Haustürgeschäfte
(Arbeitsplatz, Wohnung, Verkaufsveranstaltungen)

Fernabsatzverträge, elektronischer Geschäftsverkehr
(Kataloge, Internet)

Widerrufsrecht 14 Tage, mögliche Verlängerung

Übungsaufgaben

1. Bearbeiten Sie die folgenden Fälle:

a) Herr Buchholtz hat aufgrund einer Anzeige des Getränkehandels Scholz dort für seine Gartenparty Bier bestellt. Als er einige Zeit später die Rechnung erhält, stellt er fest, dass er mehr bezahlen soll, weil zu den Anzeigepreisen plötzlich noch die Umsatzsteuer (USt) hinzugerechnet wurde. Auf Anfrage erhält Herr Buchholtz vom Getränkehandel Scholz die Auskunft, er hätte wegen des außerordentlich günstigen Preises erkennen müssen, dass es sich um Nettopreise handelte und die Umsatzsteuer natürlich noch dazukomme.
Herr Buchholtz möchte wissen, ob er den höheren Rechnungsbetrag bezahlen muss.

b) Herr Bähron hat den Vertreter des Möbelherstellers Pieron zu sich nach Hause eingeladen, um sich wegen einer neuen Wohnzimmereinrichtung beraten zu lassen. Am Ende schließt er einen Kaufvertrag ab. Darin ist vereinbart, dass er 30 Tage nach der Lieferung 15 000 Euro zahlen muss. Am nächsten Tag kommen Herrn Bähron Bedenken, ob er der künftigen Zahlungsverpflichtung nachkommen kann. Er möchte vom Vertrag zurücktreten.
Prüfen Sie, ob das möglich ist.

2. Nennen Sie die Widerrufsfristen bei Haustür- und Teilzahlungsgeschäften.

3. Beschreiben Sie, welche Absichten das Produkthaftungsgesetz verfolgt.

4. Das UWG verbietet es den Marktteilnehmern,
a) mit ihren Handlungen gegen die guten Sitten zu verstoßen und
b) irreführende Angaben zu machen.
Erläutern Sie die beiden Punkte.

5. Unterscheiden Sie zwischen Verbraucherdarlehensvertrag und Ratenlieferungsvertrag.

3.3 Ein Unternehmen präsentieren und in seiner Identität fördern

Einen Fragebogen erstellen

LERNSITUATION

Mareike Brand hat vor einiger Zeit das Autohaus Brand von ihrem Vater Heinz übernommen. In regelmäßigen Abständen erscheint der Seniorchef, um nach dem Rechten zu sehen.

Vater: Was hat meine Tochter denn heute wieder für Veränderungen geplant?
Tochter: Ich arbeite an einem Marketingkonzept für unser Autohaus. Vorher soll aber eine Marktuntersuchung durchgeführt werden.
Vater: Marktuntersuchung? Was soll denn das? Das ist doch nur was für große Unternehmen. Unser Angebot und unsere Leistungen stimmen doch! Das wissen auch unsere Kunden. Die kommen auch ohne Marktuntersuchung.
Tochter: Woher weißt du, was Kunden wollen und ob z. B. die Leistungen unserer Werkstatt wirklich so gut sind? Du hast doch immer gesagt, eine gute Werkstatt verkauft am Ende die Autos. Und dann wäre es doch vielleicht ratsam, genauer zu wissen, was die Kunden von uns halten. Außerdem wäre es gut zu erfahren, wie unsere Produktpalette ankommt, wie Sonderaktionen wahrgenommen werden und so weiter.
Vater: Vielleicht hast du ja doch Recht. Die Zeiten haben sich eben geändert. Aber wie soll eine Marktuntersuchung aussehen? Willst du etwa ein Meinungsforschungsinstitut beauftragen? Das ist viel zu teuer!
Tochter: Ich habe mir gedacht, wir schicken unseren Kunden einen Fragebogen zu. Die Adressen haben wir aus unserer Kundendatei. Ich überlege gerade, welchen Anreiz man schaffen könnte, damit die Kunden den Fragebogen auch zurückschicken.

Arbeitsauftrag

Entwickeln Sie einen Fragebogen, in dem die Kunden das Autohaus bewerten.
1. Folgende Bereiche sollen abgedeckt werden:
   - Werkstatt/Service
   - Verkaufsbereich/Personal
   - Erscheinungsbild in der Öffentlichkeit.
2. Überlegen Sie sich einen Anreiz für die Befragten, den Fragebogen zurückzuschicken.

Online-Link
883501-0331

- *Marktforschung*

Marktforschung ermöglicht kundenorientiertes Handeln

Die Märkte, auf denen Unternehmen ihre Produkte und Dienstleistungen anbieten, verändern sich ständig. Das liegt u. a. an der rasanten Entwicklung im technischen Bereich und an den gestiegenen und sich stetig verändernden Ansprüchen der Kunden. Hinzu kommt, dass aufgrund der Globalisierung der Wettbewerbsdruck zwischen den Unternehmen steigt.
Dadurch hat sich der **Verkäufermarkt** zum **Käufermarkt** gewandelt. Die meisten Unternehmen, dies gilt auch für das Handwerk, können es sich nicht mehr leisten, passiv zu bleiben und auf Aufträge zu warten, die sie dann abarbeiten. Vielmehr müssen die Unternehmen ihren Umsatz planen und auf die Käufer zugehen. Die zentrale Frage ist: Was muss ich dem Kunden wie, wo und wann anbieten? Von Unternehmen wird ein kundenorientiertes Handeln erwartet. Daher gibt es heute nicht nur in der Produktpolitik Marktforschung.

Um die Absatzchancen von Produkten oder Dienstleistungen zu beurteilen, lassen Hersteller oder Händler Marktuntersuchungen vornehmen. Ziel ist die systematische Sammlung und Auswertung von Marktdaten
- zu einem Zeitpunkt: **Marktanalyse**,
- über einen Zeitraum: **Marktbeobachtung**,
- über zukünftige Entwicklungen bzw. Trends: **Marktprognose**.

Die Marktforschung soll Aufschluss geben über
- das Konsumentenverhalten: verfügbares Einkommen, Preise vergleichbarer Produkte, Lebens- und Verbrauchsgewohnheiten,
- die ansprechbaren Zielgruppen: Alter, Geschlecht, Hobbys, Einstellungen, Gewohnheiten, Haushaltsgröße, verfügbares Einkommen,
- die Produkteigenschaften: Material, Form, Farbe, Oberfläche, Verpackung, Preislage, Umweltverträglichkeit, Qualitätsniveau,
- die Konkurrenzsituation: Anbieter, Marktanteile, Absatzentwicklung, Aktionen der Konkurrenten,
- das Ansehen des Unternehmens in der Öffentlichkeit.

Zur Informationsgewinnung verwendet die Marktforschung zwei Verfahren: Primärforschung und Sekundärforschung.

Primärforschung – erste Datenerhebung

Bei diesem Verfahren werden Daten erstmalig erfasst. Es ist ein aufwendiges und kostenintensives Verfahren, bietet aber den Vorteil, zielgerichtet Marktdaten zu erheben. Die wichtigsten Methoden dabei sind:
- die **Befragung** von Kunden, Verbrauchern und Herstellern. Die Befragungen können

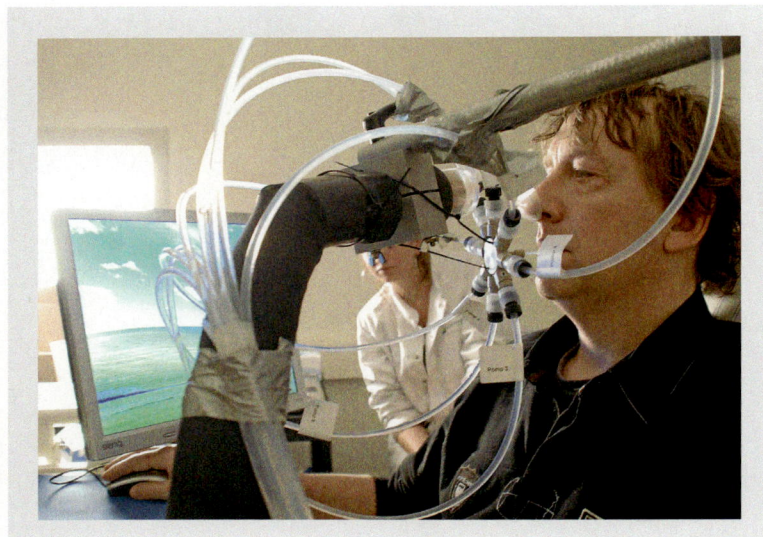

Laborversuch – was beeinflusst unser Kaufverhalten?

Unser unbewusstes Handeln rückt immer stärker in den Fokus von Marktforschern. Die Konzerne investieren Millionen in die sinnliche Anmutung ihrer Produkte. Wie müssen Dinge riechen und klingen, damit sie sich besser verkaufen lassen? Und wer entscheidet darüber, welche Farben in drei Jahren auf den Markt kommen?

„Angriff auf die Sinne" ein Film von Jan Tenhaven, gesendet am 19.08.2009, 23.30 Uhr im Ersten

3.3 Ein Unternehmen präsentieren und in seiner Identität fördern

schriftlich in Form von Fragebögen (→ Übersicht S. 176), mündlich in Form von persönlichen Interviews oder über das Internet durchgeführt werden;
- die **Paneltechnik**, um über Veränderungen und Entwicklungen auf dem Markt ständig unterrichtet zu sein. Dazu werden Daten über einen längeren Zeitraum erhoben, indem ein gleich bleibender Personenkreis immer wieder Auskünfte zu einem bestimmten Sachverhalt erteilt (z. B. Fernsehquoten);
- die **Beobachtung**, wenn Informationen unabhängig von der Auskunftsbereitschaft des Einzelnen beschafft werden. So können z. B. die Reaktionen und das Verhalten von Kunden im Supermarkt über Beobachter oder Kameras erfasst werden. Meinungen, Motive und Einstellungen der Personen bleiben jedoch unberücksichtigt;
- der **Test**, bei dem Testpersonen Produkte zur Beurteilung vorgelegt werden.

Die Durchführung dieser Methoden ist nicht nur aufwendig, sondern erfordert umfassende Kenntnisse. Daher beauftragen Unternehmen häufig Marktforschungsinstitute zur Datenerhebung. Zu den weltweit größten Instituten gehört die Gesellschaft für Konsumforschung (GfK) mit mehr als 10 000 Mitarbeitern.

Sekundärforschung – Auswertung vorhandener Daten

Grundsätzlich wird ein Unternehmen zunächst auf vorhandenes Informationsmaterial zurückgreifen. Das können eigene Unterlagen, z. B. Kundendateien, Umsatz- und Absatzstatistiken oder Berichte der Außendienstmitarbeiter sein. Unternehmensfremde Informationen sind Veröffentlichungen von Statistiken (z. B. vom Statistischen Bundesamt), Fachzeitschriften oder Verbänden.

Die Sekundärforschung hat Vor- und Nachteile. Zu den Vorteilen gehören die schnelle und kostengünstige Datenerhebung. Dagegen sind die Daten nicht immer aktuell und häufig nicht spezifisch genug, um die gewünschten Informationen zu liefern.

Interviews sind eine bewährte Methode in der Primärforschung

Umsetzung der Marktforschungsergebnisse

Nachdem die Marktforschung eine Vielzahl von Informationen geliefert hat, müssen in einem zweiten Schritt Schlussfolgerungen aus den erhobenen Marktdaten gezogen werden. Zunächst werden die **Marketingziele** formuliert, wie z. B. Umsatz, Marktanteil, Gewinn oder Erhöhung des Bekanntheitsgrades. Anschließend werden die Auswahl und die Anwendung der Marketinginstrumente festgelegt: **Marketingstrategie**.

In der Dr.-Oetker-Versuchsküche testen Experten neue Produkte, bevor sie auf den Markt kommen

3 Mit Kunden und Auftragnehmern kommunizieren

So führen Sie eine Befragung richtig durch

Die folgenden Leitfragen können bei der Durchführung einer Befragung helfen:

1. Was wollen Sie herausbekommen?
Bevor Sie Fragen entwickeln, ist es wichtig, sich im Klaren darüber zu sein, was Sie wissen möchten. Die Fragen sind abhängig von der Zielsetzung der Befragung.

2. Wer soll befragt werden (Zielgruppe)?
Während kleine Gruppen (z. B. eine Klasse) vollständig befragt werden können, muss bei einer größeren Gruppe (z. B. Einwohner einer Stadt) eine Auswahl getroffen werden.

3. Welche Methode soll eingesetzt werden?
Die gängigen Methoden sind schriftliche und telefonische Befragungen und offene Interviews (z. B. Passantenbefragung).

4. Wie werden die Fragen formuliert?
Vor der Befragung sollten Ziel und Inhalt der Befragung mitgeteilt werden. Gute Fragen sollten kurz und möglichst einfach formuliert sein und den Wissensstand des Befragten berücksichtigen. Die Auswertung des Fragebogens wird durch Antwortvorgaben erleichtert.

Beispiele: Bitte kreuzen Sie die zutreffenden Antworten an.
Warum kaufen Sie in der Metzgerei Hahn?
☐ Lage des Geschäftes   ☐ gute Parkmöglichkeit
☐ Auswahl der Produkte   ☐ Qualität der Produkte
☐ Preise der Produkte   ☐ freundliche Bedienung

Wie beurteilen Sie die Fleischwaren?

	sehr gut	gut	befriedigend	schlecht
Rindfleisch	☐	☐	☐	☐
Schweinefleisch	☐	☐	☐	☐

Offene Fragen ohne Antwortvorgaben sind sinnvoll, wenn sich die Zahl der möglichen Antworten nicht bestimmen lässt, eine umfassendere Antwort erwartet wird oder Verbesserungsvorschläge unterbreitet werden sollen.

Welche Verbesserungsvorschläge haben Sie?
_____
_____

5. Wie kann die Bereitschaft erhöht werden, an der Befragung teilzunehmen?
Um bei einer schriftlichen Befragung die Rücklaufquote zu erhöhen, können als Anreize Preisausschreiben oder Gewinnspiele mit der Befragung verbunden werden.

6. Wie sollen die Ergebnisse ausgewertet werden?
Die Antworten können ausgezählt, die entsprechenden Anteile errechnet und Diagramme erstellt werden. Die Auswertung per Computer kann mithilfe eines Auswertungsprogramms erfolgen (kostenloser Download z. B. unter www.grafstat.de).

MARKTFORSCHUNG IM RAHMEN DES MARKETINGS

MARKTFORSCHUNG
systematische Sammlung und Auswertung von Marktdaten

Grundlage für

Kundenorientiertes Handeln

Methoden

Ziele
Aufschlüsse erhalten über:
- Konsumverhalten
- Zielgruppen
- Produkteigenschaft
- Konkurrenzsituation
- Ansehen des Unternehmens

Primärforschung
erstmaliges Erheben von Daten durch:
- Befragung
- Paneltechnik
- Beobachtung
- Test

Sekundärforschung
Auswertung bereits vorhandener Informationsquellen,
z. B. Statistiken, Fachzeitschriften, Kundendateien

Marktprognose
(Absatzchancen, Einsatz der Marketinginstrumente)

Übungsaufgaben

1. **Nennen Sie die Aufgaben/Ziele der Marktforschung.**

2. **Unterscheiden Sie zwischen Primär- und Sekundärforschung.**

3. **Erläutern Sie anhand eines Beispiels die einzelnen Methoden der Primärforschung.**

4. **Werten Sie folgende Statistik aus.**
   Statistik über Größe und Entwicklung der Haushalte in Prozent

Haushaltsgröße Jahr	Ein-Personen-Haushalte	Zwei-Personen-Haushalte	Haushalte mit drei Personen und mehr
1991	34	31	35
2006	39	34	27
2025	41	37	22

Statistisches Bundesamt

a) Erklären Sie die Veränderungen der Haushaltsgrößen im Laufe der 34 Jahre.

b) Beschreiben Sie, welche möglichen Veränderungen der Marketingziele sich daraus für Unternehmen aus folgenden Bereichen ergeben können:
   - Lebensmittelindustrie
   - Automobilindustrie
   - Wohnungswirtschaft
   - Freizeitindustrie
   - Fremdenverkehrsindustrie.

Ein Unternehmen in der Öffentlichkeit präsentieren

LERNSITUATION

Wieder im Autohaus Brand. Seniorchef Heinz Brand im Gespräch mit seiner Tochter Mareike, die grübelnd am Schreibtisch sitzt.

Vater: Wenn ich mir die Ergebnisse der Fragebogenaktion anschaue, ist doch alles in bester Ordnung. Die Qualität unserer Werkstatt und der Service lassen nichts zu wünschen übrig. Was wollen wir denn noch mehr?
Tochter: Vielleicht ist dir entgangen, dass unser Autohaus, so wie wir uns der Öffentlichkeit präsentieren, nicht so gut wegkommt. Daran müssen wir arbeiten. Du sagst doch immer: „Klappern gehört zum Handwerk".
Vater: Und wie soll das aussehen? Machen wir jetzt Werbung vor den Acht-Uhr-Nachrichten im Fernsehen?
Tochter: Jetzt tu bitte nicht so, als ob wir früher nie Anzeigen in der Lokalzeitung geschaltet hätten. Aber es gibt heute Lokalfernsehen und Lokalradio und im Bereich der Öffentlichkeitsarbeit gibt es vielfältige Möglichkeiten.
Vater: Vielleicht auch noch „Corporate Identity"?
Tochter: Warum nicht? Man könnte doch mal ein Konzept entwerfen, wie wir uns in der Öffentlichkeit besser darstellen. Was finanziell machbar ist, entscheiden wir dann.

Arbeitsauftrag

Erstellen Sie ein Konzept zur Außendarstellung des Unternehmens, das Elemente aus der Kommunikationspolitik und dem „Corporate Identity" enthält.
Konkretisieren Sie Ihre Vorstellung so weit wie möglich.

3.3 Ein Unternehmen präsentieren und in seiner Identität fördern

Einen Marketing-Mix zusammenstellen

Aus den Ergebnissen der Marktprognose (→ S. 173 ff.) wird ein Marketingkonzept entwickelt. Zu den Marketinginstrumenten zählt man:
- Produkt- und Sortimentspolitik
- Kommunikationspolitik
- Vertriebs- oder Distributionspolitik
- Preispolitik.

Die sinnvolle Abstimmung dieser Instrumente bezeichnet man als **Marketing-Mix**. Dabei müssen Produkteigenschaft, Preis, Werbebotschaft und Vertriebsform eine Einheit bilden.

Produkt- und Sortimentspolitik

Der Sortimentsbegriff bezieht sich in erster Linie auf Handelsbetriebe. Er bezeichnet alle Waren und Dienstleistungen, die angeboten werden. In Industrie und Handwerk wird die Gesamtheit der produzierten Sachgüter als Produktionsprogramm bezeichnet. Um mit dem Sortiment bzw. mit den Produkten den sich wandelnden Kundenansprüchen gerecht zu werden, nutzen Unternehmen die unterschiedlichen Möglichkeiten der Sortiments- und Produktpolitik.
- **Sortimentserweiterung/Produktinnovation**: Das Unternehmen nimmt zusätzliche Warengruppen/Produkte in sein Sortiment auf.
- **Sortimentsumstrukturierung/Produktvariation**: Teile des Sortiments werden durch andere Artikel ersetzt oder eingeführte Produkte werden in bestimmten Merkmalen verändert.
- **Sortimentsbereinigung/Produktelimination**: Artikel werden aus dem Sortiment entfernt.

- Kundenbindung
- Steigerung des Marktanteils
- Verbesserung des Firmenimages
- Reaktion auf Werbung der Konkurrenz
- Überbrückung von Auftragslücken (z. B. beim Bau-Handwerk im Winter).

Durch Absatzwerbung, Öffentlichkeitsarbeit und Verkaufsförderung sollen diese Ziele erreicht werden.

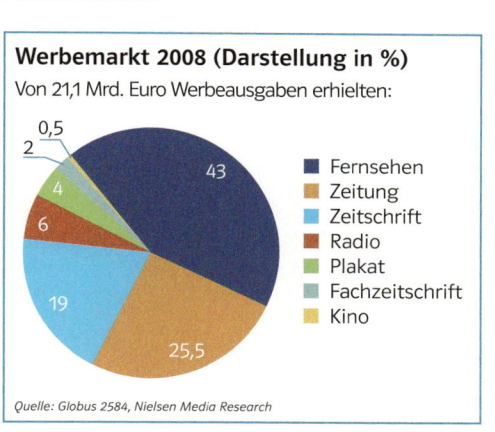

Werbemarkt 2008 (Darstellung in %)
Von 21,1 Mrd. Euro Werbeausgaben erhielten:
- Fernsehen: 43
- Zeitung: 25,5
- Zeitschrift: 19
- Radio: 6
- Plakat: 4
- Fachzeitschrift: 2
- Kino: 0,5

Quelle: Globus 2584, Nielsen Media Research

Online-Link
883501-0332
- *Marketinginstrumente*
- *Corporate Identity*

Kommunikationspolitik

Das grundsätzliche Werbeziel ist die Absatzsteigerung. Für Jungunternehmer gilt es, zunächst neue Kunden zu gewinnen bzw. Verbraucher für neue Produkte oder Modetrends zu interessieren. Weitere Ziele von Werbekampagnen sind:

Absatzwerbung

Eine Werbemaßnahme ist dann besonders erfolgreich, wenn ein Produkt in die unmittelbaren Lebensgewohnheiten des Konsumenten passt. Da aber die Bedürfnisse der Menschen sehr unterschiedlich sind, kann man heute in der Regel nur die Wünsche eines Teils der Verbraucher gesondert herausstellen, der **Zielgruppe**. Wenn es gelingt, eine bestimmte Gruppe möglicher Käufer gezielt einzugrenzen, kann die Werbeaktion auf diese Zielgruppe ausgerichtet werden. Mit **Werbegebiet** ist die regionale Ausdehnung der Kampagne gemeint (z. B. Beschränkung auf Norddeutschland). In welchem Umfang eine Werbekampagne durchgeführt wird, ist abhängig von den zur Verfügung stehenden Mitteln, dem **Werbebudget**. Eingesetzt werden verschiedene **Werbemittel**, die über **Werbeträger** der Öffentlichkeit zugänglich gemacht werden. Am häufigsten werden genutzt:

Werbemittel	Werbeträger
Anzeige	Zeitung, Zeitschrift
Plakat	Schaufenster, Litfasssäule, Plakatwände, …
Texte, Bilder, Preise	Werbebrief, Flyer, Prospekte, …
Werbespot	Fernsehen
Rundfunkspot	Rundfunk
Suchmaschineneinträge	Internet

Mit der Festlegung der **Werbezeit** ist die Planung abgeschlossen. Am Ende erfolgt die Überprüfung der Wirksamkeit der Werbekampagne (Werbeerfolgskontrolle). Unternehmen und Händler müssen z. B. die Kunden vor, während und nach einer Aktion zählen, Verbraucher- oder Haushaltsbefragungen durchführen und die Umsatzentwicklung einzelner Produkte beobachten. Je nach Ergebnis kann die Werbekampagne intensiviert, verändert oder beendet werden.

Öffentlichkeitsarbeit

Im Unterschied zur Absatzwerbung steht Öffentlichkeitsarbeit für die Bemühungen um Interesse, Vertrauen und Anerkennung in der Öffentlichkeit. Sie will ein Unternehmen als Ganzes bekannt machen. Öffentlichkeitsarbeit kann sich auf Massenmedien, Veröffentlichungen in Hauszeitungen, Betriebsbesichtigungen oder Verbindungen zu wichtigen Behörden erstrecken. Diese spezielle Form der gesellschaftlichen Einbindung eines Unternehmens nennt man **Public Relations** (PR).

Beispiel: Ein Bäcker öffnet seine Backstube einen Tag vor Muttertag für Kinder.
Sponsoring geht über das soziale Engagement hinaus und steht für die öffentlichkeitswirksame, finanzielle Unterstützung von Personen und Organisationen vor allem im sportlichen, kulturellen und sozialen Bereich.
Beispiel: Eine Brauerei finanziert einen Fußballverein und darf dafür auf der Bande oder den Sportlertrikots werben.

Verkaufsförderung

Maßnahmen der Verkaufsförderung beziehen sich meistens auf den Herstellungs- oder Verkaufsort. Beispiele sind die Gestaltung des Verkaufsraums, die Warenpräsentation im Schaufenster oder auf Messen sowie die Schulung des Personals.

Vertriebspolitik

Zur Vertriebspolitik (Distributionspolitik) zählt man alle Maßnahmen, die eine bestmögliche Verteilung der Produkte und Dienstleistungen an mögliche Kunden beinhalten. Der Vertrieb der Produkte kann direkt oder indirekt erfolgen.

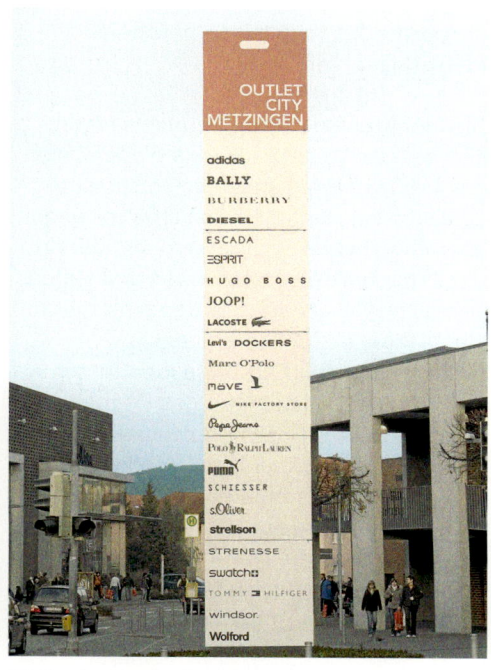

3.3 Ein Unternehmen präsentieren und in seiner Identität fördern

Fabrikverkauf ist eine Form des direkten Vertriebs

Direkter Vertrieb

Wenn der Hersteller seine Produkte selbst durch ein werkseigenes Vertriebssystem vertreibt, bezeichnet man dies als direkten Vertrieb.
Dazu gehören:
- Lagerverkauf/Outlet Center
- Verkaufsniederlassungen (Filialen, z. B. H&M)
- eigener Versandhandel (z. B. Otto-Versand)
- Homeshopping (z. B. QVC)
- Bestellungen über das Internet (z. B. Dell)
- Haustürverkäufe (z. B. Vorwerk)
- Home-Partys (z. B. Tupperware).

Beim direkten Vertrieb herrscht ein direkter Kontakt zwischen dem Produzenten und dem Kunden. Typisch ist diese Form des Vertriebs für kleinere Unternehmen, z. B. im Handwerk, sowie für Industrieunternehmen, die komplette Maschinen oder Anlagen auf Kundenwunsch herstellen oder die besonders erklärungsbedürftige Produkte haben. Die Vorteile des direkten Vertriebsweges liegen in der genauen Produktkenntnis des Herstellers bzw. Verkäufers und in der Einsparung von Händlerkosten.

Indirekter Vertrieb

Hersteller von Massen- und Konsumgütern (z. B. Getränke, Süßwaren, Waschmittel) setzen ihre Produkte in der Regel mithilfe des Groß- und Einzelhandels ab. Dies bezeichnet man als indirekten Vertrieb. Die Vorteile dieses Vertriebssystems bestehen für den Hersteller darin, dass der Handel über eine entsprechende Marktübersicht und Branchenkenntnis verfügt. Außerdem kann das Produkt fast jedem Konsumenten über den Groß- und Einzelhandel angeboten werden.

Vor allem Bekleidungshersteller setzen auf eigene Filialgeschäfte.

Preispolitik

Die Preispolitik gehört zu den wichtigsten Faktoren im Bereich des Marketings, da für viele Kunden der Preis ein wichtiges Kaufargument ist. So lässt sich einerseits über einen hohen Preis das Ziel der Gewinnmaximierung erreichen; andererseits kann ein zu hoher Preis gegenüber der Konkurrenz einen Wettbewerbsnachteil bedeuten und somit zum Verlust von Marktanteilen führen. Die Preisbildung wird beeinflusst von:
- den Kosten eines Produktes oder einer Dienstleistung,
- dem Verhalten der Kunden,
- dem Verhalten der Konkurrenten.

Werden die Preise vor allem in Abhängigkeit von den Kosten bestimmt, zuzüglich eines Gewinnzuschlags, spricht man von **kostenorientierter Preisbildung**. Der Produzent kann den Preis selbst bestimmen. Diese Situation liegt vor, wenn der Hersteller als

Kalkulationsschema → S. 104

Alleinanbieter (**Monopolist**) am Markt auftritt oder wenn eine große Nachfrage den Verkäufer in eine bevorzugte Position bringt.

Die meisten Unternehmen müssen sich jedoch am Marktpreis orientieren. Zahlreiche Anbieter stehen im Wettbewerb um die Gunst des Kunden. Die Käufer sind in der vorteilhaften Lage, aus einem großen Angebot auswählen zu können. Für den Hersteller ist eine Preisfestsetzung ohne Berücksichtigung der Preise von Mitbewerbern kaum möglich. Dies gilt vor allem dann, wenn mehrere Anbieter gleichartige Produkte verkaufen. Versucht ein Konkurrent über Preissenkungen größere Käuferschichten an sich zu ziehen, müssen die Mitbewerber sofort reagieren und unter Umständen damit rechnen, dass der Verkaufspreis kurzfristig unterhalb der eigenen Kosten liegt (Dumpingpreis, ruinöser Wettbewerb).

Neben dem Preis gibt es zusätzliche Faktoren (Konditionen), die die Kaufentscheidung des Kunden beeinflussen:
- Rabattgewährung: Mengen-, Treue-, Sonderrabatte, Skonto (→ S. 198–199)
- Zahlungsbedingungen: Gewährung von Zahlungszielen
- Dienstleistungen: Garantie, Wartung

Mc Donalds hat eine unverwechselbare Unternehmensidentität

Corporate Identity (Unternehmensidentität)

Die Identität eines Unternehmens ergibt sich aus den Wertvorstellungen oder Zielen des Managements und ihrer Umsetzung. Dies spiegelt sich wider im Verhalten gegenüber Kunden und Mitarbeitern und der Art der Kommunikation nach innen und außen. Daraus ergibt sich für den Betrachter ein klares Profil des Unternehmens.
Drei Bereiche von Corporate Identity sind:
- **Corporate Design** meint das Erscheinungsbild des Unternehmens. Unverwechselbare Firmenlogos, Markenzeichen, Schriftzüge, Formulare, Arbeitskleidung der Mitarbeiter usw. ermöglichen eine bessere Erkennbarkeit des Unternehmens.
- **Corporate Communication** umfasst die Unternehmenskommunikation nach außen (Werbemaßnahmen, Öffentlichkeitsarbeit) und nach innen (unternehmensinterne Kommunikation).
- **Corporate Behaviour** legt das Verhalten gegenüber Kunden, Lieferanten, Partnern und Mitarbeitern untereinander fest. Im internen Bereich drückt sich dies in der Mitarbeiterführung und im Umgang mit Konflikten und Kritik aus.

Die Umsetzung all dieser Maßnahmen führt nicht nur zu einem positiven Bild des Unternehmens in der Öffentlichkeit. Auch die Mitarbeiter identifizieren sich stärker mit dem eigenen Unternehmen. Dies steigert die Motivation und verbessert die Leistung. Dadurch wird das Unternehmen wiederum positiver gesehen.

Die zehn beliebtesten deutschen Unternehmen	
1.	VW
2.	Daimler
3.	Siemens
4.	BMW
5.	Audi
6.	Opel
7.	Porsche
8.	Bosch
9.	BASF
10.	Telekom

Umfrage Oliver Heieck, TNS Emnid (08/2009)

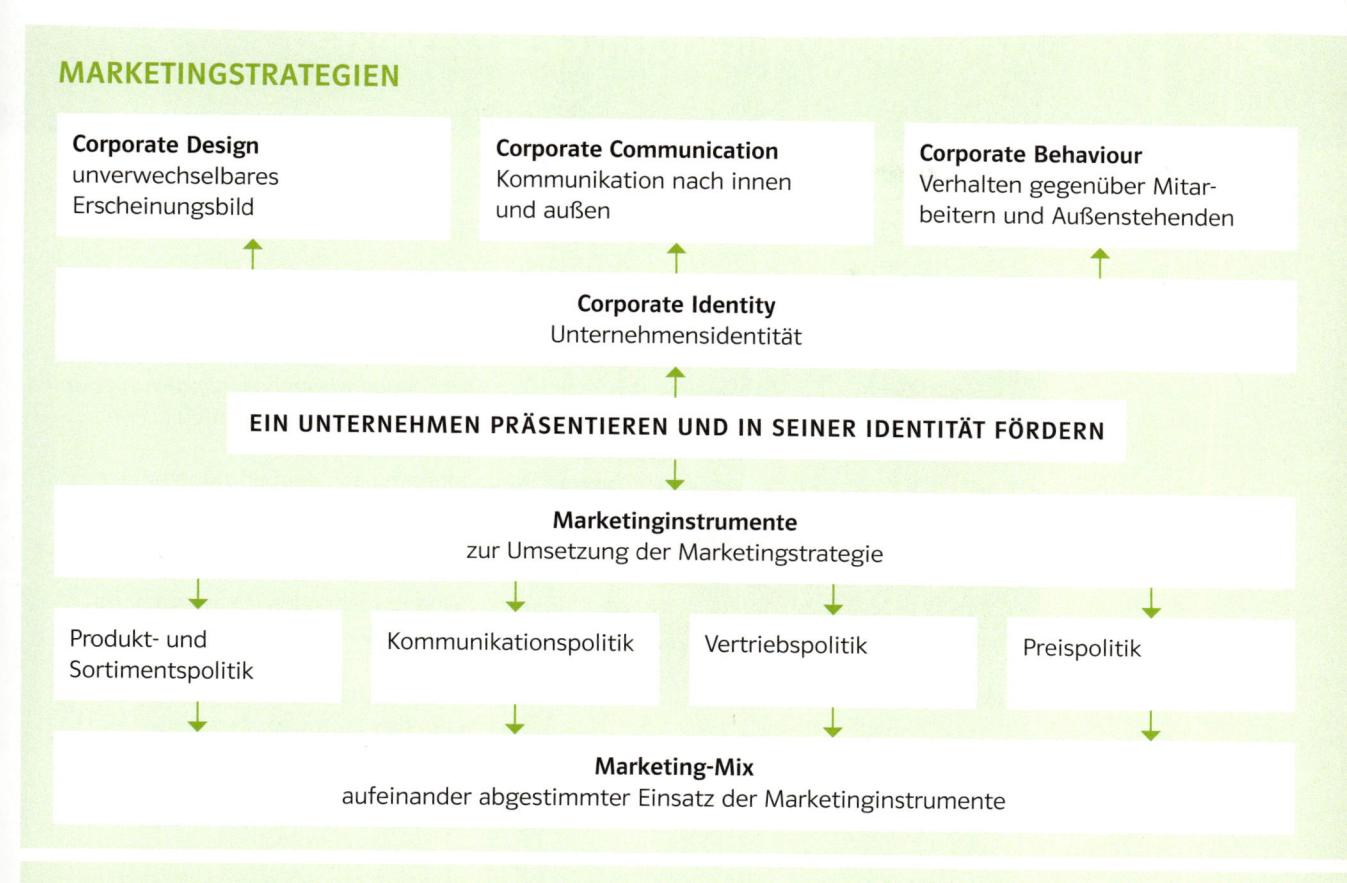

MARKETINGSTRATEGIEN

Corporate Design
unverwechselbares Erscheinungsbild

Corporate Communication
Kommunikation nach innen und außen

Corporate Behaviour
Verhalten gegenüber Mitarbeitern und Außenstehenden

↑ ↑ ↑

Corporate Identity
Unternehmensidentität

↑

EIN UNTERNEHMEN PRÄSENTIEREN UND IN SEINER IDENTITÄT FÖRDERN

↓

Marketinginstrumente
zur Umsetzung der Marketingstrategie

↓ ↓ ↓ ↓

Produkt- und Sortimentspolitik | Kommunikationspolitik | Vertriebspolitik | Preispolitik

↓ ↓ ↓ ↓

Marketing-Mix
aufeinander abgestimmter Einsatz der Marketinginstrumente

Übungsaufgaben

1. Erläutern Sie, warum die einzelnen Marketinginstrumente zu einem sinnvollen Marketing-Mix zusammengefasst werden sollten.

2. Nennen Sie Werbemittel und entsprechende Werbeträger, die Ihr Ausbildungsbetrieb benutzt.

3. Ordnen Sie die Beispiele den Maßnahmen Produktinnovation, Produktvariation oder Produktelimination zu.
   a) Ein Automobilhersteller bringt erstmals ein Zwei-Liter-Auto auf den Markt.
   b) Eine Brauerei bietet ihr Bier mit unterschiedlichem Alkoholgehalt an.
   c) Ein Hersteller von Tiefkühlkost nimmt Fischprodukte aus dem Sortiment.
   d) Ein Telefonhersteller bringt ein neues Modell auf den Markt, das sich nur durch das Design und den Markennamen von den anderen angebotenen Geräten unterscheidet.

4. Bestimmen Sie aus der Sicht des Herstellers die Vorteile der folgenden Vertriebsformen: Vertrieb der Waren über
   a) ein eigenes Filialsystem
   b) den Groß- und Einzelhandel
   c) das Internet
   d) Haustürverkauf.

5. Ein Unternehmen tritt mit einem klaren Profil gegenüber Mitarbeitern, Lieferanten und Kunden auf. Beschreiben Sie die Vorteile, die sich daraus für das Unternehmen ergeben können.

3 Methode: Arbeiten mit Gesetzestexten

Wie ist die Rechtslage in diesem Fall?

Der Fall: Der Auszubildende Peter kauft beim Autohaus Lachmann einen zwei Jahre alten gebrauchten VW Polo. In dem Kaufvertrag befindet sich unter § 4 (Gewährleistung) folgende Regelung:
Sämtliche Gewährleistungsansprüche verjähren innerhalb von sechs Monaten ab Übergabe des Fahrzeugs.
Neun Monate nach Kauf und Übergabe des Pkw hat der Motor einen Totalschaden. In der Werkstatt des Autohauses Lachmann stellt sich heraus, dass die Ursache für den Motorschaden schon bei Vertragsschluss vorlag und einen eindeutigen Mangel darstellt.
Peter verlangt daraufhin, dass die Firma Lachmann den Motor auf ihre Kosten repariert. Das Autohaus Lachmann verweigert die kostenlose Reparatur unter Hinweis auf § 4 des Kaufvertrags.

Vorgehensweise bei der Untersuchung der Rechtslage

1. Schritt:
- Welche Frage soll gelöst werden?

2. Schritt:
- Welche Anspruchsgrundlage ist für die Beantwortung der Frage entscheidend?

3. Schritt:
- Liegen die gesetzlichen Anspruchsvoraussetzungen vor?
- Bestehen keine weiteren Hindernisse?

4. Schritt:
- Wie lautet die entsprechende Rechtsfolge?

Methode: Arbeiten mit Gesetzestexten

1. Schritt
Um die Rechtslage zu erarbeiten, ist es zunächst erforderlich, den Sachverhalt aufzuarbeiten. Dafür ist bei Rechtsstreitigkeiten zwischen Parteien des Privatrechts (natürliche Personen, Unternehmen, Vereine usw.) eine Erarbeitung anhand der Fragestellung *„Wer will was von wem woraus?"* sinnvoll.

Hier will Peter (*wer*) die für ihn kostenlose Reparatur des VW Polo (*was*) von dem Autohaus Lachmann (*von wem*) aus dem zwischen Peter und dem Autohaus Lachmann geschlossenen Vertrag (*woraus*).

2. Schritt
Dann kann im Gesetz die Anspruchsgrundlage erarbeitet werden. Die Rechtsbeziehungen zwischen Privatparteien sind grundsätzlich im Bürgerlichen Gesetzbuch (BGB) geregelt. Daneben gibt es zahlreiche Sondergesetze, welche bestimmte Rechtsbeziehungen näher regeln (z. B. HGB für Rechtsbeziehungen zwischen Kaufleuten; KSchG, BUrlG für Arbeitsverträge).
Für die Anwendbarkeit der Regelungen gilt: **Die speziellere Regelung geht der allgemeinen vor**. Um die richtige Anspruchsgrundlage zu finden, muss zuerst bestimmt werden, um was für eine Art von Schuldverhältnis es sich handelt.

Bei dem Vertrag zwischen Peter und dem Autohaus Lachmann handelt es sich um einen Kaufvertrag, auf den die Regelungen der BGB §§ 433–480 angewendet werden. Die Rechte eines Käufers bei Mängeln an der Kaufsache ergeben sich aus BGB § 437. Als Anspruchsgrundlage für die Forderung von Peter gegenüber dem Autohaus Lachmann auf kostenlose Reparatur kommt BGB § 439 in Betracht.

3. Schritt
(a) Die gesetzlichen Voraussetzungen für eine Reparatur des Pkw auf Kosten des Verkäufers sind, dass zwischen Peter und dem Autohaus Lachmann ein Kaufvertrag geschlossen wurde und der übergebene Kleinwagen mangelhaft ist.
Diese Voraussetzungen liegen hier vor.
(b) Das Autohaus Lachmann beruft sich jedoch darauf, dass der Mangel von Peter erst neun Monate nach Übergabe des Polos geltend gemacht wurde und der Nacherfüllungsanspruch von Peter aufgrund der Regelung in § 4 des Kaufvertrags verjährt sei. Es ist daher zu prüfen, ob die im Vertrag getroffene Regelung die Gewährleistungsansprüche von Peter nach nur sechs Monaten verjähren lässt.
Gemäß BGB § 438 verjährt der Anspruch auf Nacherfüllung grundsätzlich nach zwei Jahren. Von dieser Regelung können die Parteien einvernehmlich (d. h. mit dem Einverständnis aller Vertragspartner) abweichen. Dies gilt allerdings nicht für den Verbrauchsgüterkauf.
Der zwischen Peter und dem Autohaus Lachmann geschlossene Vertrag ist dann ein Verbrauchsgüterkauf, wenn die in BGB § 474 Abs. 1 aufgeführten Voraussetzungen vorliegen. Das trifft zu.
Peter ist Verbraucher, das Autohaus Unternehmer. **Es handelt sich also um einen Verbrauchsgüterkauf.**

4. Schritt
Da es sich bei dem Kaufvertrag zwischen Peter und dem Autohaus Lachmann um einen Verbrauchsgüterkauf handelt, konnte die Verjährungsfrist nicht durch den Kaufvertrag wirksam auf sechs Monate verkürzt werden.

Peter hat daher einen Anspruch auf kostenlose Reparatur.

Partei
hier: Beteiligte des Vertrags

Begriff des Verbrauchsgüterkaufs
BGB § 474
(1) Kauft ein Verbraucher von einem Unternehmer eine bewegliche Sache (Verbrauchsgüterkauf), gelten ergänzend die folgenden Vorschriften. […]

Abweichende Vereinbarungen
BGB § 475
(2) Die Verjährung der in § 437 bezeichneten Ansprüche kann … nicht durch Rechtsgeschäft erleichtert (Anm. d. Red.: verkürzt) werden, wenn die Vereinbarung zu einer Verjährungsfrist ab dem gesetzlichen Verjährungsbeginn von weniger als zwei Jahren, bei gebrauchten Sachen von weniger als einem Jahr führt.

Rechte des Käufers bei Mängeln
BGB § 437
Ist die Sache mangelhaft, kann der Käufer, wenn die Voraussetzungen der folgenden Vorschriften vorliegen und soweit nicht ein anderes bestimmt ist,
1. nach § 439 Nacherfüllung verlangen, […]

Nacherfüllung
BGB § 439
(1) Der Käufer kann als Nacherfüllung nach seiner Wahl die Beseitigung des Mangels oder die Lieferung einer mangelfreien Sache verlangen.
(2) Der Verkäufer hat die zum Zwecke der Nacherfüllung erforderlichen Aufwendungen, insbesondere Transport-, Wege-, Arbeits- und Materialkosten zu tragen.

PRÜFUNGSAUFGABEN

3.1 Verantwortlich handeln und situationsgerecht kommunzieren

1.

Was soll mit einem gut funktionierenden Beschwerdemanagement *nicht* erreicht werden?
A Kunden die Möglichkeit zur Beschwerde zu geben.
B Kunden mit ihren Forderungen abzuwimmeln.
C Qualitätsmängel zu erkennen.
D Kundenzufriedenheit zu erhöhen.
E Schwachstellen im Unternehmen aufzudecken.

2.

Wie verhält man sich als Mitarbeiter, wenn der Kunde seinem Ärger Luft macht?
A Man dreht sich um und geht.
B Man schreit in gleicher Lautstärke zurück.
C Man zeigt Verständnis für die Probleme des Kunden.
D Man schiebt die Schuld auf einen anderen Mitarbeiter.
E Man fragt ihn, ob er keine Fehler macht.

3.

Nennen Sie fünf Maßnahmen, um eine größere Kundenbindung zu erreichen.

4.

Der erste Eindruck, den ein Kunde von einem Unternehmen hat, ist besonders wichtig. Nennen Sie fünf Punkte, die zu einem positiven Erscheinungsbild beitragen.

3.2 Verträge schließen und mit den Vertragsfolgen umgehen

1.

Welches der folgenden Rechtsgeschäfte zählt zu den einseitigen Rechtsgeschäften?
A Pachtvertrag
B Mietvertrag
C Testament
D Kaufvertrag
E Werkvertrag.

2.

In welchem der folgenden Fälle ist ein Vertrag zustande gekommen?
A Anfrage – Angebot
B Anfrage – Bestellung
C Anfrage – Annahme
D Bestellung – Bestellungsannahme
E Angebot – Nachfrage.

3.

Bei welchem Rechtsgeschäft ist eine notarielle Beglaubigung erforderlich?
A Arbeitsvertrag
B Testament
C Kündigung
D Grundstückskauf
E Kreditvertrag.

4.

Welche Sonderregelung gilt für Internetangebote?
A Sie müssen nicht an eine bestimmte Person gerichtet sein.
B Die Preise erfolgen nach Vereinbarung.
C Es besteht eine umfassende Informationspflicht über Einzelheiten des Vertrags, Widerrufsrecht usw.
D Der Verkäufer muss sich nicht zu erkennen geben.

E Internetangebote müssen preisgünstiger als andere Angebote sein.

5.
Wie lange gilt ein schriftliches Angebot?
A zwei Wochen
B vier Wochen
C eine Woche
D einen Tag
E drei Tage.

6.
Zu den juristischen Personen zählt man *nicht*:
A die GmbH
B den Sportverein
C den Richter
D die Aktiengesellschaft
E die Handwerkskammer.

7.
Die beschränkte Geschäftsfähigkeit gilt für Personen
A unter sieben Jahren
B zwischen zehn bis 16 Jahren
C zwischen 16 bis 18 Jahren
D zwischen sieben bis 18 Jahren
E unter 18 Jahren.

8.
Sind die folgenden Rechtsfälle gültig? Begründen Sie Ihre Entscheidung.
a) Der 17-jährige Auszubildende Kevin kauft von seinem Taschengeld eine Uhr im Wert von 80 Euro.
b) Die sechsjährige Tina kauft von ihrem Taschengeld Süßigkeiten.
c) Herr Schmidt setzt in seinem Testament seinen Sportverein als Erben ein.
d) Der arbeitslose Magnus schließt einen Ratenvertrag über einen teuren Sportwagen ab.

9.
In welchem Fall wird ein Rechtsgeschäft erst durch eine Anfechtung ungültig?
A Bei Geschäften mit Geschäftsunfähigen.
B Bei Verstoß gegen Formvorschriften.
C Bei arglistiger Täuschung.
D Bei Verstoß gegen ein gesetzliches Verbot.
E Bei einem Scherzgeschäft.

10.
Bei einem Kaufvertrag zwischen einem Kaufmann und einer Privatperson gelten die gesetzlichen Bestimmungen des
A Handelsgesetzbuches
B Bürgerlichen Gesetzbuches
C Strafrechts
D Gewerberechts
E Grundgesetzes.

11.
Die Übertragung des Eigentums erfolgt bei unbeweglichen Sachen durch
A einen schriftlichen Vertrag
B Einigung der Vertragspartner
C Einigung der Vertragspartner und Übergabe der Sache
D Einigung der Vertragspartner und Bezahlung des vereinbarten Betrags
E Einigung vor dem Notar und durch die Eintragung ins Grundbuch.

12.
Ist die Eigentumsübertragung gestohlener Waren möglich?
A Ja, wenn man wusste, dass es sich um gestohlene Waren handelt.
B Nein, ist in keinem Fall möglich.
C Ja, wenn man nicht wusste, dass es sich um gestohlene Waren handelt.
D Ja, wenn die Ware bezahlt ist.
E Ja, wenn der Warenwert unter zehn Euro liegt.

13.
Unter welcher Voraussetzung kann der Verkäufer einen Notverkauf (Selbsthilfeverkauf) durchführen?
A In wirtschaftlich schlechten Zeiten.
B Wenn der Lieferant Geld benötigt.
C Wenn leicht verderbliche Waren vom Kunden nicht abgenommen werden.
D Wenn sich der Käufer in einer Notsituation befindet.
E Wenn der Lieferant keine Hilfen von anderen Personen erhält.

14.
Ein Verkäufer gerät in Lieferungsverzug, wenn ...
A er zu einem kalendermäßig bestimmten Termin nicht liefert.
B der Käufer eine Mahnung geschrieben hat.
C der Verkäufer nicht rechtzeitig liefert und ein Verschulden vorliegt.
D der Käufer eine Nachfrist setzt.
E der Käufer eine Nachfrist setzt und mit Schadenersatz droht.

15.
Wenn ein Verkäufer in Lieferungsverzug gerät, kann der Käufer ...
A einen Preisnachlass fordern.
B sofort vom Vertrag zurücktreten.
C nachträglich eine Konventionalstrafe festlegen.
D nichts dagegen machen.
E eine angemessene Nachfrist setzen und mit Schadenersatz drohen.

16.
Durch welche Maßnahme wird das gerichtliche Mahnverfahren eingeleitet?
A Pfändung von Gegenständen
B Durchführung einer Zwangsvollstreckung
C Zustellung eines Mahnbescheides
D Ablegen einer eidesstattlichen Versicherung
E Zustellung des Vollstreckungsbescheids.

17.
Welcher Gegenstand ist nicht pfändbar?
A Fahrzeug
B Maschine
C Möbel (Grundausstattung)
D Gebäude
E Familienschmuck.

20.
Ein Schuldner kann nach einer bestimmten Zeit die Zahlung verweigern. Wie lang ist die regelmäßige Verjährungsfrist?
A zwei Jahre
B drei Jahre
C fünf Jahre
D zehn Jahre
E 30 Jahre.

19.
Welche Rügefrist gilt bei einem Verbrauchsgüterkauf?
A drei Jahre
B zwei Jahre
C ein Jahr
D sechs Monate
E 18 Monate.

20.
Welche Rechte hat der Käufer, wenn bei einer mangelhaften Lieferung die Nacherfüllung keinen Erfolg hatte?

21.
In welchem Fall hat der Kunde keinen Gewährleistungsanspruch?
A Bei falschem Werbeversprechungen.
B Bei Waren aus öffentlichen Versteigerungen.
C Bei Fehlern in der Montageanleitung.
D Bei unerheblichen Mängeln.
E Bei Sonderangeboten.

22.

Bei Haustür- und Teilzahlungsgeschäften kann der Kunde innerhalb welcher Frist schriftlich widerrufen?
A acht Tage
B 14 Tage
C ein Monat
D zwei Monate
E drei Monate.

23.

Das Produkthaftungsgesetz regelt
A Gewährleistungsansprüche
B Garantiezeiten
C Schäden, die ein mangelhaftes Produkt anrichtet
D Konventionalstrafen
E Mängelarten.

24.

Bestimmen Sie, ob die folgenden Gründe zur Nichtigkeit oder zur Anfechtbarkeit von Rechtsgeschäften führen. Tragen Sie in die freien Kästchen jeweils
A für Nichtigkeit und
B für Anfechtbarkeit ein.

Arglistige Täuschung	
Geschäftsunfähigkeit	
Scherz- und Scheingeschäft	
Widerrechtliche Drohung	
Nichteinhaltung der vorgeschriebenen Form	
Irrtum	
Verstoß gegen ein Gesetz	
Verstoß gegen die guten Sitten	

25.

Setzen Sie die folgenden Schritte des Mahnverfahrens in die richtige Reihenfolge.

A	Vollstreckungsbescheid zustellen
B	Eidesstattliche Versicherung ablegen
C	Mahnbescheid zustellen
D	Zwangsvollstreckung durchführen
E	Versteigerung durch Gerichtsvollzieher
F	Mahnung schreiben

☐ → ☐ → ☐ → ☐ → ☐ → ☐

26.

Zeigen Sie jeweils anhand eines Beispiels die Anwendung der folgenden Verbraucherschutzbestimmungen auf.
a) Produkthaftungsgesetz
b) Gesetz gegen den unlauteren Wettbewerb
c) Verordnung zur Regelung der Preisangaben
d) Teilzahlungsgeschäfte
e) Haustürgeschäfte
f) Fernabsatzverträge, elektronischer Geschäftsverkehr.

3.3 Ein Unternehmen präsentieren und in seiner Identität fördern

1.

Was gehört *nicht* zum Marketingbereich eines Unternehmens?
A Marktforschung
B Public-Relations
C Produkt- und Sortimentspolitik
D Forschung und Entwicklung
E Vertriebspolitik.

2.

Was gehört im Bereich der Marktforschung *nicht* zur Primärforschung?
A die Beobachtung
B die Befragung
C die Auswertung von Statistiken
D der Test
E die Paneltechnik.

3.

Was gehört *nicht* zu den Aufgaben der Marktforschung? Aufschluss geben über
A das Konsumverhalten
B die ansprechbaren Zielgruppen
C die Anforderungen an ein Produkt
D die Absatzchancen eines Produktes
E die Konkurrenzsituation.

4.

Was gehört *nicht* zur Produkt- und Sortimentspolitik?
A Sortimentserweiterung
B Sortimentsbereinigung
C Preisdifferenzierung
D Produktinnovation
E Produktelimination.

5.

Ein Industrieunternehmen finanziert eine überregionale Musikveranstaltung und darf dafür auf Plakaten werben. Wie bezeichnet man diese Art der Kommunikationspolitik?
A Public Relations
B Verkaufsförderung
C Sponsoring
D Absatzwerbung
E Distributionspolitik.

6.

6. Welche Vertriebsform gehört zu den indirekten Vertriebsformen?
A Lagerverkauf
B Versandhandel
C Groß- und Einzelhandel
D Verkaufsniederlassung
E Haustürverkauf.

7.

Konsumgüter unterliegen einem Produktlebenszyklus. Bringen Sie die einzelnen Phasen in die richtige Reihenfolge:
A Reife
B Forschung und Entwicklung
C Einführung
D Eliminierung
E Marktsättigung
F Wachstum.

☐ → ☐ → ☐ → ☐ → ☐ → ☐

8.

Ordnen Sie den Werbeträgern die entsprechenden Werbemittel zu.
A Plakat
B Texte, Bilder
C Werbespot
D Rundfunkspot
E Anzeige
F Suchmaschineneinträge.

Werbemittel	Werbeträger
	Zeitung, Zeitschrift
	Schaufenster
	Werbebrief, Prospekte
	Fernsehen
	Rundfunk
	Internet

4

Produktionsabläufe und Dienstleistungen organisieren

4.1 Materialbeschaffung und Lagerhaltung organisieren
4.2 Arbeitsprozesse planen und steuern
4.3 Arbeit human gestalten
4.4 Mit Ressourcen schonend umgehen

4 4.1 Materialbeschaffung und Lagerhaltung organisieren

Einen Bedarfsplan erstellen

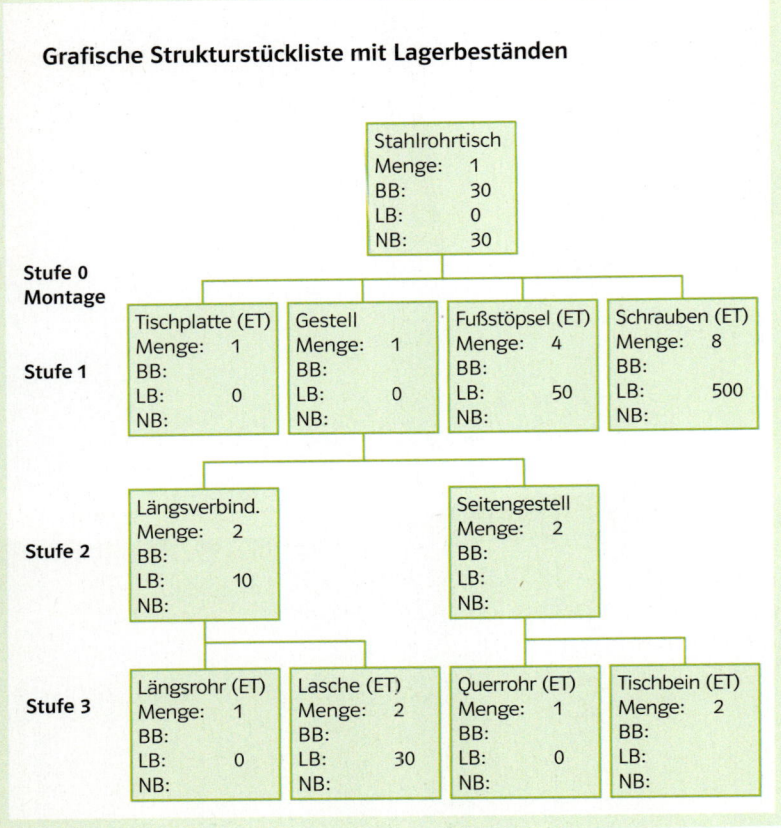

Grafische Strukturstückliste mit Lagerbeständen

Stufe 0 Montage:
- Stahlrohrtisch — Menge: 1, BB: 30, LB: 0, NB: 30

Stufe 1:
- Tischplatte (ET) — Menge: 1, BB:, LB: 0, NB:
- Gestell — Menge: 1, BB:, LB: 0, NB:
- Fußstöpsel (ET) — Menge: 4, BB:, LB: 50, NB:
- Schrauben (ET) — Menge: 8, BB:, LB: 500, NB:

Stufe 2:
- Längsverbind. — Menge: 2, BB:, LB: 10, NB:
- Seitengestell — Menge: 2, BB:, LB:, NB:

Stufe 3:
- Längsrohr (ET) — Menge: 1, BB:, LB: 0, NB:
- Lasche (ET) — Menge: 2, BB:, LB: 30, NB:
- Querrohr (ET) — Menge: 1, BB:, LB: 0, NB:
- Tischbein (ET) — Menge: 2, BB:, LB:, NB:

LERNSITUATION

Ein Schulmöbelhersteller hat einen Auftrag über 30 eigens für einen Kunden anzufertigende Schülertische erhalten. Das Gestell wird in einzelnen Fertigungsstufen aus Stahlrohr und Laschen zusammengeschweißt, die Tischplatte wird an die Laschen geschraubt. Die grafische Strukturstückliste macht die Reihenfolge der Arbeitsschritte ersichtlich. Für die Einkaufsabteilung soll eine Materialbedarfsliste erstellt werden.

Isometrie Schultisch (Tischplatte, Lasche, Schrauben, Querverbindung, Tischbein, Längsverbindung, Seitengestell, Fussstöpsel)

Abkürzungen
ET = Einkaufsteil
BB = Bruttobedarf
LB = Lagerbestand
NB = Nettobedarf (BB − LB)

Arbeitsauftrag

Erstellen Sie eine Bedarfsliste für die Einkaufsabteilung.
Hinweis: Das Gestell besteht aus Stahlrohr, das in kg berechnet wird:
Das Längsrohr wiegt 3 kg, das Querrohr und das Tischbein wiegen jeweils 1,5 kg.

Bedarfsliste	
Artikelbezeichnung	Menge
Tischplatte	
Fußstöpsel	
Befestigungsschrauben	
Laschen	
Stahlrohr	

4.1 Materialbeschaffung und Lagerhaltung organisieren

Aufgaben und Ziele der Materialwirtschaft

Der reibungslose Ablauf der Fertigung ist u. a. davon abhängig, dass der Produktionsprozess nicht durch fehlende Materialien beeinträchtigt wird oder zum Erliegen kommt. Die Produktion ist somit der „Kunde" der Materialwirtschaft. Neben der sicheren Versorgung ist der wirtschaftliche Aspekt von gleich großer Bedeutung. Der Wert der eingekauften Materialien macht, vor allem in der Industrie, den Großteil der Produktionskosten aus. Daraus lässt sich folgende Aufgabe/Zielsetzung für die Materialwirtschaft formulieren:

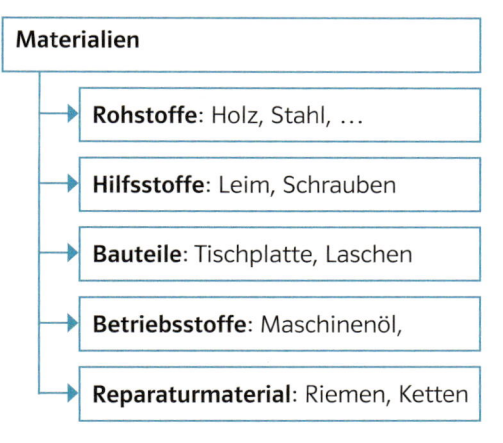

Ein Beschaffungsplan wird erstellt

Die Materialien müssen
- in der benötigten Art und Qualität,
- in der benötigten Menge,
- zur richtigen Zeit,
- zu optimalen Kosten,
- unter Beachtung der Umweltbelange

für die Produktion bereitgestellt werden.

Die sich daraus ergebenden Tätigkeiten verteilen sich auf vier Aufgabenbereiche:
- Beschaffung → S. 197 ff.
- Lagerung → S. 202 ff.
- Logistik (Verteilung der Güter = Materialfluss) → S. 207 ff.
- Entsorgung (Verpackungsmaterial, Abfälle) → S. 244 ff.

Die Beschaffungsplanung

Die Beschaffung von Materialien erfordert eine gute Planung und Vorbereitung. Dazu dient der Beschaffungsplan, der die notwendigen Schritte enthält:
- Bedarfsermittlung
- Bezugsquellenermittlung und Angebotsvergleiche
- Bestellung
- Beschaffungskontrolle.

Nachdem die Bestellung an den Verkäufer erfolgt ist, muss die Einhaltung des Liefertermins überprüft werden. Die gelieferte Ware wird vom Wareneingang entgegengenommen und anhand des Lieferscheins auf Vollständigkeit und Richtigkeit überprüft. Anschließend wird das Material einer Qualitätsprüfung unterzogen.

Beispiel für einen Beschaffungsplan: Die Firma Gloster, Dach- und Fassadenbau GmbH, hat den Auftrag für die Bedachung und Fassadenverkleidung einer Produktionshalle erhalten. Der Termin für den Baubeginn ist auf den 13.12. festgelegt worden. Auf der Grundlage des Angebotstextes wird ein Beschaffungsplan erstellt.

Online-Link
883501-0411
- *Bedarfsplanung*
- *Verfahren der Beschaffung*

Handelsunternehmen verkaufen ihre eingekauften Produkte unverändert an den Kunden.

Materialien
- **Rohstoffe**: Holz, Stahl, ...
- **Hilfsstoffe**: Leim, Schrauben
- **Bauteile**: Tischplatte, Laschen
- **Betriebsstoffe**: Maschinenöl,
- **Reparaturmaterial**: Riemen, Ketten

Beschaffungsplan für den Auftrag ...						
Pos.	Bezeichnung	Menge	Lieferer	Lieferfrist	Bestellung	Liefertermin
1	Thermowand	25	STABAU, Essen	ca. 2 Wochen	26. Nov.	13. Dez.
2	Dampfsperre	300 qm	Pesch KG, Ulm	sofort	10. Dez.	13. Dez
3	Nieten	600 Stck.	Kree, Köln	ca. 5 Tage	06. Dez.	13. Dez.

Verfahren der Beschaffung

Die Beschaffung der benötigten Güter und Materialien lässt sich unterschiedlich organisieren.

- **Fallweise Beschaffung:** Teile, die man in der Produktion nicht regelmäßig benötigt, werden bei Bedarf angeschafft. Die fallweise Beschaffung wird vor allem im Handwerk angewandt, wenn Teile aufgrund von Sonderwünschen der Kunden gefertigt werden oder wenn die zur Reparatur benötigten Materialien bestellt werden müssen.
  Beispiel: Eine Kfz-Werkstatt wird Austauschmotoren nicht lagern, sondern bei Bedarf bestellen.

- **Vorratsbeschaffung:** Gegenstände, die im Handwerk fast jederzeit verfügbar sein müssen, werden hingegen gelagert. Eine Kfz-Werkstatt wird Bremsbeläge lagern, da diese Teile täglich benötigt werden. In der Industrie dienen Lager vor allem dem reibungslosen Ablauf der Produktion. Die Auslösung einer Warenbestellung kann durch zwei grundlegende Verfahren erfolgen:
  Beim **Bestellpunktverfahren** wird der Warenbestand nach jeder Entnahme überprüft. Erreicht er einen vorher festgelegten **Meldebestand** (Bestellpunkt), so wird das Bestellverfahren ausgelöst. Die Bestellmenge muss mindestens der Menge entsprechen, die in der Zeit zwischen Bestellauslösung und Warenlieferung verbraucht wird.
  Beim **Bestellrhythmusverfahren** wird der Bestand in festen Zeitabständen (z. B. wöchentlich) überprüft. Die Bestellung wird ausgelöst, wenn der Vorrat einen bestimmten Punkt (Meldebestand) erreicht oder unterschritten hat. Die Lagerbestände können aber auch nach jeder Überprüfung in Höhe der Lagerabgänge wieder aufgefüllt werden.

- Bei der **fertigungssynchronen Beschaffung (Just in time)** werden die Materialien nach der Anlieferung ohne weitere Liegezeit der Produktion zugeführt (→ S. 208 f.).

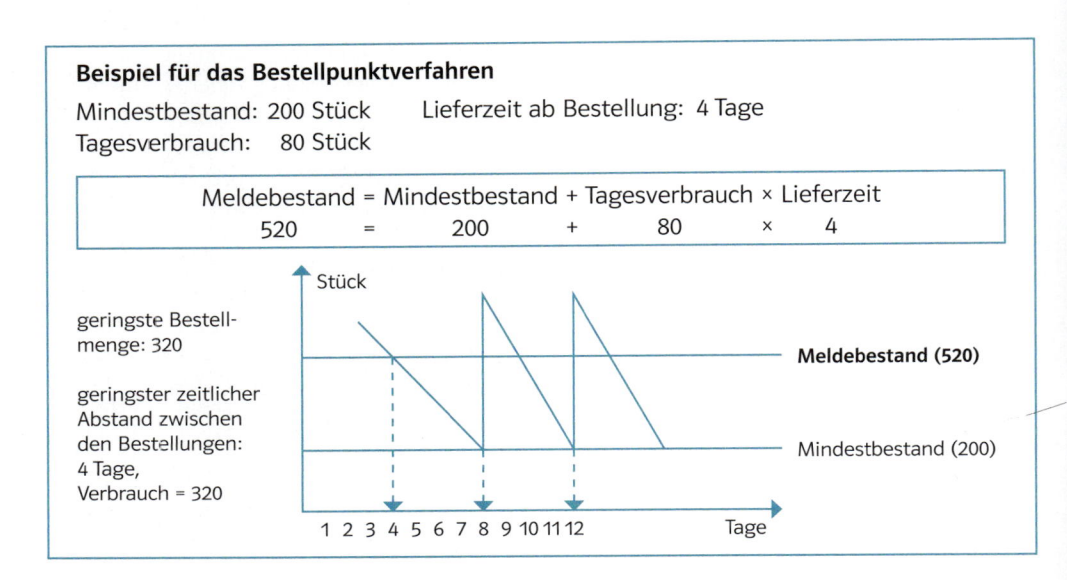

Beispiel für das Bestellpunktverfahren

Mindestbestand: 200 Stück   Lieferzeit ab Bestellung: 4 Tage
Tagesverbrauch: 80 Stück

Meldebestand = Mindestbestand + Tagesverbrauch × Lieferzeit
520   =   200   +   80   ×   4

geringste Bestellmenge: 320

geringster zeitlicher Abstand zwischen den Bestellungen:
4 Tage, Verbrauch = 320

Meldebestand (520)

Mindestbestand (200)

Die Bedarfsermittlung

Bevor die notwendigen Waren beschafft werden, muss eine genaue Ermittlung des Bedarfs erfolgen. Dazu haben die entsprechenden Stellen oder Abteilungen (z. B. Fertigung, Lager, Verkauf) genaue Angaben über die Menge der benötigten Waren zu machen und über den Zeitpunkt, an dem die Waren eingesetzt werden sollen. Die Erfassung all dieser Daten erfolgt im **Bedarfsplan**, der Informationen über die Art, Qualität und Anzahl der zu beschaffenden Waren sowie über den Zeitpunkt der Bereitstellung enthält.

Der Bedarf wird von unterschiedlichen Einflussgrößen bestimmt. Das sind:
- Stücklisten: Aus den Konstruktionen und Zeichnungen, die bei der Entwicklung eines Produktes entstehen, werden die Stücklisten erstellt. Sie geben Auskunft über die Zusammensetzung eines Produktes. Der Bedarf errechnet sich, indem die Menge der zu produzierenden Güter mit der auf der Stückliste angegebenen Anzahl der Teile multipliziert wird.
- Arbeitsplan: Der Arbeitsplan beschreibt die technische Reihenfolge der Arbeitsvorgänge zur Fertigung eines Teiles. Der Arbeitsplan enthält nicht nur Angaben über den Bedarf, sondern es lassen sich daraus auch die Bestelltermine und Bestellzeitpunkte ableiten.
- Produktionsplan: Der Produktionsplan gibt Auskunft über die Art und die Anzahl der zu fertigenden Produkte innerhalb eines bestimmten Zeitraums. Zu den Einflussfaktoren gehören die Kundennachfrage, die vorhandenen Produktionskapazitäten und die Absatzpolitik des Unternehmens.

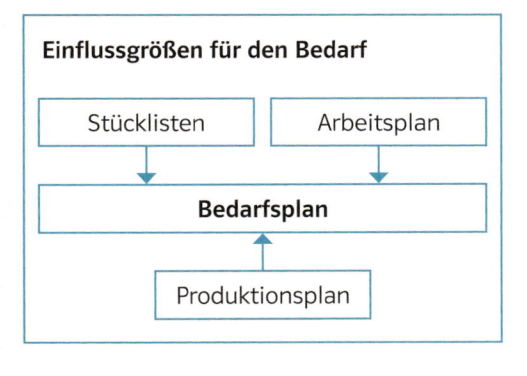

Beispiel: Ein Automobilunternehmen plant in seinen Betrieben für das nächste Jahr die Herstellung von täglich 3 000 Autos.

Bezugsquellen für die Beschaffung

Für den Einkauf von Maschinen, Werkzeug, Materialien, Fertigprodukten usw. stehen dem Unternehmen verschiedene Bezugsquellen zur Verfügung:
- Messen, Ausstellungen
- Fachzeitschriften
- „Gelbe Seiten" (Telefonbuch)
- Lieferverzeichnisse, z. B. „Wer liefert was?"
- die eigene Lieferkartei des Unternehmens
- Internet.

Mit einer **Anfrage** spricht man einen möglichen Lieferanten direkt an. Man erhofft sich von ihm genauere Informationen oder ein konkretes Angebot. Folgende Arten von Anfragen werden unterschieden:
- Unbestimmte Anfrage: Sie dient dazu, sich über Liefermöglichkeiten zu informieren. Mit ihr fordert man daher Kataloge, Prospekte, Preislisten oder einen Vertreterbesuch an. Eine fest umrissene Kaufabsicht ist noch nicht vorhanden.
- Bestimmte Anfrage: Sie enthält die Bitte um genauere Angaben zu einer bestimmten Ware (Eigenschaften, Preis, Rabatt, Lieferungs- und Zahlungsmöglichkeiten). Man möchte wissen, zu welchen Bedingungen eine bestimmte Ware bezogen werden kann.

Eine Anfrage ist unverbindlich, d. h., es ergeben sich daraus keine rechtlichen Wirkungen.

Einflussgrößen für den Bedarf

Stücklisten → Bedarfsplan ← Arbeitsplan
Produktionsplan → Bedarfsplan

STELLUNG DER MATERIALWIRTSCHAFT IM BETRIEBLICHEN ABLAUF

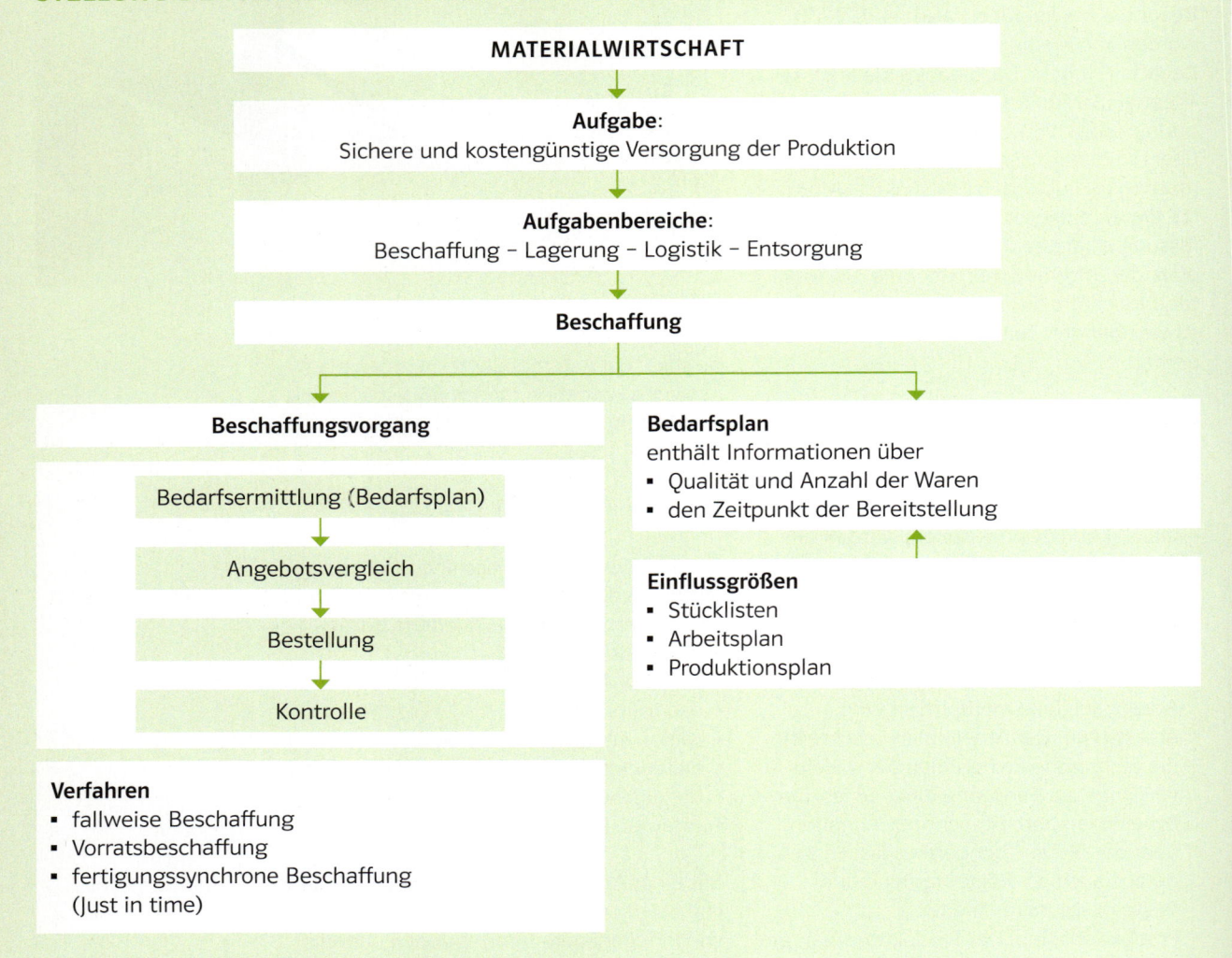

MATERIALWIRTSCHAFT

Aufgabe:
Sichere und kostengünstige Versorgung der Produktion

Aufgabenbereiche:
Beschaffung – Lagerung – Logistik – Entsorgung

Beschaffung

Beschaffungsvorgang

- Bedarfsermittlung (Bedarfsplan)
- Angebotsvergleich
- Bestellung
- Kontrolle

Verfahren
- fallweise Beschaffung
- Vorratsbeschaffung
- fertigungssynchrone Beschaffung (Just in time)

Bedarfsplan
enthält Informationen über
- Qualität und Anzahl der Waren
- den Zeitpunkt der Bereitstellung

Einflussgrößen
- Stücklisten
- Arbeitsplan
- Produktionsplan

Übungsaufgaben

1. Bestimmen Sie, ob in folgenden Fällen eine fallweise Beschaffung oder eine Vorratsbeschaffung vorgenommen werden soll.
  a) Eine Kfz-Werkstatt benötigt am Tag 100 Liter Motoröl.
  b) Ein Malerbetrieb verarbeitet die vom Kunden ausgesuchte Tapete.
  c) Ein metallverarbeitendes Unternehmen verarbeitet am Tag zehn Tonnen Gussstahl.
  d) Schreinermeister Delsing hat sich auf die Fertigung von Küchen spezialisiert. Die Kunden haben beim Elektroherd die Auswahl zwischen drei Modellen.

2. Unterscheiden Sie zwischen Bestellpunkt- und Bestellrhythmusverfahren.

3. Nennen Sie die Aufgabenbereiche der Beschaffungsplanung.

4. Berechnen Sie den Meldebestand eines Lagerartikels, wenn der Mindestbestand bei 150 Stück und der Tagesverbrauch bei 120 Stück liegen. Die Beschaffungszeit des Artikels beträgt sechs Tage.

4.1 Materialbeschaffung und Lagerhaltung organisieren

Einen Angebotsvergleich durchführen

Auszug aus dem Angebotsschreiben der Firma Groll

... vielen Dank für Ihre Anfrage. Wir bieten Ihnen an:

Backofen, Typ 2000-S

Leistungsfähigkeit:	2 000 Brötchen pro Std.
Listenpreis:	51 000 €
Sonderrabatt:	10% vom Listenpreis
Lieferungsbedingungen:	ab Werk, Aufbau-, Transportkosten 800 €
Zahlungsbedingungen:	acht Tage nach Lieferung 2% Skonto
	30 Tage netto Kasse
Lieferzeit:	vier Monate
Eigentumsübergang:	Die Maschine bleibt bis zur endgültigen Bezahlung unser Eigentum
Wartung/Reparaturen:	innerhalb 24 Stunden
Garantie:	fünf Jahre

Wir freuen uns auf Ihre Bestellung.

Mit freundlichen Grüßen

LERNSITUATION

Bäckermeister Bucher hat in der Innenstadt ein Ladenlokal als Filiale angemietet. Die größeren Mengen an Backwaren sind mit dem alten Backofen nicht zu erreichen. Darum muss ein leistungsfähiger Ofen angeschafft werden. Da es sich für Bäcker Bucher um eine bedeutende Investition handelt, hat er bei verschiedenen Lieferanten angefragt. Das beste Angebot kam bisher von der Firma Breil. Bevor Herr Bucher bestellt, will er noch das Angebot der Groll KG prüfen.

Arbeitsauftrag

Entscheiden Sie, welches Angebot Herr Bucher wählen soll.
Damit Sie die Angebote der Firmen Groll und Breil vergleichen können, tragen Sie bitte die Angaben aus dem Angebotsschreiben der Firma Groll in eine Übersicht wie die unten stehende ein. Anschließend nehmen Sie eine Bewertung beider Angebote vor.

Kriterien	Gewichtung	Angebot Breil			Angebot Groll		
		Fakten	Bewertung	Punkte ges.	Fakten	Bewertung	Punkte ges.
Bezugspreis	10	44 500					
Leistung	10	1 500 Brötchen/Std.					
Garantie	8	fünf Jahre					
Lieferzeit	8	ein Monat					
Wartung/Reparatur	5	sofort					
Zahlungsbedingungen	3	drei Monate Ziel					
Eigentumsvorbehalt	2	nein					
Punkte gesamt							
Rangstelle							

Online-Link
883501-0412
- Angebotsvergleich

Angebote vergleichen

Bei der Festlegung, welche Lieferanten die Aufträge erhalten, bedient man sich des Angebotsvergleichs, indem man die wesentlichen Bestandteile der Angebote gegenüberstellt. Verglichen werden der Listenpreis, Preisnachlässe und die Bezugskosten. Darüber hinaus wird die Entscheidung auch von den Faktoren bestimmt, die nicht unmittelbar in Geldbeträgen ausgedrückt werden können. Dazu zählen u. a. Qualität, Lieferzeit, Kundendienst, Liefertreue, Kulanz und auch die Flexibilität, auf plötzliche Kundenwünsche reagieren zu können.

Stehen mehrere Angebote zur Auswahl, hilft eine einfache Methode zur Bewertung: die Entscheidungsmatrix. Zunächst sollten die für das Unternehmen relevanten Einflussfaktoren nach ihrer Wichtigkeit bewertet werden, indem man einen Gewichtungsfaktor von 1 bis 10 vergibt. Dabei ist 10 besonders wichtig und 1 unwichtig. Zwischenstufen sind möglich. Nun werden die Kriterien der verschiedenen Angebote mit Punkten von 1 bis 5 bewertet. Hier ist z. B. 5 sehr gut; 1 sehr schlecht. Die Gewichtungsfaktoren werden mit den Punkten multipliziert und die Ergebnisse für jedes Angebot summiert. Das Angebot mit der höchsten Punktzahl entspricht am besten den Anforderungen.

Bezugskosten ermitteln

Ein Preisvergleich verschiedener Anbieter ist nur auf der Grundlage des Einstandspreises aussagekräftig. Hier werden neben dem Listenpreis alle Faktoren berücksichtigt, die im Einkauf entstehen. Dazu zählen Preisnachlässe, Transport- und Verpackungskosten.

Ermittlung der Bezugskosten	
(Beispielrechnung in €)	
Listenpreis	15 000
− Rabatt (10 %)	1 500
= Zieleinkaufspreis	13 500
− Skonto (2 %)	270
= Bareinkaufspreis	13 230
+ Beförderungskosten	400
+ Verpackungskosten	200
= **Bezugspreis**	**13 830**

Wenn bestimmte Voraussetzungen vorliegen, gewährt der Lieferant **Preisnachlässe**. Dazu zählen u. a.:
- **Mengenrabatt**: Wenn eine größere Menge bestellt wird.

Beispiel eines Angebotsvergleichs					
Kriterien	Gewichtung	Angebot A		Angebot B	
		Bewertung	Punkte	Bewertung	Punkte
Preis	8	3	24	4	32
Qualität	9	2	18	3	27
Lieferzeit	7	4	28	1	7
Liefertreue	5	4	20	3	15
Service	4	2	8	3	12
Punkte ges.			98		93
Rangstelle		**1**		**2**	

4.1 Materialbeschaffung und Lagerhaltung organisieren

- **Treuerabatt**: Wenn man über einen längeren Zeitraum beim selben Lieferer bestellt.
- **Sonderrabatt**: Z. B. anlässlich eines Geschäftsjubiläums.
- **Skonto**: Preisnachlass für vorzeitige Zahlung oder innerhalb einer bestimmten Frist (z. B. acht Tage).

Beförderungskosten nicht vergessen

Der Transport von Waren vom Lieferanten zum Kunden kostet Geld. Daher ist es von Bedeutung, wer diese Kosten übernimmt. Regelungen (Beförderungsbedingungen) dieser Art stehen gewöhnlich im Angebot des Lieferanten. Daher ist die Formulierung auch aus seiner Sicht aufzufassen. *Beispiele:*

- **„ab Werk"**: Der Lieferer stellt die Ware ab seinem Werk zur Verfügung, das heißt, die Beförderungskosten gehen voll zu Lasten des Käufers.
- **„unfrei"** (ab hier, ab Bahnhof hier): Der Lieferer stellt die Ware ab Versandstation (Spediteur, Bahnhof oder Post an seinem Wohnort) zur Verfügung. Die Beförderungskosten bis zur Versandstation trägt der Verkäufer.
- **„frei"** (frei dort, frei Bahnhof dort): Der Lieferer trägt die Beförderungskosten bis zur Empfangsstation, d. h. bis zum Spediteur, Bahnhof oder bis zur Post am Wohnort des Empfängers.
- **„frei Haus"**: Der Lieferer liefert frei bis zum Haus des Käufers und trägt damit selber alle Beförderungskosten.

Mit und ohne Verpackungskosten

Wer die Verpackungskosten bezahlt, ergibt sich aus den folgenden Formulierungen im Angebot:

- **„Reingewicht einschließlich Verpackung"**: Der Preis wird nach dem Rein- oder Nettogewicht der Ware berechnet; die Verpackungskosten werden nicht in Rechnung gestellt.
- **„Reingewicht ausschließlich Verpackung"**: Der Preis wird nach dem Reingewicht der Ware berechnet, die Verpackungskosten werden gesondert in Rechnung gestellt.

Wer bezahlt die Beförderungskosten?

Aufteilung der Beförderungskosten				
	Werk des Lieferers	Bahnhof des Lieferers	Bahnhof des Käufers	Adresse Käufer
ab Werk	←- -
unfrei		←————→ - - - - - - - - - - - -
frei		←——————————→ - - - -
frei Haus		←—————————————————→

- - - → Käufer zahlt die Kosten
———→ Lieferer zahlt die Kosten

Lieferung per Nachnahme

Allgemeine Geschäftsbedingungen BGB § 305 ff.

Zahlungsbedingungen aushandeln

Übliche Angebotsformulierungen zur Zahlungsbedingung lauten:

Zahlung vor der Lieferung:
- Lieferung gegen Vorauszahlung
- 50 Prozent Anzahlung

Zahlung bei Lieferung:
- Zahlung bei Empfang der Ware
- Lieferung gegen bar
- Lieferung gegen Nachnahme

Zahlung nach der Lieferung:
- Zahlung innerhalb von 30 Tagen
- Zahlungsziel drei Monate
- Zahlbar in sechs Monatsraten.

Eine Zahlung innerhalb von acht Tagen gilt als Barzahlung.

Eigentumsvorbehalt beachten

Durch den Eigentumsvorbehalt bleibt der Lieferant bis zur vollständigen Bezahlung Eigentümer der Ware; der Käufer wird lediglich Besitzer. Falls der Käufer seinen Zahlungsverpflichtungen nicht nachkommt, kann der Verkäufer die Rückgabe der Ware verlangen.

Allgemeine Geschäftsbedingungen (AGB)

Nicht bei jedem Kaufvertrag, vor allem nicht zwischen Unternehmen und Privatpersonen, können alle Bedingungen so ausgehandelt und schriftlich festgehalten werden wie in der Lernsituation. Aus diesem Grunde haben viele Kaufleute in ihren Kaufverträgen die Allgemeinen Geschäftsbedingungen aufgenommen.

Darin wird z. B. geregelt:
- Wer trägt die Verpackungs- und Versandkosten?
- Innerhalb welcher Zeit muss die Ware bezahlt werden?
- Wie lange garantiert der Verkäufer die Fehlerfreiheit des Produktes?
- Welche Schadenersatzansprüche bestehen bei Liefer- oder Annahmeverzug?

Damit dieses „Kleingedruckte" nicht zum Nachteil des Verbrauchers ausgestaltet wird, hat der Gesetzgeber Vorschriften im Bürgerlichen Gesetzbuch (BGB) erlassen. Folgende **Voraussetzungen** müssen erfüllt sein, damit die AGB Bestandteil eines Kaufvertrags werden:
- Auf die AGB ist ausdrücklich hinzuweisen.
- Der Käufer muss vom Inhalt der AGB in zumutbarer Weise Kenntnis nehmen können.
- Der Käufer muss den AGB zustimmen.

Folgende Bestimmungen sind **unwirksam**:
- überraschende Klauseln (z. B. wenn ein Möbelgeschäft in seinen AGB die Haftung für Schäden ausschließt, die seine eigenen Mitarbeiter beim Aufbau im Kundenhaushalt verursachen);
- nachträgliche Preiserhöhungen für Waren, die innerhalb von vier Monaten nach Vertragsabschluss geliefert werden;
- Verkürzung der gesetzlichen Fristen zur Sachmangelhaftung;
- Beschränkung der Rechte des Käufers bei mangelhafter Lieferung.

ANGEBOTSVERGLEICH

Preisnachlässe
- Rabatte
- Skonto

Beförderungskosten
- ab Werk
- unfrei
- frei
- frei Haus

Verpackungskosten
- Reingewicht einschließlich Verpackung
- Reingewicht ausschließlich Verpackung

Zahlungsbedingungen
Zahlung
- vor der Lieferung
- bei Lieferung
- nach der Lieferung

KRITERIEN DES ANGEBOTSVERGLEICHS

- Listenpreis
- Garantie
- Lieferzeit
- Eigentumsvorbehalt
- Wartung/Reparatur

Übungsaufgaben

1. Wie nennt man die Preisnachlässe in folgenden Fällen?
   a) Schreiben des Lieferers an seinen Kunden: „Weil Sie in der Zeit vom 01.01. bis 31.12.20(XX) mehr als 500 Fahrräder abgenommen haben, gewähren wir Ihnen eine Rückvergütung von fünf Prozent."
   b) Frau Kramer ist seit zehn Jahren Mitglied in einem Bücher-Club. Bestimmte Bücher werden ihr mit einem Rabatt von 30 Prozent angeboten.
   c) Bei Bezahlung der Rechnung innerhalb einer bestimmten Frist kann der Käufer zwei Prozent vom Rechnungsbetrag abziehen.

2. Bestimmen Sie den Anteil an den Beförderungskosten, den der Käufer bei den folgenden Angeboten zu tragen hat.
   a) ab Werk
   b) unfrei
   c) frei.

3. Bestimmen Sie jeweils den Bezugspreis für 100 kg Schrauben bei folgenden Angaben zu den Verpackungskosten:
   a) „Preis pro 100 kg Reingewicht einschließlich Verpackung 1500 Euro."
   b) „Preis pro 100 kg Reingewicht ausschließlich Verpackung 1500 Euro."
   Die Verpackung (Holzkisten, in denen die Schrauben liegen) wiegt 5 kg und kostet 30 Euro, falls sie gesondert berechnet wird.

4. Erläutern Sie die Bedeutung des Eigentumsvorbehalts aus der Sicht des Verkäufers.

5. Erläutern Sie, warum die Allgemeinen Geschäftsbedingungen Bestandteil von vielen Verträgen sind.

Die Lagerhaltung anhand von Lagerkennziffern bewerten

LERNSITUATION

Die Firma Warnat macht Inventur. Herr Warnat, der Inhaber der Firma, spricht mit Herrn Geiger, dem Leiter der Bereiche Einkauf und Wareneingangslager:

Warnat: Ist der Lagerbestand an Stoffen immer noch so hoch?
Geiger: Diese Woche ist eine Lieferung eingetroffen. Zum Ende des Monats, kurz vor der neuen Lieferung, liegt hier nur noch ein Bruchteil der Ware.
Warnat: Finden Sie das für den Augenblick nicht ein wenig übertrieben? Während wir im Fertigungsbereich mit jedem Cent rechnen, scheint mir, wird hier Geld verschenkt. Sie wissen ja zu genau, wie hoch die Kosten im Lager sind. Warum kaufen wir eigentlich so große Mengen Stoff ein?
Geiger: Wir bekommen Mengenrabatte, weil wir nur einmal im Monat bestellen.
Warnat: Der Mengenrabatt wird doch auf der Grundlage des gesamten Jahreseinkaufswerts berechnet. Und der ändert sich nicht, wenn häufiger in kleineren Mengen bestellt wird. Haben Sie schon mal durchgerechnet, was uns Lagerhaltung und Bestellungen kosten?
Geiger: Nein, aber eigentlich …
Warnat: Ich schlage vor, Sie ermitteln erst einmal die Kennziffern zur Lagerhaltung. Und dann sehen wir weiter.

Arbeitsauftrag

Ermitteln Sie anhand des angegebenen Zahlenmaterials …
1. grafisch die Veränderungen des Lagerbestands auf Jahressicht.
2. die folgenden Lagerkennziffern: durchschnittlicher Lagerbestand, Umschlagshäufigkeit, durchschnittliche Lagerdauer.
3. die mögliche Kosteneinsparung, wenn nicht alle 30, sondern alle 15 Tage bestellt wird.

Tagesverbrauch:	1 000 m Stoff
Sicherheitsbestand:	5 000 m Stoff
Produktionszeit/Jahr:	360 Tage
Bestellrhythmus:	30 Tage (es wird mit 30 Tagen pro Monat gerechnet)
Bestellmenge:	30 000 m Stoff
Kosten pro lfd. Meter:	20 €
Lagerkosten:	20 % des durchschnittlichen Warenbestands in Euro.

Online-Link
883501-0413

- *Lager-Kennzahlen*

Arten der Lagerhaltung

Eng mit dem Beschaffungswesen ist die Lagerhaltung verbunden. Da es in der Praxis nicht immer möglich ist, bestellte Waren so geliefert zu bekommen, dass sie gleich in der Produktion einsetzbar sind, muss ein **Wareneingangslager** geschaffen werden. Ziel ist es, mithilfe eines ausreichenden Lagerbestands den Betriebsablauf nicht durch fehlende Materialien oder Betriebsstoffe zu stören bzw. zu unterbrechen. Zudem können bei Nichteinhaltung der Liefertermine wichtige Kunden verloren gehen.
Der **Sicherheitsbestand** dient dazu, sich gegen Risiken in der Beschaffung abzusichern, z. B. bei Transportproblemen oder einem Produktionsausfall beim Lieferanten. Dieser Lagerbestand sollte im Normalfall nicht unterschritten werden.
Neben dem Wareneingangslager finden sich im Betrieb noch andere Lager. Im Bereich der Fertigung dienen sie als **Zwischenlager** für Halbfertigprodukte oder der Aufnahme von Material für die Produktion. Um langfristige Störungen bei der Produktion zu vermeiden, werden **Ersatzteil- und Werkzeuglager** gebildet. Im Absatzbereich bilden sie den Ausgleich zwischen Produktion und Absatz der Waren. Für den Verwaltungsbereich werden u. a. Büromaterialien gelagert.

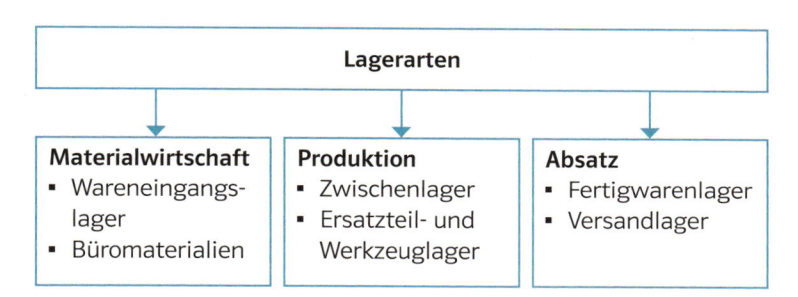

Lagerarten		
Materialwirtschaft • Wareneingangslager • Büromaterialien	**Produktion** • Zwischenlager • Ersatzteil- und Werkzeuglager	**Absatz** • Fertigwarenlager • Versandlager

Kennzahlen zur Bewertung der Lagerhaltung

Während auf der einen Seite mithilfe der Lagerhaltung das Betriebsrisiko gemindert wird, entstehen andererseits Lagerkosten. Dazu gehören:
- Gebäude-, Energie-, Wartungs- und Unterhaltungskosten,
- Personalkosten,
- Zinskosten (das für die Lagerhaltung und den Lagerbestand eingesetzte Kapital kostet Zinsen).

Die Kosten der Lagerhaltung können allerdings dadurch verringert werden, dass durch den Einkauf größerer Stückzahlen Preisvorteile (Rabatte) erzielt werden oder dass weniger Bestellvorgänge die Bestell- und Frachtkosten senken.
Um Aussagen über die Effektivität der Lagerhaltung machen zu können, bedient man sich der Lagerkennziffern:

Sicherheitsbestand
Mindestbestand, „eiserner Bestand"

4.1 Materialbeschaffung und Lagerhaltung organisieren

Lagerbestände bei gleichen Bestellmengen, gleichmäßigem Verbrauch

(Diagramm: Menge über Zeit mit gleichmäßigen Sägezahnverläufen oberhalb des Sicherheitsbestands)

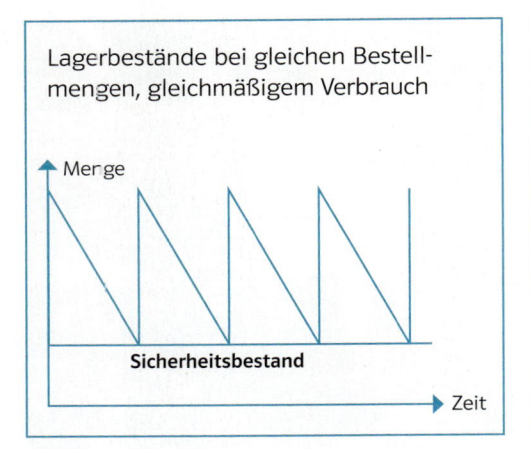

Lagerbestände bei unterschiedlich hohen Bestellmengen, ungleichmäßigem Verbrauch

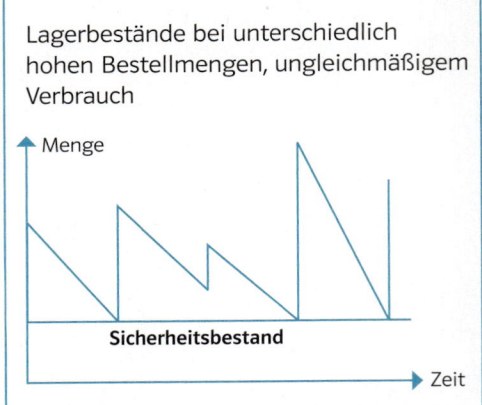

(Diagramm: Menge über Zeit mit ungleichmäßigen Sägezahnverläufen oberhalb des Sicherheitsbestands)

Das Jahr wird aus Gründen der Vereinfachung mit 360 Tagen gerechnet.

- **Durchschnittlicher Lagerbestand**: Er gibt an, wie hoch die Vorräte im Durchschnitt sind. Je höher der durchschnittliche Lagerbestand, desto höher sind auch die Lagerkosten.

  Beispiel: Die Lagerkosten pro Stück belaufen sich im Jahr auf drei Euro. Bei einem durchschnittlichen Lagerbestand von 10 000 Stück betragen die durchschnittlichen Lagerkosten 30 000 Euro.

- **Umschlagshäufigkeit**: Die Umschlagshäufigkeit bringt zum Ausdruck, wie oft der durchschnittliche Lagerbestand pro Jahr umgesetzt wird. Je öfter der Warenbestand umgeschlagen wird, desto weniger Kapital ist im Lager gebunden.

  Beispiel: Der Materialverbrauch eines Jahres beträgt 10 000 Stück. Der durchschnittliche Lagerbestand liegt bei 2 000 Stück, d.h., der Warenbestand wird fünfmal im Jahr erneuert.

- **Durchschnittliche Lagerdauer**: Die durchschnittliche Lagerdauer macht deutlich, wie lange die Ware durchschnittlich eingelagert ist.

Umschlagshäufigkeit und durchschnittliche Lagerdauer hängen zusammen. Wird ein be-

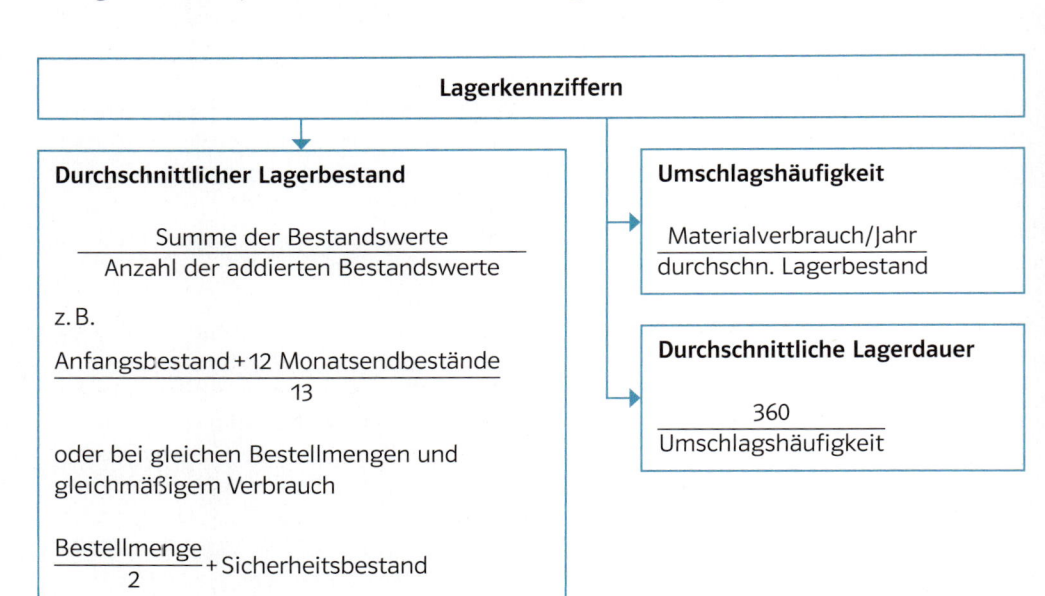

Lagerkennziffern

Durchschnittlicher Lagerbestand

$$\frac{\text{Summe der Bestandswerte}}{\text{Anzahl der addierten Bestandswerte}}$$

z. B.

$$\frac{\text{Anfangsbestand} + 12 \text{ Monatsendbestände}}{13}$$

oder bei gleichen Bestellmengen und gleichmäßigem Verbrauch

$$\frac{\text{Bestellmenge}}{2} + \text{Sicherheitsbestand}$$

Umschlagshäufigkeit

$$\frac{\text{Materialverbrauch/Jahr}}{\text{durchschn. Lagerbestand}}$$

Durchschnittliche Lagerdauer

$$\frac{360}{\text{Umschlagshäufigkeit}}$$

4.1 Materialbeschaffung und Lagerhaltung organisieren

Nicht immer ist es möglich, die optimale Menge zu bestellen

stimmter Lagerbestand z. B. fünfmal im Jahr umgeschlagen, so liegt die Ware 72 Tage (360 : 5) im Lager, bevor sie in die Produktion oder in den Verkauf geht.

Die optimale Bestellmenge

Jeder Bestellvorgang verursacht Kosten im Verwaltungsbereich und Transportkosten. Legt man einen gewissen Jahresverbrauch an Material zugrunde, würde eine einmalige Bestellung die geringsten Bestellkosten verursachen. Dem stünden allerdings hohe Lagerkosten gegenüber, da die Waren durchschnittlich lange Zeit lagerten. Würden die benötigten Waren durch mehrmalige Bestellungen geliefert, hätte man geringe Lager-

kosten, dafür aber hohe Bestellkosten. Die optimale Bestellmenge liegt somit dort, wo die Summe beider Kostenfaktoren am geringsten ist oder wo bei vorgegebenen Bestellmengen eine Bestellform die geringsten Kosten verursacht.

Bei der Ermittlung der optimalen Bestellmenge werden lediglich die Kosten berücksichtigt. Es gibt aber auch noch andere Faktoren, die Einfluss auf die Bestellmenge und Bestellhäufigkeit haben, dies sind u. a.
- Lagerkapazität,
- Transportkapazität,
- Mindestmengenabnahme,
- Mengenrabatte,
- Verfügbarkeit der benötigten Rohstoffe und Waren.

Beispiel: Berechnung der optimalen Bestellmenge

Bestellmenge	Bestell-häufigkeit	Durchschnittl. Lagerbestand/€	Lagerkosten €	Bestellkosten €	Gesamtkosten €
360 000	1	372 000	37 200	150	37 350
72 000	5	82 000	8 200	1 500	9 700
24 000	**15**	**36 000**	**3 600**	**4 500**	**8 100**
12 000	30	24 000	2 400	9 000	11 400
8 000	45	20 000	2 000	13 500	15 500

(Erläuterung: Einkaufspreis/Stück 2 €, Sicherheitsbestand 6 000 Stück, gleichmäßiger Verbrauch. Die optimale Bestellmenge liegt bei 24 000.)

KENNZAHLEN ZUR BEWERTUNG DER LAGERHALTUNG

Ziel
- Ausgleich zwischen Warenanlieferung und Verbrauch
- Verfügbarkeit der Materialien sichert die Produktion

Lagerhaltung

Lagerarten
- Wareneingangslager
- Zwischenlager
- Ersatzteil- und Werkzeuglager
- Fertigwarenlager
- Versandlager

Lagerkennziffern
geben Auskunft über die Effektivität der Lagerhaltung
- durchschnittlicher Lagerbestand
- Umschlagshäufigkeit
- durchschnittliche Lagerdauer

optimale Bestellmenge
wenn Summe aus Lager- und Bestellkosten am niedrigsten ist

Übungsaufgaben

1. **Erläutern Sie die Aussagekraft der folgenden Lagerkennziffern:**
   - durchschnittlicher Lagerbestand
   - Umschlagshäufigkeit
   - durchschnittliche Lagerdauer.

2. **Zeigen Sie die Aufgaben der Lagerhaltung anhand von drei unterschiedlichen Lagerarten auf.**

3. **Begründen Sie, warum die Lagerung von Waren und Gütern Zinskosten (Kapitalbindungskosten) verursacht.**

4. **Nennen Sie die Gründe, warum ein Sicherheitsbestand in der Lagerhaltung sinnvoll ist.**

5. **Erläutern Sie, warum in der Praxis die Anwendung der „optimalen Bestellmenge" nicht immer möglich ist.**

6. **Berechnen Sie anhand folgender Zahlenangaben:**
   Jahresbedarf: 18 000 kg
   Bestellmenge: 1500 kg
   Bestellrhythmus: monatlich
   Sicherheitsbestand: 500 kg
   Tagesverbrauch: 50 kg
   a) den durchschnittlichen Lagerbestand,
   b) die Umschlagshäufigkeit,
   c) die durchschnittliche Lagerdauer.

7. **Stellen Sie anhand der Informationen der Aufgabe 6 die Bestandsveränderungen grafisch dar.**

8. **Die Schupp AG benötigt bei einem gleichmäßigen Verbrauch im Jahr 30 000 Liter Hydraulik-Öl. Für Beschaffung und Lagerung fallen folgende Kosten an:**
   - je Lieferung 400 Euro Versandkosten
   - Lagerkosten: 0,40 Euro pro Liter/Jahr
   Ermitteln Sie tabellarisch die optimale Bestellmenge.

Bestellmenge	Bestellhäufigkeit	Durchschnittl. Lagerbestand	Lagerkosten (€)	Bestellkosten (€)	Gesamtkosten (€)
	2				
	4				
	6				
	8				
	10				

Ein Logistiksystem entwickeln

LERNSITUATION

Frau Roger, Leiterin der Materialwirtschaft eines Fahrradherstellers, im Gespräch mit Herrn Ballauf, dem Vertriebsleiter eines Zulieferers.

Frau Roger: … die Prozesskette sieht doch folgendermaßen aus: Nachdem die Felgen produziert wurden, werden sie kontrolliert und gelagert. Wir bestellen einmal pro Woche. Die Ware wird mit Lkws zu uns transportiert, von uns noch einmal kontrolliert und eingelagert. Im Laufe der Woche werden die Felgen dann montiert. Dieser lange Prozess kostet zu viel Geld!

Herr Ballauf: Aber wenn wir die Lagerhaltung und die Kontrolle herausnehmen, gehen wir doch ein unkalkulierbares Risiko ein. Was ist denn, wenn die Felgen fehlerhaft sind oder nicht pünktlich geliefert werden?

Frau Roger: Aber wir benötigen doch jeden Tag die gleiche Menge an Felgen. Das ist eine Lkw-Ladung. Stellen Sie sich vor, wie viel wir einsparen könnten, wenn die Felgen just in time geliefert würden. Man müsste das Schritt für Schritt angehen …

Arbeitsauftrag

Erstellen und bewerten Sie eine Logistikkette nach dem Just-in-time-Konzept (JIT).

1. Entfernen Sie pro Schritt ein Element. Die Reihenfolge ist davon bestimmt, welches Element Ihrer Meinung nach das geringste Risiko für eine sichere Versorgung trägt. Die Höhe der Einsparung spielt dabei keine Rolle. Begründen Sie Ihre Entscheidung.

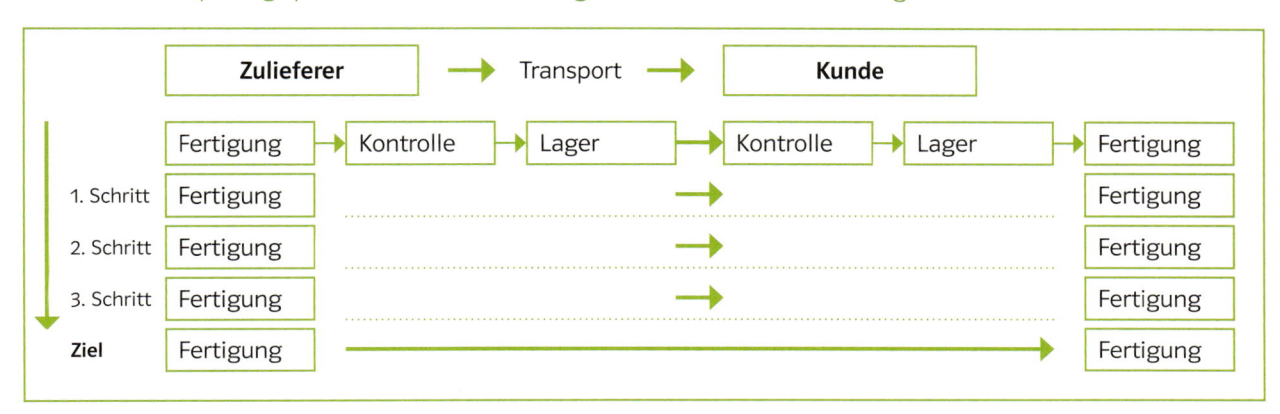

	Zulieferer			Transport		**Kunde**		
	Fertigung	Kontrolle	Lager		Kontrolle	Lager	Fertigung
1. Schritt	Fertigung			→			Fertigung
2. Schritt	Fertigung			→			Fertigung
3. Schritt	Fertigung			→			Fertigung
Ziel	Fertigung			→			Fertigung

2. Beschreiben Sie die Risiken des JIT-Konzeptes für den Kunden und machen Sie Vorschläge, mit welchen Maßnahmen sich dieses Risiko verringern oder eingrenzen lässt.

Online-Link
883501-0414
- Just-in-time-Verfahren

Die Optimierung des Materialflusssystems senkt die Lagerbestände. In der Autoindustrie hat sich das Just-in-time-Konzept bewährt.

Entwicklung der Logistiksysteme

Nutzbringende Lagerung
Nur bei wenigen Produkten, wie z. B. Käse, Wein oder Whisky, steigt durch die Lagerung der Wert des Produktes.

Der reibungslose betriebliche Ablauf ist u. a. davon abhängig, ob ausreichend Material an der erforderlichen Stelle vorhanden ist. Dies gilt für die Produktion genauso wie für den Vertrieb. Durch hohe Lagerbestände in der Material-, der Produktions- und Absatzwirtschaft ließe sich das Ziel der sicheren Versorgung relativ einfach erreichen. Große Lagerbestände verursachen aber Kosten. Daraus ergibt sich ein Zielkonflikt zwischen dem Wunsch nach sicherer Materialversorgung und der finanziellen Belastung.

Disponent
koordiniert und überwacht Fahrten in Speditionen

Die Optimierung der Materialflusssysteme kann dazu beitragen, Lagerbestände ganz oder teilweise zu senken, ohne dabei das Ziel der hohen Lieferbereitschaft entscheidend zu gefährden. Technologische Entwicklungen, vor allem im Bereich der Informations- und Kommunikationssysteme, haben Materialflusssysteme verbessert. Das Zusammenwirken von Materialfluss und Informations- und Kommunikationssystemen bezeichnet man als **Logistik**.

Just in time
(engl.) bedeutet „gerade rechtzeitig" und bezieht sich auf die Materialanlieferung in der Produktion. Ziel ist es, unnötige Teileansammlungen und Zwischenlagerungen zu vermeiden.

Beispiel: Im Fertigungsbereich erfolgt der Weitertransport von gefertigten Teilen und Materialien computergesteuert. Disponenten in Speditionen können über Navigationssysteme nicht nur den genauen Standort ihrer Lkws, sondern auch die Fahrgeschwindigkeit und den Benzinverbrauch abrufen.

Logistiksysteme werden verwendet in der Beziehung Kunde – Lieferant (Beschaffungs- oder Absatzlogistik) und innerhalb betrieblicher Abläufe (Produktionslogistik: Wareneingang – Produktion – Absatzlager). Ein vierter Bereich beschäftigt sich mit der Entsorgung (Entsorgungslogistik).

Das Just-in-time-Verfahren (JIT)

Das Logistiksystem „just in time" steuert den Materialfluss zwischen Kunde und Lieferant. Dabei müssen die Materialien zur richtigen Zeit, am richtigen Ort, in der richtigen Menge sowie in der richtigen Art und Weise bereitgestellt werden. Das JIT-Konzept beschränkt sich aber nicht einzig und allein auf die pünktliche Lieferung. Grundidee ist es, dass die benötigten Materialien **synchron** zum Fertigungsprozess direkt an den Produktionsort geliefert werden. In diesem Fall behält der Lieferant sein Lager, aus dem die Materialien abgerufen werden. Eine Weiterführung des Konzeptes kann dadurch erfolgen, dass auch der Lieferant auf die Lagerhaltung verzichtet und innerhalb

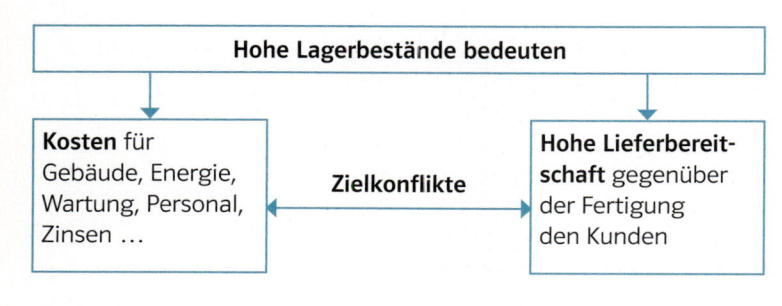

Hohe Lagerbestände bedeuten

Kosten für Gebäude, Energie, Wartung, Personal, Zinsen ...	← Zielkonflikte →	**Hohe Lieferbereitschaft** gegenüber der Fertigung den Kunden

4.1 Materialbeschaffung und Lagerhaltung organisieren

Die räumliche Nähe von Zulieferern zu ihren Kunden verringert das Risiko der Just-in-time-Lieferung.

des Produktionsprozesses eine Qualitätskontrolle durchführt. Dieses Verfahren erfordert einen noch intensiveren Informations- und Datenaustausch zwischen Kunde und Lieferant. Meist siedeln sich die Zulieferfirmen in unmittelbarer Nähe ihres Kunden an, z. B. in Industrie- und Gewerbeparks. Das Ideal der Just-in-time-Lieferung ist eine Produktion ohne Lager.

Folgen des Just-in-time-Verfahrens

Die **Vorteile** dieses Verfahrens bestehen im Wesentlichen in der Kostensenkung und der Verkürzung der Durchlaufzeiten des Materials. Die Nachteile und Risiken bestehen
- in der gegenseitigen Abhängigkeit;
- in der hohen Lieferbereitschaft und Flexibilität, die vom Lieferanten erwartet werden;
- im möglicherweise hohen Nachbesserungsaufwand und in Rückrufaktionen, wenn die Qualitätskontrolle unterbleibt und es so zu Fehlern kommt;
- im möglichen Produktionsausfall bei Versagen der Lieferketten, z. B. durch Verkehrsbehinderungen oder einen Produktionsausfall beim Lieferanten.

Die **Risiken** von JIT versuchen Kunden einzugrenzen, indem
- Sicherheitslager für zwei bis drei Produktionstage aufgebaut werden,
- die Kosten eines Produktionsausfalls oder mangelhafter Lieferung durch hohe Konventionalstrafen auf den Lieferanten abgewälzt werden,
- sie möglichst nicht nur einen Zulieferer für eine Produktgruppe haben, um so die Abhängigkeit zu verringern und für Konkurrenz unter den Lieferanten zu sorgen.

Letztlich spiegelt sich die Leistungsfähigkeit der Lieferanten in der Qualität und im Preis der Produkte ihres Abnehmers wider.

Das KANBAN-System

KANBAN = Karte (jap.)

Der Materialfluss innerhalb eines Unternehmens lässt sich ebenfalls nach dem JIT-Prinzip organisieren. Eine Form ist das von Toyota in den 1960er-Jahren entwickelte KANBAN-System. Dabei wurde das Bring-Prinzip durch das Zieh-Prinzip (Hol-Prinzip) abgelöst. Nach dem Bring-Prinzip werden aufgrund vorliegender Aufträge die Materialien an die Produktion geliefert und die bearbeiteten Teile werden dann von Arbeitsplatz zu Arbeitsplatz geschoben. Beim Zieh-Prinzip handelt es sich um eine verbrauchsgesteuerte Materialbereitstellung. Aus dem Lager oder von vorgelagerten Arbeitsplätzen wird nur das gerade benötigte Material in der Menge und zu dem Zeitpunkt entnommen (oder „angesaugt"), zu dem es gerade benötigt wird.

Zwei-Behälter-System

Auslösen — **Regelkreis Zieh-Prinzip** — **Bestätigung**

Informationen:
- Jeder Behälter enthält Material für vier Arbeitsstunden.
- Der Abruf erfolgt durch Datenübertragung; es dauert zwei Stunden vom Eingang der Daten bis zur Bereitstellung des Materials im Fertigungsbereich.
- Zu Beginn der ersten Schicht (6.00 Uhr) ist ein voller und ein leerer Behälter vorhanden, die Bestellauslösung muss vorgenommen werden.

Eine Variante des KANBAN-Systems ist die Steuerung über ein **Zwei-Behälter-System**: Für die Produktion wird aus einem Behälter Material entnommen. Sobald dieser Vorrat aufgebraucht ist, geht eine Meldung an das Lager, den Materialvorrat aufzufüllen. Jetzt wird aus dem zweiten Behälter Material für die Produktion entnommen. In dieser Zeit wird der leere Behälter gegen einen vollen ausgetauscht. Ist der Vorrat des zweiten Behälters aufgebraucht, geht wieder eine Meldung an das Lager. Der inzwischen aufgefüllte und bereitgestellte neue Behälter dient dann der Materialentnahme. So entsteht ein selbstgesteuerter Regelkreis, der einen Materialfluss exakt nach dem Verbrauch in der Produktion sicherstellt. Geeignet ist dieses Verfahren bei einer Serien- oder Massenfertigung.

Die Vor- und Nachteile sind ähnlich wie beim JIT-Verfahren. Positiv sind geringere Lagerkosten (da Zwischenlager wegfallen), eine verkürzte Durchlaufzeit und weniger Platzbedarf im Produktionsbereich. Aber eine Störung im Materialflusssystem führt zu Produktionsstillstand.

4.1 Materialbeschaffung und Lagerhaltung organisieren

OPTIMIERUNG DES MATERIAL- UND WARENFLUSSES

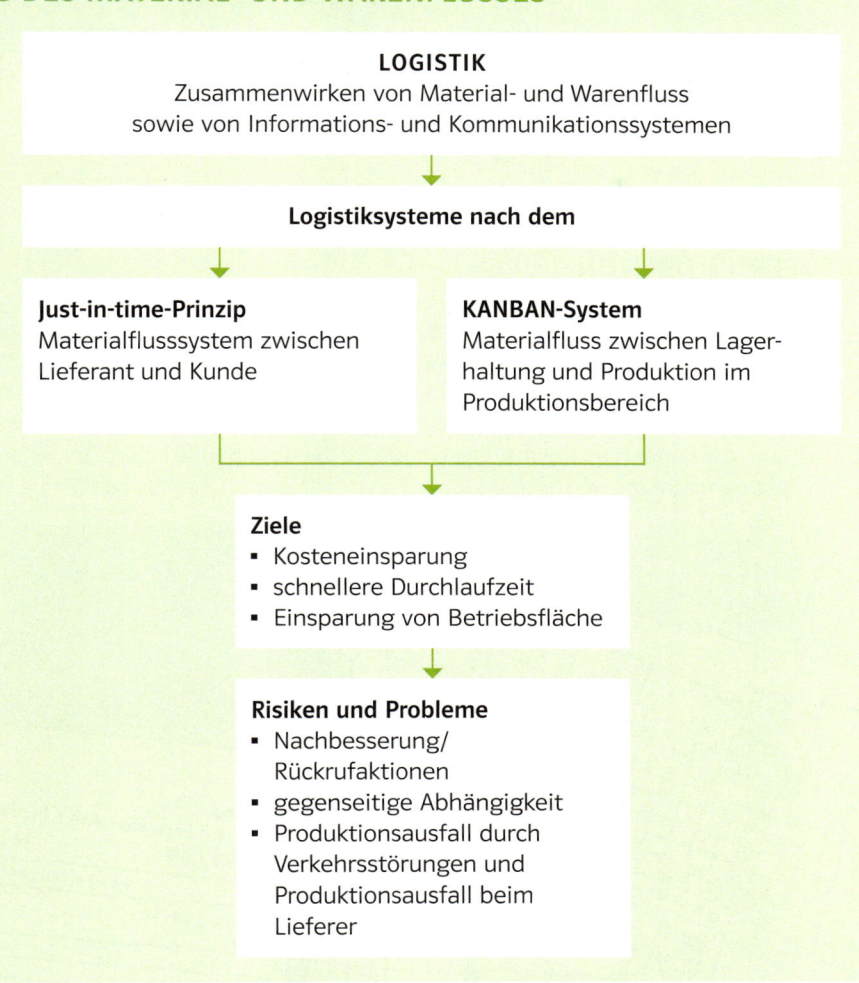

LOGISTIK
Zusammenwirken von Material- und Warenfluss sowie von Informations- und Kommunikationssystemen

↓

Logistiksysteme nach dem

Just-in-time-Prinzip
Materialflusssystem zwischen Lieferant und Kunde

KANBAN-System
Materialfluss zwischen Lagerhaltung und Produktion im Produktionsbereich

Ziele
- Kosteneinsparung
- schnellere Durchlaufzeit
- Einsparung von Betriebsfläche

Risiken und Probleme
- Nachbesserung/Rückrufaktionen
- gegenseitige Abhängigkeit
- Produktionsausfall durch Verkehrsstörungen und Produktionsausfall beim Lieferer

Übungsaufgaben

1. Erläutern Sie den Begriff „Logistik".

2. Beschreiben Sie den Unterschied zwischen pünktlicher Lieferung und dem JIT-Konzept.

3. Erläutern Sie den Zielkonflikt zwischen kostengünstiger Lagerhaltung und sicherer Versorgung der Produktion mit Materialien.

4. Das JIT-Verfahren beinhaltet neben einer Reihe von Vorteilen auch Risiken und Probleme.
   a) Nennen Sie die Vorteile des Kunden, für ein Produkt (z. B. Reifen) mehrere Lieferanten zu haben.
   b) Welche Maßnahmen verringern ebenfalls das Risiko des Produktionsausfalls?

5. Die Materialversorgung nach dem KANBAN-System erfolgt nach dem Zieh-Prinzip. Erläutern Sie den Unterschied zum Bring-Prinzip.

4.2 Arbeitsprozesse planen und steuern

Einen Fertigungsablauf planen

LERNSITUATION

Die Möbelschreinerei Gehling erstellt Einbauküchen in solider Handwerksarbeit. Geleitet wird das Unternehmen von den Brüdern René und Gregor. René Gehling führt die Kundengespräche, erstellt die Zeichnungen und ist für den Einbau der Küchen beim Kunden zuständig. Gregor Gehling leitet die Planung und Steuerung der Fertigung. Anhand der Zeichnungen erstellt er die Stücklisten und den Arbeitsplan. So soll es auch bei der Küche für die Familie Lechner sein.

ARBEITSPLAN
Gegenstand: Küche Lechner   Arbeitsplan Nr. 87
Auftrags-Nr.: 87/09   Menge: 1

Arbeitsfolge	Arbeitsgang	Zeit
Zuschneiden d. Holzteile		
• Außenfronten	1	4 Std.
• Innenteile	2	8 Std.
Verarbeiten d. Kanten	3	4 Std.
Bohrungen/Aussparungen	4	6 Std.
Rückwände nuten	5	2 Std.
Schleifen (Außenfronten)	6	4 Std.
Lackieren d. Außenfronten	7	12 Std.
Montage Innenteile	8	12 Std.
Montage Außenteile	9	4 Std.

Arbeitsauftrag

Erstellen Sie für den Fertigungsablauf der Lechner-Küche einen Fristenplan als Balkendiagramm, aus dem der späteste Beginn der Fertigung ersichtlich ist. Die Küche soll am 23.12. beim Kunden aufgestellt werden. Beachten Sie folgende Hinweise:
- Die innerbetriebliche Montage muss am 22.12. (Donnerstag) abgeschlossen sein.
- Die tägliche Arbeitszeit beträgt acht Stunden.
- Samstags und sonntags wird nicht gearbeitet.
- Einige Tätigkeiten können zeitgleich (parallel) durchgeführt werden: Das Zuschneiden der Innen- und Außenteile, das Fräsen/Nuten der Rückwände mit dem Schleifen der Außenfront und das Lackieren der Außenteile mit Zusammensetzung der Innenteile.

4.2 Arbeitsprozesse planen und steuern

Die Fertigung planen

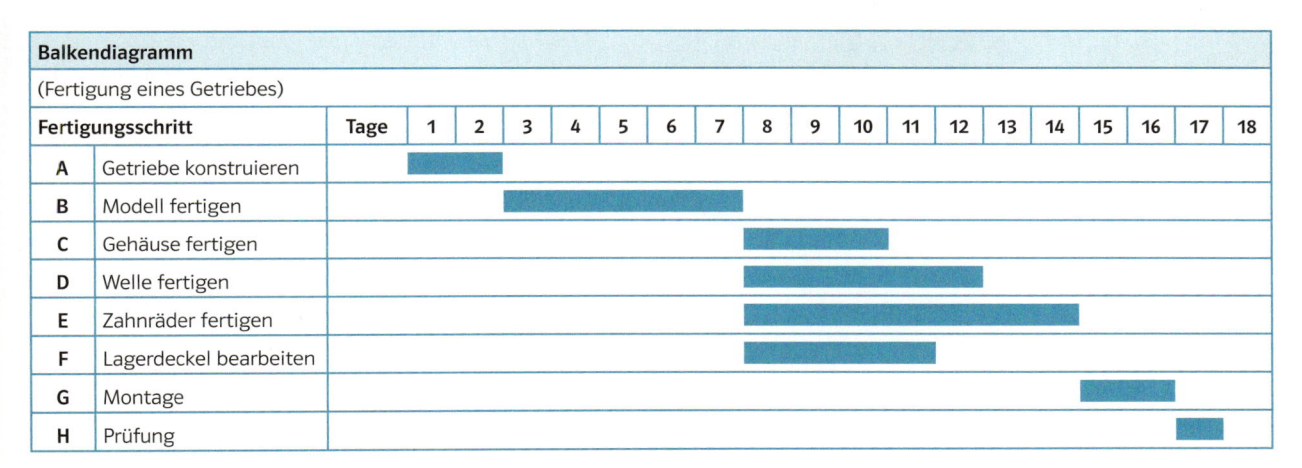

Die Fertigungsplanung legt alle planerischen Maßnahmen zur Erstellung eines Produktes fest. Dabei wird in Bedarfsplanung und Ablaufplanung unterschieden.

Die **Bedarfsplanung** umfasst die
- Materialplanung: Ermittlung des Bedarfs an Rohstoffen und Hilfsmitteln (z. B. Schrauben), Betriebsstoffen sowie an fremdbezogenen und selbst erstellten Teilen;
- Personalplanung: Art und Anzahl der Arbeitskräfte, die zur Fertigungsdurchführung benötigt werden;
- Betriebsmittelplanung: Art und Menge der Betriebsmittel (Maschinen, Fahrzeuge, Vorrichtungen, Werkzeuge), die für die Fertigung der geplanten Produktion erforderlich sind.

Zur **Ablaufplanung** gehören der Arbeitsplan und der Zeitplan (Fristenplan).

Der **Arbeitsplan** ist eine tabellarische Beschreibung aller Arbeitsvorgänge und enthält die erforderlichen Angaben zur Fertigung der Teile. Im Arbeitsplan wird im Einzelnen Folgendes festgelegt:
- die notwendigen Arbeitsgänge (z. B. Gehäuse für Getriebe erstellen usw.),
- die Reihenfolge der Arbeitsgänge,
- die durchlaufenden Abteilungen, in denen das Werkstück bearbeitet wird (Modellschreinerei usw.),
- die eingesetzten Betriebsmittel (Werkzeuge, Maschinen),
- die Zeitangaben für die Durchführung der Arbeiten (Rüst- und Ausführungszeiten),
- die Lohngruppen für die auszuführenden Arbeiten.

Grundlagen für die Erstellung des Arbeitsplans sind Daten aus
- Konstruktionszeichnungen: Form der Werkstücke,
- Stücklisten: Mengenangaben, Benennungen, Abmessungen,
- der Maschinenkartei: vorhandene Maschinen und deren Belegung,
- der Werkzeug- und Vorrichtungskartei: einsetzbare Werkzeuge.

Fristenpläne (Zeitpläne) sollen den Zeitbedarf für die Arbeitsgänge ermitteln, die vom Entwurf bis zur Montage auszuführen sind.

Online-Link
883501-0421
- Fertigung planen

Balkendiagramm																				
(Fertigung eines Getriebes)																				
Fertigungsschritt		Tage	1	2	3	4	5	6	7	8	9	10	11	12	13	14	15	16	17	18
A	Getriebe konstruieren																			
B	Modell fertigen																			
C	Gehäuse fertigen																			
D	Welle fertigen																			
E	Zahnräder fertigen																			
F	Lagerdeckel bearbeiten																			
G	Montage																			
H	Prüfung																			

Der Zeitbedarf, den ein Erzeugnis benötigt, um den eigentlichen Fertigungsprozess vom Anfang bis zum Ende zu durchlaufen, wird als **Durchlaufzeit** bezeichnet. Bei der Ermittlung werden die Bearbeitungs-, Transport-, Lager- und Wartezeiten einbezogen. Ziel ist es, gleichzeitig verschiedene Arbeitsgänge durchzuführen, um somit die Durchlaufzeit zu verringern. Weitere Vorteile einer kurzen Durchlaufzeit sind kleinere Zwischenlager, kürzere Lieferzeiten und eine übersichtlichere Fertigung, da sich weniger Küchen gleichzeitig in der Fertigung befinden. Fristenpläne lassen sich grafisch durch Balkendiagramme oder durch **Netzpläne** (→ S. 215) darstellen.

Der **Fristenplan als Balkendiagramm** zeigt die Dauer eines Arbeitsgangs durch einen Balken auf einer Zeitskala an.

Die Fertigungssteuerung

Nach Abschluss der Fertigungsplanung folgt die Fertigungssteuerung. Dazu gehören:
- Das Bereitstellen von Material: Das Material muss termingerecht in der richtigen Art und Menge am richtigen Ort bereitgestellt werden (→ S. 197 ff.).
- Die Bestimmung der **Losgröße**: Die pro Fertigungsgang erstellte Menge eines Produktes bezeichnet man als Losgröße. Wird in kleinen Losgrößen gefertigt, entstehen hohe Rüstkosten, weil die Maschine für jeden neuen Fertigungsgang neu eingerichtet werden muss. Produziert man ohne Umrüstung in großen Losen, verursacht man hohe Lagerkosten. Damit ergibt sich als optimale Losgröße die Fertigungsmenge, bei der die Summe der Lager- und Rüstkosten am niedrigsten ist.
- Die Vorbereitung der Fertigungsstellen: Die Fertigungsstellen müssen auf die auszuführenden Arbeiten vorbereitet sein.
- Das Festlegen der Maschinenbelegung: Die benötigten Maschinen müssen zum richtigen Zeitpunkt verfügbar sein.
- Die Terminüberwachung: Damit der vereinbarte Liefertermin eingehalten werden kann, muss neben der Terminplanung eine Terminüberwachung des Arbeitsfortschritts erfolgen. Dies kann u. a. mithilfe von Netzplänen, Termin- und Laufkarten erfolgen.

Losgröße in Stück	Häufigkeit des Rüstens	Rüstkosten in €	Lagerkosten in €	Summe (Rüst- + Lagerkosten)
100	30	1500	8000	9500
200	60	3000	6000	9000
300	90	4500	4000	8500
400	**120**	**6000**	**2000**	**8000**
500	150	7500	1000	8500

Die optimale Losgröße liegt bei 400 Stück.

Die Netzplantechnik

Die Netzplantechnik wird vorwiegend in der industriellen Einzelfertigung angewandt, und zwar bei Projekten, die in viele Arbeitsaufträge zergliedert sind (Bau eines Passagierschiffs, Großbaustelle). Die Netzplantechnik dient der Zeitplanung (die zeitlichen Abhängigkeiten einzelner Arbeitsgänge werden aufgezeigt) und der Terminüberwachung. Dies gilt besonders für den kritischen Weg. Verzögert sich ein Arbeitsschritt, verschiebt sich entsprechend der Endtermin des Projektes.

Vorgehensweise

Ein Netzplan besteht aus den sogenannten **Vorgangsknoten**, die miteinander verbunden sind.

1. Festlegung der **Reihenfolge der Arbeitsschritte** (Vorgänge) und der **Fertigungsdauer** (hier: erst Arbeitsschritt A, dann B, anschließend gleichzeitig C, D, E, F, dann G und zum Schluss H).

Vorgangsknoten	
Frühester Anfangszeitpunkt (**FAZ**)	Frühester Endzeitpunkt (**FEZ**)
Vorgang	Dauer
Spätester Anfangszeitpunkt (**SAZ**)	Spätester Endzeitpunkt (**SEZ**)

2. **Vorwärtsrechnung**: Im ersten Vorgangsknoten (Vorgang A) wird im linken oberen Feld der früheste Anfangszeitpunkt (**FAZ**) und im rechten oberen Feld der früheste Endzeitpunkt (FEZ) eingetragen (FEZ = FAZ + Dauer des Vorgangs). In der Reihenfolge der Arbeitsschritte werden die jeweiligen Vorgangsknoten entsprechend ausgefüllt.

3. **Den Kritischen Weg bestimmen**: Die Reihenfolge der Arbeitsschritte (hier: A, B, E, G und H), die die insgesamt längste Fertigungszeit beansprucht (hier: 17 Fertigungstage), bezeichnet man als den „kritischen Weg"; sie wird gesondert markiert. (Die Arbeitsschritte A, B, C, G und H benötigen 13 Fertigungstage.) Der kritische Weg gibt zugleich die schnellstmögliche Fertigungszeit an. Die Verzögerung eines Vorgangs bedeutet automatisch eine Verschiebung des Endtermins. Soll der kritische Weg eingehalten werden, muss demnach der früheste Fertigungsendzeitpunkt jedes Vorgangs mit dem spätesten Fertigungsendzeitpunkt (SEZ) übereinstimmen: FEZ = SEZ. Dies gilt auch für den frühesten und spätesten Anfangszeitpunkt (SAZ): FAZ = SAZ.

4. **Rückwärtsrechnung**: Alle anderen Arbeitsschritte müssen nicht zum frühesten Zeitpunkt fertig sein. Sie haben einen sogenannten Puffer. Er ergibt sich aus der Differenz zwischen FAZ und SAZ oder FEZ und FAZ (hier C = 4; D = 2, F = 3).

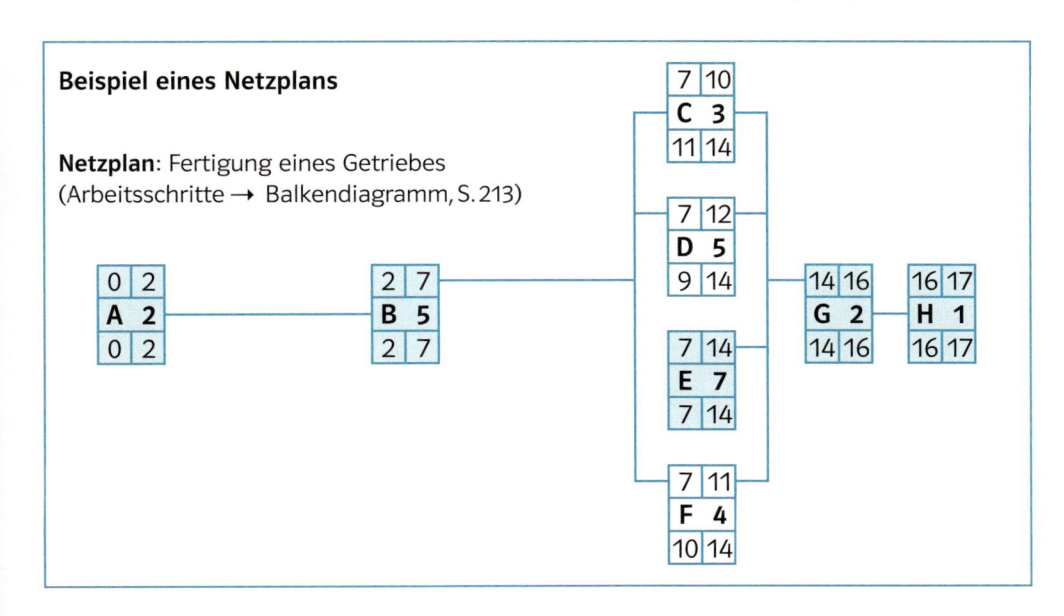

Beispiel eines Netzplans

Netzplan: Fertigung eines Getriebes
(Arbeitsschritte → Balkendiagramm, S. 213)

0	2
A	2
0	2

2	7
B	5
2	7

7	10
C	3
11	14

7	12
D	5
9	14

7	14
E	7
7	14

7	11
F	4
10	14

14	16
G	2
14	16

16	17
H	1
16	17

PLANUNG UND STEUERUNG DER FERTIGUNG

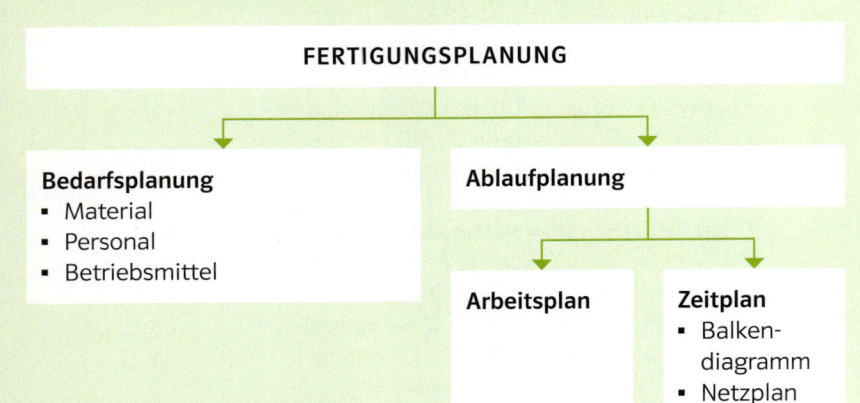

FERTIGUNGSPLANUNG

- **Bedarfsplanung**
  - Material
  - Personal
  - Betriebsmittel

- **Ablaufplanung**
  - **Arbeitsplan**
  - **Zeitplan**
    - Balkendiagramm
    - Netzplan

- **Fertigungssteuerung**
  - Losgröße bestimmen
  - Fertigungsstellen vorbereiten
  - Material bereitstellen
  - Maschinenbelegung
  - Terminüberwachung

Übungsaufgaben

1. Beschreiben Sie die Aufgaben der Fertigungsplanung im Rahmen des Fertigungsprozesses.

2. Nennen Sie die Teile, aus denen sich ein Arbeitsplan zusammensetzt.

3. Beschreiben Sie die Vorteile, die sich aus einem schnellen Durchlauf der Erzeugnisse ergeben.

4. Bestimmen Sie, ob die folgenden Tätigkeiten der Bedarfsplanung, der Ablaufplanung oder der Fertigungssteuerung zuzuordnen sind.
   a) Ermittlung der Bestellmenge
   b) Festlegung des Produktionsbeginns
   c) Überprüfung des Arbeitsfortschritts
   d) Festlegung der Produktionsmenge
   e) Maschinenbelegung
   f) Erstellung des Arbeitsplans
   g) Bereitstellen von Material
   h) Einkauf von Spezialwerkzeugen.

5. Für den Bau eines Hauses sind folgende Arbeitsgänge in der angegebenen Reihenfolge geplant:

Fertigungsschritt		Dauer	Vorausgehender Vorgang
A	Einrichten Baustelle	eine Woche	–
B	Erdarbeiten	zwei Wochen	A
C	Rohbau	acht Wochen	B
D	Dachstuhl	eine Woche	C
E	Fenster	eine Woche	D
F	Heizung/Sanitär/Elektro	vier Wochen	D
G	Estrich/Putz	drei Wochen	F
H	Boden/Malerarbeiten	zwei Wochen	G

   a) Erstellen Sie einen Durchlaufplan in Form eines Balkendiagramms.
   b) Zeichnen Sie einen Netzplan.

6. **Zur Fertigungssteuerung gehört die Festlegung der Losgröße.**
   a) Erläutern Sie den Begriff „Los".
   b) Erklären Sie, was unter einer „optimalen Losgröße" zu verstehen ist.
   c) Stellen Sie Vermutungen an, warum in der betrieblichen Praxis die „optimale Losgröße" nicht immer eingehalten werden kann.

4.2 Arbeitsprozesse planen und steuern

Die Gestaltung des Arbeitsablaufs festlegen

LERNSITUATION

Ein Blick in die Werkstatt der Möbelschreinerei Gehling macht optisch die handwerkliche Fertigung der Produkte deutlich: In der Mitte der Werkstatt entsteht nach und nach jeweils eine Küche gemäß den Wünschen des Kunden. Um diese Mitte herum sind die verschiedenen Maschinen angeordnet, die für die einzelnen Arbeitsschritte notwendig sind. Zunächst werden die Teile zugeschnitten und die Kanten bearbeitet. Anschließend werden die Bohrungen angebracht und Aussparungen z. B. für die Beschläge gefräst. Daraufhin können die Teile geschliffen und zum Schluss – aus Gründen des Gesundheitsschutzes in einem separaten Raum – lackiert werden.
Wenn alle Einzelteile erstellt sind, wird die Küche probeweise in der Mitte des Raumes zusammengebaut. Entspricht das fertige Produkt den Plänen, wird es im Fertigteilelager so lange zwischengelagert, bis der Termin für die Montage beim Kunden erreicht ist.
Materialien wie z. B. Spanplatten, Furniere, Beschläge, Schrauben usw. kann jeder – so wie sie benötigt werden – dem Materiallager entnehmen.
Die Aufträge werden vom Meister auf die Mitarbeiter verteilt. Da es sich um ausgebildete Schreiner handelt, verrichtet jeder die Arbeiten, die gerade notwendig sind.

In jüngster Zeit hat die Zahl der Aufträge stark zugenommen, manchmal müssen aus Termingründen zwei Küchen gleichzeitig produziert werden. Dadurch entsteht ein großes Durcheinander. Es gibt daher Überlegungen, die Arbeitsabläufe zu verbessern.

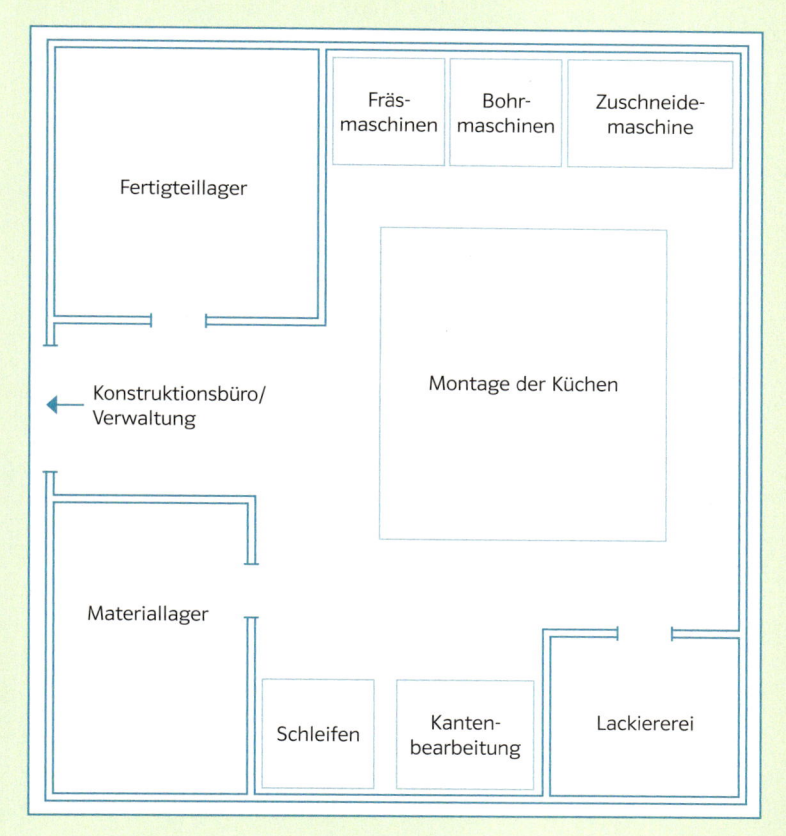

Arbeitsauftrag

Entwerfen Sie einen Plan, der den Fertigungsablauf bei der Herstellung der Küchen in dem Unternehmen verbessert. Verwenden Sie die folgenden Informationen zu den Fertigungsverfahren und berücksichtigen Sie folgende Hinweise:
1. Die Fertigungshalle kann beliebig aufgeteilt werden.
2. Die vorhandenen Wände (Doppelstrich) zu den Lagern und zur Lackiererei können durch Umbaumaßnahmen verschoben oder beseitigt werden.

Unterschiedliche Fertigungsarten

Betrachtet man das Produktionsziel eines Betriebes nach der Menge der Erzeugnisse, unterscheidet man in Einzel- und Mehrfachfertigung.

- **Einzelfertigung**:
Wird mit der Produktionsanlage eines Betriebes jeweils nur ein einzelnes Produkt erstellt, spricht man von Einzelfertigung. Grundlage ist gewöhnlich ein spezieller Kundenauftrag, der detaillierte Wünsche enthält.
Beispiele: Bau von Gebäuden, Fertigung von Spezialmaschinen oder Küchen.
Mit einer Einzelfertigung kann sich ein Unternehmen veränderten Kundenansprüchen sehr schnell anpassen. Andererseits ist die individuell ausgerichtete Produktion aufwendig.

- **Mehrfachfertigung**:
Bei der Mehrfachfertigung werden mit der Produktionsanlage gleichartige Produkte zur selben Zeit oder unmittelbar hintereinander erstellt. Dabei gibt es drei Varianten:
Serienfertigung liegt vor, wenn die gleichartigen Produkte in begrenzter Stückzahl erzeugt werden. Für eine neue Serie wird die Anlage umgerüstet (hohe Kosten, zeitaufwendig).
Beispiele: Herstellung von Tiefkühlfertiggerichten, Elektrokleingeräten, Medikamenten, CDs.
Sortenfertigung liegt vor, wenn Produkte hergestellt werden, die sich aufgrund des verwendeten Materials und ihrer Herstellung nur unwesentlich unterscheiden.
Beispiele: Stoffqualität oder Schnittmuster bei Anzügen, unterschiedliche Biersorten bei Brauereien, Schrauben mit unterschiedlichen Abmessungen.
Massenfertigung ist durch eine unbegrenzte Anzahl eines Produktes gekennzeichnet, das über lange Zeiträume erstellt wird.
Beispiele: Herstellung von Bier, von Schrauben.

Wiederholungen in der Arbeitsabfolge und die Möglichkeit, Spezialmaschinen einzusetzen, führen zu einer Rationalisierung des Produktionsablaufs und damit zu einer Senkung der Stückkosten. Ein Nachteil der Massenfertigung ist, dass die aufwendige Fertigungsorganisation nur schwer auf Marktveränderungen umgestellt werden kann.

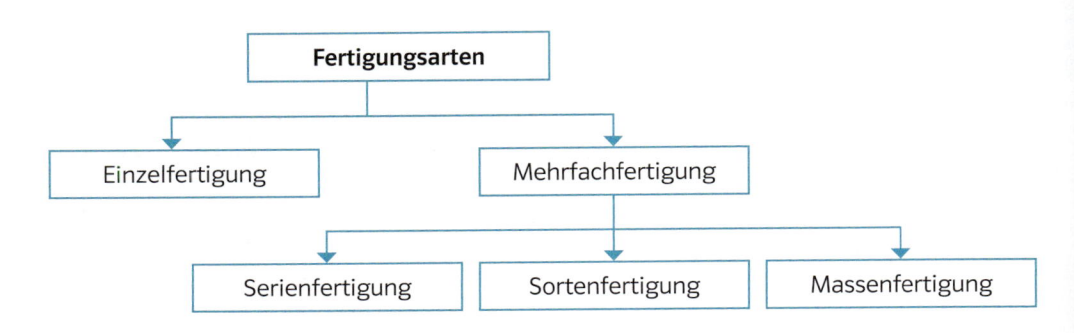

Online-Link
883501-0422
Fertigungsorganisation

```
                  Fertigungsarten
                  /            \
        Einzelfertigung    Mehrfachfertigung
                            /      |      \
                Serienfertigung  Sortenfertigung  Massenfertigung
```

4.2 Arbeitsprozesse planen und steuern

Fertigung nach Ablaufprinzipien

Verrichtungsprinzip
Gleichartige Verrichtungen (z. B. Fräsen, Lackieren) werden räumlich zusammengefasst, und die Werkstücke müssen an diesen Ort gebracht werden. Die räumliche Anordnung der Arbeitsplätze und Betriebsmittel ist unabhängig von der Reihenfolge, in der die Arbeiten durchzuführen sind: **verrichtungsorientierte Herstellung**.

Flussprinzip
Hier bestimmt der Ablauf, in dem ein Produkt erstellt wird (z. B. zuerst zuschneiden, dann Kanten bearbeiten usw.), die Anordnung der Tätigkeiten und die Nutzung der erforderlichen Betriebsmittel. Die Werkstoffe bewegen sich entlang dieser Produktionsfolge: **objektorientierte Herstellung**.

Fertigung nach Ablaufprinzipien

Im Fertigungsprozess werden bestimmte Tätigkeiten (Verrichtungen) in sachlich und zeitlich geordneter Abfolge angeordnet. Grundsätzlich bestehen zwei Möglichkeiten, diesen Fertigungsprozess zu organisieren.

Werkstattfertigung
Dieser Organisationstyp ist vor allem für die Einzelfertigung oder die Produktion kleiner Serien geeignet. Hier sind Arbeitsplätze und Maschinen, mit denen ähnliche Arbeitsaufgaben erledigt werden, räumlich zusammengefasst. In der Industrie bezeichnet man jeden dieser Orte als Werkstatt, während man im Handwerk von einem Ort als Werkstatt spricht, an dem verschiedene Maschinen angeordnet sind, mit denen spezielle Verrichtungen durchgeführt werden.

Vorteile:
- Das Unternehmen kann sich flexibel auf neue Produkte umstellen und damit auf Marktveränderungen reagieren.
- Da die Maschinen universell einsetzbar sind und gewöhnlich mehrere Exemplare zur Verfügung stehen, sind technische Störungen leicht zu beheben.
- Die Mitarbeiter erwerben durch breit gestreuten Arbeitseinsatz große Fachkenntnisse.

Nachteile:
- Der Transport der Werkstücke zu den verschiedenen Werkstätten ist zeitaufwendig.
- Die Maschinen müssen häufig für unterschiedliche Arbeitsschritte umgerüstet und neu eingestellt werden.
- Der Produktionsablauf ist unübersichtlich.

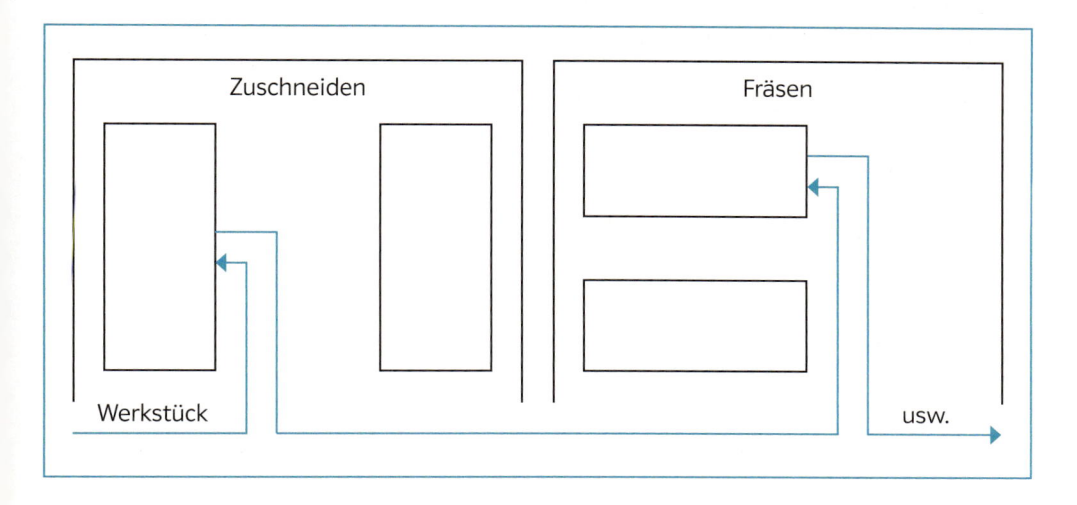

Eine Variante der verrichtungsorientierten Herstellung ist die Werkstattfertigung.

4 Produktionsabläufe und Dienstleistungen organisieren **219**

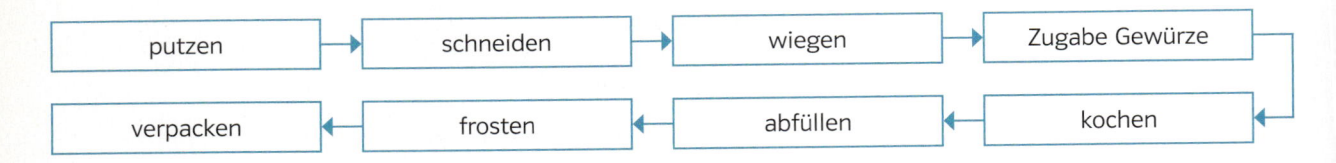

```
putzen → schneiden → wiegen → Zugabe Gewürze ↴
verpacken ← frosten ← abfüllen ← kochen ←
```

Ein Beispiel für die Fließfertigung ist die Herstellung von Tiefkühlgemüse nach der Ernte (Spinat).

Eine Variante der objektorientierten Herstellung ist die Fließfertigung.

Fließfertigung

Die Betriebsmittel und Arbeitsplätze sind so angeordnet, dass sie der logischen Abfolge bei der Herstellung des Produktes entsprechen (Flussprinzip). Dieser Organisationstyp eignet sich besonders für die Mehrfachfertigung. Bei der Massenfertigung wird in der Regel die Fließbandfertigung verwendet. Dabei wird der Herstellungsprozess in kleinste, zeitgleiche Verrichtungen zerlegt und das Werkstück im Taktverfahren an den einzelnen Arbeitsplätzen vorbeigeführt.

Vorteile:
- Die Transportwege werden verkürzt.
- Spezialmaschinen und eine starke Spezialisierung der Mitarbeiter beschleunigen den Produktionsablauf.
- Durch die Einengung der Verrichtungen kann auf teure Fachkräfte verzichtet werden. Vielfach lassen sich Arbeitskräfte durch Maschinen ersetzen.
- Der Produktionsprozess ist sehr übersichtlich.

Nachteile:
- Die Spezialisierung von Maschinen und Mitarbeitern erschwert Produktionsumstellungen.
- Ausfälle einzelner Produktionselemente können den gesamten Fertigungsprozess beeinträchtigen.
- Die geringe Abwechslung in den Arbeitsabläufen, die manchmal auf wenige Handgriffe beschränkt sind, vermindert die Motivation der Mitarbeiter oft stark.

Ebenso wie bei der Fließfertigung wird bei der **Reihenfertigung** nach dem Flussprinzip verfahren. Bei beiden Fertigungsarten bestimmt die technologische Reihenfolge den Fertigungsablauf. Der Unterschied besteht nur darin, dass bei der Fließfertigung die Arbeitsplätze durch mechanische Transporteinrichtungen verbunden sind, während bei der Reihenfertigung die Werkstücke von den Mitarbeitern transportiert werden.

Gruppenfertigung

Bei der **Gruppenfertigung** versucht man, die Vorteile der Werkstattfertigung und der Fließfertigung miteinander zu kombinieren. Statt die Arbeitsvorgänge z. B. am Fließband in immer kleinere Abschnitte zu zerlegen, bildet man komplexere Verrichtungen, die einer Fertigungsgruppe zugeordnet werden. Die Gruppe von Mitarbeitern kann dabei über die reine Montage des Produktes hinaus auch für die Qualitätssicherung zuständig sein, die Instandhaltung der Maschinen und die Materialbereitstellung. Durch regelmäßige Information, durch Einbeziehung der Mitarbeiter in die Produktionsplanung und durch das eigenverantwortliche Handeln der Gruppe gelingt oft eine beträchtliche Motivationssteigerung des Personals.

Gruppenarbeit steigert die Motivation der Mitarbeiter

FERTIGUNGSVERFAHREN

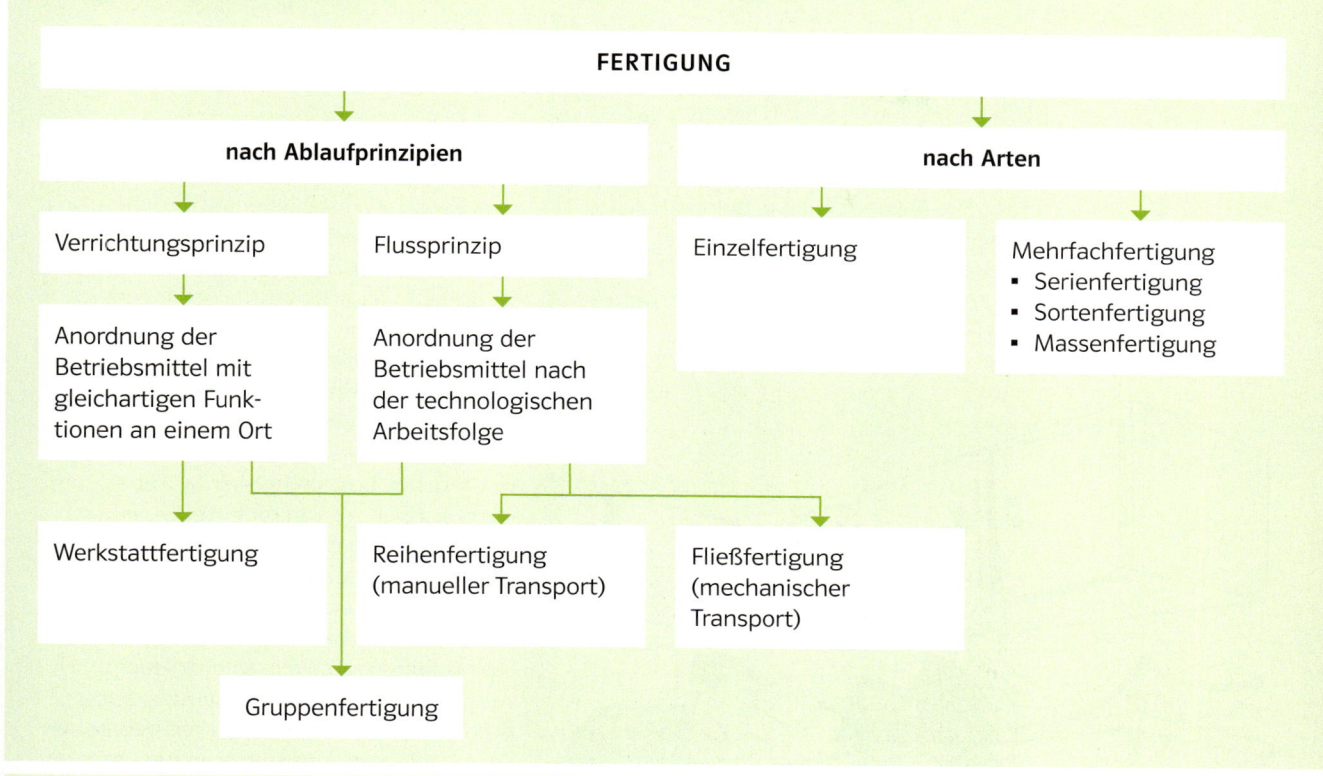

FERTIGUNG

- **nach Ablaufprinzipien**
  - **Verrichtungsprinzip**
    - Anordnung der Betriebsmittel mit gleichartigen Funktionen an einem Ort
    - Werkstattfertigung
  - **Flussprinzip**
    - Anordnung der Betriebsmittel nach der technologischen Arbeitsfolge
    - Reihenfertigung (manueller Transport)
    - Fließfertigung (mechanischer Transport)
    - Gruppenfertigung

- **nach Arten**
  - Einzelfertigung
  - Mehrfachfertigung
    - Serienfertigung
    - Sortenfertigung
    - Massenfertigung

Übungsaufgaben

1. Stellen Sie den Fertigungsablauf in Ihrem Ausbildungsbetrieb dar und beantworten Sie folgende Fragen:
a) Um welche Fertigungsart handelt es sich?
b) Welches Ablaufprinzip der Fertigung wird eingesetzt?
c) Worin liegen die Vor- und Nachteile des Fertigungsverfahrens?

2. Bestimmen Sie, welche Fertigungsart jeweils in den folgenden Fällen vorliegt.
a) Bau eines Luxusschiffs
b) Herstellung von Jeans
c) Bau von Autos
d) Herstellung von Zigaretten.

3. Prüfen Sie, ob die folgenden Aussagen stimmen:
a) Bei der Werkstattfertigung wird häufig zwischen den einzelnen Arbeitsgängen ein Zwischenlager eingerichtet.
b) Die Durchlaufzeit bei der Fertigung eines Produktes ist bei der Fließfertigung am niedrigsten.
c) Bei der Reihenfertigung müssen die Dauer der einzelnen Arbeitsgänge und die Geschwindigkeit des Fließbandes aufeinander abgestimmt werden.
d) Bei der Fließfertigung kann man schnell und flexibel auf Kundenwünsche reagieren.

Die Methoden der Leistungskontrolle aufzeigen

LERNSITUATION

Gregor Gehling hat seine beiden Meister Schaaf und Howe zu sich bestellt.
Herr Gehling: Frau Henkel hat mir gerade die Mängel ihrer neuen Küche vorgetragen. Zwei Türen schließen nicht richtig, an den Ecken der Arbeitsplatte löst sich das Furnier und der Backofen des Elektroherdes ist defekt. Wer arbeitet bei uns eigentlich so miserabel?
Herr Howe: Sie wissen doch selber, was hier in den letzten Wochen los war. Peter hatte die Grippe, und Klaus fällt wegen des Sportunfalls schon seit vier Wochen aus. Da müssen wir eben improvisieren. Wer gerade frei ist, muss die Arbeiten an der Zuschneidesäge und an der Hobelmaschine übernehmen. Für Wartung und Instandhaltung der Maschinen bleibt da keine Zeit.
Herr Gehling: Jetzt verstehe ich auch, warum sich die Reklamationen in letzter Zeit häufen. Mal abgesehen von den hohen Kosten, die uns durch die Nachbesserungen entstehen, unsere Kundschaft erwartet einwandfreie Qualität. Übrigens, besonders hat sich Frau Henkel darüber geärgert, dass ihre Änderungswünsche nicht berücksichtigt wurden. Wer hat denn das verschlafen?

Arbeitsauftrag

Entwickeln Sie ein Lösungskonzept, das Fehler in der Fertigung vermeiden soll.
Stellen Sie dabei in einer Übersicht nach folgendem Muster den Fehlern die möglichen Lösungen gegenüber. Zusätzliche Bedingungen:
Aufgrund der guten Auftragslage sollen zusätzliche Maschinen angeschafft werden.
Die Räumlichkeiten lassen eine veränderte Fertigungsorganisation zu.

Entstandene Fehler	Maßnahmen zur Vermeidung der Fehler
zwei Türen schließen nicht richtig	

Bereiche der Leistungsüberwachung

Damit der Fertigungsprozess wie geplant durchgeführt wird, ist eine Leistungsüberwachung notwendig. Dazu gehören:

- **Terminkontrolle**: Der Beginn und das Ende der einzelnen Arbeitsschritte werden mit dem Zeitplan (Fristenplan) verglichen, damit der vorgegebene Liefertermin eingehalten werden kann. Die Einhaltung der Liefertermine hat für die Beurteilung des Lieferanten durch den Kunden häufig den gleichen hohen Stellenwert wie die Kriterien Preis und Qualität.
- **Quantitätsprüfung**: Überprüfung der zu produzierenden Menge.
- **Kostenkontrolle**: Durch eine Nachkalkulation werden die einzelnen Kostenarten (Löhne, Materialverbrauch) mit den vorgegebenen Werten verglichen.
- **Instandhaltung und Wartung**: Darunter versteht man alle Maßnahmen, die dazu dienen, die Betriebsmittel (Maschinen, Werkzeuge) ohne Störung einsetzen zu können. Diese Maßnahmen sind Wartung (Reinigen, Abschmieren), Inspektion (Überprüfung des Zustandes) und Instandsetzung (Austausch defekter oder verbrauchter Teile).
- **Qualitätsprüfung**: Die Qualitätssicherung der Produkte gehört zu den wesentlichen Aufgaben der Unternehmenspolitik. Ziel ist die Null-Fehler-Produktion. Mangelhafte Produkte führen aufgrund von Nachbesserungen oder Ausschuss zu hohen Kosten, zum Verlust von Kunden oder zu Schadenersatzansprüchen.

Sind alle Anforderungen erfüllt?

Was versteht man unter „Qualität"?

Der Begriff „Qualität" wird im allgemeinen Sprachgebrauch sehr subjektiv und ungenau verwendet. Ist z. B. ein Rennrad qualitativ hochwertiger als ein Freizeitrad? Oder ist ein Holzfenster von schlechterer Qualität als ein Kunststofffenster? Beide Fragen lassen sich nicht mit Ja beantworten. Bei dem Vergleich der Fahrräder spielt der Verwendungszweck eine Rolle. Holzfenster sorgen für ein besseres Raumklima, Kunststofffenster sind pflegeleichter. Vereinfacht ausgedrückt ist Qualität, wenn die Beschaffenheit den Zweck erfüllt.

Wie lässt sich Qualität bestimmen?

Die Qualität eines Produktes oder einer Dienstleistung ergibt sich einerseits aus den Anforderungen und Erwartungen des Kunden und andererseits aus den Zusagen und Garantien des Unternehmers. Auf der Grundlage gesetzlicher Vorschriften (z. B. Verwendung von Leitungsschutzschaltern), bestimmter Normen (VDE-Normen) und Regeln der Technik (z. B. zur Verlegung von Stromkabeln) wird zwischen Kunde und Unternehmer eine Vereinbarung abgeschlossen. Zu den Vereinbarungen kann es auch gehören, dass der Unternehmer die Produkte einem festgelegten Prüfverfahren unterzieht und die Ergebnisse dokumentiert – auch wenn dies nicht gesetzlich vorgeschrieben ist.

Online-Link
883501-0423
- *Qualitätsmanagement*

Qualität nach DIN ISO 8402

Qualität bezeichnet die Gesamtheit von Merkmalen einer Einheit bezüglich ihrer Eignung, festgelegte und vorausgesetzte Erfordernisse zu erfüllen.

VDE-Normen

Der VDE (Verband der Elektrotechnik, Elektronik und Informationstechnik) erarbeitet für seinen Bereich Normen und Sicherheitsbestimmungen.

So funktioniert Qualitätssicherung

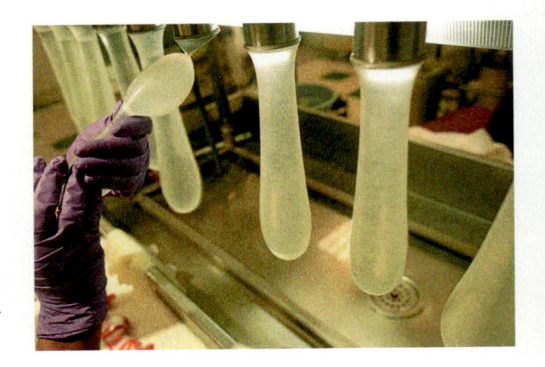

Es gibt drei Ansatzpunkte, um Qualitätssicherung zu gewährleisten:
- **Nach dem Zeitpunkt**: Dabei werden **Eingangskontrollen** bei der Warenlieferung vorgenommen. **Zwischenkontrollen** erfolgen nach jedem Fertigungsschritt, damit entstandene Fehler gleich behoben werden. **Endkontrollen** überprüfen die Funktionsfähigkeit der Produkte.

- **Nach der Person**: Dabei werden **Selbstkontrollen** von der für die Herstellung des Produktes verantwortlichen Person oder Gruppe durchgeführt. Damit wird dem Arbeitnehmer (Gruppe) die Verantwortung für die geleistete Tätigkeit übertragen. Voraussetzung ist, dass später auftauchende Fehler dem Verursacher zugeordnet werden können und die Arbeitsleistung dem Ziel der Qualitätssicherung nicht widerspricht. Der Vorteil der Selbstkontrolle gegenüber der **Fremdkontrolle** (durch Mitarbeiter der Qualitätskontrolle) liegt in der Personaleinsparung.

- **Nach dem Verfahren**: Hierbei unterscheidet man nach
  - **Stichprobenkontrolle**: Aus dem Produktionsprozess werden zufällig einzelne Stücke (Stichproben) entnommen und geprüft. Anhand der ermittelten Fehlerquote schließt man auf die Anzahl der fehlerhaften Produkte in der Gesamtproduktion.
  - **Vollkontrolle**: Alle Produkte werden kontrolliert. Dieses kostenintensive Verfahren ist notwendig, wenn der Kunde eine 100-prozentige Qualität voraussetzt und diese Anforderung in der Produktion nicht erreicht wird. Ein weiterer Grund sind hohe Sicherheitsanforderungen (z. B. Flugzeuge, medizinische Geräte).
  - **FMEA** (Fehlermöglichkeits- und Einflussanalyse): Dieses Verfahren versucht schon bei der Planung und Entwicklung, mögliche Fehlerquellen zu ermitteln und abzustellen.
  - **QFD** (Qualität – Funktion – Entwicklung): An der Entwicklung von Produkten arbeiten Hersteller und Kunde gemeinsam, damit die Qualität und die Produkteigenschaften den Wünschen des Kunden entsprechen (*Beispiel:* Autoindustrie).
  - **DIN EN ISO 9000 ff. (2005)**: Durch Qualitätssicherungssysteme werden alle Prozesse und Tätigkeiten daraufhin untersucht, ob sie den Qualitätsgrundsätzen entsprechen. Dazu gehören u. a. Kundenorientierung, die von der Unternehmensleitung gesetzten Ziele, ein optimales Umfeld für Mitarbeiter, Prozessoptimierung und das ständige Ziel, sich zu verbessern. Durch Anerkennung (Zertifizierung) dieser Fähigkeiten wird eine gleichbleibende Qualität und hohe Zuverlässigkeit garantiert. Das Zertifikat verbessert zudem die Wettbewerbschancen von Zulieferern und Herstellern. Immer mehr Unternehmen machen die Vergabe von Aufträgen davon abhängig.

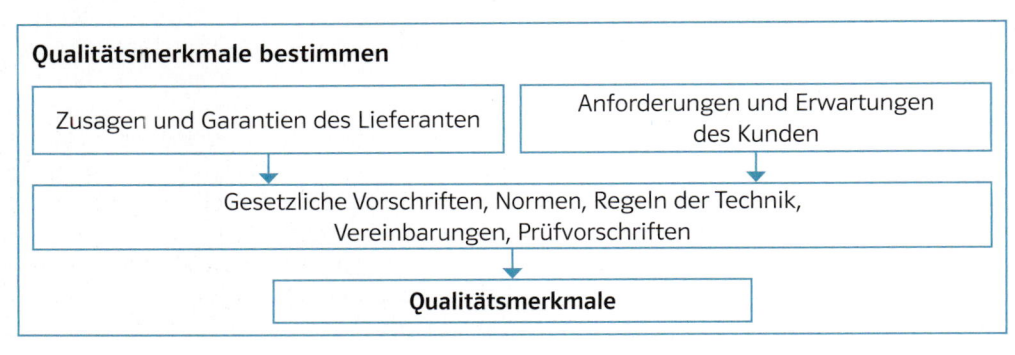

Qualitätsmerkmale bestimmen

Zusagen und Garantien des Lieferanten	Anforderungen und Erwartungen des Kunden

Gesetzliche Vorschriften, Normen, Regeln der Technik, Vereinbarungen, Prüfvorschriften

Qualitätsmerkmale

QUALITÄTSSICHERUNG ALS TEIL DER LEISTUNGSÜBERWACHUNG

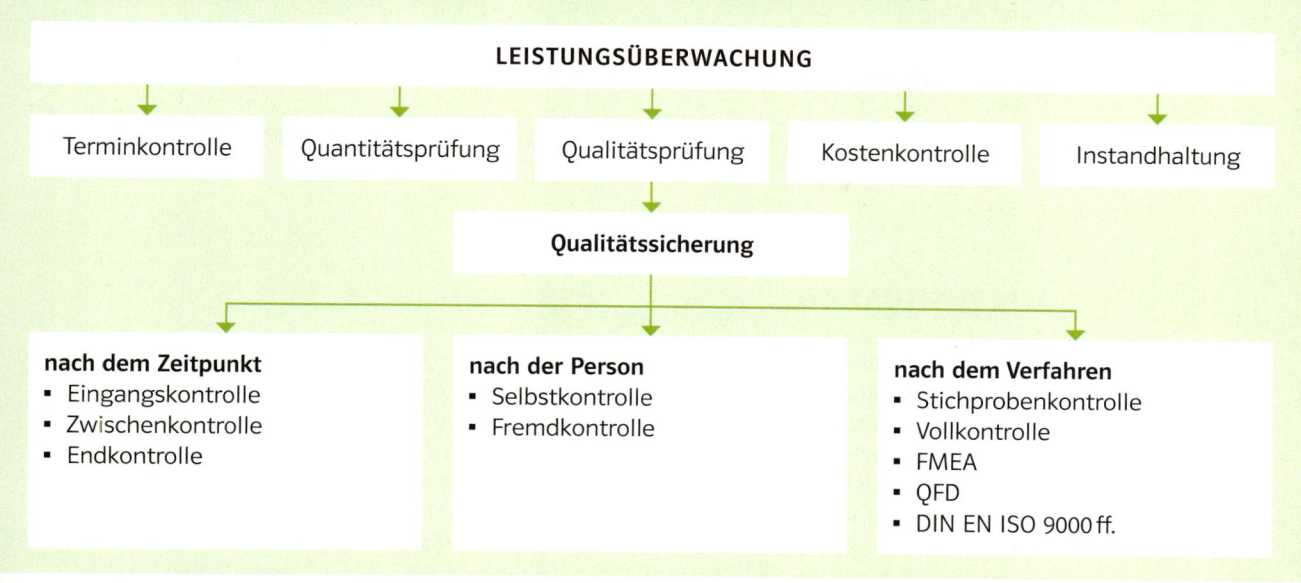

LEISTUNGSÜBERWACHUNG

- Terminkontrolle
- Quantitätsprüfung
- Qualitätsprüfung
- Kostenkontrolle
- Instandhaltung

Qualitätssicherung

nach dem Zeitpunkt
- Eingangskontrolle
- Zwischenkontrolle
- Endkontrolle

nach der Person
- Selbstkontrolle
- Fremdkontrolle

nach dem Verfahren
- Stichprobenkontrolle
- Vollkontrolle
- FMEA
- QFD
- DIN EN ISO 9000 ff.

Übungsaufgaben

1. Beschreiben Sie den im Informationsteil zugrunde gelegten Qualitätsbegriff und überprüfen Sie, inwieweit er sich mit Ihren Vorstellungen von Qualität deckt.

2.
Toyota ruft Pkw zurück
Wegen klemmender Gaspedale, die von einem amerikanischen Zulieferer stammen, ruft der japanische Hersteller Toyota bis zu 1,8 Millionen Autos zurück, davon in Deutschland knapp 200 000 Autos. Betroffen sind acht Modelle. Toyota war bisher für die Zuverlässigkeit seiner Autos bekannt.
(Nach Zeitungsmeldungen vom Januar 2010)

Beschreiben Sie die möglichen Folgen, die sich für Toyota aus dem Debakel wegen klemmender Gaspedale ergeben.

3. Beschreiben Sie die Verfahren der Qualitätssicherung in Ihrem Ausbildungsbetrieb.

4. Erläutern Sie, warum Qualitätssicherung mehr ist als eine Endkontrolle und so früh wie möglich einsetzen sollte.

5. Bestimmen Sie die Voraussetzungen, unter denen eine Stichprobenkontrolle ausreichend ist.

6. Welches Verfahren zur Qualitätssicherung sollte in den folgenden Fällen angewandt werden?
   a) Die Firma Wilke produziert Fallschirme.
   b) Die Firma König stellt Büromaterial (Schreibhefte, Ordner) her.
   c) Ein Automobilkonzern beabsichtigt, in vier Jahren ein neues Modell auf den Markt zu bringen.
   d) Das Maschinenbauunternehmen Hülshoff fertigt Getriebe nach Vorgaben der Kunden.
   e) Die Wurstfabrik Schmaller wirbt gegenüber ihren Kunden damit, gleichbleibende Qualität zu fertigen.

4 4.3 Arbeit human gestalten

Gefahren am Arbeitsplatz verringern

LERNSITUATION

Oliver ist heute allein in der Malerwerkstatt. Er soll mit einem Sprühgerät Türen abbeizen, bevor sie neu lackiert werden. Im Lager sucht er nach einem Abbeizmittel. Er legt sich in Ruhe seine Hilfsmittel zurecht und dreht das Radio auf volle Lautstärke. Dann packt er seine Stulle aus und seine Cola und legt die Zigaretten daneben. Gerade hat er mit dem Abbeizen angefangen, da platzt unvermutet der Meister herein. Er sieht das Abbeizmittel, blickt sich um, stellt das Radio ab und reißt die Fenster auf. Dann baut er sich vor Oliver auf. Er hält ihm das Sicherheitsdatenblatt des Abbeizers unter die Nase. „Sofort aufhören! Mach das Fenster auf! Was hast du da um Gottes willen für eine Giftsuppe genommen? Lesen kannst du hoffentlich!"

Arbeitsauftrag

Stellen Sie fest, warum der Meister Grund hat, sich aufzuregen. Beziehen Sie den Auszug aus dem Sicherheitsdatenblatt auf der folgenden Seite und den Informationstext mit ein.

4.3 Arbeit human gestalten

Auszug aus dem Sicherheitsdatenblatt eines Abbeizmittels

…

3. Mögliche Gefahren
Das Produkt ist gemäß Richtlinie 1999/45/EG und den Anhängen als gefährlich eingestuft.
Einstufung:
R12 – Hochentzündlich
R40 – Verdacht auf krebserzeugende Wirkung
R20/21 – Gesundheitsschädlich beim Einatmen und bei Berührung mit der Haut
R68 – Irreversibler Schaden möglich […]
…

7. Handhabung und Lagerung
Handhabung:
Lösemitteldämpfe sind schwerer als Luft und breiten sich über dem Boden aus. Dämpfe bilden zusammen mit Luft ein explosives Gemisch. Die Bildung entzündlicher und explosionsfähiger Lösemitteldämpfe in der Luft und ein Überschreiten der MAK-Grenzwerte vermeiden. Das Material nur an Orten verwenden, bei denen offenes Licht, Feuer und andere Zündquellen ferngehalten werden.
Berührung mit den Augen und der Haut vermeiden. Dämpfe, Spritznebel und Schleifstäube nicht einatmen.
Essen, Trinken und Rauchen ist in Bereichen zu verbieten, in denen dieses Produkt verwendet wird. […]

8. Expositionsbegrenzung und persönliche Schutzausrüstungen
Begrenzung und Überwachung der Exposition am Arbeitsplatz:
Beim Umgang mit diesem Produkt oder bei seiner Verwendung ist normalerweise eine ausreichende Lüftung erforderlich. Dies kann durch lokale oder Raumabsaugung erreicht werden. Bei unzureichender Lüftung ist ein Atemschutzgerät zum Schutz vor organischen Dämpfen und Staub/Nebel anzulegen. […]
Persönliche Schutzausrüstung
Atemwege: Liegt die Lösemittelkonzentration über den Luftgrenzwerten, so muss ein für diesen Zweck zugelassenes Atemschutzgerät getragen werden. Zum erhöhten Schutz wird eine Vollgesichts-Atemschutzmaske mit entsprechendem Filter empfohlen.
Haut: Für die verlängerte und wiederholte Behandlung sollten Neopren- oder Nitril-Handschuhe verwendet werden. Zusätzlich Schutzcreme für die Hautflächen, die mit dem Produkt in Kontakt kommen können.
Haut und Körper: Tragen antistatischer Kleidung aus Naturfaser (Baumwolle) oder hitzebeständiger Synthetikfaser.
Augen: Zum Schutz gegen Spritzer Schutzbrille tragen. […]

Online-Link
883501-0431
- *Technischer Arbeitsschutz*
- *Arbeitsschutzgesetz*
- *Gefährdungsbeurteilung*
- *Gesetzliche Unfallversicherung*

MAK-Grenzwert
Maximal erlaubte Konzentration eines Stoffes am Arbeitsplatz

Exposition
Ausmaß, in dem der Körper schädigenden Einflüssen ausgesetzt ist

---

Technischer Arbeitsschutz

An fast allen Arbeitsplätzen gibt es besondere Gefahren für die Gesundheit der Beschäftigten. Diese Gefahren können ausgehen:
- von **Geräten, Maschinen, Arbeitsmitteln** am Arbeitsplatz (geregelt im Geräte- und Produktsicherheitsgesetz: GPSG);
- von der Beschaffenheit des **Arbeitsplatzes** selbst, z. B. auf Baustellen (geregelt in der Arbeitsstättenverordnung: ArbStättV);
- von **chemischen oder biologischen Stoffen**, mit denen Beschäftigte während der Arbeit umgehen müssen (geregelt in der Gefahrstoffverordnung: GefStoffV);
- vom **Arbeitsablauf** und der Arbeitsorganisation.

Für den Schutz vor Gefahren für Leben und Gesundheit der Beschäftigten, die vom Arbeitsplatz ausgehen, ist der Arbeitgeber verantwortlich. Er ist nach dem Arbeitsschutzgesetz (ArbSchG) verpflichtet, für jede Tätigkeit eine **Gefährdungsbeurteilung** vorzunehmen und geeignete Maßnahmen zu ergreifen. Dabei geht es um die Vermeidung von Arbeitsunfällen und um eine möglichst geringe gesundheitliche Belastung (z. B. Nichtraucherschutz, Lärmschutz). Bei der Wahl der Gegenmaßnahmen hat der Arbeitgeber einen großen Spielraum. Er muss aber folgende Grundsätze beachten:

- Die verbleibende Gefährdung und Belastung muss möglichst gering gehalten werden. Für manche Stoffe gelten Grenzwerte, die am Arbeitsplatz nicht überschritten werden dürfen, z. B. für Ozon oder Kohlendioxid (CO_2).
- Gefahren müssen an der Quelle bekämpft werden. Zum Beispiel können Maschinen so konstruiert werden, dass das Bedienungspersonal bei laufendem Betrieb nicht hineingreifen kann.
- Der aktuelle Stand der Technik und der Arbeitswissenschaft muss berücksichtigt werden.

Die **Wirksamkeit der Maßnahmen** muss überprüft werden. Der Betriebsrat (→ S. 268–269) hat in diesem Zusammenhang wichtige Kontrollrechte. Eine Aufsicht

---

Arbeitsschutzgesetz
§12 (1) Der Arbeitgeber hat die Beschäftigten über Sicherheit und Gesundheitsschutz bei der Arbeit … ausreichend und angemessen zu unterweisen … Die Unterweisung muss bei der Einstellung, bei Veränderungen im Aufgabenbereich, der Einführung neuer Arbeitsmittel oder einer neuen Technologie vor Aufnahme der Tätigkeit der Beschäftigten erfolgen.

Nichtraucherschutz

Der Arbeitgeber hat die erforderlichen Maßnahmen zu treffen, damit die nicht rauchenden Beschäftigten in Arbeitsstätten wirksam vor den Gesundheitsgefahren durch Tabakrauch geschützt sind. Soweit erforderlich, hat der Arbeitgeber ein allgemeines oder auf einzelne Bereiche der Arbeitsstätte beschränktes Rauchverbot zu erlassen.

Auszug aus der Arbeitsstättenverordnung, § 5 (1)

Was regelt die Arbeitsstättenverordnung (ArbStättV)?

Folgende Beispiele zeigen, in welchen Bereichen die ArbStättV Anforderungen an Arbeitsplätze stellt:

- Sicherheit elektrischer Anlagen
- Sicherheits- und Gesundheitskennzeichnung
- Nichtraucherschutz
- Gestaltung von Fußböden, Wänden, Decken, Dächern, Fenstern, Türen, Verkehrsflächen, Laderampen, Treppen, Leitern
- Schutzmaßnahmen vor Absturz und herabfallenden Gegenständen
- Brandschutz
- Fluchtwege und Notausgänge, Sicherheitsbeleuchtung
- Beleuchtung, Lüftung
- Lärmschutz
- Sanitärräume, Pausen- und Bereitschaftsräume, Erste-Hilfe-Räume
- besondere Anforderungen an Baustellen und Arbeitsplätze im Freien.

---

findet durch die Arbeitsschutzbehörden der Länder statt (in Nordrhein-Westfalen sind die Bezirksregierungen zuständig). Beteiligt sind auch die gewerblichen Berufsgenossenschaften (z. B. die Berufsgenossenschaft der chemischen Industrie). Sie erlassen als Träger der gesetzlichen Unfallversicherung Vorschriften zur Unfallverhütung für ihren Bereich und überwachen deren Einhaltung. Am technischen Arbeitsschutz sind außerdem der TÜV und die BAuA (Bundesanstalt für Arbeitsschutz und Arbeitsmedizin) beteiligt.

Besonders hoch ist die Unfallgefahr auf Baustellen. Beschäftigte unterschiedlicher Unternehmen arbeiten an einem Ort, oft unter großem Termindruck, auch bei Nässe und Kälte. Ihr Arbeitsplatz verändert sich täglich. Wo vor zwei Stunden eine Abdeckung war, ist jetzt womöglich keine mehr. Das Stromkabel, das gestern abgeschaltet war, steht heute unter Spannung. Die meisten Todesfälle auf Baustellen gehen auf Abstürze zurück; an zweiter Stelle folgen Elektrounfälle. Vom technischen Arbeitsschutz ist der **soziale Arbeitsschutz** zu unterscheiden. Dort geht es z. B. um Arbeitszeiten, Kündigungsschutz und um den Schutz besonders gefährdeter Gruppen (Schwangere, Jugendliche, Schwerbehinderte …) (→ S. 256 – 257.).

Verhaltensvorschriften für Mitarbeiter

Technische Anforderungen an die Arbeitsmittel sind nur ein Teil des Arbeitsschutzes. Zum Arbeitsschutz gehören, abhängig vom Arbeitsplatz, auch Vorschriften für das Verhalten der Beschäftigten, das Tragen von Schutzkleidung usw. Auf diese Vorschriften wird durch eine farbige **Kennzeichnung** hingewiesen:

- blau für Vorschriften (z. B. das Tragen einer Schutzbrille);
- gelb für die Warnung vor Gefahren durch Geräte oder Arbeitsmittel (z. B. Quetschgefahr oder ätzende Stoffe);
- weiß mit rotem Rand für Verbote (z. B. das Verbot, in eine Maschine zu greifen);
- grün für Rettungseinrichtungen.

Für den Umgang mit manchen Stoffen gelten verbindliche „Technische Regeln für Gefahrstoffe" (TRGS), die laufend aktualisiert werden. Ein *Beispiel:* Die TRGS 517 regelt den Umgang mit möglicherweise asbesthaltigen mineralischen Rohstoffen und schreibt unter anderem bestimmte Atemschutzgeräte und Masken vor. An manchen Arbeitsplätzen sind regelmäßige Gesundheitsuntersuchungen vorgeschrieben.

Verstöße gegen Arbeitsschutzvorschriften

Routine hilft, Unfälle zu vermeiden. Wer im Umgang mit einem Trennschleifer Erfahrung hat, hat sich an die Beachtung elementarer Regeln gewöhnt. Er weiß, wie er das Gerät halten muss, welche Arbeiten gefährlich sind und für welche Arbeiten das Gerät nicht geeignet ist. Routine ist andererseits eine Quelle für Unfälle. Die Aufmerksamkeit sinkt, weil die Tätigkeit immer wieder vorkommt. Oft genügt eine kleine Unachtsamkeit und der Unfall geschieht.
Die Hauptquelle für Unfälle und Gesundheitsgefährdungen ist aber die Bequemlich-

keit. Maßnahmen, die dem Arbeitsschutz dienen, kosten zusätzliche Zeit oder erschweren die Durchführung. Das ist besonders dann lästig, wenn der Aufwand für den Arbeitsschutz hoch ist im Vergleich zur Arbeit, die gemacht werden soll. Wer „nur mal kurz" eine vergessene Ecke der Hausfassade streicht, wird dafür nicht nochmals das Gerüst aufbauen wollen.

Ein besonderes Risiko besteht bei Schutzeinrichtungen, die erst bei Unfällen oder im Brandfall gebraucht werden. Im Alltag fällt nicht auf, wenn der Fluchtweg verstellt oder der Notausgang abgeschlossen ist, wenn der Feuerlöscher nicht an seinem Platz steht oder nicht funktionstüchtig ist.

Alkohol hat am Arbeitsplatz nichts zu suchen. Wer unter **Alkohol** oder **Drogen** einen Arbeitsunfall verursacht, verliert den Schutz der gesetzlichen Unfallversicherung. Ein weiterer Risikofaktor sind **Medikamente**. Ihre Nebenwirkungen kann der Kranke oft schwer einschätzen.

Unfallverletzte	Bereich	Unfalltote
1,1 Mio.	Arbeit	632
5,2 Mio.	Verkehr	5 179
1,3 Mio.	Schule	5
2,7 Mio.	Haushalt	6 361
2,6 Mio.	Freizeit	6 112
–	Sonstige	238
8,2 Mio.	**Gesamt**	**18 527**

Im Bereich Verkehr sind 700 tödliche Unfälle und 130 000 Unfallverletzte auf dem Weg zur Arbeit enthalten, außerdem 60 tödliche Unfälle und 60 000 Verletzte auf dem Weg zur Schule.
www.baua.de, Stand 2007 – Zahlen gerundet

Ergonomie
→ S. 231–234

Folgen von Arbeitsunfällen

Etwa acht Millionen Unfälle mit Verletzten oder Toten gibt es jedes Jahr in Deutschland. Davon sind etwa eine Million Arbeitsunfälle. Die unmittelbaren Folgen muss das **Unfallopfer** tragen. Solche Folgen können etwa sein: vorübergehende oder dauernde Arbeitsunfähigkeit, Berufsunfähigkeit wegen teilweiser oder voller Erwerbsminderung. Oft ist dies mit einem geringeren Einkommen verbunden.

Folgen eines Arbeitsunfalls für das **Unternehmen** sind der Ausfall einer Arbeitskraft, darüber hinaus je nach Art des Unfalls eine Unterbrechung der Produktion oder ein Sachschaden; im Extremfall höhere Beiträge zur gesetzlichen Unfallversicherung.

Kosten entstehen für die gesetzliche **Unfallversicherung**, die eine Heilbehandlung, eine Umschulung, eine Rente wegen Berufsunfähigkeit oder (bei tödlichen Unfällen) eine Hinterbliebenenrente bezahlen muss.

Zahl der Arbeitsunfälle auf Baustellen zurückgegangen

Die Zahl der Arbeitsunfälle auf deutschen Baustellen ist auf einen neuen Tiefstand gesunken. So wurden im Jahr 2008 insgesamt 120 605 Arbeitsunfälle registriert. Das waren 166 000 weniger Unfälle als vor zehn Jahren. Die positive Entwicklung zeigt sich auch bei den tödlichen Unfällen: 123 Menschen kamen im Jahr 2008 bei der Arbeit ums Leben, 133 weniger als vor zehn Jahren.

Am häufigsten sind Abstürze von Gerüsten, Dächern und Leitern sowie Stolper- und Rutschunfälle. Viele Unfälle entstehen dadurch, dass Beschäftigte die Kontrolle über Maschinen, Transportmittel, Fördermittel oder Handwerkszeuge verlieren.

Die schwersten Unfälle auf Baustellen ereignen sich immer noch im Bereich des Gerüstbaus und der Abbrucharbeiten. Besonders betroffene Berufsgruppen sind Gerüstbauer, Maurer, Dachdecker, Maler und Lackierer, Zimmerer und Gebäudereiniger.
Datenbasis: Berufsgenossenschaft Bau, 2008

BEREICHE DES ARBEITSSCHUTZES

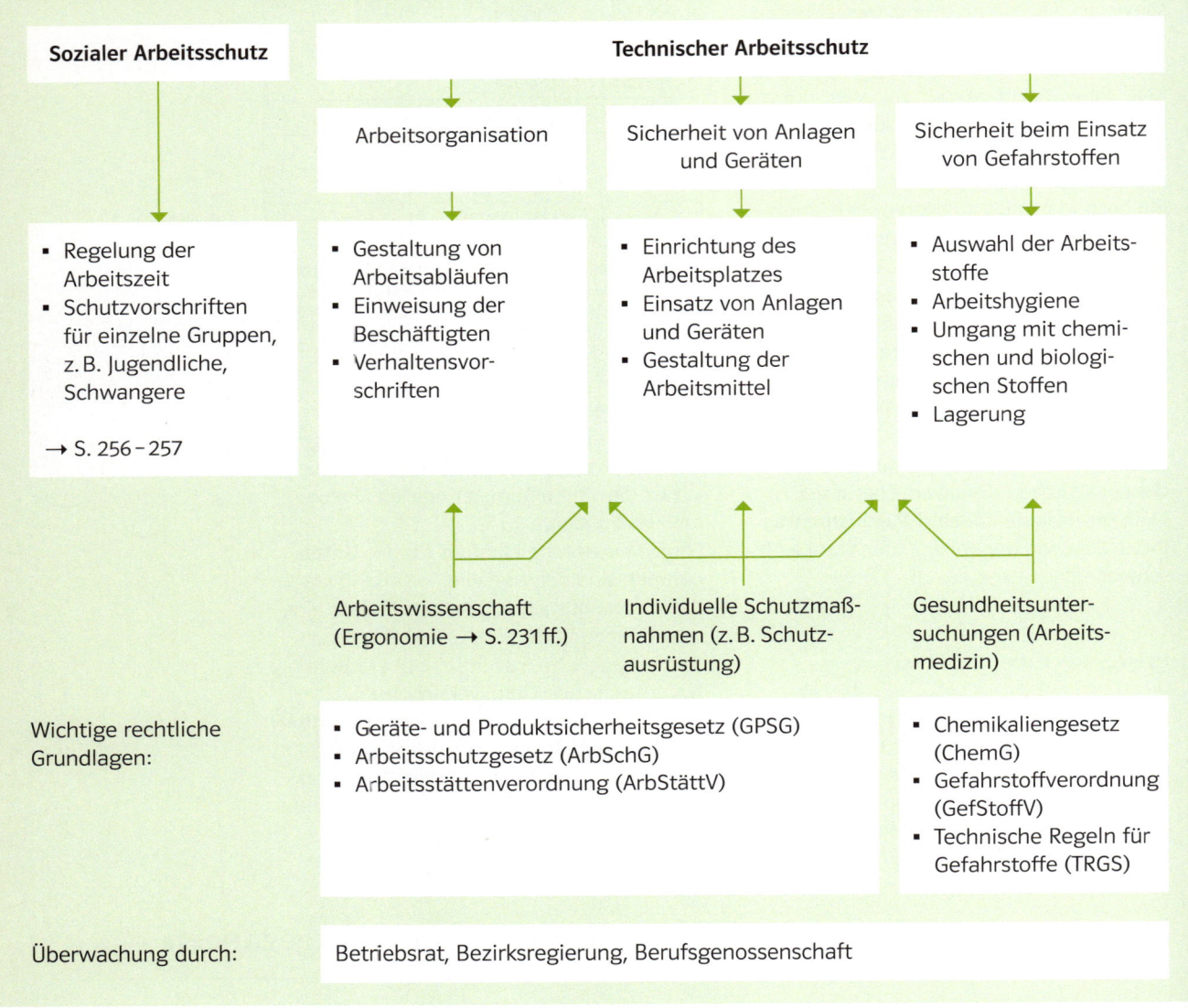

Sozialer Arbeitsschutz

- Regelung der Arbeitszeit
- Schutzvorschriften für einzelne Gruppen, z. B. Jugendliche, Schwangere

→ S. 256–257

Technischer Arbeitsschutz

Arbeitsorganisation
- Gestaltung von Arbeitsabläufen
- Einweisung der Beschäftigten
- Verhaltensvorschriften

Sicherheit von Anlagen und Geräten
- Einrichtung des Arbeitsplatzes
- Einsatz von Anlagen und Geräten
- Gestaltung der Arbeitsmittel

Sicherheit beim Einsatz von Gefahrstoffen
- Auswahl der Arbeitsstoffe
- Arbeitshygiene
- Umgang mit chemischen und biologischen Stoffen
- Lagerung

Arbeitswissenschaft (Ergonomie → S. 231 ff.)

Individuelle Schutzmaßnahmen (z. B. Schutzausrüstung)

Gesundheitsuntersuchungen (Arbeitsmedizin)

Wichtige rechtliche Grundlagen:
- Geräte- und Produktsicherheitsgesetz (GPSG)
- Arbeitsschutzgesetz (ArbSchG)
- Arbeitsstättenverordnung (ArbStättV)

- Chemikaliengesetz (ChemG)
- Gefahrstoffverordnung (GefStoffV)
- Technische Regeln für Gefahrstoffe (TRGS)

Überwachung durch: Betriebsrat, Bezirksregierung, Berufsgenossenschaft

Übungsaufgaben

1. Nennen Sie die Bedeutung der auf Seite 228 abgebildeten Gefahren- und Hinweissymbole.

2. Stellen Sie fest, welche weiteren Gefahrensymbole es an Ihrem Arbeitsplatz gibt.

3. Erkundigen Sie sich, welche Personen und Institutionen in Ihrem Ausbildungsbetrieb für den technischen Arbeitsschutz zuständig sind.

4. Bei der Firma Verzahntechnik-Müller GmbH fehlt seit einem Vierteljahr die Abdeckung einer CNC-Fräsmaschine. Stattdessen ist ein handgeschriebener roter Zettel angebracht: „Nicht in die Maschine greifen." Die Anlage soll in nächster Zeit durch eine neue ersetzt werden. Ein Mitarbeiter ist mit dieser Maßnahme nicht einverstanden und informiert den Betriebsrat. Was kann dieser vorbringen?

Den Arbeitsplatz ergonomisch gut gestalten

LERNSITUATION

Herr Jäger, einer der erfahrensten Techniker im Vertrieb, ist ein richtiges Arbeitstier. Man sieht ihn nur am Computer oder am Telefon. Außerdem ist er ein umgänglicher Mensch. In den vergangenen Monaten war Herr Jäger aber nicht gut drauf und immer wieder tageweise krank. Beim Mittagessen mit Kollegen in der Kantine beginnt er gleich zu erzählen: „Was ich im letzten Vierteljahr bei Ärzten rumgesessen habe, das geht auf keine Kuhhaut: Hausarzt, Neurologe, Orthopäde … Letzten Endes war es die Halswirbelsäule. Jetzt kriege ich Krankengymnastik. Wie ich da gestern so liege, komme ich mit dem Therapeuten ins Gespräch. Sagt der: ‚Herr Jäger, was arbeiten Sie denn?' Ich erzähle ihm, was ich so mache. Fragt der: ‚Haben Sie eine Brille für das Arbeiten am Computer?'

Jedenfalls muss ich mir meinen Schreibtisch anders einrichten und brauche einen anderen Bildschirm und eine Brille für das Arbeiten am Computer. Ich weiß ja nicht, ob das des Rätsels Lösung ist. Aber es hat sich ganz plausibel angehört."

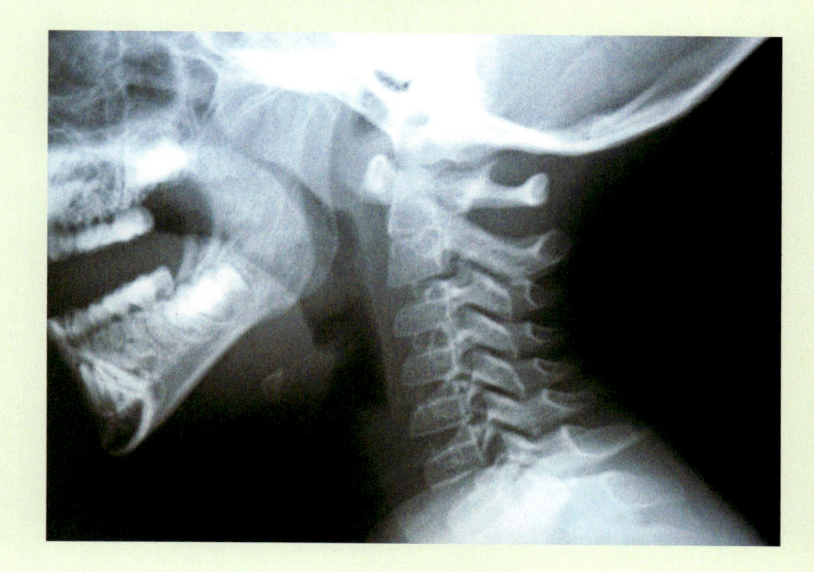

Arbeitsauftrag

Unterstützen Sie Herrn Jäger bei der Einrichtung seines PC-Arbeitsplatzes.
Dabei helfen Ihnen die Informationen auf den folgenden Seiten.

4.3 Arbeit human gestalten

Online-Link
883501-0432
- Ergonomie
- Büroarbeitsplatz
- Gefährdungsbeurteilung

Ergonomie am Büroarbeitsplatz

- Höhenverstellbarer Stuhl mit verstellbarer Rückenlehne. Das Handgelenk muss mit dem Ellenbogengelenk auf einer Höhe sein oder tiefer liegen.
- Schreibtisch: Gut sind höhenverstellbare Tische (üblich sind 68–76 cm).
- Der richtige Abstand zum Monitor hängt von der Bildschirmgröße ab; bei 22-Zoll-Bildschirmen ca. 80 cm.
- Ein Arbeitsblatthalter zwischen Bildschirm und Tastatur (nicht seitlich) erleichtert das Arbeiten.
- Beleuchtung: Keine Spiegelungen auf dem Bildschirm. Gleichmäßige Beleuchtung. Keine zu starken Kontraste zwischen Bildschirm und Hintergrund.
- Für ältere Arbeitnehmer ist eine Bildschirmbrille sinnvoll. Gleitsichtbrillen sind für das Arbeiten am Computer ungeeignet, ebenso Lesebrillen.

Die für Büros angebotenen Stühle und Monitore erfüllen in der Regel die Vorschriften des Arbeitsschutzes an die Ergonomie.
Für Bildschirmarbeitsplätze gilt eine spezielle Bildschirmarbeitsverordnung (BildscharbV), die vom Arbeitgeber beachtet werden muss. Außerdem gibt es Hilfen (Leitfäden) für die Gestaltung von Büroarbeitsplätzen.

1 Oberkante des Bildschirms unterhalb von Augenhöhe; Entfernung zum Bildschirm 50–80 cm
2 Arbeitsblatthalter
3 Tisch 80 cm tief, 160 cm breit (Mindestmaße)
4 Arbeitstischhöhe 72 cm (wenn verstellbar: 68–76 cm)

Ergonomie
Schaffung geeigneter Arbeitsbedingungen, um die Arbeitsfähigkeit des Menschen zu verbessern und seine Belastungen während der Arbeit zu verringern. Ziel ist eine fehlerfreie Ausübung der Arbeit ohne gesundheitliche Schäden.

Warum Ergonomie wichtig ist

Die meisten haben sich schon mal über ein technisches Gerät geärgert, weil sie mit ihm nicht oder nur mit Mühe und dauerndem Blättern in der Anleitung zurechtgekommen sind. Das kann die Fernbedienung des Satelliten-Receivers sein oder ein Computerprogramm. Hier hat die **Ergonomie des Produkts** nicht gestimmt. Es war nicht benutzerfreundlich konstruiert.
Gute Ergonomie bemerken wir in der Regel nicht. Wenn wir den ganzen Tag auf demselben Stuhl sitzen können, dann stimmt seine Ergonomie. Wenn wir nach einer Stunde hin und her rutschen und nach einer bequemeren Position suchen, dann ist das ein Zeichen für schlechte Ergonomie.

Was für das Produkt gilt, ist auch wichtig für die Ergonomie der Arbeit, die **Produktionsergonomie**. Jeder weiß, wie anstrengend körperliche Arbeit gebückt, im Liegen oder hoch über dem Kopf ist und wie schnell man dabei ermüdet. Ingenieure und Techniker beschäftigen sich bei der Planung von Produktionsprozessen damit, die Arbeit so einzurichten, dass die Menschen möglichst wenig Verrenkungen machen und keine Zwangshaltungen einnehmen müssen. Zur Produktionsergonomie gehört neben der technischen Seite aber auch eine zweckmäßige Gestaltung der Arbeitsinhalte und des Arbeitsablaufs, d. h. die richtige Arbeitsorganisation.
Die zusätzlichen Kosten bei der Anpassung der Produktion an den Menschen lohnen sich aber. Die Arbeitskräfte arbeiten genauer und schneller, sie ermüden langsamer, sie machen weniger Fehler, die Gefahr von Erkrankungen durch einseitige Arbeit ist geringer.
Trotzdem sind wir am Ende eines Arbeitstages oft geschafft. Einige wichtige Gründe:
1. Ergonomie bezieht sich nicht auf alle Anstrengungen am Arbeitsplatz. Ergonomie kann am Arbeitsplatz eines Lkw-Fahrers die Instrumente gut ablesbar machen, seine Sitzposition optimieren usw., aber die Anspannung beim Fahren selbst bleibt.

4.3 Arbeit human gestalten

Überkopf-Arbeiten ist anstrengend

2. Jede Arbeit ist in irgendeiner Weise einseitig. Das ist ein Nebenprodukt der Arbeitsteilung. Auch gute Ergonomie beseitigt diese Einseitigkeit nicht.
3. Viele Tätigkeiten zwingen uns nach wie vor unnatürliche Arbeitshaltungen auf. Das betrifft besonders körperliche Arbeit.
4. Auch an einem ergonomisch erstklassig eingerichteten Arbeitsplatz kann ich unzweckmäßig arbeiten. Ich bücke mich immer wieder nach derselben Seite, ich hebe Lasten auf die falsche Weise – all dies sind Quellen für den Verschleiß des Körpers und oft Ursache für Erkrankungen.

Vernachlässigte Ergonomie

In manchen Jobs und in manchen Betrieben ist das Bewusstsein für den Nutzen der Ergonomie wenig ausgeprägt. Die Arbeitsplätze sind so eingerichtet, dass die Berufsgenossenschaft nicht meckert, aber mehr auch nicht: Der Bürostuhl hat fünf Beine und ist kippsicher, aber man kann an ihm nicht ermüdungsfrei arbeiten. Die Erzieherin im Kindergarten sitzt jahraus, jahrein auf Stühlen, die für Drei- bis Sechsjährige gedacht sind. In Büros herrscht ergonomisch oft Nachholbedarf (→ S. 232). Mal werden neue Bildschirme angeschafft und irgendwann neue Stühle. Aber die Anschaffungen sind nicht aufeinander abgestimmt und bei den Stühlen wird über die Farbe diskutiert und nicht über die Ergonomie. Das Arbeiten am Laptop ist ergonomisch nicht optimal.

Körperschonend arbeiten

Zum ergonomisch gut gestalteten Arbeitsplatz gehört ein entsprechendes Verhalten der Mitarbeiter. Oft ist einem selbst gar nicht bewusst, dass man etwas falsch macht. Man gewöhnt sich zum Beispiel an eine falsche Haltung beim Sitzen, nicht nur bei der Arbeit, sondern auch zu Hause. Das geht jahrelang, vielleicht jahrzehntelang gut – und irgendwann kommen die Rückenprobleme. Dann ist es schwierig, sich eine falsche Haltung wieder abzugewöhnen, die einem in Fleisch und Blut übergegangen ist. An vielen Arbeitsplätzen kann ich selbst für ein Stück Abwechslung sorgen: andere Arbeiten dazwischenschieben, die Arbeitshaltung ändern, rechtzeitig Pause machen. Bei körperlichen Arbeiten gehört es auch zur Berufsausbildung, Werkzeuge richtig einzusetzen, kräfteschonend zu arbeiten, die richtige Arbeitshöhe zu beachten, beim Heben von Lasten Überbeanspruchung zu vermeiden usw.

Die häufigsten Gründe für Arbeitsunfähigkeit (nach Fehltagen)

Muskel-, Skelett- und Bindegewebserkrankungen	25 %
Verletzungen und Vergiftungen	14 %
Atemwegserkrankungen	13 %
psychische Erkrankungen	9 %
Kreislauferkrankungen	6 %

Bundesanstalt für Arbeitsschutz und Arbeitsmedizin – Stand 2007 (Zahlen gerundet)

Arbeiten in der richtigen Arbeitshöhe

BEREICHE DER ERGONOMIE

PRODUKTIONSERGONOMIE

⬇

Arbeitsprozess ist technisch und arbeitsorganisatorisch so gestaltet, dass körperliche und geistige Überbeanspruchung vermieden wird

Anwendung: Arbeitsplatz

Folgen schlechter Ergonomie

⬇

Arbeitsleistung
- geringer
- schlechtere Qualität
- höhere Fehlerquote

PRODUKTERGONOMIE

⬇

Arbeitsmittel sind so gestaltet, dass sie leicht bedienbar sind und körperliche Überbeanspruchung vermieden wird

Verwendung: Arbeitsplatz, Freizeit

Folgen schlechter Ergonomie

⬇

Arbeitnehmer
- höhere Belastung
- schnellere Ermüdung
- Gefahr gesundheitlicher Schäden

ERGONOMIE – BEISPIEL BÜROARBEITSPLATZ

Arbeitsmittel
- Arbeitstisch
- Arbeitsstuhl
- Beleuchtung
- Computer

Ziel: richtige Arbeitshaltung

→

Anforderung
Höhe/Verstellbarkeit
Höhe/Verstellbarkeit
gleichmäßige Ausleuchtung, keine Reflexionen
Abstand des Bildschirms zum Nutzer/Höhe
aufrechtes Sitzen

Übungsaufgaben

1. Definieren Sie den Begriff Ergonomie.

2. Ihr Arbeitsplatz im Betrieb:
a) Stellen Sie anhand Ihres Arbeitsplatzes zwei Beispiele für gute und zwei Beispiele für schlechte Ergonomie dar.
b) Prüfen Sie, ob bzw. inwieweit sich die Ergonomie Ihres Arbeitsplatzes verbessern lässt.

3. Begründen Sie, warum gute Ergonomie des Arbeitsprozesses für das Unternehmen und die Beschäftigten Vorteile bringt.

4. Prüfen Sie, ob es bei den folgenden Problemen am Arbeitsplatz um Fragen der Ergonomie geht. Begründen Sie Ihre Zuordnung.

A Fehlender Gehörschutz am Arbeitsplatz
B Arbeitsstuhl ohne Höhenverstellung
C Bildschirm steht vor dem Fenster
D Längeres Arbeiten in gebückter Haltung
E Hoher Kraftaufwand beim Schieben von Paletten.

5. Ordnen Sie die folgenden Körperhaltungen bei der Arbeit danach, inwieweit sie ergonomisch sinnvoll sind. Beginnen Sie mit der Körperhaltung, die am wenigsten belastet.

234   4   Produktionsabläufe und Dienstleistungen organisieren

4.3 Arbeit human gestalten

Den Zeitlohn auf Gruppenakkord umstellen

LERNSITUATION

Die Firma Jansen KG plant, die Fertigungsorganisation auf Gruppenarbeit umzustellen. Eine Gruppe besteht aus vier Mitarbeitern/-rinnen. In diesem Zusammenhang soll auch die bisherige Entlohnung nach dem Zeitlohn auf den Gruppenakkord umgestellt werden. Der Betriebsleiter hat gemeinsam mit einem Betriebsrat eine der zukünftigen Arbeitsgruppen zu einem Informationsgespräch eingeladen, um dabei das neue Entlohnungsmodell vorzustellen.

Arbeitsauftrag

Zeigen Sie die Auswirkungen der Umstellung vom Zeitlohn auf den Gruppenakkord.
Bei der Lösung helfen Ihnen die folgenden Aufgaben:
1. Bewerten Sie die Aussagen der Gruppenmitglieder in der Karikatur.
2. Berechnen Sie anhand folgender Angaben den Akkordstundenlohn der Gruppe nach dem
   - Stückgeldakkord,
   - Stückzeitakkord.
   (Hinweis: Alle Gruppenmitglieder erhalten den gleichen Lohn.)

Arbeitszeit der Gruppe (vier Personen): täglich acht Std., 20 Arbeitstage im Monat
Mindestlohn: 12,50 €
Akkordzuschlag: 20 %
Normalleistung: fünf Teile/Std. je Arbeitnehmer
Istleistung/Monat: 4 576 Teile/Gruppe

Online-Link
883501-0433
- Tarifverträge
- Lohnformen

Verantwortung und hohe Konzentrationsfähigkeit sollten sich im Lohn ebenso widerspiegeln wie körperliche Anstrengung und starke Belastung.

Wie lässt sich ein leistungsgerechter Lohn ermitteln?

Löhne bedeuten für Unternehmen Kosten, für Arbeitnehmer die Entlohnung für ihre geleistete Arbeit. Zu hohe Löhne verschlechtern die Wettbewerbssituation eines Unternehmens; einen zu niedrigen Lohn empfinden Arbeitnehmer als ungerecht, was sich dann häufig in einer geringen Leistungsbereitschaft niederschlägt. Das Ziel, eine leistungsgerechte Entlohnung zu erreichen, kann durch die folgenden zwei Schritte erfolgen:
Schritt 1: Festlegung der Grundlagen, auf denen die geleistete Arbeit bewertet wird: **Methoden der Arbeitsbewertung**.

Schritt 2: Berücksichtigung der individuellen Leistung des Arbeitnehmers: **Lohnformen**.

Methoden der Arbeitsbewertung

Bei der Festlegung, welche Faktoren in eine Arbeitsbewertung einfließen und wie sie gewichtet werden, unterscheidet man zwischen der summarischen und der analytischen Arbeitsbewertung.

- **Summarische Arbeitsbewertung:**
Bei dieser Methode werden hauptsächlich zwei Bewertungsmerkmale berücksichtigt, nämlich die Arbeitskenntnisse (Ausbildung und Erfahrung) und die Arbeitsbelastung

---

Summarische Arbeitsbewertung (Lohngruppenverfahren) — in % des tariflichen Grundgehalts

Eine Tätigkeit (Arbeit) wird einer Lohngruppe zugeordnet.

Lohngruppe 1
Arbeiten mit geringen Anforderungen, die nach entsprechender Einweisung ohne weitere Sach- und Arbeitskenntnis ausgeführt werden können. — **86 %**

Lohngruppe 5
Aufgaben, deren komplexe Anforderungen den Einsatz von umfassenden Fachkenntnissen im Sinne des Berufsbildes erfordern. — **100 %**

Lohngruppe 9
Aufgabenfelder, deren Entscheidungsspielräume nur durch hervorragendes Können, Dispositionsvermögen und Führungskompetenz ausgefüllt werden können. — **125 %**

4.3 Arbeit human gestalten

(Denkfähigkeit, Handfertigkeiten, Körpergewandtheit). Man bildet Lohngruppen, in denen unterschiedliche Anforderungen beschrieben werden.

Die Arbeitsanforderungen und Tätigkeiten eines Arbeitnehmers werden dann der entsprechenden Lohngruppe zugeordnet: **Lohngruppenverfahren**. Anschließend wird für jede Gruppen der Lohn festgelegt.

Dieses Verfahren wird bei Tarifverhandlungen angewendet. Grundlage der Verhandlungen ist eine Lohngruppe oder der sogenannte **Ecklohn**. Der Ecklohn ist der Lohn eines 21-jährigen Facharbeiters. Beide Werte werden mit 100 Prozent angesetzt. Durch Zu- und Abschläge werden die Entgelte der anderen Lohngruppen ermittelt.

- **Analytische Arbeitsbewertung**

Sollen weitere Faktoren (z. B. Verantwortung, Arbeitsbedingungen, Umwelteinflüsse) bei der Arbeitsbewertung berücksichtigt werden, wird das analytische Verfahren angewandt. Die Einzelanforderungen werden genau erfasst, gewichtet und mit Punkten bewertet. Die daraus ermittelte Gesamtpunktzahl ermöglicht es, die Tätigkeit einer Lohngruppe zuzuordnen.

Die analytische Arbeitsbewertung ist zwar aufwendiger in der Durchführung; die Ergebnisse sind allerdings genauer als bei der summarischen Arbeitsbewertung.

Wahl der Lohnform

Bei Arbeitnehmern mit gleichen Anforderungen oder Arbeitsaufgaben können sich unterschiedliche Arbeitsergebnisse und Arbeitsgeschwindigkeiten ergeben. Die persönliche Leistung des Arbeitnehmers zu erfassen und in die Lohnberechnung einfließen zu lassen, hängt von der Wahl der Lohnform ab. Dabei unterscheidet man zwischen Zeit- und Leistungs- bzw. Akkordlohn.

- **Zeitlohn**: Es wird eine feste Vergütung für eine bestimmte Zeiteinheit (z. B. Stunden, Monat) bezahlt. Diese Lohnform wird gewählt, weil eine genaue Bewertung der Arbeitsleistung nicht möglich ist.

Lehrer erhalten einen Zeitlohn

- **Akkordlohn**: Die Arbeitnehmer werden nach ihrer Leistung bezahlt. Voraussetzungen für diese Lohnform sind:
  - Die Arbeitsabläufe und Arbeitsbedingungen müssen immer gleich sein.
  - Der Arbeitnehmer kann die Arbeitsleistung beeinflussen.
  - Das Arbeitsergebnis lässt sich leicht erfassen.

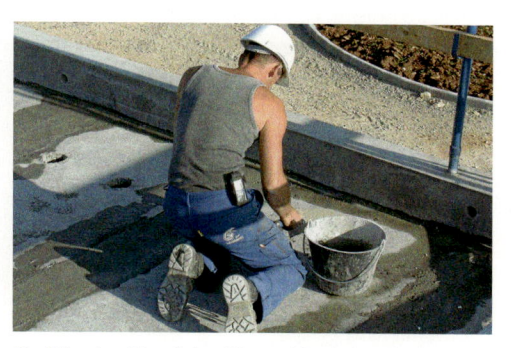

Die Höhe des Akkordlohns können Mitarbeiter durch ihre Leistung beeinflussen.

Arbeitsplatzbewertung (Reparaturschlosser)		
Arbeitsanforderung	Höchstpunktzahl	Ist-Punktzahl
I. Fachkönnen a) Fachkenntnisse b) Geschicklichkeit	 7 4	 5 3
II. Anstrengung a) geistige Beanspruchung b) körperliche Beanspruchung	 6 5	 5 5
III. Verantwortung a) für eigene Arbeit b) für Betriebsmittel	 8 5	 6 3
IV. Umwelteinflüsse (Temperatur, Öl, Fett, Gase, Dämpfe, Unfallgefährdung, Lärm)	10	8
Summe der Teilarbeitswerte	45	35
35 Punkte = Lohngruppe 7		

4 Produktionsabläufe und Dienstleistungen organisieren

Grundlohn bzw. Akkordrichtsatz = Mindestlohn + Akkordzuschlag

Bei der Berechnung des Akkordlohns wird zunächst ein Grundlohn bzw. Akkordrichtsatz festgelegt (z. B. 16,80 €). Dieser **Grundlohn/Akkordrichtsatz** setzt sich aus einem **Mindestlohn** (z. B. 14 €, ergibt sich aus dem Tarifvertrag) und einem **Akkordzuschlag** (z. B. 20 % = 2,80 €) zusammen. Diesen Lohn erhält ein Arbeitnehmer, der eine durchschnittliche Leistung (Normalleistung) erbringt. Erreicht er die **Normalleistung** nicht, bleibt ihm auf alle Fälle der Mindestlohn.

Maßstab für die Entlohnung ist der Vergleich der Normalleistung (Soll-Leistung) mit der tatsächlich erbrachten Leistung (Ist-Leistung). Dabei unterscheidet man in

- den **Stückgeldakkord**, bei dem der Lohn pro gefertigtem Stück festgelegt ist; und
- den **Stückzeitakkord**, bei dem die Zeiten für die Bearbeitung eines Auftrags (Soll-Zeit) vorgegeben werden.

Der Akkordlohn kann für den einzelnen Arbeitnehmer (**Einzelakkord**) oder für eine Gruppe von mehreren Arbeitnehmern (**Gruppenakkord**) festgelegt werden.

- **Prämienlohn**: Es soll genauso wie beim Akkordlohn die Leistungsbereitschaft des Mitarbeiters erhöht werden. Neben einer Grundvergütung (Zeit- oder Akkordlohn) wird eine Prämie für besondere Leistungen gezahlt.

Ein Autoverkäufer erhält neben einem festen Gehalt (Zeitlohn) eine Prämie, die abhängig ist von der Zahl der verkauften Autos.

In Industriebetrieben wird der Prämienlohn häufig bei Gruppenarbeit angewandt. Mit einer Prämienzahlung lassen sich Verbesserungen in folgenden Bereichen vergüten:
- Nutzung der Betriebsmittel (Vermeidung von Störungen, weniger Stillstandzeiten),
- Qualitätssicherung (weniger Ausschuss, Nachtarbeit usw.),
- Energie- und Materialeinsparung,
- Verbesserung der Termintreue.

Die Höhe der Prämie wird in einer Zielvereinbarung zwischen Betriebsleitung und Fertigungsgruppe ausgehandelt.

- **Beteiligungslohn**: Einige Unternehmen lassen ihre Mitarbeiter über einen Beteiligungslohn am Erfolg des Unternehmens teilhaben. Neben der normalen Vergütung erhalten sie einen Teil des Gewinns. Der Beteiligungslohn wird
  - als **Gewinnbeteiligung** häufig am Ende des Jahres ausgezahlt oder
  - als **Kapitalbeteiligung** am Unternehmen angelegt. Die Beteiligung erfolgt in Form eines Darlehens oder in Form von Belegschaftsaktien.

Die Kapitalbeteiligung bringt für Unternehmen folgende Vorteile:
Sie können mit dem nicht ausgezahlten Lohn arbeiten (z. B. investieren).
Unternehmen zahlen weniger Steuern.
Mitarbeiter, die am Unternehmen finanziell beteiligt sind, identifizieren sich stärker mit ihrer Arbeit.

Berechnung des Akkordstundenlohns	
Vorgaben	
Grundlohn/Akkordrichtsatz:	16,80 €
Normalleistung: 4 Teile	
Ist-Leistung: 5 Teile	
Stückgeldakkord	
Stückgeldakkordsatz (Lohnsatz je Stück)	4,20 €
Akkordstundenlohn	
Ist-Leistung × Stückgeldakkordsatz	**21,00 €**
Stückzeitakkord	
Minutenfaktor = Grundlohn : 60 Min.	
Stückzeit (Vorgabezeit): 15 Minuten	
Ist-Zeit (tatsächlich benötigte Zeit): 12 Minuten	
Ist-Leistung: 5 Teile	
Akkordstundenlohn	
Ist-Leistung × Stückzeit × Minutenfaktor	
5 × 15 × 0,28	**21,00 €**
Bei einer Lohntarifänderung müssen beim Stückgeldakkord alle Stückgeldakkordsätze neu berechnet werden; beim Stückzeitakkord lediglich der Minutenfaktor (die Vorgabezeiten bleiben unverändert).	

ENTLOHNUNG DER ARBEIT

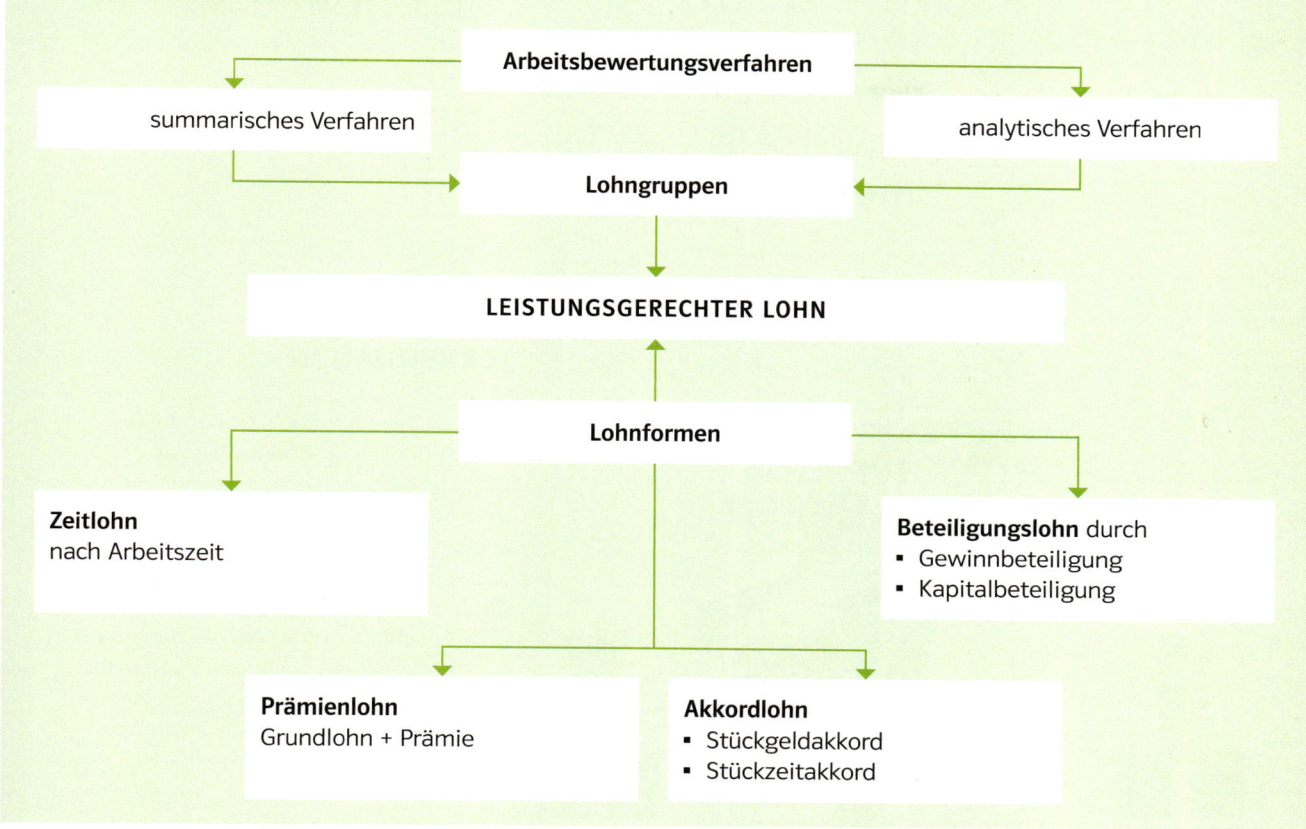

```
                    Arbeitsbewertungsverfahren
                   /                          \
        summarisches Verfahren          analytisches Verfahren
                   \                          /
                          Lohngruppen

                     LEISTUNGSGERECHTER LOHN

                           Lohnformen
          /          |              |              \
    Zeitlohn     Prämienlohn    Akkordlohn     Beteiligungslohn durch
    nach         Grundlohn      • Stückgeldakkord  • Gewinnbeteiligung
    Arbeitszeit  + Prämie       • Stückzeitakkord  • Kapitalbeteiligung
```

Übungsaufgaben

1. **Nennen Sie jeweils zwei Tätigkeiten, für die sich die folgenden Lohnformen anbieten:**
   - Zeitlohn
   - Akkordlohn
   - Prämienlohn.

2. **Unterscheiden Sie zwischen Stückzeit- und Stückgeldakkord.**

3. **Nennen Sie die Voraussetzungen, die vorliegen müssen, um Arbeit nach dem Akkordlohn zu vergüten.**

4. **Beschreiben Sie die Vorteile des Akkordlohns gegenüber dem Zeitlohn.**

5. **Zeigen Sie den Unterschied zwischen summarischer und analytischer Arbeitsbewertung auf.**

6. **Ermitteln Sie anhand der folgenden Angaben den Akkordstundenlohn.**
   Mindestlohn: 12 €
   Akkordzuschlag: 15 %
   Normalleistung: 10 Stück
   Ist-Leistung: 12 Stück

4.4 Mit Ressourcen schonend umgehen

Umweltpolitik als Teil der Unternehmensstrategie

LERNSITUATION

Die Berufsschüler Ali, Leyla und Iris sind in Bremen auf dem Weg zur Berufsschule. Dabei kommen sie an dem Museum Wagenfeld vorbei.
Leyla: Was soll das heißen: „Unternehmen Nachhaltigkeit"?
Ali: Ich glaube, es hat etwas mit Umweltschutz zu tun. Was es da genau zu sehen gibt, weiß ich aber auch nicht.

Arbeitsauftrag

Stellen Sie Überlegungen an, was Inhalt und Ziel der Ausstellung sein könnten.
Dabei helfen Ihnen der Informationstext und die folgenden Fragen:
1. Was kann mit „Unternehmen Nachhaltigkeit" gemeint sein?
2. Was haben die Begriffe Rohstoffe, Gesundheit und Kapital mit Nachhaltigkeit zu tun?
3. Die Ausstellung wird organisiert von der Wirtschaftsförderung Bremen. Welche Anregungen sollen die Besucher der Ausstellung mitnehmen?

Entwicklung des Umweltgedankens

Betriebe benötigen Rohstoffe und Energie zur Herstellung von Waren und Gütern. Durch die Produktion werden Schadstoffe (Abgase, Abwasser) an die Umwelt abgegeben. Produktionsabfälle müssen entsorgt werden, ebenso wie Güter, die nicht mehr benötigt werden. Bis in die 1970-er Jahre blieben diese Aspekte bei der wirtschaftlichen Betrachtungsweise unberücksichtigt. Das wirtschaftliche Handeln war allein auf wirtschaftliches Wachstum ausgerichtet, mit dem Ziel, eine rasche Steigerung des Lebensstandards zu erreichen.

Erst die Erkenntnis, dass ein uneingeschränktes wirtschaftliches Wachstum zur Umweltbelastung und zum raschen Verbrauch nicht erneuerbarer Rohstoffe (z. B. Öl, Kupfer) führt, veränderte das Bewusstsein in weiten Teilen der Bevölkerung. Umweltpolitik wurde ab diesem Zeitpunkt zu einem neuen Aufgabengebiet der Politik. Dies spiegelt sich in einer Vielzahl von Gesetzen und Verordnungen wider, die Unternehmen bei ihrer wirtschaftlichen Tätigkeit zu beachten haben.

Verstöße dagegen werden mit Bußgeldern und in besonders schweren Fällen mit Haftstrafen geahndet.

Ziele und Grundsätze der Umweltpolitik

Wirksame Umweltpolitik lässt sich nicht nur durch Einschränkungen und Auflagen, sondern auch durch Fördermaßnahmen erreichen. So können Unternehmen und private Haushalte staatliche Subventionen in Anspruch nehmen, wenn sie in umweltschonende Technologien (z. B. Windkraft- und Solartechnologie) investieren. Die wichtigsten Ziele der staatlichen Maßnahmen sind:

- **Umweltfreundliche Produkte** (z. B. Hybrid-Autos) sollen die Umweltbelastung so weit wie möglich reduzieren.
- **Umweltfreundliche Produktionstechniken** sollen den Energieverbrauch und den Schadstoffausstoß verringern und weniger Müll verursachen.
- Ein **Kreislaufwirtschaftssystem** (**Recycling**) soll die Rohstoffe wieder der Fertigung zuführen (z. B. Papier, Kupfer).

Bei der Umsetzung ökologischer Ziele müssen die Grundsätze/Prinzipien der Umweltpolitik beachtet werden. Zu den wichtigsten Grundsätzen gehören:

- Das **Vorsorgeprinzip** bedeutet, dass Umweltbelastungen durch vorbeugende Maßnahmen vermieden werden sollen (z. B. Wärmeschutzvorschriften).
- Das **Verursacherprinzip** bedeutet, dass derjenige, der die Umweltkosten verursacht hat, für den entstandenen Schaden aufkommen muss (z. B. Rücknahme von Altöl).
- **Nachhaltigkeit** bedeutet, dass der Abbau nicht erneuerbarer Rohstoffe schonend erfolgt und erneuerbare Rohstoffe in dem Maße genutzt werden, wie sie wieder nachwachsen (z. B. Abbau von Hölzern bei gleichzeitiger Aufforstung).
- Das **Kooperationsprinzip** besagt, dass alle gesellschaftlichen Gruppen bei der Durchsetzung der Ziele mit einbezogen werden sollen.

Ein Beispiel für umweltfreundliche Produkte und Produktionstechniken auf der Grundlage des Vorsorgeprinzips, des Kooperationsprinzips und der Nachhaltigkeit ist „Cotton made in Afrika".

Online-Link
883501-0441
- *Umweltpolitik/Gesetze*
- *Nachhaltigkeit*

Zu den wichtigsten Umweltgesetzen gehören:
- *das **Bundesimmissionsschutzgesetz** (BImSchG)*
- *das **Kreislaufwirtschafts- und Abfallgesetz** (→ S. 245)*
- *das **Wasserhaushaltsgesetz***
- *das **Energieeinsparungsgesetz***
- *die **Verpackungsverordnung***
- *die **Gefahrstoffverordnung***

BImSchG
Gesetz zum Schutz vor schädlichen Umwelteinwirkungen durch Luftverunreinigung, Geräusche, Erschütterung und ähnliche Vorfälle

---

„Cotton made in Africa" ist eine Initiative gemeinsam getragen von Partnern aus Wirtschaft, Politik und Nichtregierungsorganisationen mit dem Ziel, einen Beitrag zur Armutsbekämpfung und zum Umweltschutz in Baumwollanbaugebieten in Afrika zu leisten. Textilien, die unter diesem Logo angeboten werden, zeigen dem Käufer, dass die Produktion afrikanischer Baumwolle auf den Grundlagen des nachhaltigen Umgangs mit Mensch und Natur erfolgte.

Dies bedeutet u. a. Verzicht auf künstliche Bewässerung, Reduzierung des Einsatzes von Pestiziden, die Einhaltung einer natürlichen Fruchtfolge sowie konkrete Zielvorgaben zur Prozentzahl der Kinder mit Grundschulausbildung. Die Initiative soll eine Entwicklung fördern, die zu einem nachhaltigen Baumwollanbau und besseren Lebensbedingungen führt.

www.cotton-made-in-africa.com

Grüne Zukunftsmärkte

Weltmarktvolumen und Wachstumsprognose für grüne Umwelttechniken
in Milliarden Euro
davon Anteil deutscher Unternehmen: in %

	2005		2020 (Prognose)	Schlüsseltechnologien
Energieeffizienz	450 Mrd. €	19 %	900 Mrd. €	Mess-, Steuer-, Regeltechnik
nachhaltige Wasserwirtschaft	190	5 %	480	dezentrale Wasseraufbereitung
nachhaltige Mobilität	180	20 %	350	alternative Antriebe, saubere Motoren
Energieerzeugung	100	30 %	280	erneuerbare Energien, saubere Stromerzeugung
natürliche Ressourcen und Materialeffizienz	40	5 %	130	Biokraftstoffe, Biokunststoffe
Kreislaufwirtschaft, Abfall-Recycling	30	25 %	50	automatische Stofftrennverfahren

Quelle: Roland Berger, BMU, Umweltwirtschaftsbericht 2009 © Globus 2695

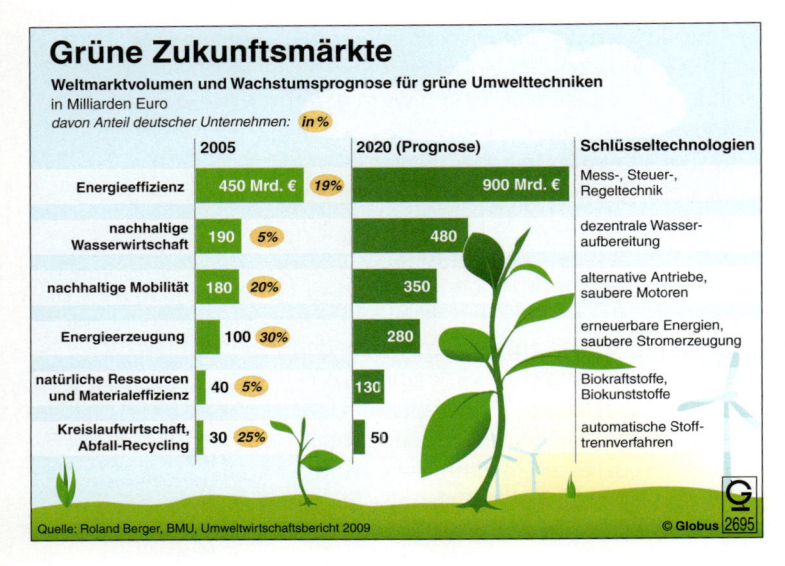

Ökonomie
Wirtschaft, besonders Herstellung, Verteilung und Verbrauch von Gütern

Ökologie
Lehre von den Beziehungen zwischen den Lebewesen und ihrer Umwelt

TEXTILES VERTRAUEN
Geprüft auf Schadstoffe
nach Oeko-Tex® Standard 100
00000000 Institut

Motive für freiwilligen Umweltschutz in Unternehmen

Imagepflege	87 %
Verantwortung gegenüber der Umwelt und zukünftigen Generationen	76 %
Bessere Marktchancen	65 %
Motivation der Mitarbeiter	48 %
Öffentlicher Druck	29 %
Aufnahme in Nachhaltigkeitsfonds	26 %
Forderung von Kapitaleignern	25 %

iwd 29/2007

Verhältnis von Ökonomie und Ökologie

Die Einhaltung der Umweltschutzbestimmungen ist für Unternehmen mit höheren Kosten verbunden. Sei es, indem kostengünstige, aber umweltschädliche Stoffe für die Produktion verboten werden, oder, indem Auflagen (z. B. der Einbau von Filteranlagen) gesetzlich vorgeschrieben werden. Komplizierte Verfahren bei der Genehmigung von Anlagen können den Bau verzögern und verteuern.

All diese höheren Kosten, so Kritiker der Umweltauflagen, führen für Unternehmen in der Bundesrepublik Deutschland gegenüber Unternehmen in anderen Ländern zu Wettbewerbsnachteilen. Dadurch glaubt man das wirtschaftliche Wachstum gefährdet und sieht die Gefahr, dass es zu einer Abwanderung deutscher Unternehmen ins Ausland kommen könnte.

Diese Befürchtungen haben sich bisher nicht bestätigt. Vielmehr zeigt sich heute, dass Ökologie und Ökonomie keine Gegensätze sind, sondern zusammengehören. Unternehmen profitieren davon, wenn der Umweltgedanke in die Unternehmenspolitik einfließt. Dies geschieht dadurch,
- dass sich durch geringeren Energieverbrauch, weniger Abfälle und umweltschonende Fertigungsverfahren die Kosten senken lassen (→ S. 244 ff.),
- dass ein großer Teil der Verbraucher bei der Kaufentscheidung nicht nur den Preis und die Qualität der Produkte berücksichtigt. Immer mehr Menschen legen Wert auf Produkte, die umweltverträglich und gesundheitlich unbedenklich sind. Dies zeigt sich auch bei der Bewertung von Gütern durch Warentester.

Umweltengagement beweisen

Um sich als umweltfreundliches Unternehmen gegenüber seinen Kunden darzustellen, bieten sich folgende Maßnahmen an:
- Das Unternehmen unterzieht sich einem **Öko-Audit**. Umweltpolitische Ziele und Maßnahmen werden von Gutachtern überprüft. Werden die Anforderungen erfüllt, ist das Unternehmen berechtigt, ein EU-Ökozeichen zu führen.
- Produkte, die besonders schadstoffarm oder umweltfreundlich sind oder einen geringen Energieverbrauch aufweisen, werden mit einem **Öko-Siegel** versehen (z. B. schadstoffarme Produkte aus der Textilindustrie, niedrigere Energiestufe bei einem Kühlschrank).
- Das Unternehmen erstellt eine **Ökobilanz**. Sie kann für ein Produkt oder für ein ganzes Unternehmen erstellt werden. In der Ökobilanz werden die aus der Umwelt bezogenen Entnahmen (Input, z. B. Rohstoffe, Betriebsstoffe) den Abgaben an die Umwelt (Output, z. B. die gefertigten Produkte, Abfälle, Abluft, Lärmbelastung) gegenübergestellt. Das Aufzeigen und Verdeutlichen der Energie- und Stoffströme von der Herstellung bis zur Entsorgung ist die Grundlage für Verbesserungen. Diese können in allen Bereichen (Materialwirtschaft, Fertigung, Transport …) des betrieblichen Ablaufs erfolgen. Der verbesserte Umgang mit Materialien und Energie führt in den meisten Fällen auch zu einer Kostensenkung.

4.4 Mit Ressourcen schonend umgehen

UMWELTMANAGEMENT ALS TEIL DER UNTERNEHMENSSTRATEGIE

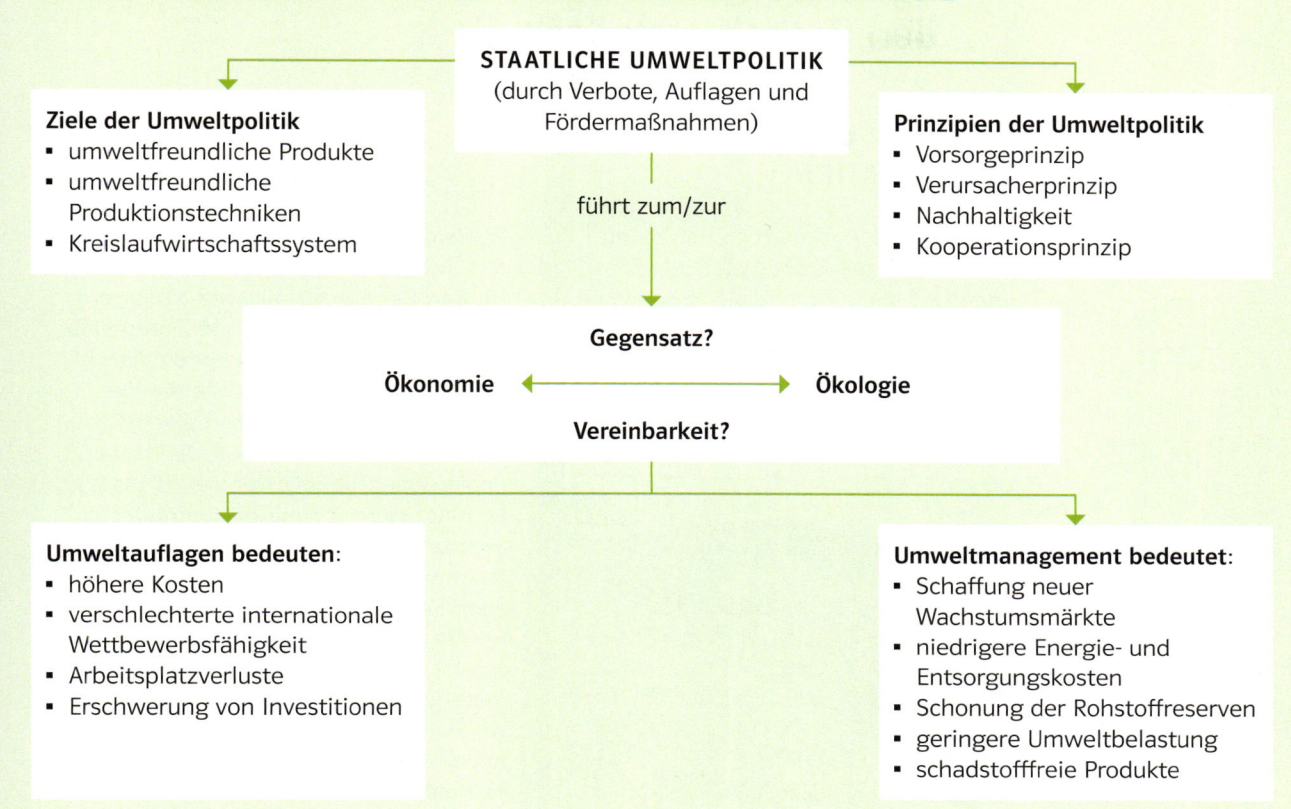

STAATLICHE UMWELTPOLITIK
(durch Verbote, Auflagen und Fördermaßnahmen)

Ziele der Umweltpolitik
- umweltfreundliche Produkte
- umweltfreundliche Produktionstechniken
- Kreislaufwirtschaftssystem

Prinzipien der Umweltpolitik
- Vorsorgeprinzip
- Verursacherprinzip
- Nachhaltigkeit
- Kooperationsprinzip

führt zum/zur

Gegensatz?
Ökonomie ↔ Ökologie
Vereinbarkeit?

Umweltauflagen bedeuten:
- höhere Kosten
- verschlechterte internationale Wettbewerbsfähigkeit
- Arbeitsplatzverluste
- Erschwerung von Investitionen

Umweltmanagement bedeutet:
- Schaffung neuer Wachstumsmärkte
- niedrigere Energie- und Entsorgungskosten
- Schonung der Rohstoffreserven
- geringere Umweltbelastung
- schadstofffreie Produkte

Übungsaufgaben

1. Beschreiben Sie die Ziele staatlicher Umweltpolitik.

2. Zu den Prinzipien staatlicher Umweltpolitik gehören das Vorsorge- und das Verursacherprinzip. Erläutern Sie diese Prinzipien.

3. Umweltfreundliche Unternehmen versehen ihre Produkte z. B. mit dem „Blauen Engel".
   a) Was sagt dieses Logo aus?
   b) Zählen Sie weitere Möglichkeiten auf, sich den Kunden als umweltfreundliches Unternehmen zu präsentieren.
   c) Beschreiben Sie mögliche Ziele, die Unternehmen mit ihrem Umweltengagement verfolgen.

4. Nachhaltigkeit in der Umweltpolitik bedeutet:
   „Nimm dir nicht mehr, als nachwächst, wenn du morgen auch noch ernten willst."
   Welchen Beitrag können Sie als Verbraucher dazu leisten, dass das Prinzip Nachhaltigkeit stärker zur Grundlage wirtschaftlichen Handelns wird?

5. Betrachten Sie Ökonomie und Ökologie als Gegensatz oder als miteinander vereinbar? Begründen Sie Ihre Einschätzung.

Ein Entsorgungskonzept für den Betrieb erstellen

LERNSITUATION

Beim Bekleidungsunternehmen Bineta werden die im Ausland gefertigten Textilien überprüft und für die Filialen zusammengestellt. Die Geschäftsführerin Frau Held im Gespräch mit dem Leiter des Lagers, Herrn Bär.

Fr. Held: Erklären Sie mir bitte, wie bei uns die Abfälle entsorgt werden?
Hr. Bär: Der Sondermüll, wie z. B. ölverschmierte Gegenstände oder Farbreste, wird drinnen in gesonderten Behältern gesammelt. Hier draußen stehen die Container für den normalen Werkmüll. Vorne der für den Restmüll, dann einer für Papier, einer für Folien und einer für Holz.
Fr. Held: Wenn ich mir die Container so anschaue, haben wir anscheinend nur Restmüll. Stehen die anderen nur zur Zierde da?
Hr. Bär: Ich predige den Mitarbeitern schon seit Jahren, dass vor allem die Verpackungsmaterialien sortiert werden müssen. Aber wenn keiner hinschaut, dann wird alles in den Restmüllcontainer geworfen.
Fr. Held: Dann sorgen Sie bitte als Erstes dafür, dass der Restmüllcontainer ganz nach hinten kommt. Und dann machen Sie Ihren Mitarbeitern klar, dass eine vernünftige Müllentsorgung mehr ist als nur ein wenig Umweltschutz. Sie spart uns viel Geld.

Arbeitsauftrag

1. **Berechnen Sie anhand der folgenden Informationen die jährlichen Kosten, die das Unternehmen bei einer besseren Abfallentsorgung einsparen könnte.**
2. **Machen Sie Vorschläge, wie das Umweltbewusstsein der Mitarbeiter in diesem Betrieb verbessert werden könnte.**
3. **Überlegen Sie, wie ein umfassendes Entsorgungskonzept aussehen könnte.**

Informationen:
Eine Untersuchung ergibt, dass im Jahr 650 Tonnen Abfall anfallen, davon 60 % Papier, 25 % Restmüll, 10 % Holz, 5 % Folie.
Bisherige Kosten pro Jahr: 60 000 €
Preisangaben des Containerdienstleisters für die Abfallentsorgung pro Tonne:
Holz: 25 €, Papier: kostenlos, Restmüll: 100 €, Folie: Gutschrift von 140 €.

4.4 Mit Ressourcen schonend umgehen

Aus Abfällen können wieder Energie und Rohstoffe gewonnen werden

Kosten von Umweltschäden

Wirtschaftliches Handeln – Produzieren und Konsumieren – ist nicht möglich, ohne die Umwelt zu benutzen und zu belasten. Die Nutzung der Umwelt geschieht auf unterschiedliche Weise:
- Unternehmen benötigen für die Herstellung der Güter Rohstoffe und Energie.
- Die Umwelt wird mit allen möglichen Schadstoffen belastet, die bei der Produktion und beim Konsum der Güter durch die Haushalte anfallen.
- Nicht zuletzt müssen Industrie- und Haushaltsabfall entsorgt werden.

Rohstoffe und Energie stehen nicht in unbegrenztem Maße zur Verfügung. Ein Teil der Rohstoffe (Kupfer, Erz usw.) und Energievorräte (Erdöl und Erdgas) sind nicht erneuerbar. Von daher ist ein sparsamer Umgang mit diesen Gütern notwendig. Umweltschäden verursachen Kosten. Sei es, dass z. B. Trinkwasser mit hohem Aufwand aufbereitet wird, oder, dass die durch Umweltbelastungen verursachte Klimaveränderung zu Naturkatastrophen mit erheblichen Schäden führt. Der Staat stellt daher Vorschriften auf, um die Umweltkosten so gering wie möglich zu halten (**Vorsorgeprinzip**). Außerdem sollen diejenigen diese Kosten tragen, die sie verursacht haben (**Verursacherprinzip**).

Das Kreislaufwirtschafts- und Abfallgesetz (Krw-/AbfG)

Das Kreislaufwirtschafts- und Abfallgesetz gehört zu den wichtigsten Vorschriften im Umweltschutz. Das wichtigste Ziel dieses Gesetzes liegt in der **Vermeidung von Abfällen** bezogen auf ihre Menge und Schädlichkeit. Dazu zählen u. a. folgende Maßnahmen:
- abfall- und schadstoffarme Produkte herzustellen und zu erwerben,
- Stoffe in ein internes Kreislaufsystem zu führen.

Die **Abfallverwertung** zielt
- auf die Gewinnung der Stoffe oder
- auf die Energiegewinnung (energetische Verwertung).

Unter **energetischer Verwertung** versteht man die Nutzung der Abfälle als Ersatzbrennstoff. Dabei werden die Abfälle in Müllverbrennungsanlagen in Energie umgewandelt. Die Rückgewinnung von Rohstoffen erfolgt in einem Kreislaufwirtschaftssystem. Dabei sollen die Abfälle in Unternehmen und Haushalten getrennt eingesammelt (Hol- und Bring-Systeme) und zur weiteren Verwertung aufgearbeitet werden.

Abfälle unterteilen

In jedem Betrieb fällt eine große Anzahl von Rückständen an. Diese Stoffe lassen sich in folgende Gruppen unterteilen:

Online-Link
883501-0442
- *Abfallwirtschaft/Gesetze*

Kreislaufwirtschafts- und Abfallgesetz (Krw/AbfG)
Gesetz zur Förderung der Kreislaufwirtschaft und Sicherung der umweltverträglichen Beseitigung von Abfällen

Krw-/AbfG §2: Die Vorschriften dieses Gesetzes gelten für
1. *die Vermeidung,*
2. *die Verwertung,*
3. *die Beseitigung von Abfällen.*

- Verpackungen (z. B. Papier, Pappe, Folie, Styropor, Holz) sind stofflich zu verwerten.
- Verwertbare Reststoffe und Sonderabfälle (z. B. Reifen, Eisenschrott, Kunststoffe, Buntmetalle, Ölreste), die entweder stofflich verwertet und somit dem Wirtschaftskreislauf wieder zugeführt oder die in Müllverbrennungsanlagen energetisch verwertet werden.
- Sonderabfälle (z. B. ölverschmierte Gegenstände, Farbreste), die gesondert entsorgt werden müssen, da sie bei falscher Lagerung Umweltschäden verursachen.

Betriebliches Abfallwirtschaftskonzept

Die Beseitigung von betrieblichen Abfällen ist mit einer Reihe von gesetzlichen Auflagen und Bestimmungen verbunden. Es entstehen dadurch Kosten für das Unternehmen. Ein betriebliches Abfallwirtschaftskonzept dient dazu, durch Abfallvermeidung und richtige Abfallverwertung diese Kosten gering zu halten. Mit einigen Abfällen kann man sogar Geld verdienen. So zahlen Entsorgungsunternehmen, je nach Marktlage, für bestimmte vorsortierte Abfälle (z. B. Folien, Papier, Buntmetalle) eine Vergütung. Diese Stoffe werden dann aufbereitet und verkauft.

Für **Industriebetriebe** bestehen von der Materialwirtschaft über die Produktion bis hin zum Vertrieb viele Möglichkeiten der Abfallvermeidung und Abfallverwertung.
- Der Materialwirtschaft kommt dabei eine wichtige Rolle zu, da der Anteil der eingekauften Teile an dem zu fertigenden Produkt sehr hoch ist. Daher sollte beim Einkauf auf umweltfreundliche Produkte und Rohstoffe geachtet werden. (→ S. 192 ff.)
- Die Fertigung sollte die Güter so herstellen, dass die einzelnen Teile bei der Abfallverwertung einfach zu zerlegen oder zu trennen sind. Wenn die Pläne umgesetzt werden, dass Hersteller ihre Produkte zurücknehmen müssen, ist die Verwendung wiederverwertbarer Teile von Vorteil.
- Im Vertrieb sind Transportverpackungen und Umverpackungen zu wählen, die leicht zu entsorgen sind. Ideal wäre im Sinne der Kreislaufwirtschaft ein System, in dem Verpackungen wiederverwertet werden. Bei der Wahl der Transportmittel (Bahn, Lkw, Schiff, Flugzeug) sollen neben der Wirtschaftlichkeit auch der Energieverbrauch und der Schadstoffausstoß berücksichtigt werden.

Im **Handwerk** gibt es z. B. folgende Möglichkeiten:
- Malerbetriebe arbeiten mit wasserlöslichen Farben.
- Tischler verarbeiten einheimische Hölzer und verwenden lösungsmittelfreie Kleber und Leime.
- Fleischerei- und Bäckereifachgeschäfte beziehen ihre Produkte überwiegend aus der heimischen Region.

Schulung der Mitarbeiter

Die Ziele des Umweltmanagements in Unternehmen lassen sich am besten verwirklichen, wenn die Mitarbeiter in die Planung und Umsetzung einbezogen werden. Dies kann in Mitarbeiterschulungen erfolgen. In großen Unternehmen oder Unternehmen, die sich einem **Öko-Audit** unterzogen haben, übernehmen Umweltberater diese Aufgaben. Im Handwerk informieren und helfen Umweltberater der Kammern bei der Umsetzung der gesetzlichen Bestimmungen in die betriebliche Praxis und beim Einstieg in ein professionelles Umweltmanagement.

Öko-Audit
Verfahren, bei dem ein Unternehmen sein Umweltmanagement offenlegt, überprüft und verbessert

Ein altes Auto wird professionell zerlegt

4.4 Mit Ressourcen schonend umgehen

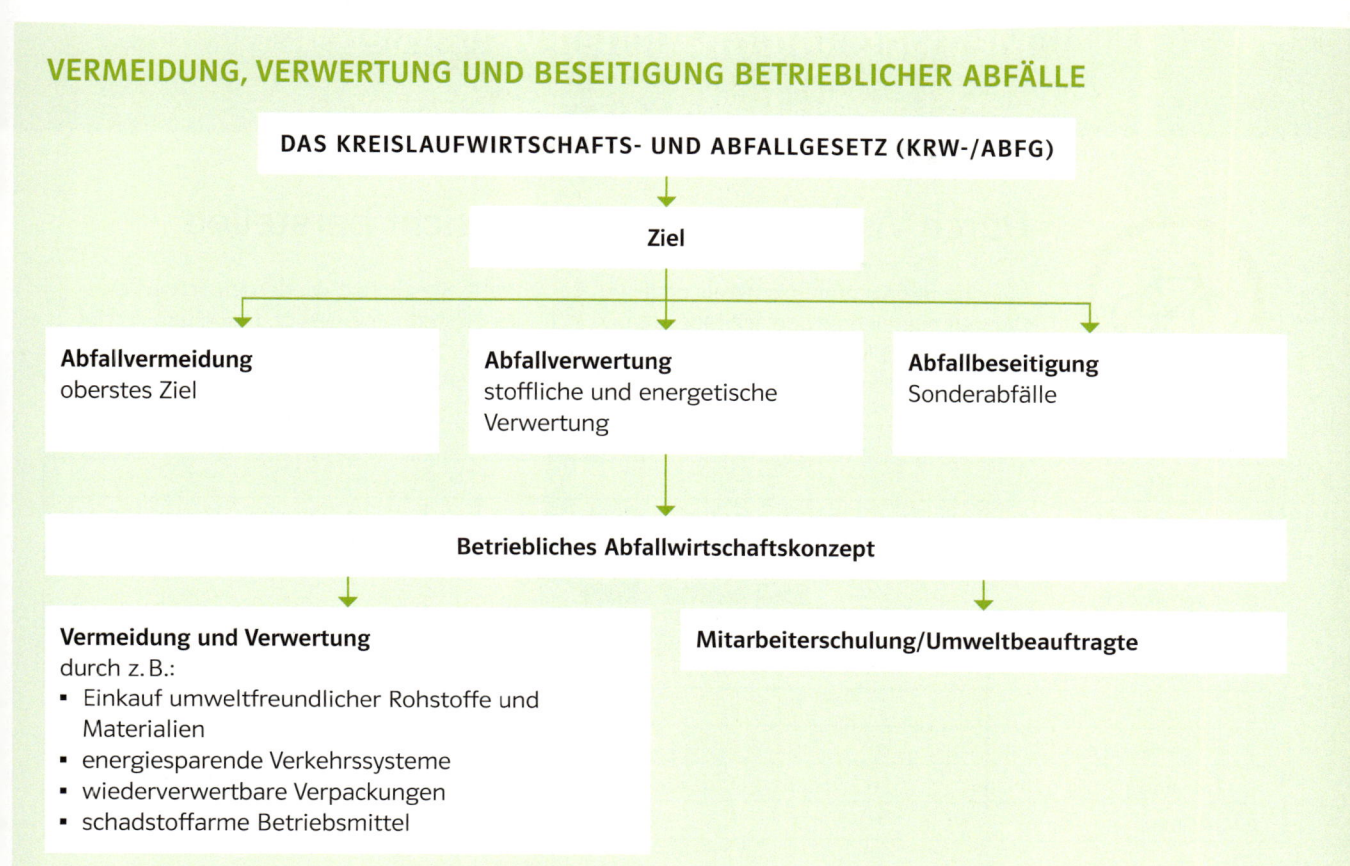

VERMEIDUNG, VERWERTUNG UND BESEITIGUNG BETRIEBLICHER ABFÄLLE

DAS KREISLAUFWIRTSCHAFTS- UND ABFALLGESETZ (KRW-/ABFG)

↓

Ziel

↓

- **Abfallvermeidung**
  oberstes Ziel
- **Abfallverwertung**
  stoffliche und energetische Verwertung
- **Abfallbeseitigung**
  Sonderabfälle

↓

Betriebliches Abfallwirtschaftskonzept

↓

Vermeidung und Verwertung
durch z. B.:
- Einkauf umweltfreundlicher Rohstoffe und Materialien
- energiesparende Verkehrssysteme
- wiederverwertbare Verpackungen
- schadstoffarme Betriebsmittel

Mitarbeiterschulung/Umweltbeauftragte

Übungsaufgaben

1. Im Jahre 1996 wurde das Abfallgesetz durch das Kreislaufwirtschafts- und Abfallgesetz abgelöst.
a) Erläutern Sie, warum in das neue Gesetz die Förderung der Kreislaufwirtschaft aufgenommen wurde.
b) Zeigen Sie auf, wo das neue Gesetz den Schwerpunkt legt, damit das, was die Karikatur beschreibt, nicht für die Gesellschaft eintritt.

2. Definieren Sie, was man unter „energetischer Verwertung" von Abfällen versteht.

3. Zählen Sie auf, welche Produkte sich besonders für eine stoffliche Verwertung anbieten.

4. Erklären sie, warum die Mitarbeiterschulung im Rahmen eines betrieblichen Abfallwirtschaftskonzeptes wichtig ist.

5. Beschreiben Sie, wie die Abfallverwertung in Ihrem Ausbildungsbetrieb organisiert ist.

4 Methode: Informationen visualisieren

Durch Visualisierung die Übersicht herstellen

Manche Informationen sind als bildliche Darstellung leichter und schneller zu verstehen als ein Text. Ein Beispiel aus diesem Kapitel (→ S. 213):

Wenn Sie als Text wiedergeben, was dieser Fristenplan aussagt, brauchen Sie viele Worte. Trotzdem ist der Text schwerer zu verstehen als das Bild.

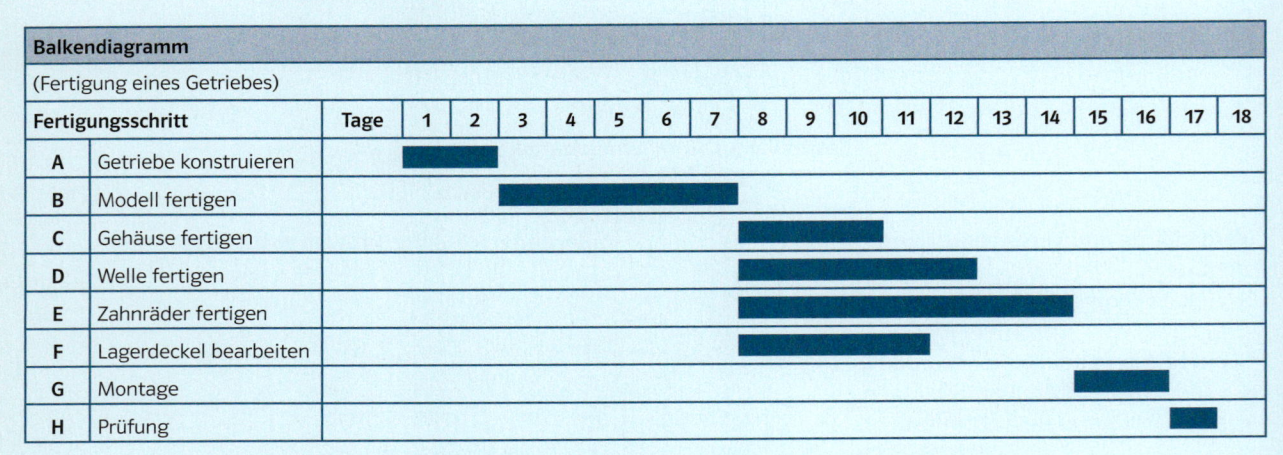

Balkendiagramm																				
(Fertigung eines Getriebes)																				
Fertigungsschritt		Tage	1	2	3	4	5	6	7	8	9	10	11	12	13	14	15	16	17	18
A	Getriebe konstruieren																			
B	Modell fertigen																			
C	Gehäuse fertigen																			
D	Welle fertigen																			
E	Zahnräder fertigen																			
F	Lagerdeckel bearbeiten																			
G	Montage																			
H	Prüfung																			

Durch Visualisierung überzeugen

Visualisierung ist ein Mittel, Informationen anschaulich darzustellen. Durch die Ordnung der Information, durch Hervorhebung des für Sie Wesentlichen können Sie die Aufmerksamkeit des Betrachters lenken. Bilder bleiben besser im Gedächtnis als Worte.

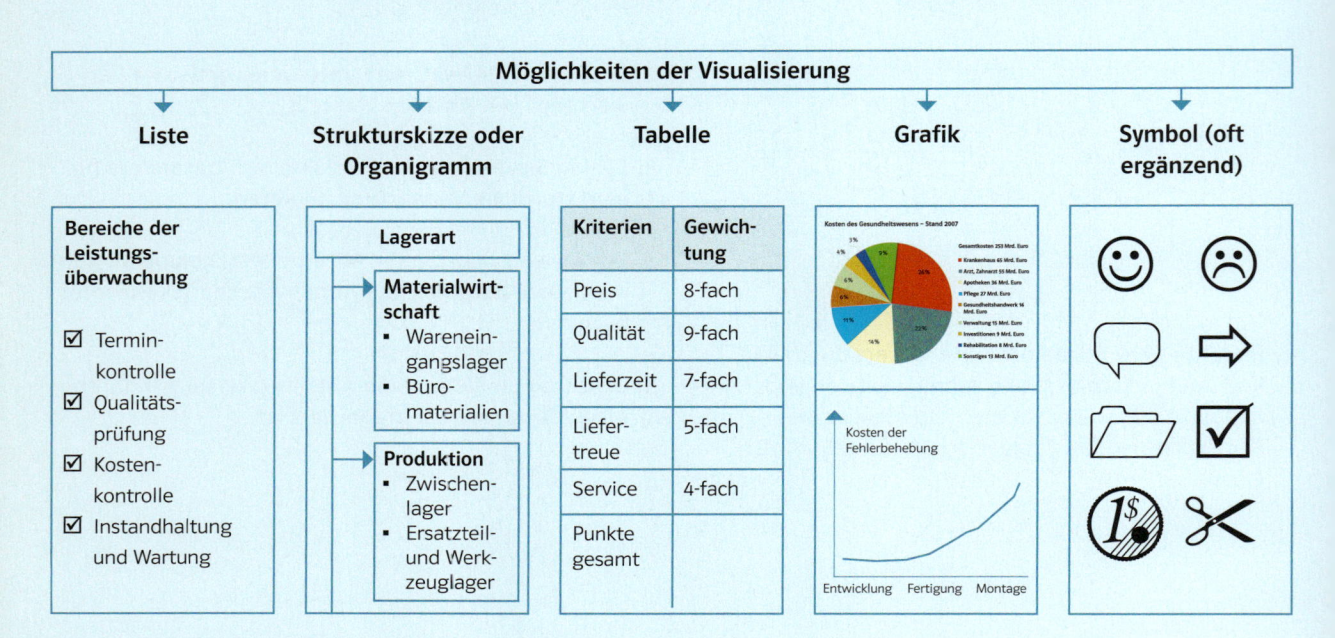

Möglichkeiten der Visualisierung

Liste | **Strukturskizze oder Organigramm** | **Tabelle** | **Grafik** | **Symbol (oft ergänzend)**

Bereiche der Leistungsüberwachung

- ☑ Terminkontrolle
- ☑ Qualitätsprüfung
- ☑ Kostenkontrolle
- ☑ Instandhaltung und Wartung

Lagerart
- → **Materialwirtschaft**
  - Wareneingangslager
  - Büromaterialien
- → **Produktion**
  - Zwischenlager
  - Ersatzteil- und Werkzeuglager

Kriterien	Gewichtung
Preis	8-fach
Qualität	9-fach
Lieferzeit	7-fach
Liefertreue	5-fach
Service	4-fach
Punkte gesamt	

248 4 Produktionsabläufe und Dienstleistungen organisieren

Methode: Informationen visualisieren

Beispiel

Visualisieren Sie die wesentlichen Informationen des folgenden Textes in geeigneter Weise und wählen Sie eine aussagekräftige Überschrift.

Höhere Sicherheit an Aufschnittschneidemaschinen

Ausgangslage
Schnittverletzungen an Aufschnittschneidemaschinen stellten in Fleischereibetrieben einen Unfallschwerpunkt dar. Im Jahre 1990 wurden alleine von den Mitgliedsbetrieben der Fleischerei-BG (FBG) fast 5 000 Unfälle an Aufschnittschneidemaschinen gemeldet, das waren 12,5 Prozent aller meldepflichtigen Arbeitsunfälle in der Fleischwirtschaft. Selbst im Stillstand können Aufschnittschneidemaschinen gefährlich sein. So ereigneten sich circa 14 Prozent der Unfälle während der Reinigung der Maschinen bei stillstehendem Schneideblatt.

Präventionsaktivitäten der FBG
Über den Fachausschuss Fleischwirtschaft wurden mit Herstellern und Betreibern neue sicherheitstechnische Vorrichtungen entwickelt. Diese fanden Eingang in die Unfallverhütungsvorschrift VBG 19 „Fleischereimaschinen" (ab 2004 auch in die BGR 229 „Arbeiten in der Fleischwirtschaft"), die mit einer fünfjährigen Übergangsfrist umzusetzen war. Die sicherheitstechnischen Neuerungen mündeten auch in die Erarbeitung der Norm DIN EN 1974 ein. Diese Europäische Norm, die in das deutsche Normenwerk übernommen wurde, konkretisiert die gesetzlichen Anforderungen für Aufschnittschneidemaschinen mit Rundschneidemessern von mindestens 170 mm Durchmesser. [...]

Ergebnisse und Nutzen
Dank der eingeführten sicherheitstechnischen Vorrichtungen konnte die Zahl der Schnittverletzungen in den Mitgliedsbetrieben der Fleischerei-BG auf circa 2 550 Fälle im Jahr 2000 reduziert werden. Die Anzahl der Unfälle pro 1 000 Beschäftigte, das heißt die 1000-Mann-Quote, ging um mehr als 50 Prozent zurück. Selbst anfänglich skeptische Unternehmer äußern sich inzwischen bei Fortbildungsveranstaltungen und auf Innungsversammlungen sehr positiv über die getroffenen Maßnahmen.

Die Umrüstung einer Aufschnittschneidemaschine kostet den Unternehmer circa 500 Euro. Bei Neuanschaffung unter Inzahlungnahme der alten Maschine entstehen Kosten in der Größenordnung von circa 2 500 Euro. Die sicherheitstechnischen Verbesserungen bei neuen Aufschnittschneidemaschinen hatten keine Auswirkungen auf den Anschaffungspreis. Seit 1990 gibt es nur noch Aufschnittschneidemaschinen im Handel, die den neuen Standards entsprechen. [...] Den Kosten einer Umrüstung oder Neuanschaffung stehen neben der großen Zahl verhinderter Unfälle auch konkrete Einsparungen gegenüber: Unternehmer verzeichnen geringere Fehlzeiten und die FBG geringere Ausgaben, vor allem im Bereich der Rehabilitation.

Deutsche Gesetzliche Unfallversicherung, 2009

PRÜFUNGSAUFGABEN

4.1 Materialbeschaffung und Lagerhaltung organisieren

1.

Was gehört *nicht* zum Aufgabenbereich der Materialwirtschaft?
A Beschaffung
B Lagerung
C Beschaffungsmarketing
D Marketing
E Entsorgung.

2.

Das Ziel der Materialwirtschaft ist es, …
A so preisgünstig wie möglich einzukaufen.
B möglichst viele Materialien auf Lager zu haben.
C Materialien in der benötigten Art, Qualität und Menge, zur richtigen Zeit, zu optimalen Kosten und umweltverträglich für die Produktion bereitzustellen.
D Preisnachlässe auszuhandeln.
E bei heimischen Lieferanten einzukaufen.

3.

Der Beschaffungsplan enthält mehrere Schritte zur Beschaffung von Materialien. Bringen Sie die folgenden Schritte in die richtige Reihenfolge.
A Beschaffungskontrolle
B Überprüfung des Liefertermins
C Bedarfsermittlung
D Bezugsquellenermittlung
E Bestellung.

☐ ➔ ☐ ➔ ☐ ➔ ☐ ➔ ☐

4.

Unter Skonto versteht man den Preisnachlass …
A für vorzeitige Zahlung.
B für größere bestellte Mengen.
C für Kundentreue.
D anlässlich eines Firmenjubiläums.
E während des Schlussverkaufs.

5.

Der Listeneinkaufspreis eines Artikels beträgt 1800 Euro. Der Lieferer gewährt 15 Prozent Rabatt und zwei Prozent Skonto. Wie viel Euro beträgt der Bareinkaufspreis?
A 1457,89 €
B 1499,40 €
C 1488,60 €
D 1494,00 €
E 1501,00 €.

6.

Ordnen Sie den folgenden Begriffen die richtige Formel zu: Umschlagshäufigkeit, durchschnittlicher Lagerbestand bei gleichmäßigem und ungleichmäßigem Verbrauch, durchschnittliche Lagerdauer.

A $\dfrac{\text{Anfangsbestand} + 12 \text{ Monatsendbestände}}{13}$

B $\dfrac{360}{\text{Umschlagshäufigkeit}}$

C $\dfrac{\text{Bestellmenge}}{2} + \text{Sicherheitsbestand}$

D $\dfrac{\text{Materialverbrauch/Jahr}}{\text{durchschnittlichen Lagerbestand}}$

7.

Was versteht man unter dem Begriff „Logistik"?
A Die logische Anordnung von Arbeitsschritten
B Die richtige Personalplanung
C Die Überwachung der Produktion
D Das Zusammenwirken von Material- und Informationsflüssen
E Die Bereitstellung von Betriebsmitteln.

8.

Welches der folgenden Beschaffungsverfahren wird im Handwerk am wenigsten eingesetzt?
A Vorratsbeschaffung
B Bestellpunktverfahren
C Bestellrhythmusverfahren
D Just-in-time-Verfahren
E fallweise Beschaffung.

4.2 Arbeitsprozesse planen und steuern

1.

Welche Aufgabe gehört *nicht* zur Fertigungsplanung?
A Arbeitsplan erstellen
B Bedarfsplanung
C Zeitplan erstellen
D Terminüberwachung
E Personalplanung.

2.

Die Netzplantechnik findet vorwiegend Anwendung …
A in der industriellen Einzelfertigung.
B bei der Massenproduktion.
C im Handwerk.
D bei nur wenigen Arbeitsschritten.
E in der Qualitätssicherung.

3.

Werden gleichartige Produkte in begrenzter Anzahl erzeugt und erfolgt anschließend das Umrüsten der Anlage, dann spricht man von:
A Massenfertigung
B Serienfertigung
C Einzelfertigung
D Spezialanfertigung
E Fließbandfertigung.

4.

Der Ablauf der Fertigung lässt sich grundsätzlich nach dem Verrichtungs- oder dem Flussprinzip organisieren. Bei welcher Art der Fertigung lassen sich beide Prinzipien vereinen?
A Fließbandfertigung
B Reihenfertigung
C Werkstattfertigung
D Fertigung in Gruppenarbeit
E Massenfertigung.

5.

Welcher Vorteil wird der Werkstattfertigung und nicht der Fließfertigung zugeordnet?
A kurze Transportwege
B schneller Produktionsablauf
C übersichtlicher Produktionsprozess
D schnelle Behebung technischer Störungen
E Arbeitskräfte durch Maschinen ersetzen.

6.

Wie bezeichnet man das Qualitätssicherungssystem, das alle Prozesse und Tätigkeiten in einem Unternehmen daraufhin untersucht, ob sie den Qualitätsgrundsätzen entsprechen?
A QFD
B DIN EN ISO 9000 ff.
C FMEA
D Vollkontrolle
E Stichprobenkontrolle.

4.3 Arbeit human gestalten

1.

Nennen Sie drei Ursachen für Unfälle im Betrieb.

2.

Was können Sie tun, um Ihr persönliches Unfallrisiko im Betrieb gering zu halten? Was können Sie tun, um das Unfallrisiko Ihrer Kolleginnen und Kollegen gering zu halten?

3.

Welche der folgenden Regelungen gehört *nicht* zum technischen Arbeitsschutz?
A Produktergonomie
B Arbeitshygiene
C Lagerung gefährlicher Stoffe
D Arbeitsverbote für Schwangere
E Einweisung der Beschäftigten in Arbeitsabläufe.

4.

Nennen Sie drei Beispiele für körperschonendes Arbeiten.

5.

Welche Tätigkeit kann nach dem Akkordlohn vergütet werden?
A Meistertätigkeit
B Qualitätsprüfung
C Reparaturdienst
D Weben von Textilien
E Wareneingangskontrolle.

6.

Unter einem „Ecklohn" versteht man ...
A den niedrigsten Tariflohn.
B den Lohn eines 21-jährigen Facharbeiters.
C den Lohn eines 18-jährigen Facharbeiters.
D den Grundlohn für Auszubildende.
E den Lohn in der höchsten Tarifstufe.

7.

Wie hoch ist der Akkordstundenlohn, wenn folgende Angaben vorliegen: Mindestlohn 14 €, Akkordzuschlag 20 %, Normalleistung 20 Stück, Ist-Leistung 25 Stück?
A 19 €
B 20 €
C 21 €
D 22 €
E 23 €.

4.4 Mit Ressourcen schonend umgehen

1.

Welches Gesetz ist nicht dem Umweltbereich zuzuordnen?
A Wasserhaushaltsgesetz
B Bundesimmissionsschutzgesetz
C Energieeinsparungsgesetz
D Kreislaufwirtschafts- und Abfallgesetz
E Gewerbesteuergesetz.

2.

Der Abbau nicht erneuerbarer Rohstoffe soll schonend erfolgen und erneuerbare Rohstoffe sollen in dem Maße genutzt werden, wie sie wieder nachwachsen. Welches Prinzip der Umweltpolitik lässt sich so erklären?
A Prinzip der Nachhaltigkeit
B Vorsorgeprinzip
C Verursacherprinzip
D Kooperationsprinzip.

3.

Das Kreislaufwirtschaftssystem soll in erster Linie ...
A umweltfreundliche Produkte herstellen.
B umweltfreundliche Produktionstechniken anwenden.
C Abfälle vermeiden.
D Rohstoffe der Fertigung wieder zuführen.
E Abfälle verbrennen.

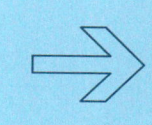

5

Interessen im Betrieb wahrnehmen

5.1 Gesetzliche, tarifliche und betriebliche Rahmenbedingungen berücksichtigen
5.2 Als Auszubildender bzw. Mitarbeiter handeln und
Mitbestimmungsmöglichkeiten wahrnehmen
5.3 Rechte einzeln und gemeinsam vertreten/Interessen abwägen
5.4 Im Betrieb zusammenarbeiten

5.1 Gesetzliche, tarifliche und betriebliche Rahmenbedingungen berücksichtigen

Die Stellung des Arbeitsvertrags im Rahmen des Arbeitsrechts

LERNSITUATION

Im Personalbüro der Metallbau GmbH.
H. Berthold: Sie haben mir für diesen Monat einen Stundenlohn von 13,20 Euro berechnet. Von einem Bekannten habe ich jetzt erfahren, dass der Tariflohn aber bei 14,40 Euro liegt. Sie haben mir 176 Euro im Monat zu wenig gezahlt!

H. Kern: Für uns spielt der Tarifvertrag keine Rolle. Wir sind schon vor Jahren aus dem Arbeitgeberverband ausgetreten, weil uns die Haltung des Verbandes gegenüber der Gewerkschaft bei den Tarifauseinandersetzungen nicht mehr passte.
H. Berthold: Das mag für Sie ja richtig sein. Aber solange ich Mitglied der Gewerkschaft bin, habe ich auch Anspruch auf die tariflichen Bestimmungen. Wofür bezahle ich sonst eigentlich Beiträge? Außerdem, bis vor einem Monat haben Sie mir während der Ausbildung die Vergütung nach Tarif gezahlt.
H. Kern: Dies wurde in Ihrem Ausbildungsvertrag auch ausdrücklich so geregelt. Als wir Ihnen vor einem Monat den Arbeitsvertrag vorlegten, waren Sie mit einem Stundenlohn von 13,20 Euro einverstanden. Sie selbst haben doch den Vertrag unterschrieben.
H. Berthold: Ich war davon ausgegangen, dass das der Tariflohn sei. Konnte ich denn zu dem Zeitpunkt wissen, dass Sie mich so hereinlegen?

Arbeitsauftrag

Überprüfen Sie, ob Herr Berthold Anspruch auf zusätzliche 176 Euro monatlich hat und bestimmen Sie, wie viele Tage Urlaub ihm im Jahr zustehen. Orientieren Sie sich dabei am folgenden Informationstext.
(Hinweis: Der Tarifvertrag wurde nicht für allgemein verbindlich erklärt.)

Regelungsmittel im Arbeitsrecht

Im Arbeitsrecht gilt der Grundsatz der Vertragsfreiheit. So können einzelne Personen (z. B. Arbeitgeber und Arbeitnehmer) oder Gruppen (z. B. Gewerkschaften und Arbeitgeberverbände) Vereinbarungen treffen. Diese Vereinbarungen können aber nicht frei von rechtlichen Bestimmungen abgeschlossen werden. Dazu erlässt der Staat Gesetze und Verordnungen. Sie

- regeln die Mitbestimmung der Arbeitnehmer am betrieblichen Entscheidungsprozess (Betriebsverfassungsgesetz, Mitbestimmungsgesetz).
- legen die Rechte und Pflichten des Arbeitnehmers und Arbeitgebers oder des Auszubildenden und des Ausbildenden fest (z. B. Berufsbildungsgesetz → S. 13 – 16).
- schützen den Arbeitnehmer vor ungerechtfertigten Entscheidungen und Maßnahmen des Arbeitgebers (technischer und sozialer Arbeitsschutz → S. 227 – 229; 256 f.).

Bei der Vielzahl der gesetzlichen Bestimmungen und der Vielzahl von Vereinbarungen zwischen Gruppen und Einzelpersonen, stellt sich die Frage nach deren Bedeutung und Rangordnung. Wie viele Urlaubstage stehen z. B. einem Arbeitnehmer zu, wenn sich dazu unterschiedliche Angaben im Arbeitsvertrag, im Tarifvertrag oder im Bundesurlaubsgesetz finden?

Rangordnung der Regelungsmittel

Der Gesetzgeber hat eine klare Rangordnung der Rechtsquellen vorgegeben. Danach hat das Grundgesetz der Bundesrepublik Deutschland den höchsten Rang. Die **Art. 12 GG** und **Art. 9 GG** beziehen sich im Besonderen auf arbeitsrechtliche Aspekte:

> **Art. 12** „Alle Deutschen haben das Recht, Beruf, Arbeitsplatz und Ausbildungsstätte frei zu wählen.
> **Art. 9 (3)** Das Recht, zur Wahrung und Förderung der Arbeits- und Wirtschaftsbedingungen Vereinigungen zu bilden, ist für jedermann und für alle Berufe gewährleistet."

Am Grundgesetz richten sich alle anderen gesetzlichen Bestimmungen aus (z. B. Jugendarbeitsschutzgesetz).
Dann folgen Tarifverträge, die nicht gegen gesetzliche Bestimmungen verstoßen dürfen. Auf die Tarifverträge folgen Betriebsvereinbarungen, danach die Arbeitsverträge. **Betriebsvereinbarungen** werden zwischen dem Arbeitgeber (Geschäftsleitung) und dem Betriebsrat abgeschlossen. Sie gelten für alle Mitarbeiter des Betriebes (→ S. 267 ff.).
Den niedrigsten Rang nehmen die Weisungen des Arbeitgebers ein. Widersprechen die Weisungen dem Inhalt des Arbeitsvertrags oder gesetzlichen Bestimmungen, so kann der Arbeitnehmer sich der Weisung widersetzen.
Beispiele: Ein Facharbeiter wird zu Gartenarbeiten beim Chef eingeteilt oder ein Berufskraftfahrer soll Fahrten durchführen, die über die vorgeschriebenen Lenkzeiten hinausgehen.

Das **Rangfolgeprinzip** besagt, dass jede Vereinbarung dem höhergestellten Regelungsmittel nicht widersprechen darf. Ein Tarifvertrag kann Bestimmungen des Jugendarbeitsschutzgesetzes (JArbSchG) nicht

Online-Link
883501-0511
- Arbeitsschutzbestimmungen

Bedeutung des europäischen Rechts
Nationales Recht muss im Einklang mit europäischem Recht stehen.

Verordnung
Rechtsnorm, die in der Regel von einer Regierung oder Verwaltungsstelle erlassen wird

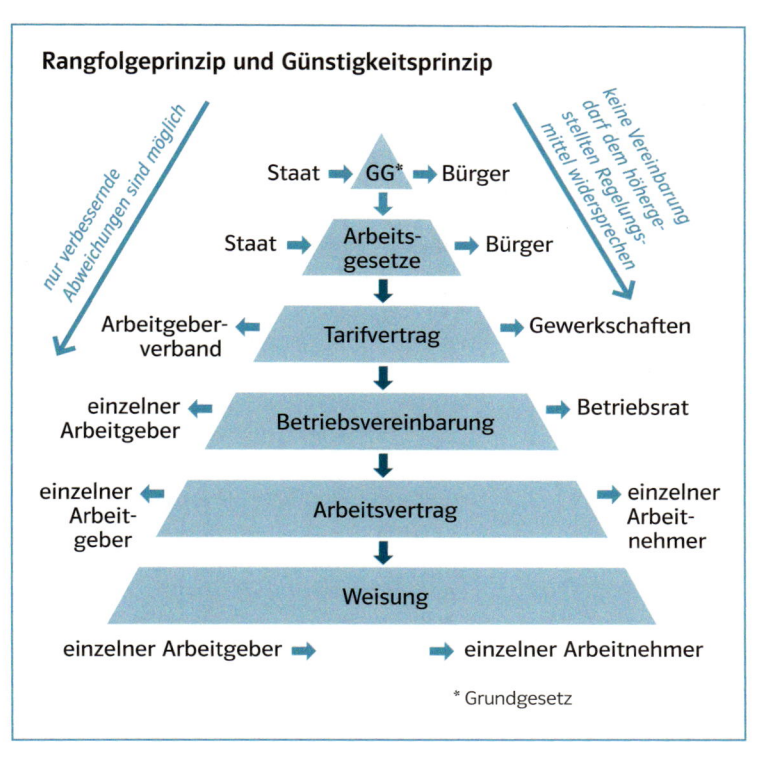

Rangfolgeprinzip und Günstigkeitsprinzip

- Staat → GG* → Bürger
- Staat → Arbeitsgesetze → Bürger
- Arbeitgeberverband → Tarifvertrag → Gewerkschaften
- einzelner Arbeitgeber → Betriebsvereinbarung → Betriebsrat
- einzelner Arbeitgeber → Arbeitsvertrag → einzelner Arbeitnehmer
- einzelner Arbeitgeber → Weisung → einzelner Arbeitnehmer

(links: nur verbessernde Abweichungen sind möglich; rechts: keine Vereinbarung darf dem höhergestellten Regelungsmittel widersprechen)

* Grundgesetz

aufheben. Eine Abweichung ist nur erlaubt, wenn sie für den Arbeitnehmer günstiger ist: **Günstigkeitsprinzip**.
Beispiel: Ein Auszubildender kann eine höhere Vergütung erhalten als im Tarifvertrag vorgesehen ist.

Eine Abweichung vom Rangfolgeprinzip kann sich auch aus einer im Tarifvertrag festgelegten **Öffnungsklausel** ergeben. Danach können Bestimmungen eines Tarifvertrags in einer Betriebsvereinbarung oder in einem Arbeitsvertrag unterschritten werden. Öffnungsklauseln können zulassen, dass z. B. in wirtschaftlichen Krisensituationen tariflich verbindlich vereinbarte Mindeststandards unterschritten werden.
Beispiel: Ein Unternehmen, das sich in finanziellen Schwierigkeiten befindet, darf vorübergehend weniger als den Tariflohn zahlen.

Kündigungsschutzgesetz
→ S. 278 f.

Jugendarbeitsschutzgesetz
→ S. 15

Elternförderung
→ S. 54

Gesetze im Bereich des sozialen Arbeitsschutzes

Die nun folgenden Gesetze gehören zum sozialen Arbeitsschutz. Dadurch soll die körperliche und seelische Belastung der Arbeitnehmer reduziert werden.

Folgende Regelungen gelten nach dem **Arbeitszeitgesetz (ArbZG §§ 3–13)** für alle Arbeitnehmer:
- Die tägliche Arbeitszeit ist auf acht Stunden begrenzt.
- Die tägliche Arbeitszeit kann auf zehn Stunden erweitert werden, wenn innerhalb von sechs Monaten der Durchschnitt von acht Stunden pro Werktag nicht überschritten wird.
- Sonntags- und Feiertagsarbeit sind verboten.
- In bestimmten Bereichen ist die Sonntags- und Feiertagsarbeit erlaubt, z. B. in Konditoreien und Bäckereien, in Krankenhäusern, im Gastgewerbe und in Verkehrsbetrieben.
- Mindestens 15 Sonntage im Jahr sind beschäftigungsfrei.
- Die Ruhezeit zwischen zwei Arbeitstagen muss mindestens 12 Stunden betragen.
- Bei einer Arbeitszeit von sechs bis neun Stunden betragen die Ruhepausen mindestens 30 Minuten, 45 Minuten bei einer Arbeitszeit von mehr als neun Stunden.

Endlich Ferien!

Ein Mindesturlaub von 24 Werktagen steht laut **Bundesurlaubsgesetz (BUrlG § 3)** jedem Arbeitnehmer zu. Den Zeitpunkt bestimmt grundsätzlich der Arbeitgeber! Allerdings muss er die Wünsche des Arbeitnehmers berücksichtigen, sofern dem nicht dringende betriebliche Angelegenheiten entgegenstehen. (→ S. 269 f.)

Durch das **Mutterschutzgesetz (MuSchG §§ 3, 4)** schützt der Staat werdende Mütter vor zu hoher Belastung. Hierzu hat er folgende wichtige Bestimmungen erlassen:
- Sechs Wochen vor und acht Wochen nach der Entbindung besteht ein Beschäftigungsverbot.
- Schwere und gefährliche Arbeiten, Akkord- und Fließbandarbeit sowie der Umgang mit Gefahrstoffen sind während Schwangerschaft und Stillzeit verboten.
- Während der Schwangerschaft und bis vier Monate nach der Entbindung besteht ein besonderer Kündigungsschutz.

An den Mutterschutz können sich gemäß Bundeselterngeld- und Elternzeitgesetz (§ 15) bis zu drei Jahre Elternzeit anschließen.

Unter dem **Schwerbehindertenschutz des Sozialgesetzbuchs (SGB IX. Buch)** stehen Arbeitnehmer, deren Erwerbsfähigkeit auf Dauer zu mindestens 50 Prozent eingeschränkt ist. Sie erhalten z. B. fünf Tage zusätzlichen Jahresurlaub, einen besonderen Kündigungsschutz und müssen keine Mehrarbeit leisten. Um die Beschäftigung von

5.1 Gesetzliche, tarifliche und betriebliche Rahmenbedingungen berücksichtigen

Schwerbehinderten zu fördern, gewährt der Staat Zuschüsse an die Unternehmen. Gleichzeitig müssen Unternehmen mit mindestens 20 Arbeitsplätzen, die weniger als fünf Prozent davon für Schwerbehinderte zur Verfügung stellen, für jeden nicht besetzten Arbeitsplatz monatlich 260 Euro als Ausgleichsabgabe bezahlen (Stand 2009).

Schwerbehinderte genießen besonderen Schutz

Das **Allgemeine Gleichbehandlungsgesetz** (**AGG**) sieht vor, dass im Arbeits- und Geschäftsleben niemand aus Gründen der Rasse oder der ethnischen Herkunft, des Geschlechts, der Religion oder Weltanschauung, einer Behinderung, des Alters oder der sexuellen Identität benachteiligt und diskriminiert werden darf.

Wann ist ein Tarifvertrag für den Arbeitnehmer gültig?

Tarifverträge werden zwischen den Gewerkschaften und Vereinigungen von Arbeitgebern (Arbeitgeberverbände) bzw. einzelnen Unternehmen (Tarifvertragsgesetz §2) geschlossen. Damit ein Arbeitnehmer einen Anspruch auf die Bestimmungen des Tarifvertrags hat, müssen die folgenden Bedingungen erfüllt sein:
Der Arbeitnehmer muss unter den räumlichen, fachlichen und persönlichen **Geltungsbereich** des Tarifvertrags fallen.

- **Räumlicher** Geltungsbereich: Gebiet, für das der Tarifvertrag gilt (z. B. Bundesland NRW).
- **Fachlicher** Geltungsbereich: Bezeichnung derjenigen Betriebe, die ihrer Art nach unter den Tarifvertrag fallen (z. B. Betriebe der Eisen-, Metall- und Elektroindustrie).
- **Persönlicher** Geltungsbereich: bestimmte Arbeitnehmer, für die der Tarifvertrag gelten soll (z. B. alle kaufmännischen und gewerblichen Angestellten).

Der Tarifvertrag gilt nur „zwischen den beiderseits Tarifgebundenen" (Tarifvertragsgesetz §4). Einen Anspruch auf die Bestimmungen des Tarifvertrags gibt es somit nur, wenn der Arbeitgeber Mitglied im vertragsschließenden Arbeitgeberverband ist oder selbst den Tarifvertrag (Haustarifvertrag/Firmentarifvertrag) unterzeichnet hat **und** der Arbeitnehmer Mitglied in der vertragsschließenden Gewerkschaft ist.
Anspruch auf den Tarifvertrag besteht auch, wenn
- im Arbeitsvertrag Bestimmungen des Tarifvertrags vereinbart werden (z. B. „Es gilt der Tarifvertrag der …").
- der Bundesminister für Arbeit und Sozialordnung den Tarifvertrag für allgemein verbindlich erklärt hat. Alle Arbeitnehmer des Geltungsbereichs haben dann Anspruch auf die Bestimmungen des Tarifvertrags.

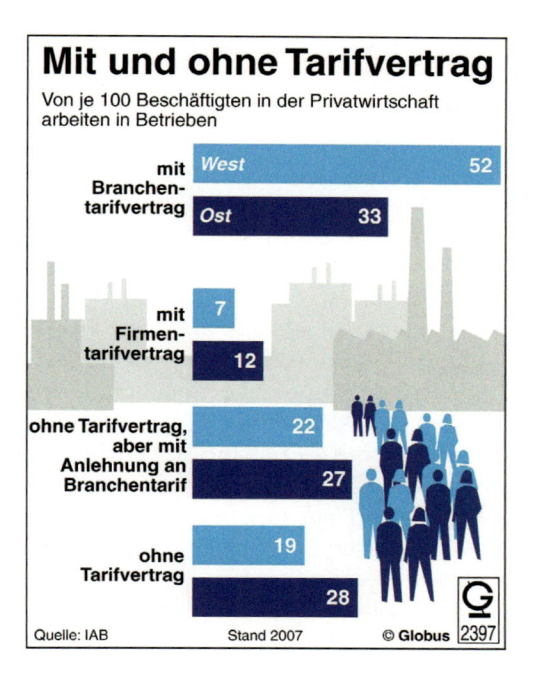

Mit und ohne Tarifvertrag
Von je 100 Beschäftigten in der Privatwirtschaft arbeiten in Betrieben

	West	Ost
mit Branchentarifvertrag	52	33
mit Firmentarifvertrag	7	12
ohne Tarifvertrag, aber mit Anlehnung an Branchentarif	22	27
ohne Tarifvertrag	19	28

Quelle: IAB — Stand 2007 — © Globus 2397

REGELUNGSMITTEL IM ARBEITSRECHT

AUFBAU DES ARBEITSRECHTS

Rangfolgeprinzip	Grundgesetz	→	Tarifautonomie, freie Wahl des Berufs …
	Gesetze/ Verordnungen	→	Staatliche Rahmenbedingungen zur Mitbestimmung, zu Rechten und Pflichten des Arbeitnehmers und des Arbeitgebers und zum technischen und sozialen Arbeitsschutz …
	Tarifvertrag	→	Zustandekommen durch Tarifvertragsparteien, Gültigkeit für den Arbeitnehmer, wenn bestimmte Voraussetzungen vorliegen
Günstigkeitsprinzip	Betriebsvereinbarung	→	Zustandekommen durch Betriebsrat und Geschäftsleitung, Formen der betrieblichen Mitbestimmung
	Arbeitsvertrag	→	Zustandekommen durch Arbeitgeber und Arbeitnehmer, regelt Rechte und Pflichten zwischen Vertragspartnern
	Weisungen des Arbeitgebers	→	Weisungsgebundenheit des Arbeitnehmers aus dem Arbeitsvertrag

Übungsaufgaben

1. **Bestimmen Sie, ob die folgenden Fälle rechtlich zulässig sind.**
   a) §1 Lohnfortzahlungsgesetz legt fest, dass ein Arbeiter, der infolge einer Krankheit an seiner Arbeitsleistung gehindert wird, ohne dass ihn daran ein Verschulden trifft, den Anspruch auf sein Arbeitsentgelt für sechs Wochen behält. Ein Arbeitgeber vereinbart mit dem Arbeitnehmer schriftlich im Arbeitsvertrag eine Dauer von fünf Wochen.
   b) Arbeitgeber Kretschmer stellt die Verkäuferin Skomroch ein. Im Arbeitsvertrag wird vereinbart, das Mutterschutzgesetz solle keine Anwendung finden, weil im Betrieb schon zwei Frauen wegen des Mutterschutzes ausgefallen seien. Kretschmer fügt hinzu, ohne diese Klausel hätte er diesen Arbeitsvertrag nicht schließen können.

2. **Herr Semmeling ist bei der Firma Reitmeyer beschäftigt. Beide sind tarifgebunden. Der tarifliche Stundenlohn beträgt 12,50 Euro. Kraft Vereinbarung erhält Herr Semmeling 14,00 Euro. Durch einen neuen Tarifvertrag wird der Lohn um zehn Prozent erhöht. Welchen Lohn kann Herr Semmeling verlangen?**

3. **Erläutern Sie die Begriffe Rangfolge- und Günstigkeitsprinzip.**

4. **Erläutern Sie die Ziele der folgenden Gesetze im Bereich des sozialen Arbeitsschutzes.**
   a) Mutterschutzgesetz
   b) Bundesurlaubsgesetz
   c) Schwerbehindertenschutz im Sozialgesetzbuch
   d) Allgemeines Gleichbehandlungsgesetz.

Einen Arbeitsvertrag abschließen

LERNSITUATION

Petra ist Auszubildende als Kfz-Mechanikerin beim Autohaus Scholz. In einem Monat endet mit der Abschlussprüfung ihr Ausbildungsverhältnis. Da ihre Leistungen in der Schule und im Betrieb bisher sehr gut sind, wird sie sicherlich die Prüfung bestehen. Heute hat sie mit ihrem Chef darüber gesprochen, ob sie nach der bestandenen Gesellenprüfung weiterhin im Autohaus arbeiten kann. Er versicherte ihr, dass, wenn alles wie geplant verläuft, sie im nächsten Monat als Gesellin beschäftigt ist. Weil ein Kunde den Chef dringend sprechen musste, konnten weitere Einzelheiten nicht besprochen werden.

Auf dem Weg nach Hause kommen Petra Bedenken, ob mit der Zusage des Chefs schon ein Arbeitsvertrag zustande gekommen ist. Schließlich wurde ja nichts schriftlich vereinbart. Außerdem fragt sie sich, was sich ändern wird, wenn sie nicht mehr als Auszubildende, sondern als Gesellin beim Autohaus Scholz arbeitet.

Arbeitsauftrag

Klären Sie, ob zwischen dem Chef und Petra ein Arbeitsvertrag zustande gekommen ist und klären Sie für Petra mithilfe des Informationstextes die folgenden Fragen:
1. Welche Rechte und Pflichten ergeben sich für Petra als Gesellin?
2. Worin unterscheidet sich der Berufsausbildungsvertrag vom Arbeitsvertrag?

Online-Link
883501-0512
- *Arbeitsvertrag*
- *Arbeitszeugnis*

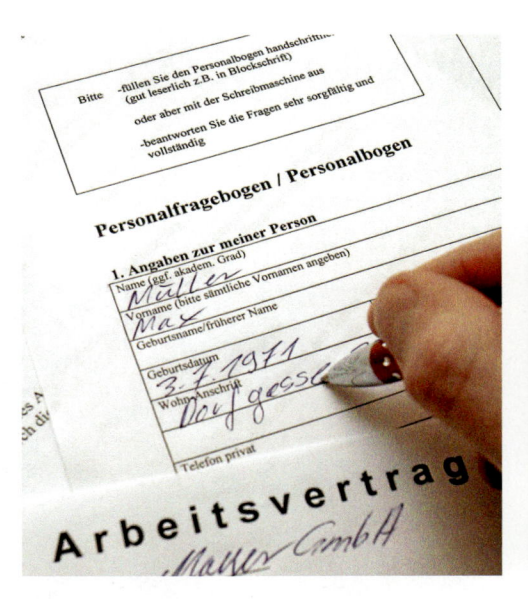

Inhalt des Arbeitsvertrags

Arbeitsverträge können formlos (mündlich, schriftlich oder stillschweigend) abgeschlossen werden. Ein Arbeitsvertrag muss allerdings schriftlich festgehalten werden. Vorgeschrieben ist, dass Arbeitgeber die Vertragsinhalte spätestens vier Wochen nach dem Abschluss schriftlich dokumentieren und beide Seiten diese Dokumentation unterschreiben: **Nachweisgesetz**. Erfolgt kein schriftlicher Nachweis, ist der Arbeitsvertrag dennoch weiterhin gültig.

Lohnsteuerkarte ist ab 2011 elektronisch

Nachweispflicht
§ 2 Nachweisgesetz (NachwG)

(1) Der Arbeitgeber hat spätestens einen Monat nach dem vereinbarten Beginn des Arbeitsverhältnisses die wesentlichen Vertragsbedingungen schriftlich niederzulegen, die Niederschrift zu unterzeichnen und dem Arbeitnehmer auszuhändigen. In die Niederschrift sind mindestens aufzunehmen:
1. der Name und die Anschrift der Vertragsparteien,
2. der Beginn des Arbeitsverhältnisses,
3. bei befristeten Arbeitsverträgen: die vorhersehbare Dauer des Arbeitsverhältnisses,
4. der Arbeitsort oder ein Hinweis darauf, dass der Arbeitnehmer an verschiedenen Orten beschäftigt werden kann,
5. eine kurze Charakterisierung oder Beschreibung der zu leistenden Tätigkeit,
6. die Zusammensetzung und die Höhe des Arbeitsentgelts einschließlich der Zuschläge, der Zulagen, Prämien und Sonderzahlungen sowie anderer Bestandteile des Arbeitsentgelts und deren Fälligkeit,
7. die vereinbarte Arbeitszeit,
8. die Dauer des jährlichen Erholungsurlaubs,
9. die Kündigungsfristen,
10. ein Hinweis auf die Tarifverträge, Betriebs- oder Dienstvereinbarungen, die auf das Arbeitsverhältnis anzuwenden sind.

TzBfG = Teilzeit- und Befristungsgesetz

Wenn sie eine neue Stelle antreten, müssen Arbeitnehmer zeitgerecht ihre **Arbeitspapiere** abgeben: Lohnsteuerkarte, Urlaubsbescheinigung des vorherigen Arbeitgebers, die Mitgliedsbescheinigung der gewählten Krankenkasse sowie den Sozialversicherungsnachweis.

Die überwiegende Zahl der Arbeitsverträge wird noch immer **unbefristet** abgeschlossen, allerdings nimmt die Zahl der **befristeten Arbeitsverträge** zu. Gerade Auszubildende erhalten nach bestandener Prüfung oft befristete Arbeitsverträge. Befristete Arbeitsverträge dürfen höchstens 24 Monate Laufzeit haben, außerdem dürfen sie nur dreimal verlängert werden (TzBfG). Beim vierten Mal der Verlängerung werden sie automatisch zu unbefristeten Arbeitsverträgen. Insbesondere bei neu eingestellten Mitarbeitern ist die Vereinbarung einer **Probezeit** (bis zu sechs Monate) üblich. In diesem Zeitraum kann ohne Angabe von Gründen von beiden Seiten gekündigt werden.

Rechte und Pflichten im Arbeitsverhältnis

Durch den Abschluss eines Arbeitsvertrags entstehen für Arbeitgeber und Arbeitnehmer gesetzlich festgelegte Rechte und Pflichten (BGB § 611 ff. → Tabelle).

Berufsausbildungsvertrag und Arbeitsvertrag im Vergleich

Beim Arbeitsvertrag muss der Arbeitnehmer die nötigen Kenntnisse, Fertigkeiten und Fähigkeiten für seine Tätigkeit bereits mitbringen. Er muss nach einer Einarbeitungszeit die volle Arbeitsleistung erbringen, andernfalls kann ihm gekündigt werden. Beim Berufsausbildungsvertrag erwirbt der Auszubildende erst die Kenntnisse, Fertigkeiten und Fähigkeiten des Ausbildungsberufs, und der Ausbildungsbetrieb ist verpflichtet, sie ihm zu vermitteln.

Beim Arbeitsvertrag gibt es viele Gründe für spätere Vertragsänderungen: Der Arbeitnehmer wird für andere Arbeiten eingesetzt; er soll länger oder kürzer arbeiten oder im Schichtdienst; seine Bezahlung ändert sich oder sein Arbeitsort. Bei einem Berufsausbildungsvertrag sind solche Änderungen im Nachhinein nicht möglich; selbst wenn das Unternehmen aufgelöst wird, muss der Arbeitgeber versuchen, seine Auszubildenden anderweitig unterzubringen.

Erstellen eines Arbeitszeugnisses

Ein Arbeitszeugnis (BGB § 630) muss mindestens Angaben zu Art und Dauer der Tätigkeit enthalten: **einfaches Zeugnis**. Arbeitnehmer können verlangen, dass sich die Angaben darüber hinaus auf eine Beurteilung ihrer Leistung und ihres Verhaltens im Arbeitsverhältnis erstrecken: **qualifiziertes Zeugnis**. Das Arbeitszeugnis muss der Wahrheit entsprechen, damit sich der neue Arbeitgeber ein Bild von dem Arbeitnehmer machen kann. Das Arbeitszeugnis ist aber auch für den Arbeitsuchenden ein wesentlicher Teil der Bewerbungsunterlagen. Daher soll es wohlwollend formuliert sein.

Pflichten der Arbeitgeber = Rechte des Arbeitnehmers	Pflichten der Arbeitnehmer = Rechte des Arbeitgebers
Vergütungspflicht: Die Höhe der Bezahlung ist oft durch einen Tarifvertrag oder eine Betriebsvereinbarung festgelegt.	**Arbeitspflicht:** Pflicht, die vereinbarte Arbeitsleistung persönlich zu erbringen.
Beschäftigungspflicht: Der Arbeitnehmer muss mit den vertraglich vereinbarten Aufgaben beschäftigt werden.	**Gehorsamspflicht:** Den Weisungen des Arbeitgebers ist Folge zu leisten im Rahmen des Arbeitsvertrags und bei gesetzlichen Bestimmungen.
Fürsorgepflicht: Die gesetzlichen Bestimmungen (z. B. Abführung der Beiträge zur gesetzlichen Sozialversicherung, Arbeitszeitgesetz, Unfallschutzbestimmungen) sind einzuhalten.	**Treuepflicht:** Sie beinhaltet Sorgfaltspflicht: Übertragene Aufgaben müssen sorgfältig erledigt, mit Werkzeug und Maschinen muss sorgfältig umgegangen werden.
Zeugnispflicht: Pflicht, ein Arbeitszeugnis auszustellen.	Schweigepflicht: Der Arbeitnehmer muss Betriebsgeheimnisse und den Datenschutz wahren.
	Wettbewerbsverbot: Der Arbeitnehmer darf dem Arbeitgeber keine Konkurrenz machen.

Pflichten im Ausbildungsverhältnis → S. 14

Was diese Formulierungen im Arbeitszeugnis bedeuten	
Sehr gut	hat die übertragenen Arbeiten stets zu unserer vollsten Zufriedenheit erledigt
Gut	hat die übertragenen Arbeiten stets zu unserer vollen Zufriedenheit erledigt
Befriedigend	hat die übertragenen Arbeiten zu unserer vollen Zufriedenheit erledigt
Ausreichend	hat die übertragenen Arbeiten zu unserer Zufriedenheit erledigt
Mangelhaft	hat die übertragenen Arbeiten im Großen und Ganzen zu unserer Zufriedenheit erledigt
Ungenügend	hat sich bemüht, die übertragenen Arbeiten zu unserer Zufriedenheit zu erledigen

RECHTLICHE GRUNDLAGEN VON ARBEITSVERHÄLTNISSEN

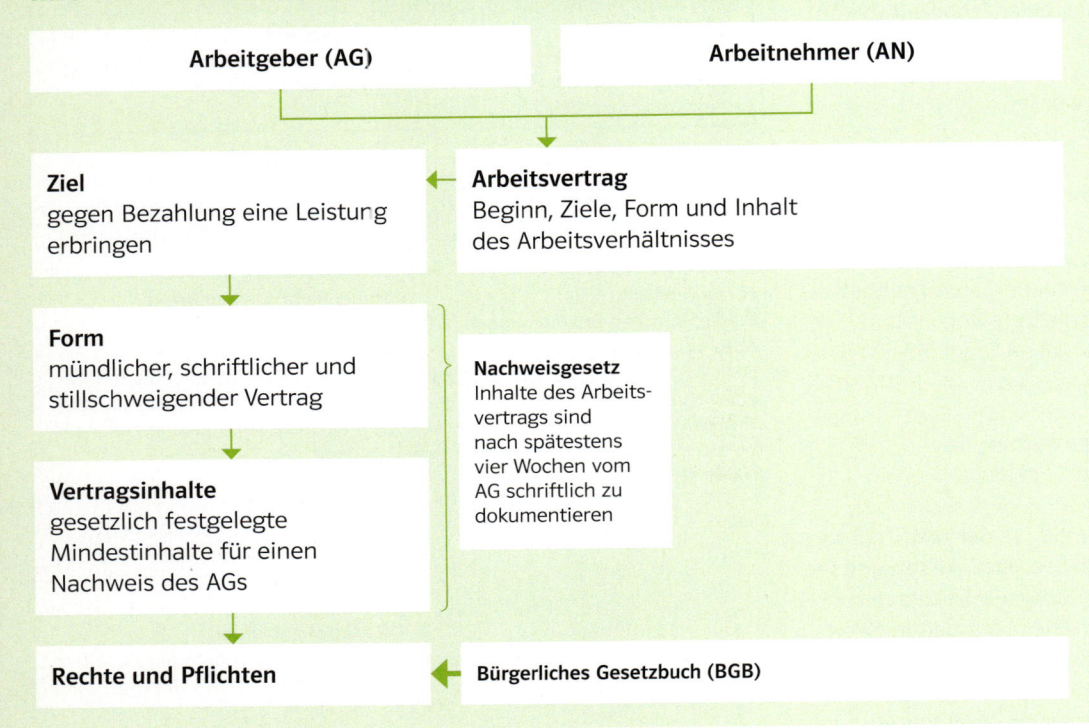

Arbeitgeber (AG) — **Arbeitnehmer (AN)**

Ziel
gegen Bezahlung eine Leistung erbringen

Arbeitsvertrag
Beginn, Ziele, Form und Inhalt des Arbeitsverhältnisses

Form
mündlicher, schriftlicher und stillschweigender Vertrag

Nachweisgesetz
Inhalte des Arbeitsvertrags sind nach spätestens vier Wochen vom AG schriftlich zu dokumentieren

Vertragsinhalte
gesetzlich festgelegte Mindestinhalte für einen Nachweis des AGs

Rechte und Pflichten ← **Bürgerliches Gesetzbuch (BGB)**

Übungsaufgaben

1. Listen Sie auf, welche Arbeitspapiere dem Arbeitgeber bei Antritt einer neuen Beschäftigung ausgehändigt werden müssen.

2. Stellen Sie fest, gegen welche Pflichten in den folgenden Fällen von Seiten des Arbeitnehmers bzw. des Arbeitgebers verstoßen wird.
   a) Ein Malergeselle tapeziert in seiner Freizeit gegen Entgelt Wohnungen.
   b) Ein Berufskraftfahrer wird von seinem Chef aufgefordert, länger als die gesetzlich vorgeschriebenen Lenkzeiten zu fahren.
   c) Ein Zerspanungsmechaniker verlässt trotz des Verbots durch den Meister seinen Arbeitsplatz. Durch einen Defekt an der CNC-Maschine wird das eingespannte Werkstück beschädigt.
   d) Aufgrund einer berechtigten fristlosen Kündigung verweigert der Personalleiter dem Arbeitnehmer die Ausstellung eines Zeugnisses.

3. Bestimmen Sie, welche der folgenden Vertragsbedingungen in einem Arbeitsvertrag schriftlich niederzulegen sind.
   a) zu leistende Arbeit
   b) Anzahl der zu leistenden Überstunden
   c) Pausenregelung
   d) Höhe des Arbeitsentgelts
   e) Fort- und Weiterbildungsmöglichkeiten
   f) Kündigungsfristen.

4. Die Zahl der befristeten Arbeitsverträge hat in den vergangenen Jahren zugenommen.
   a) Was sind Ihrer Meinung nach dafür die Gründe?
   b) Welche gesetzlichen Bestimmungen hat der Arbeitgeber zu beachten?

5. Unterscheiden Sie zwischen einfachem und qualifiziertem Zeugnis.

5.2 Als Auszubildender bzw. Mitarbeiter handeln und Mitbestimmungsmöglichkeiten wahrnehmen

Einen Betriebsrat wählen

LERNSITUATION

Das Bauunternehmen Baier hat sich vom kleinen Handwerksbetrieb zum Unternehmen mit inzwischen 125 Mitarbeitern entwickelt. In der Vergangenheit wurden Probleme zwischen Herrn Baier und den Mitarbeitern persönlich gelöst. Die Erweiterung des Betriebes und die Einstellung eines Geschäftsführers machen es inzwischen erforderlich, eine andere Form der Konfliktlösung zwischen Geschäftsleitung und Mitarbeitern zu finden. Aus diesem Grunde bemüht sich Peter Daniels zusammen mit einigen anderen Mitarbeitern um die Einrichtung eines Betriebsrates. Mit Unterstützung der zuständigen Gewerkschaft wurde in einer Betriebsversammlung bereits ein Wahlvorstand gewählt, dem auch Peter Daniels angehört. Aufgabe des Wahlvorstands ist es, die Betriebsratswahl unverzüglich einzuleiten, durchzuführen und das Wahlergebnis festzustellen. In der ersten Sitzung des Wahlvorstands zeigte sich, dass es eine Reihe offener Fragen gibt.

Peter Daniels wurde gebeten, bis zur nächsten Sitzung anhand der gesetzlichen Bestimmungen des Betriebsverfassungsgesetzes und der Wahlordnung Antworten zu finden.

Arbeitsauftrag

Bestimmen Sie anhand der Tabelle und der Bestimmungen des Betriebsverfassungsgesetzes:

1. die Zahl der wahlberechtigten Arbeitnehmer
2. die Zahl der wählbaren Arbeitnehmer
3. die Zahl der Betriebsratsmitglieder
4. die Zusammensetzung des Betriebsrates
5. die Zahl der von der beruflichen Tätigkeit freizustellenden Betriebsratsmitglieder
6. die möglichen Wahlverfahren.

	insgesamt	über 18 Jahre	unter 18 Jahre
Arbeitnehmer davon:	125	110	15
Frauen	21	19	2
Männer	104	91	13
Betriebszugehörigkeit Frauen:			
▪ unter 6 Monate	2	1	1
▪ über 6 Monate	19	18	1
Männer:			
▪ unter 6 Monate	10	4	6
▪ über 6 Monate	94	87	7

5 Interessen im Betrieb wahrnehmen 263

Das Betriebsverfassungsgesetz (BetrVG)

Das Betriebsverfassungsgesetz regelt die Rechte des Arbeitnehmers und der gewählten Organe im Betrieb (→ S. 72). Die Stellung des Betriebsrates bildet das Kernstück dieses Gesetzes.

Voraussetzung für die Wahl eines Betriebsrates ist die Anzahl der Mitarbeiter im Unternehmen. In Unternehmen mit in der Regel mindestens fünf wahlberechtigten Arbeitnehmern, von denen drei wählbar sind, kann ein Betriebsrat eingerichtet werden.

Wahlberechtigt sind alle Arbeitnehmer, die das 18. Lebensjahr vollendet haben (aktives Wahlrecht). Zu den Arbeitnehmern im Sinne des BetrVG gehören auch volljährige Azubis und Leiharbeiter, wenn sie länger als drei Monate im Betrieb eingesetzt werden.

Wählbar sind alle Wahlberechtigten, die sechs Monate dem Betrieb angehören (passives Wahlrecht).

Bei der **Zusammensetzung des Betriebsrates** muss das Geschlecht, das im Betrieb in der Minderheit ist, mindestens entsprechend seinem Anteil an der Belegschaft vertreten sein.
Beispiel: Wenn in einem Betrieb Frauen ein Drittel der Belegschaft ausmachen, sollen sie auch mindestens ein Drittel der Sitze im Betriebsrat erhalten. Der Betriebsrat soll sich möglichst auch aus Arbeitnehmern der einzelnen Organisationsbereiche und der verschiedenen Beschäftigtenarten der im Betrieb tätigen Arbeitnehmer zusammensetzen.

Die **Größe des Betriebsrates** ist abhängig von der Zahl der wahlberechtigten Arbeitnehmer.

Der Betriebsrat besteht in Betrieben von	in der Regel aus
5 bis 20 Arbeitnehmern	einem Mitglied
21 bis 50 Arbeitnehmern	3 Mitgliedern
51 bis 100 Arbeitnehmern	5 Mitgliedern
101 bis 200 Arbeitnehmern	7 Mitgliedern
201 bis 400 Arbeitnehmern	9 Mitgliedern
401 bis 700 Arbeitnehmern	11 Mitgliedern usw.
701 bis 1000 Arbeitnehmern	13 Mitgliedern
1001 bis 1500 Arbeitnehmern	15 Mitgliedern usw.

Ablaufschema für Betriebsratswahlen

Die regelmäßigen Betriebsratswahlen finden alle **vier Jahre** in der Zeit vom 1. März bis 31. März statt. Außerhalb dieser Zeit wird gewählt, wenn z. B. im Betrieb noch kein Betriebsrat besteht oder der Betriebsrat mit der Mehrheit seiner Mitglieder seinen Rücktritt erklärt.
Die Wahlen erfolgen nach den im Kasten rechts beschriebenen Schritten (→ S. 265).

Die Stellung der Betriebsratsmitglieder

Die Mitglieder des Betriebsrates führen ihr Amt unentgeltlich als Ehrenamt. Der Betriebsrat kann während der Arbeitszeit Sprechstunden einrichten und Betriebsratssitzungen durchführen. Das Arbeitsentgelt wird in dieser Zeit weitergezahlt und die durch die Tätigkeit des Betriebsrates entstandenen Kosten trägt der Arbeitgeber. In Betrieben ab 200 Arbeitnehmern werden Betriebsratsmitglieder für ihre Betriebsrats-

Online-Link
883501-0521
- Betriebsverfassungsgesetz

Zahl freizustellender Betriebsräte:
200 bis 500 Arbeitnehmer = 1
500 bis 1000 Arbeitnehmer = 2
1001 bis 1500 Arbeitnehmer = 3
1501 bis 2000 Arbeitnehmer = 4
usw. in Schritten zu Tausend

5.2 Als Auszubildender bzw. Mitarbeiter handeln und Mitbestimmungsmöglichkeiten wahrnehmen

Ablaufschema einer Betriebsratswahl (BetrVG §§ 14–18)	
Normales Wahlverfahren → 1.–7.	
1. Bestellung des Wahlvorstands	Gibt es einen Betriebsrat, bestellt dieser den Wahlvorstand. Besteht kein Betriebsrat, wird der Wahlvorstand in einer Betriebsversammlung gewählt.
2. Erstellen einer Wählerliste	Verzeichnis der Personen, die wählen und gewählt werden dürfen.
3. Erlass des Wahlausschreibens	Im Wahlausschreiben werden die Arbeitnehmer des Betriebes über den Wahlablauf informiert (u. a. über Zeitpunkt und Ort der Stimmabgabe, Größe und Zusammensetzung des Betriebsrates).
4. Entgegennahme von Wahlvorschlägen	Die Wahlvorschläge müssen von mindestens einem Zwanzigstel, nicht weniger aber als drei wahlberechtigten Arbeitnehmern unterzeichnet sein. In Betrieben mit bis zu 20 wahlberechtigten Arbeitnehmern genügt die Unterzeichnung durch zwei Arbeitnehmer.
5. Erstellen der Wahlunterlagen: Verhältnis- oder Mehrheitswahl	Von Mehrheitswahl (Persönlichkeitswahl) spricht man, wenn die wahlberechtigten Arbeitnehmer mit ihrer Stimme einen Namen ankreuzen können (es dürfen so viele Bewerber angekreuzt werden, wie Betriebsratsmitglieder zu wählen sind). Von Verhältniswahl (Listenwahl) spricht man, wenn die wahlberechtigten Arbeitnehmer nur eine Vorschlagsliste als Ganzes ankreuzen können.
6. Durchführung der Wahl	Der Wahlvorstand hat die Wahlen durchzuführen, das Wahlergebnis bekannt zu machen und die neu gewählten Betriebsratsmitglieder zur ersten Sitzung einzuladen.
7. Wahl der Vorsitzenden, Bildung von Ausschüssen	Hat der Betriebsrat neun oder mehr Mitglieder, bildet er einen Betriebsausschuss, der die laufenden Geschäfte führt. In Betrieben mit mehr als 100 Arbeitnehmern werden vom Betriebsrat Ausschüsse und Arbeitsgruppen gebildet. Sie sollen bestimmte Aufgaben übernehmen und die Unternehmensleitung beraten (Wirtschaftsausschuss).
Vereinfachtes Verfahren	Bei Kleinbetrieben mit fünf bis 50 Arbeitnehmern wird nach dem vereinfachten Wahlverfahren gewählt. Bei Unternehmen zwischen 51–100 Arbeitnehmern kann das vereinfachte Wahlverfahren angewendet werden. Die Wahl des Betriebsrates erfolgt in zwei Stufen. Auf der ersten Wahlversammlung wird der Wahlvorstand gewählt. Eine Woche später wird auf einer zweiten Wahlversammlung der neue Betriebsrat gewählt. Die Wahl erfolgt nach den Grundsätzen der Mehrheitswahl.

tätigkeiten freigestellt. Die freigestellten Betriebsratsmitglieder dürfen wirtschaftlich nicht schlechter als vergleichbare Arbeitnehmer gestellt werden. Alle Mitglieder des Betriebsrates genießen während ihrer Amtszeit und ein Jahr nach ihrem Ausscheiden Kündigungsschutz.

Die Jugend- und Auszubildendenvertretung (JAV)

Damit die besonderen Interessen von Jugendlichen und Auszubildenden berücksichtigt werden, sieht das Betriebsverfassungsgesetz zusätzlich zum Betriebsrat eine Jugend- und Auszubildendenvertretung vor. Maßnahmen und Anregungen der JAV können nur über den Betriebsrat beim Arbeitgeber beantragt werden.
Zu den Betriebsratssitzungen kann ein Vertreter entsandt werden; Stimmrecht hat die JAV aber nur bei Beschlüssen, die überwiegend die Jugendlichen bzw. Auszubildenden betreffen. Die Jugendvertreter genießen ebenfalls Kündigungsschutz. Für Auszubildende besteht nach Ende der Ausbildung Anspruch auf Weiterbeschäftigung.

Die Jugend- und Auszubildendenvertretung (JAV)	
Voraussetzungen	Mindestens fünf Beschäftigte unter 18 Jahren oder Auszubildende unter 25 Jahren gehören zur Belegschaft.
Wahl	Wahlberechtigt sind alle oben genannten Beschäftigten. Wählbar sind alle Beschäftigten unter 25 Jahren (außer Betriebsratsmitglieder). Alle Bereiche des Betriebs, alle Ausbildungsberufe, Männer und Frauen sollen vertreten sein.
Zahl der Vertreter	Bei 5 bis 20 Wahlberechtigten wird ein Vertreter, bei 21 bis 50 werden drei Vertreter gewählt usw..
Amtszeit	Die Amtszeit beträgt zwei Jahre.

WAHLEN NACH DEM BETRIEBSVERFASSUNGSGESETZ

DIE INTERESSENVERTRETUNG DER ARBEITNEHMER IM UNTERNEHMEN

Betriebsrat

Wahl
Voraussetzungen:
fünf Arbeitnehmer, davon drei wählbar

Wahlverfahren und Größe des Betriebsrates sind abhängig von der Zahl der Arbeitnehmer

Stellung der Betriebsräte
- ehrenamtlich
- Kündigungsschutz
- evtl. Freistellung

Jugend- und Auszubildendenvertretung

Wahl
Voraussetzungen:
fünf Beschäftigte unter 18 oder Auszubildende unter 25 Jahren

Größe abhängig von der Zahl der Wahlberechtigten

Stellung der Vertreter
- ehrenamtlich
- Kündigungsschutz
- Weiterbeschäftigungsgarantie

Übungsaufgaben

1. In einem Unternehmen sind 120 Arbeitnehmer beschäftigt, 74 Frauen und 46 Männer. Bestimmen Sie die Zahl der zu wählenden Betriebsratsmitglieder. Notieren Sie, wie sich der Betriebsrat zusammensetzt.

2. Ermitteln Sie die Zahl der Jugendlichen und Auszubildenden in Ihrem Ausbildungsbetrieb, die eine Jugend- und Auszubildendenvertretung wählen dürfen, sowie die Zahl der zu wählenden Vertreter.

3. Die Amtszeit der Jugend- und Auszubildendenvertretung beträgt nur zwei Jahre und nicht wie beim Betriebsrat vier Jahre. Begründen Sie diese Regelung.

4. Es soll zum ersten Mal ein Betriebsrat gewählt werden. Begründen Sie, warum es sinnvoll sein kann, die Unterstützung der für diesen Betrieb zuständigen Gewerkschaft in Anspruch zu nehmen.

5. Finden Sie Argumente, warum die Wahl eines Betriebsrates und einer Jugend- und Auszubildendenvertretung für die Beschäftigten eines Betriebes wichtig sein kann.

6. Bewerten Sie die Möglichkeiten der Jugend- und Auszubildendenvertretung, selbstständig ihre Interessen gegenüber der Geschäftsleitung durchzusetzen.

Die Handlungsmöglichkeiten des Betriebsrates bestimmen

LERNSITUATION

Der neue Betriebsratsvorsitzende Jansen im Gespräch mit Geschäftsführer Baier.

Jansen: Frau Rose war gerade bei mir. Sie war sehr verärgert, weil Sie ihren Urlaubsantrag für die ersten drei Ferienwochen abgelehnt haben. Sie wissen doch, dass sie zwei schulpflichtige Kinder hat und die Urlaubszeit mit ihrem Mann abstimmen muss.

Baier: Ja, ich weiß, aber was soll ich tun? Frau Rose war mit ihrem Antrag einfach später als die anderen. Bei wem soll ich die Zusage wieder rückgängig machen? Außerdem haben die meisten ihre Urlaubsreise schon gebucht.

Jansen: Wir haben doch erst Februar. Und es kann nicht angehen, dass die Urlaubszeiten nach dem Prinzip vergeben werden: Wer zuerst kommt, mahlt zuerst!

Baier: Also, Herr Jansen, mir ist es eigentlich gleich, wer wann Urlaub macht. Die Hauptsache ist, es sind genügend Mitarbeiter während der Ferienzeit anwesend, damit der betriebliche Ablauf nicht gestört wird. Mir wäre auch daran gelegen, für den Betrieb allgemeine Urlaubsgrundsätze aufzustellen. Dazu möchte ich gerne die Vorstellungen des neuen Betriebsrates kennenlernen.

Vielleicht kommt Mama im nächsten Jahr mit!

Arbeitsauftrag

1. Entwickeln Sie Urlaubsgrundsätze für eine Betriebsvereinbarung. Dabei sollten Sie folgende Gesichtspunkte berücksichtigen:
Anmeldung des Urlaubs (Urlaubslisten), nachträgliche Änderungen, Vorrang sozialer Gesichtspunkte (z. B. Lebensalter, Betriebszugehörigkeit, Anzahl und Alter der schulpflichtigen Kinder), betriebliche Interessen, Stellung der Auszubildenden

2. Überprüfen Sie die rechtlichen Möglichkeiten des Betriebsrates, die ausgearbeiteten Grundsätze in einer Betriebsvereinbarung durchzusetzen.

3. Muss Herr Baier Frau Roses Urlaubsantrag doch noch zustimmen?

Online-Link
883501-0522

- *Betriebsverfassungsgesetz*
- *Betriebsrat*

Die Aufgaben des Betriebsrates

Die Betriebsräte sind ein wichtiges Organ der betrieblichen Mitbestimmung. Sie wirken an vielen Unternehmensentscheidungen mit und tragen dazu bei, dass die getroffenen Maßnahmen von den Mitarbeitern mitgetragen werden. Der Betriebsrat hat folgende Aufgaben:
- darüber zu wachen, dass die zugunsten der Arbeitnehmer geltenden Gesetze, Verordnungen, Unfallverhütungsvorschriften, Tarifverträge und Betriebsvereinbarungen beachtet werden,
- Maßnahmen beim Arbeitgeber zu beantragen, die dem Betrieb und der Belegschaft dienen,
- Anregungen von Arbeitnehmern und der Jugendvertretung entgegenzunehmen und, falls sie berechtigt erscheinen, mit dem Arbeitgeber zu verhandeln,
- die Eingliederung Schwerbehinderter und sonstiger besonders schutzbedürftiger Personen zu fördern,
- die Wahl einer Jugendvertretung vorzubereiten und durchzuführen,
- die Beschäftigung älterer Arbeitnehmer im Betrieb zu fördern,
- die Eingliederung ausländischer Arbeitnehmer im Betrieb und das Verständnis zwischen ihnen und den deutschen Arbeitnehmern zu fördern.

Betriebsversammlungen einberufen

Eine wichtige Aufgabe des Betriebsrates ist es, vierteljährlich eine Betriebsversammlung einzuberufen. In diesen ordentlichen Betriebsversammlungen muss er einen Tätigkeitsbericht vorlegen. Einmal im Jahr muss der Arbeitgeber über das Personal- und Sozialwesen sowie die wirtschaftliche Lage und Entwicklung des Unternehmens informieren.

Darüber hinaus können auch außerordentliche Betriebsversammlungen stattfinden. Der Betriebsrat ist verpflichtet, sie einzuberufen, wenn ein bestimmter Anlass vorliegt bzw. ein Viertel der Arbeitnehmer oder der Arbeitgeber dies wünscht. Anlässe für eine außerordentliche Betriebsversammlung sind z. B. Einführung von Kurzarbeit oder eine Betriebsverlagerung.

Die Beteiligungsrechte des Betriebsrates

Betriebsrat und Arbeitgeber können Betriebsvereinbarungen beschließen und schriftlich niederlegen. Die Vereinbarungen sind für beide Seiten verbindlich. Im Rahmen des Betriebsverfassungsgesetzes werden dem Betriebsrat in sozialen, personellen und wirtschaftlichen Angelegenheiten unterschiedliche Handlungsmöglichkeiten zugestanden. Danach lassen sich grundsätzlich drei abgestufte Beteiligungsrechte unterscheiden:
- echte (erzwingbare) Mitbestimmungsrechte,
- Anhörungs- und Vetorechte,
- Unterrichtungs- und Beratungsrechte.

Bei **echten (erzwingbaren) Mitbestimmungsrechten** kann sowohl der Betriebsrat als auch der Arbeitgeber Vorschläge machen, über die sie am Ende gemeinsam entscheiden. Kommt keine Einigung zustande, so wird die Angelegenheit einer **Einigungsstelle** vorgelegt, die dann eine verbindliche Entscheidung trifft. Der Betriebsrat kann mitbestimmen, soweit noch keine gesetzliche oder tarifliche Regelung besteht. Dazu zählen u.a.:
- Fragen der Ordnung des Betriebs und des Verhaltens der Arbeitnehmer im Betrieb (Betriebsordnung),
- Beginn und Ende der täglichen Arbeitszeit einschließlich der Pausen, Verteilung der Arbeitszeit auf die Wochentage,

5.2 Als Auszubildender bzw. Mitarbeiter handeln und Mitbestimmungsmöglichkeiten wahrnehmen

- vorübergehende Verkürzung oder Verlängerung der betriebsüblichen Arbeitszeit (Überstunden),
- Zeit, Ort und Auszahlung der Arbeitsentgelte,
- Aufstellung allgemeiner Urlaubsgrundsätze und des Urlaubsplans,
- Regelungen über die Verhütung von Arbeitsunfällen und Berufskrankheiten,
- Zuweisung und Kündigung von Wohnräumen (Werkswohnungen),
- Festsetzung der Akkord- und Prämiensätze und vergleichbarer leistungsbezogener Entgelte, einschließlich der Geldfaktoren,
- Grundsätze über das betriebliche Vorschlagswesen,
- Grundsätze für die Durchführung der Gruppenarbeit,
- Aufstellung von Richtlinien, die bei Einstellungen, Versetzungen, Umgruppierungen und Kündigungen gelten.

Zu den Beteiligungsrechten des Betriebsrates gehört auch das **Anhörungs- und Vetorecht**. So kann der Betriebsrat bei personellen Einzelmaßnahmen (Einstellung, Versetzung, Umgruppierung, Eingruppierung) unter bestimmten Voraussetzungen widersprechen. Dies hat zur Folge, dass der Arbeitgeber sich an das Arbeitsgericht wenden muss, um die Zustimmung des Betriebsrates ersetzen zu lassen. Das Vetorecht gilt beispielsweise, wenn eine personelle Maßnahme gegen ein Gesetz verstößt oder wenn bei der Besetzung eines Arbeitsplatzes die erforderliche Ausschreibung unterblieben ist.

Bei einer **Kündigung** hat der Betriebsrat dagegen nur ein Anhörungsrecht. Der Arbeitgeber hat ihm die Gründe der Kündigung mitzuteilen. Eine ohne Anhörung des Betriebsrates ausgesprochene Kündigung ist unwirksam.
Der Betriebsrat kann der ordentlichen Kündigung widersprechen, wenn
- der Arbeitgeber bei der Auswahl des Arbeitnehmers soziale Gesichtspunkte nicht oder nicht ausreichend berücksichtigt hat,
- der zu kündigende Arbeitnehmer an einem anderen Arbeitsplatz im selben Betrieb weiterbeschäftigt werden kann,

- die Weiterbeschäftigung des Arbeitnehmers nach zumutbaren Umschulungs- oder Fortbildungsmaßnahmen möglich ist oder
- eine Weiterbeschäftigung des Arbeitnehmers unter geänderten Vertragsbedingungen möglich ist.

Der Widerspruch des Betriebsrates hindert den Arbeitgeber nicht an der Kündigung.

Daneben gibt es **Unterrichtungs- und Beratungsrechte**. In wirtschaftlichen Angelegenheiten hat der Arbeitgeber vor der Entscheidung den Betriebsrat zu unterrichten, sich mit ihm zu beraten oder die Meinung des Betriebsrates dazu anzuhören.
Zu diesen Angelegenheiten gehören:
- die Planung von Neu-, Um- und Erweiterungsbauten von Fabrikations-, Verwaltungs- und sonstigen betrieblichen Räumen, von technischen Anlagen, von Arbeitsverfahren und Arbeitsabläufen oder der Arbeitsplätze,
- Art und Umfang der Personalplanung,
- geplante Betriebsänderungen,
- Arbeitsschutz und betrieblicher Umweltschutz,
- Vorschläge zur Beschäftigungssicherung.

Rechte des Einzelnen

Unabhängig davon, ob ein Betriebsrat vorhanden ist, hat jeder Arbeitnehmer das Recht auf Einsicht in die Personalakte, auf Anhörung, Beratung und Information in Angelegenheiten, die ihn persönlich betreffen.

Festlegung des Urlaubs
Der Arbeitgeber hat die Wünsche des Arbeitnehmers bei der Festlegung der Urlaubstage zu berücksichtigen und kann nicht willkürlich den Urlaubszeitpunkt bestimmen. Das Recht, den Urlaubszeitpunkt nach den betrieblichen Erfordernissen zu bestimmen, steht dem Arbeitgeber aber zu.

Der Betriebsrat informiert seine Mitglieder über aktuelle Verhandlungsergebnisse

5 Interessen im Betrieb wahrnehmen

DER BETRIEBSRAT ALS INTERESSENVERTRETUNG

BETEILIGUNGSRECHTE DES BETRIEBSRATES

Echtes Mitbestimmungsrecht	Anhörungs- und Vetorecht	Unterrichtungs- und Beratungsrecht
Soziale Angelegenheiten Arbeitgeber und Arbeitnehmer entscheiden gemeinsam, evtl. Einschaltung der Einigungsstelle	**Personelle Angelegenheiten** Anhörungsrecht bei Kündigung, Widerspruchsrecht unter bestimmten Voraussetzungen	**Wirtschaftliche Angelegenheiten** Maßnahmen müssen vor der Entscheidung dem Betriebsrat mitgeteilt und mit ihm beraten werden

Übungsaufgaben

1. Entscheiden Sie in den folgenden Fällen, welche Rechte der Betriebsrat hat. Unterscheiden Sie nach
   - Unterrichtungs- und Beratungsrecht
   - Anhörungsrecht
   - Vetorecht
   - Echtes Mitbestimmungsrecht.
   a) In der Fertigungsabteilung Dreherei sollen die Prämiensätze gekürzt werden.
   b) Das Textilunternehmen Basler beabsichtigt die Errichtung eines Fertigungsbetriebes in Ungarn.
   c) Gerda Schröter soll fristgerecht zum 30. Juni 201(X) gekündigt werden.
   d) Bei der Kündigung von Dieter Breitscheid sind nach Ansicht des Betriebsrates bei der Auswahl der zu kündigenden Arbeitnehmer soziale Gesichtspunkte nicht ausreichend berücksichtigt worden.
   e) Das Bauunternehmen Hübner möchte den Beginn der täglichen Arbeitszeit von 6 Uhr auf 5 Uhr verlegen.
   f) Das Elektrounternehmen Berner will in der Fertigung Gruppenarbeit einführen.
   g) Das Unternehmen Lenz erhielt im Januar einen termingebundenen Großauftrag und beabsichtigt, im März an vier Samstagen jeweils acht Stunden arbeiten zu lassen.
   h) Die Personalabteilung hat einen Personalfragebogen ausgearbeitet.

2. Beschreiben Sie die Rechte, die der Betriebsrat im Rahmen von Personalentscheidungen hat.

3. Notieren Sie, welche Aufgabe die Einigungsstelle nach dem Betriebsverfassungsgesetz hat.

4. Beschreiben Sie die Aufgaben einer ordentlichen Betriebsversammlung.

5.3 Rechte einzeln und gemeinsam vertreten/ Interessen abwägen

Den Ablauf einer Tarifauseinandersetzung aufzeigen

LERNSITUATION

Mike: Das ist doch eure Gewerkschaft, die zum Streik aufruft! Ihr seid gut! Während andere froh sind, Arbeit zu haben, wollt ihr die Sachen hinwerfen.
Peter: Was sollen wir denn machen? Du hast doch selber gehört, dass die Arbeitgeber keinen Zentimeter von ihrem bisherigen Angebot abweichen; und das bei lächerlichen drei Prozent. Die wollen ja nicht einmal die Preissteigerungsraten des letzten Jahres ausgleichen. So einfach lassen wir uns nicht abspeisen.
Mike: Und höheren Lohn bekommt man, wenn man ein bisschen streikt?
Peter: Allerdings. Auch wenn die Arbeitgeber in dieser Zeit keinen Lohn zahlen müssen, bleibt ihnen ein Großteil der Kosten wie Zinszahlungen oder Miete.
Mike: Und wie sieht das bei dir aus, wenn du keinen Lohn erhältst? Werden dir für diese Zeit die Zinsen für dein neues Auto von der Bank erlassen? Oder verzichtet dein Vermieter etwa auf die Mietzahlungen?
Peter: Ich weiß, einfach fällt mir das auch nicht. Außerdem ist es ja noch nicht so weit. Erst mal müssen 75 Prozent der Mitglieder in der Urabstimmung für Streik stimmen. Und selbst wenn es zum Streik kommt – früher oder später muss eine Einigung her!

Arbeitsauftrag

Wie es für Peter und seine Gewerkschaft bei dem Tarifkonflikt weitergeht, hängt von vielen Faktoren ab. Zeigen Sie diese Faktoren auf. Dabei helfen Ihnen die folgenden Fragen:
1. Welche Voraussetzungen sollten vorliegen, damit eine Gewerkschaft von einer guten Verhandlungsposition sprechen kann?
2. Über welche Instrumente verfügen Arbeitgeber, um auf Maßnahmen der Gewerkschaften reagieren zu können?
3. Warum wird/**muss** es am Ende des Tarifstreits zu einer Einigung kommen?

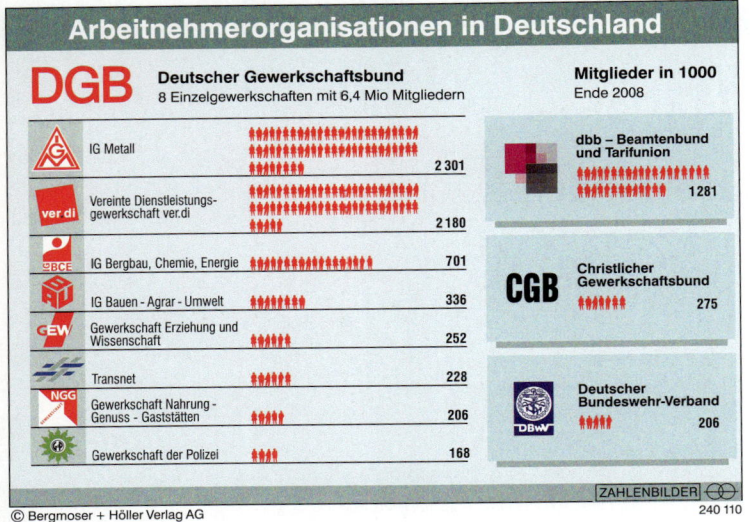

5.3 Rechte einzeln und gemeinsam vertreten/Interessen abwägen

Arbeitnehmerorganisationen in Deutschland

DGB – Deutscher Gewerkschaftsbund
8 Einzelgewerkschaften mit 6,4 Mio Mitgliedern

Mitglieder in 1000, Ende 2008:

Gewerkschaft	Mitglieder
IG Metall	2301
Vereinte Dienstleistungsgewerkschaft ver.di	2180
IG Bergbau, Chemie, Energie	701
IG Bauen - Agrar - Umwelt	336
Gewerkschaft Erziehung und Wissenschaft	252
Transnet	228
Gewerkschaft Nahrung - Genuss - Gaststätten	206
Gewerkschaft der Polizei	168
dbb – Beamtenbund und Tarifunion	1281
CGB – Christlicher Gewerkschaftsbund	275
Deutscher Bundeswehr-Verband	206

© Bergmoser + Höller Verlag AG — ZAHLENBILDER 240 110

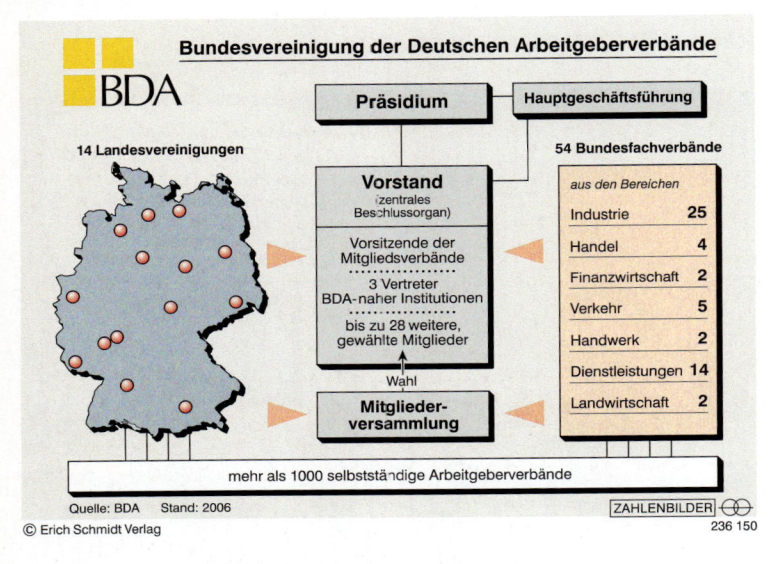

Bundesvereinigung der Deutschen Arbeitgeberverbände (BDA)

- 14 Landesvereinigungen
- Präsidium
- Hauptgeschäftsführung
- Vorstand (zentrales Beschlussorgan): Vorsitzende der Mitgliedsverbände, 3 Vertreter BDA-naher Institutionen, bis zu 28 weitere, gewählte Mitglieder
- Wahl → Mitgliederversammlung
- 54 Bundesfachverbände aus den Bereichen:

Bereich	Anzahl
Industrie	25
Handel	4
Finanzwirtschaft	2
Verkehr	5
Handwerk	2
Dienstleistungen	14
Landwirtschaft	2

mehr als 1000 selbstständige Arbeitgeberverbände

Quelle: BDA Stand: 2006 © Erich Schmidt Verlag — ZAHLENBILDER 236 150

Arbeitgeberverbände/einzelne Arbeitgeber ⟷ Gewerkschaften

verhandeln selbstständig (autonom) → **Tarifvertrag**

Funktionen von Tarifverträgen

Tarifverträge haben folgende Aufgaben:

- **Schutzfunktion**: Der einzelne Arbeitnehmer soll davor geschützt werden, dass der wirtschaftlich stärkere Arbeitgeber die Arbeitsbedingungen einseitig festlegt.
- **Ordnungsfunktion**: Alle Arbeitsverträge, die von dem Tarifvertrag erfasst sind, werden gleichartig behandelt.
- **Richtlinienfunktion**: Es werden klare Regelungen für die Rechte und Pflichten von Gewerkschaften und Arbeitgeberverbänden getroffen.
- **Friedensfunktion**: Für die Gültigkeitsdauer (Laufzeit) des Tarifvertrags verpflichten sich die Tarifvertragsparteien zur Friedenspflicht, d.h., Kampfmaßnahmen (Streik, Aussperrung) müssen unterbleiben. Verletzt ein Vertragspartner diese Pflicht, so kann er zum Schadenersatz herangezogen werden.

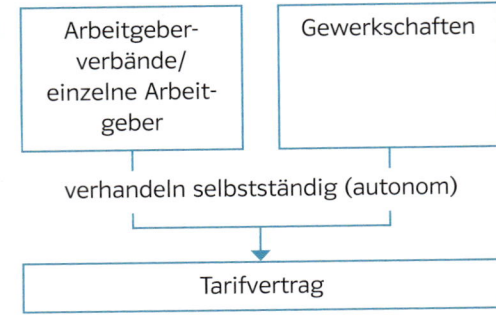

Online-Link
883501-0531
- Tarifpartner
- Tarifvertrag

Geltungsbereich des Tarifvertrages → S. 257

Tarifpartner und Tarifautonomie

Tarifverträge werden zwischen Arbeitgebern (z. B. VW) bzw. Arbeitgeberverbänden (z. B. Arbeitgeberverband Metall) und den Gewerkschaften als Arbeitnehmervertreter (z. B. IG Metall) abgeschlossen.
In der Bundesrepublik garantiert das Grundgesetz den Tarifvertragsparteien/Sozialpartnern (Arbeitgeberverbände und Gewerkschaften) das Recht auf **Tarifautonomie** (GG Art. 9, Abs. 3). Tarifautonomie heißt, dass die Tarifpartner ohne Einmischung des Staates die Tarifverträge frei aushandeln dürfen.

Arten von Tarifverträgen

Tarifverträge unterscheidet man in drei unterschiedliche Arten:

- **Lohn- und Gehaltstarifverträge** enthalten die Lohnsätze sowie Zu- und Abschläge, die für die einzelnen Lohn- und Gehaltsgruppen zu zahlen sind. Das gesamte Tarifgefüge wird dabei von einem **Ecklohn** bestimmt. Der Ecklohn ist der für einen 21 Jahre alten Facharbeiter festgesetzte Normallohn, aus dem sich durch prozentuale Zu- und Abschläge die Tariflöhne für andere Lohngruppen berechnen.

5.3 Rechte einzeln und gemeinsam vertreten/Interessen abwägen

Rechtswirkungen der Tarifverträge auf

einzelne Arbeitnehmer und Arbeitgeber	Tarifvertragsparteien
Sie erhalten Normen, die z. B. Arbeitsverträge regeln: • Inhalt (z. B. Lohn, Urlaub) • Abschluss (z. B. Schriftform des Arbeitsvertrags) • Beendigung (z. B. Kündigungsregelungen)	Sie sind gebunden an: • Tariferfüllungspflicht (Einhaltung vereinbarter Verpflichtungen) • Friedenspflicht

- **Manteltarifverträge** legen die allgemeinen Arbeitsbedingungen fest. Dazu zählen Arbeitszeit (z. B. 35-Stunden-Woche), Urlaub, Kündigungsfristen, Rationalisierungsschutz, Überstundenzuschläge usw.
- **Rahmentarifverträge** regeln z. B. die Festlegung von Lohn- und Gehaltsgruppen sowie die Zuordnung bestimmter Tätigkeiten und Merkmale dieser Gruppen. Die Laufzeiten dieser Vereinbarungen betragen meist mehrere Jahre.

Interessengegensätze und Tarifverhandlungen

Die Tarifvertragsparteien gehen mit unterschiedlichen Interessen in die Tarifauseinandersetzung. Dabei muss grundsätzlich die Bereitschaft zum Abschluss eines Tarifvertrags vorliegen.

mögliche Interessen der Gewerkschaftsvertreter	mögliche Interessen der Arbeitgebervertreter
• Arbeitsplatzsicherung • Lohn- und Gehaltserhöhung • humane Arbeitsbedingungen	• Sicherung der Wettbewerbsfähigkeit • an der Produktivität orientierte Lohnabschlüsse • Gewinnsteigerung

Die Gewerkschaften gehen bei der Höhe ihrer Lohn- und Gehaltsforderungen von verschiedenen Aspekten aus. Zum einen sollen zumindest die Preissteigerungsraten für Güter des täglichen Bedarfs (Inflationsausgleich) ausgeglichen werden. Zum anderen sollen die Arbeitnehmer aber auch an der Produktivitätssteigerung und an den Gewinnsteigerungen des Unternehmens teilhaben. Dabei ist jedoch auch die zukünftige wirtschaftliche Lage des Unternehmens zu berücksichtigen.

Inwieweit die Forderungen durchsetzbar sind, hängt u. a. ab
- von dem Organisationsgrad, d. h., wie viele Arbeitnehmer in einem Unternehmen gewerkschaftlich organisiert sind,
- davon, wie gut die Streikkassen der Gewerkschaften gefüllt sind, um einen längeren Arbeitskampf finanziell durchstehen zu können,
- von der Auftragslage der Unternehmen.

Ablauf von Tarifverhandlungen

Nach Ablauf und Kündigung des Tarifvertrags versuchen die von den Tarifpartnern bestimmten Verhandlungskommissionen, einen neuen Vertrag auszuhandeln.
Kommt es zu keiner Einigung, wird die **Schlichtung** eingeleitet. Die Schlichtungskommission wird von einer unabhängigen, von beiden Seiten anerkannten Persönlichkeit geleitet. Während dieser Zeit kann es bereits zu Warnstreiks kommen. Kommt eine Einigung zustande, mündet sie in einen neuen Tarifvertrag. Bei einem Scheitern folgt der Arbeitskampf.

Spielregeln für den Arbeitskampf

- Tarifverhandlungen Gewerkschaften – Arbeitgeber (oft begleitet von Warnstreiks)
- Erklärung des Scheiterns
- Schlichtungsverfahren möglich*
- Erklärung des Scheiterns (Ende der Friedenspflicht)
- Urabstimmung der Gewerkschaftsmitglieder über Streik
- STREIK
- Gegenmaßnahme der Arbeitgeber: Aussperrung**
- Neue Verhandlungen
- Urabstimmung über Ergebnis; Streik-Ende
- Neuer Tarifvertrag

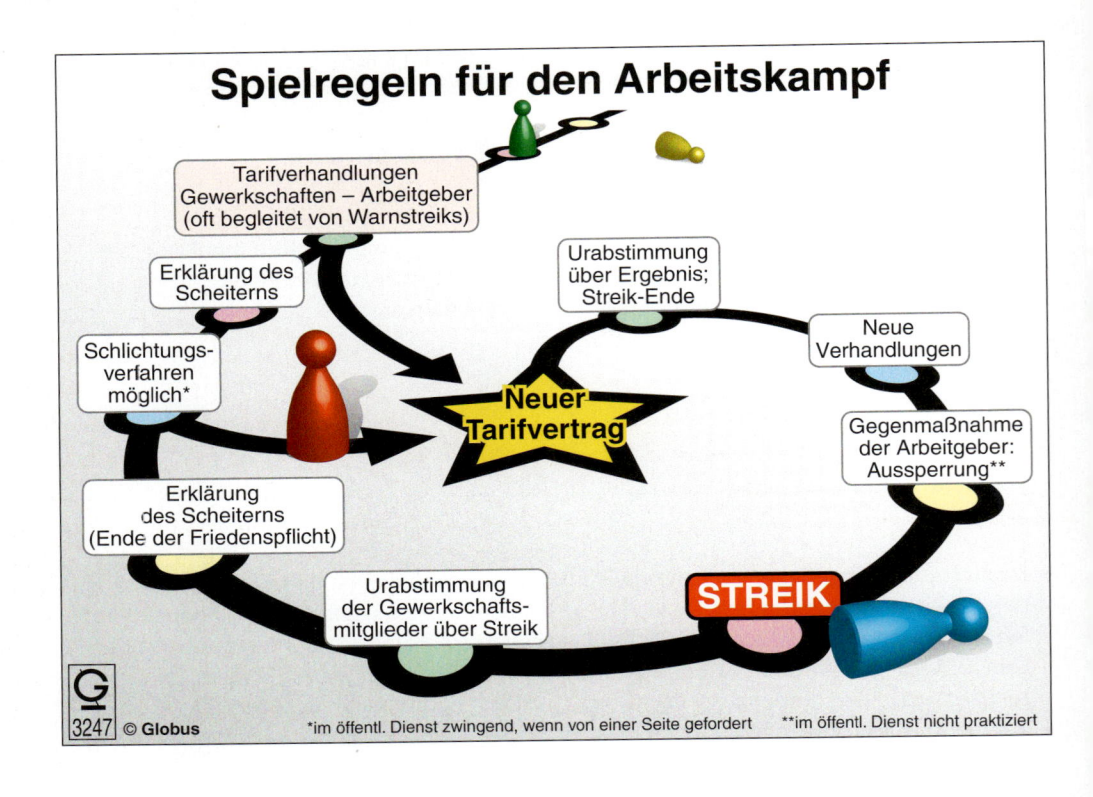

*im öffentl. Dienst zwingend, wenn von einer Seite gefordert **im öffentl. Dienst nicht praktiziert

© Globus 3247

Mittel des Arbeitskampfes

Warnstreik
Zeitlich begrenzte Arbeitsniederlegung

Um ihren Forderungen Nachdruck zu verleihen, setzen die Gewerkschaften das Mittel des **Streiks** (planmäßig durchgeführte Arbeitsniederlegung) ein. Zur Durchführung des Streiks müssen die vom Tarifvertrag betroffenen Gewerkschaftsmitglieder darüber abstimmen (**Urabstimmung**), ob Arbeitskampfmaßnahmen zur Erreichung des Ziels eingesetzt werden sollen. Dabei ist eine Zustimmung von in der Regel 75 Prozent und mehr erforderlich. Während der Dauer des Streiks, an dem alle betroffenen Arbeitnehmer teilnehmen dürfen, erhalten die Gewerkschaftsmitglieder Streikgelder.

Den Arbeitgebern steht als Gegenmittel die **Aussperrung** zur Verfügung. Die Aussperrung bedeutet den Ausschluss der Arbeitnehmer von ihrem Arbeitsplatz und die damit verbundene Einstellung der Lohnzahlung. Die Aussperrung darf jedoch die Verhältnismäßigkeit der Mittel nicht überschreiten, d. h., die Zahl der ausgesperrten Arbeitnehmer sollte im Verhältnis zu der Anzahl der Streikenden stehen. Damit soll das Gleichgewicht der Arbeitskampfmittel auf beiden Seiten gewahrt bleiben.

Während der Zeit des Arbeitskampfes finden weitere Verhandlungen und Schlichtungsversuche statt. Kommen die Tarifkommissionen zu einer Einigung, müssen die Gewerkschaftsmitglieder in einer erneuten Urabstimmung dem Tarifvertrag zustimmen (mindestens 25 Prozent).

Mitarbeiter kämpfen für eine Lohnerhöhung

TARIFVERTRAGSRECHT

TARIFVERTRAG

Aufgaben/Funktionen
- Schutzfunktion
- Ordnungsfunktion
- Richtlinienfunktion
- Friedenspflicht

Zustandekommen
- durch Tarifvertragsparteien
- ohne staatlichen Einfluss (Tarifautonomie)

Arten
- Lohn- und Gehaltstarifvertrag
- Manteltarifvertrag
- Rahmentarifvertrag

Ziele von Arbeitnehmern
- Arbeitsplatzsicherung
- hoher Lohnabschluss

Ablauf von Tarifverhandlungen
- nach Kündigung des Tarifvertrags: Verhandlung bzw. Schlichtung
- neuer Tarifvertrag oder Arbeitskampf: Streik (nach Urabstimmung, wenn 75 Prozent d. AN dafür sind), Gegenmaßnahme: Aussperrung
- Einigung nach Arbeitskampf und erneuter Urabstimmung (25 Prozent und mehr AN sind für neuen Tarifvertrag)

Ziele von Arbeitgebern
- geringe Lohnerhöhung
- mehr Gewinn
- höhere Flexibilität bei betrieblichen Entscheidungen (z. B. Kündigungen)

Übungsaufgaben

1. **Das Grundgesetz (Art. 9) garantiert den Tarifvertragsparteien die Tarifautonomie.**
   a) Was versteht man unter Tarifautonomie?
   b) Wer kann Vertragspartner von Tarifverträgen sein?
   c) Worin unterscheiden sich die Tarifvertragsarten?
   d) Welche Verpflichtungen ergeben sich für die Tarifvertragsparteien aus dem Tarifvertrag?

2. **Erläutern Sie die folgenden Begriffe im Rahmen einer Tarifauseinandersetzung:**
   a) Schlichtung
   b) Urabstimmung
   c) Aussperrung.

3. **In den Jahren 2000 bis 2007 streikten in Deutschland von 1000 Beschäftigten durchschnittlich vier Arbeitnehmer.**
   a) Welche Voraussetzungen müssen vorliegen, damit ein Streik ausgerufen werden kann?
   b) Beschreiben Sie die wirtschaftlichen Folgen eines Streiks für Unternehmen, Gewerkschaften und Arbeitnehmer.
   c) Versuchen Sie, die geringe Anzahl von Streiktagen in Deutschland im Vergleich zu anderen europäischen Ländern zu erklären.

Gegen eine Kündigung vor dem Arbeitsgericht klagen

LERNSITUATION

Die Geschäftsleitung der Türenfabrik Lansing informiert am 25. Mai den Betriebsrat über die beabsichtigte Kündigung des Berufskraftfahrers Martin Visse. Begründet wird die Maßnahme damit, dass die notwendigen Transporte in Zukunft aus Kostengründen von einer Fremdfirma übernommen werden sollen. Als der Betriebsrat Martin Visse von der beabsichtigten Kündigung in Kenntnis setzt, weist dieser darauf hin, dass in Zeitungsanzeigen ein neuer Mitarbeiter für das Lager gesucht wird. Um die notwendigen beruflichen Qualifikationen zu erwerben, ist er bereit, an Umschulungs- und Fortbildungsmaßnahmen teilzunehmen.
Am 27. Mai teilt der Betriebsrat der Geschäftsleitung schriftlich mit, dass man der beabsichtigten Kündigung aus den oben genannten Gründen widerspricht. Der Arbeitgeber lehnt dennoch die Weiterbeschäftigung ab und kündigt das Arbeitsverhältnis fristgerecht zum 30. Juni des Jahres. Herr Visse akzeptiert die Kündigung nicht und will vor dem Arbeitsgericht klagen. Dazu trifft er sich mit einem Vertreter seiner Gewerkschaft. Von ihm erhofft er sich Informationen über sein weiteres Vorgehen.

Arbeitsauftrag

Unterstützen Sie Martin Visse bei seiner Klage gegen die Kündigung vor dem Arbeitsgericht.
1. Formulieren Sie eine Begründung für die Klageerhebung vor dem Arbeitsgericht.
2. Klären Sie darüber hinaus die folgenden Fragen:
   - Welche Frist ist beim Einreichen der Kündigungsschutzklage einzuhalten?
   - Von wem kann sich Martin Visse vor Gericht vertreten lassen?
   - Besteht das Arbeitsverhältnis nach dem 30. Juni weiter, wenn die Entscheidung des Arbeitsgerichts erst zu einem späteren Zeitpunkt fällt?
3. Bewerten Sie die Erfolgsaussichten der Klage vor dem Arbeitsgericht.

Beendigung des Arbeitsverhältnisses

Während der Arbeitsvertrag durch die Zustimmung beider Partner zustande kommt, geht die Kündigung nur von einer Seite aus. Dies gilt nur für unbefristete Arbeitsverträge; befristete Verträge enden automatisch. Die Schriftform ist vorgeschrieben. Damit die andere Seite Zeit hat, sich auf die veränderte Lage einzustellen, schreibt der Staat bei einer **ordentlichen Kündigung** eine gesetzliche **Kündigungsfrist** von mindestens vier Wochen zum 15. oder Ende des Monats vor. Bei längerer Betriebszugehörigkeit verlängert sich die Kündigungsfrist des Arbeitgebers (auf bis zu sieben Monate). Eine vertragliche Verkürzung dieser Fristen ist gesetzlich nicht erlaubt. In vielen Tarifverträgen bzw. Betriebsvereinbarungen werden längere Kündigungsfristen vereinbart.

Bei einer Kündigung während der Probezeit gilt für beide Parteien die kürzere gesetzliche Kündigungsfrist von zwei Wochen.

Kündigungsschutzfristen nach BGB § 622	
Betriebszugehörigkeit	Kündigungsfrist
unter 2 Jahren	4 Wochen zum 15. oder Monatsende
ab 2 Jahren	1 Monat zum Monatsende
ab 5 Jahren	2 Monate zum Monatsende
ab 8 Jahren	3 Monate zum Monatsende
ab 10 Jahren	4 Monate zum Monatsende
ab 12 Jahren	5 Monate zum Monatsende
ab 15 Jahren	6 Monate zum Monatsende
ab 20 Jahren	7 Monate zum Monatsende

Anders ist es bei **fristlosen Kündigungen**. Diese setzen ein Fehlverhalten der anderen Vertragsseite voraus, das so schwerwiegend ist, dass eine Fortsetzung des Arbeitsverhältnisses nicht mehr zumutbar ist, z. B. wenn ein Mitarbeiter gestohlen hat oder der Arbeitspflicht nicht nachkommt.

Eine Beendigung des Arbeitsverhältnisses kann auch im beiderseitigen Einvernehmen erfolgen. Arbeitgeber und Arbeitnehmer können ohne Einhaltung der Kündigungsfristen das Vertragsverhältnis auflösen.

Eine dritte Form der Kündigung ist die **Änderungskündigung**. In diesem Fall kündigt der Arbeitgeber das Arbeitsverhältnis und bietet dem Arbeitnehmer gleichzeitig die Fortführung des Arbeitsverhältnisses zu geänderten Bedingungen an.

Beispiel: Einem Berufskraftfahrer wird gekündigt und gleichzeitig eine Arbeitsstelle im Lager gegen geringere Bezahlung angeboten.

Der Betriebsrat ist vor jeder Kündigung zu hören. Eine ohne Anhörung des Betriebsrates ausgesprochene Kündigung ist unwirksam (Betriebsverfassungsgesetz § 102).

Das war's – Gründe für die Beendigung des letzten Arbeitsverhältnisses in %

- selbst gekündigt: 35
- Kündigung durch Arbeitgeber: 28
- Ruhestand, Berufsunfähigkeit u. a.: 16
- Vertrag war befristet: 11
- Aufhebungsvertrag: 6
- Ende der Ausbildung: 4

Quelle: IAB, Durchschnitt 2000 bis 2003

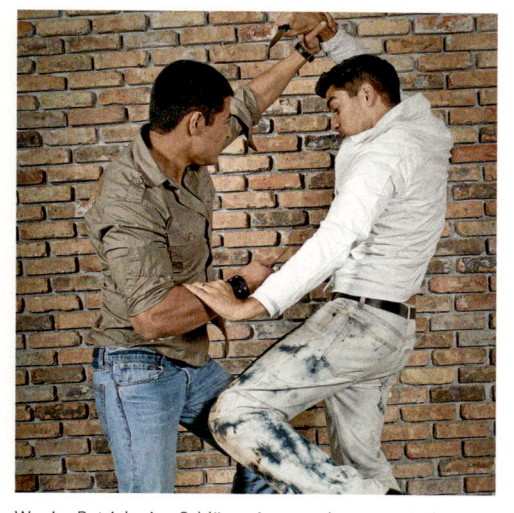

Wer im Betrieb eine Schlägerei anzettelt, muss mit der Kündigung rechnen.

Online-Link
883501-0532
- *Kündigungsschutzgesetz*
- *Arbeitsgerichtsbarkeit*

Kündigungsschutzfristen *nach BGB § 622*

Hat der Arbeitgeber alle Vorschriften eingehalten?

Ablauf einer Kündigung

1. Anhörung des Betriebsrates
2. Prüfung des besonderen Kündigungsschutzes
3. Anwendung des Kündigungsschutzgesetzes

Abmahnung
Eine gesetzliche Regelung der Abmahnung gibt es nicht. Der Arbeitgeber muss aber den Grundsatz der Verhältnismäßigkeit beachten. Jeder Mitarbeiter soll die Möglichkeit haben, sein Fehlverhalten zu erkennen und für die Zukunft zu korrigieren, ohne dass gleich das ganze Vertragsverhältnis gekündigt wird. Je nach der Schwere des Fehlverhaltens sind sogar mehr als eine oder zwei Abmahnungen wegen desselben Fehlverhaltens nötig, bevor gekündigt werden darf.

Mitbestimmung bei Kündigungen BetrVG § 102

Kündigungsschutz dient Arbeitnehmern

Bei der ordentlichen, fristgerechten Kündigung braucht weder der Arbeitgeber noch der Arbeitnehmer einen Grund zu nennen, um das Arbeitsverhältnis zu kündigen. Damit Arbeitnehmer nicht willkürlich vor die Tür gesetzt werden können, gibt es den Kündigungsschutz. Dieser gilt für **besondere Personengruppen**. Das sind:
- Wehrpflichtige und Ersatzdienstleistende: Sie sind unkündbar während des Wehr- und Ersatzdienstes.
- Auszubildende: Nach Ablauf der Probezeit kann nur aus einem wichtigen Grund gekündigt werden.
- Schwerbehinderte: Sie sind nur kündbar mit Zustimmung des Integrationsamts.
- Personengruppen, die laut Tarifvertrag oder Betriebsvereinbarung Kündigungsschutz genießen.
- Schwangere → S. 256
- Betriebsräte und Jugend- und Ausbildungsvertreter (→ S. 265).

Der Kündigungsschutz nach dem **Kündigungsschutzgesetz (KSchG)** gilt für Betriebe mit mehr als zehn Beschäftigten. Für Beschäftigte, die vor dem 01.04.2003 eingestellt wurden, gilt das Gesetz sogar schon bei Unternehmen mit mehr als fünf Arbeitnehmern. Ab den genannten Betriebsgrößen dürfen Mitarbeiter nach einer Betriebszugehörigkeit von mehr als sechs Monaten nur aus personen,- verhaltens- oder betriebsbedingten Gründen gekündigt werden.

- **Gründe in der Person des Arbeitnehmers** (personenbedingt): mangelnde Eignung für den Arbeitsplatz, lange Krankheit;

- **Gründe im Verhalten des Arbeitnehmers** (verhaltensbedingt): Fehlverhalten wie Störung des Betriebsfriedens, unentschuldigtes Fehlen. Dieser Kündigung muss allerdings eine **Abmahnung** vorausgehen, dabei droht der Arbeitgeber mit der Kündigung, falls der Arbeitnehmer sein Fehlverhalten fortsetzt;

- **Gründe in den Erfordernissen des Unternehmens** (betriebsbedingt): Auftragsmangel, Umstellungen in der Produktion, Betriebseinschränkungen.

Bei betriebsbedingten Kündigungen muss der Arbeitgeber begründen, warum gerade diesem Arbeitnehmer und nicht einem anderen gekündigt wurde. Dabei ist der Arbeitgeber verpflichtet, soziale Gesichtspunkte zu berücksichtigen (**Sozialauswahl**): Alter, Dauer der Betriebszugehörigkeit, Unterhaltspflichten, z. B. gegenüber der Familie, und eine Schwerbehinderung.

Die Kündigung ist auch dann **sozial ungerechtfertigt**, wenn
- die Kündigung gegen eine Richtlinie nach § 95 Betriebsverfassungsgesetz (Richtlinie über die personelle Auswahl bei Kündigungen) verstößt.
- der Arbeitnehmer an einem anderen Arbeitsplatz im selben Betrieb oder in einem anderen Betrieb des Unternehmens weiterbeschäftigt werden kann.
- die Weiterbeschäftigung des Arbeitnehmers unter geänderten Vertragsbedingungen möglich ist.
- die Weiterbeschäftigung des Arbeitnehmers nach zumutbaren Umschulungs- oder Fortbildungsmaßnahmen möglich ist.

Wenn der Betriebsrat widerspricht, muss er dies innerhalb der vorgeschriebenen Frist von einer Woche tun.

5.3 Rechte einzeln und gemeinsam vertreten/Interessen abwägen

Arbeitskonflikte vor Gericht

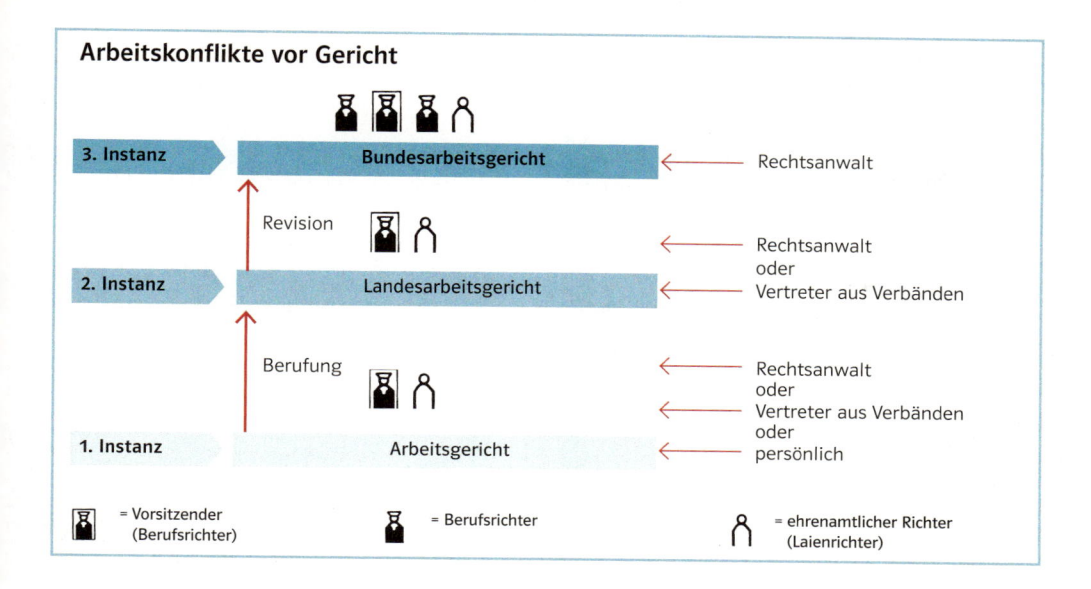

Instanz	Gericht	Vertretung
3. Instanz	Bundesarbeitsgericht	Rechtsanwalt
2. Instanz (Revision)	Landesarbeitsgericht	Rechtsanwalt oder Vertreter aus Verbänden
1. Instanz (Berufung)	Arbeitsgericht	Rechtsanwalt oder Vertreter aus Verbänden oder persönlich

Symbole: Vorsitzender (Berufsrichter), Berufsrichter, ehrenamtlicher Richter (Laienrichter)

Zuständigkeiten der Arbeitsgerichte

Die Arbeitsgerichte regeln Streitigkeiten aus
- dem Arbeitsverhältnis (Arbeitnehmer u. Arbeitgeber),
- dem Berufsausbildungsvertrag (Auszubildender und Ausbildender),
- dem Tarifvertrag (Gewerkschaften und Arbeitgeber/Arbeitgeberverband),
- dem Betriebsverfassungsgesetz (Betriebsrat und Geschäftsleitung).

Einreichung der Klage

Ein Arbeitnehmer muss innerhalb von drei Wochen nach Zugang der Kündigung Klage beim Arbeitsgericht erheben. Hält der Arbeitnehmer diese Frist nicht ein, ist die Kündigung rechtswirksam. Bei der Einreichung der Klage helfen Gewerkschaften, Anwälte und Mitarbeiter des Arbeitsgerichts.
Ob das Arbeitsverhältnis bis zur Entscheidung des Arbeitsgerichts bestehen bleibt, hängt davon ab, ob der Betriebsrat der ordentlichen Kündigung innerhalb einer Woche (der außerordentlichen Kündigung innerhalb von drei Tagen widersprochen) hat. In diesem Fall muss der Arbeitgeber den Arbeitnehmer nach Ablauf der Kündigungsfrist bis zum rechtskräftigen Abschluss des Rechtsstreits zu unveränderten Arbeitsbedingungen weiterbeschäftigen – wenn der Arbeitnehmer das möchte.

Instanzen der Arbeitsgerichtsbarkeit

Die Arbeitsgerichtsbarkeit kennt drei **Instanzen**. Die unterste Instanz ist das Arbeitsgericht. Gegen dessen Urteil kann beim Landesarbeitsgericht **Berufung** eingelegt werden. Die Revisionsinstanz ist das Bundesarbeitsgericht.

Im Berufungsverfahren werden alle Tatsachen nochmals festgestellt, geprüft und rechtlich gewürdigt. Die **Revision** überprüft die korrekte Anwendung der gesetzlichen Bestimmungen im vorliegenden Fall.

In allen Instanzen setzt sich das Gericht aus Berufsrichtern und ehrenamtlichen Richtern (mit Stimmrecht) zusammen. Die ehrenamtlichen Richter werden jeweils von den Arbeitnehmer- und Arbeitgeberorganisationen gestellt. Jeder Verhandlung vor dem Arbeitsgericht geht eine **Güteverhandlung** voraus, mit dem Ziel, die Streitigkeiten zu schlichten. In der 1. Instanz kann man sich durch Vertreter der jeweiligen Verbände (Rechtsvertretung) vertreten lassen, z. B. durch die Gewerkschaft.

In der 1. Instanz trägt jede Partei, unabhängig vom Ausgang der Klage, ihre eigenen Anwaltskosten. Bei einem Vergleich fallen keine Gerichtskosten an. Entscheidet ein Richter den Rechtsstreit, muss die unterlegene Partei die Gerichtskosten tragen.

Anrufung des Arbeitsgerichts KSchG § 4

ABLAUFSCHEMA EINER KÜNDIGUNG

Anhörung des Betriebsrates → Kündigungsschutz für bestimmte Personengruppen (Schwangere, Betriebsräte …) → **Kündigungsschutzgesetz** Voraussetzungen: mehr als zehn Arbeitnehmer, sechs Monate beschäftigt

Gründe:
- personenbedingt
- verhaltensbedingt
- betriebsbedingt

zu beachten:
- Weiterbeschäftigung
- Abmahnung
- soziale Auswahl

ARBEITSKONFLIKTE VOR GERICHT

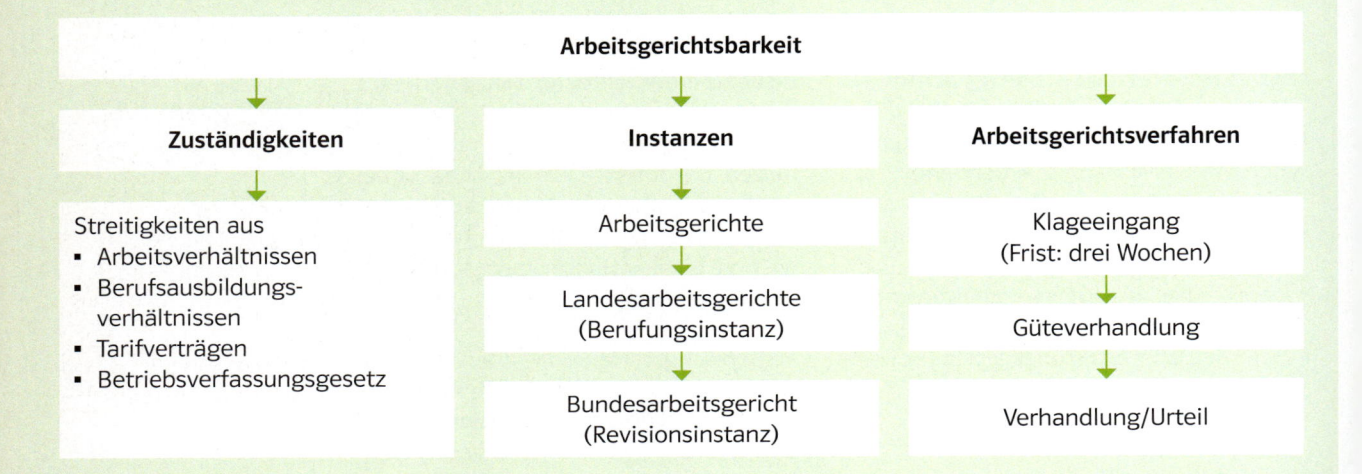

Arbeitsgerichtsbarkeit

Zuständigkeiten

Streitigkeiten aus
- Arbeitsverhältnissen
- Berufsausbildungsverhältnissen
- Tarifverträgen
- Betriebsverfassungsgesetz

Instanzen

Arbeitsgerichte
↓
Landesarbeitsgerichte (Berufungsinstanz)
↓
Bundesarbeitsgericht (Revisionsinstanz)

Arbeitsgerichtsverfahren

Klageeingang (Frist: drei Wochen)
↓
Güteverhandlung
↓
Verhandlung/Urteil

Übungsaufgaben

1. KSchG §1 Sozial ungerechtfertigte Kündigungen: „Die Kündigung des Arbeitsverhältnisses gegenüber einem Arbeitnehmer, dessen Arbeitsverhältnis im selben Betrieb oder Unternehmen ohne Unterbrechung länger als sechs Monate bestanden hat, ist rechtsunwirksam, wenn sie sozial ungerechtfertigt ist."
   a) Wann ist eine Kündigung sozial gerechtfertigt?
   b) Bei einer betriebsbedingten Kündigung hat der Arbeitgeber soziale Gesichtspunkte zu berücksichtigen. Welche Faktoren gehören zur Sozialauswahl?
   c) Welche Rolle spielt der Betriebsrat bei der Kündigung und beim Kündigungsschutz?
   d) In welchen Fällen muss einer Kündigung eine Abmahnung vorausgehen?

2. Erläutern Sie, worin sich Berufung und Revision unterscheiden.

3. Bei Rechtsstreitigkeiten vor dem Arbeitsgericht zahlt in der 1. Instanz, unabhängig vom Ausgang des Rechtsstreits, jede Partei ihre Anwaltskosten selbst. Überlegen Sie, warum diese Regelung Vorteile für den Arbeitnehmer hat.

4. In dem Schaubild „Das war's, Ende eines Arbeitsverhältnisses ..." (→ S. 277) wird in den häufigsten Fällen das Arbeitsverhältnis von Arbeitnehmern beendet. Stellen Sie Vermutungen an, warum Arbeitnehmer ihr Arbeitsverhältnis kündigen.

5.4 Im Betrieb zusammenarbeiten

Im Team arbeiten

LERNSITUATION

Eine praktische Übung für eine Schulstunde:
Nötig ist eine große Fläche ohne Hindernisse und Stufen (Schulhof, Eingangshalle o. Ä.).
10 bis 15 Schülerinnen und Schüler bilden ein Team. Ihnen werden die Augen verbunden. Die anderen sind Beobachter und greifen nicht ein.
Die Aufgabe des Teams besteht darin, eine zu einem großen Kreis zusammengebundene Schnur so zu spannen, dass sich ein Quadrat ergibt. (Die Schnur muss so lang sein, dass sich die Teilnehmer nicht an den Händen fassen können.) Die Übung ist beendet, wenn sich die Teilnehmer einig sind, dass sie die Aufgabe gelöst haben.

Arbeitsauftrag

Untersuchen Sie, wer bei dieser praktischen Übung welche Rolle in Ihrem Team übernommen hat.
Dabei hat sich folgendes Vorgehen bewährt:
1. Die Teammitglieder schildern, wie sie in den verschiedenen Phasen der Übung ihre eigene Situation und die der anderen Teammitglieder erlebt haben: Welche Phasen empfanden sie als produktiv? Haben sie zwischendurch am Erfolg gezweifelt? Empfanden sie das Verhalten der anderen Teammitglieder als hilfreich? Wer hat welchen Beitrag zur Lösung der Aufgabe geleistet?
2. Die Beobachter ergänzen und korrigieren aus ihrer Sicht.
3. Teammitglieder und Beobachter ordnen verdeckt die Teilnehmer den verschiedenen Teamtypen (→ S. 282) zu. Die Ergebnisse werden verglichen und begründet.

Die Teamaufstellung ist der Schlüssel zum Erfolg

Online-Link
883501-0541
- Team
- Führungsstile

Team
Mehrere Personen bearbeiten nach festgelegten Regeln über einen längeren Zeitraum eine Aufgabe, um gemeinsame Ziele zu erreichen. Sie haben im Rahmen ihres Auftrags Entscheidungsbefugnisse und vereinbaren Maßnahmen, um ihre Ziele zu erreichen. Entscheidungen im Team sind für die Mitglieder verbindlich.

Teamfähigkeit
Die Fähigkeit zu Kooperation und Kommunikation, Einfühlungsvermögen, Rücksichtnahme, aber auch Konfliktfähigkeit. Teamfähigkeit ist Teil der Sozialkompetenz.

Zusammenarbeiten – aber wie?

Arbeitnehmer sind heutzutage auf die Zusammenarbeit mit anderen angewiesen. Nur die Formen der Zusammenarbeit unterscheiden sich. Manchmal ist genau vorgegeben, wie die einzelnen Arbeiten ineinandergreifen, z. B. bei der Fließbandarbeit. Meist haben aber die Beschäftigten mehr Freiheiten in der Art und Weise, wie sie ihre Arbeit aufteilen. Die Aufteilung kann sich nach den Stärken der einzelnen Mitarbeiter richten: Jeder macht, was er am besten kann. Aber auch andere Kriterien sind möglich: Der Auszubildende soll den Umgang mit einer neuen Maschine erlernen und wird entsprechend eingesetzt. Oder die Tätigkeiten werden danach verteilt, wie beliebt sie sind. Dann muss der Azubi die Dreckarbeit machen oder der, der in der betrieblichen Hierarchie ganz unten steht.
Diese Unterschiede in der Art der Zusammenarbeit beeinflussen
- die **Qualität des Arbeitsergebnisses**: Sie ist am höchsten, wenn jeder seine Stärken einbringen kann;
- den **Arbeitsaufwand**: Wenn jemand neu in eine Arbeit eingelernt werden muss, braucht er Anleitung und arbeitet wegen der fehlenden Routine langsamer. Trotzdem ist dieser zusätzliche Aufwand sinnvoll. Wissen muss weitergegeben werden, und nur Übung macht den Meister;
- die **Zufriedenheit der Mitarbeiter**: Wenn die Aufteilung der Arbeit sich nicht nach den Fähigkeiten richtet, sondern nach der Bequemlichkeit des Chefs, merken die Beschäftigten, dass sie als Person und in ihrer Qualifikation nicht geachtet werden, und entsprechend gering sind ihre Motivation und ihre Sorgfalt bei der Arbeit. So führt die Art, wie die Zusammenarbeit gestaltet wird, zu einem Gewinn oder einem Verlust an Effizienz.

Teams einrichten

Der **Gewinn an Effizienz und Qualität** ist der wichtigste Grund, warum Unternehmen Teams ins Leben rufen, sich genauer überlegen, wie sie die Teams zusammensetzen und wie sie die Arbeit im Team bewusst gestalten können. Dazu gehören insbesondere
- **Vorgaben** (finanziell, personell und zeitlich),
- **Verantwortlichkeiten** und verbindliche Regeln (z. B. über Information und Dokumentation),
- **Entscheidungsbefugnisse** im Rahmen des Auftrags,
- klare **Orientierung an Ergebnissen**.

Damit ein Team erfolgreich arbeitet, müssen verschiedene **Aufgaben** oder **Rollen** besetzt werden. Es ist wie bei einer Fußballmannschaft: Die Spieler übernehmen verschiedene Aufgaben. Sie haben unterschiedliche Stärken und Spezialisierungen. Am eindeutigsten ist die Spezialisierung beim Torwart. Am Ende ist jede Funktion besetzt und die Spieler sind entsprechend ihren Stärken ein-

Typen im Team	
Typ	Wichtige Eigenschaften im Team
Stratege	Denkt langfristig, hat Mut, Hindernisse zu überwinden.
Ideengeber	Bringt neue Ideen ein, denkt ohne Scheuklappen.
Systematiker	Schafft Klarheit, behält den Überblick.
Teamarbeiter	Baut Reibungsverluste ab, hält Verbindungen nach außen.
Moderator	Bindet Teammitglieder ein, wirkt ausgleichend, ermutigt andere.
Umsetzer	Zuverlässig, effizient, fördert die Selbstdisziplin.
Spezialist	Liefert Fachwissen, sichert die Qualität.

5.4 Im Betrieb zusammenarbeiten

gesetzt. Außerdem ist darauf geachtet worden, dass ihr Zusammenspiel klappt. Aber erst in der Partie stellt sich heraus, ob die Zusammenstellung richtig war.
Wie für unterschiedliche Gegner unterschiedliche Mannschaftsaufstellungen gewählt werden, so werden in einem Unternehmen je nach Aufgabenstellung die Teams unterschiedlich zusammengestellt. Bewährt haben sich folgende Regeln:
- **Größe**: vier bis zehn Personen (optimal: fünf bis sechs Mitglieder)
- **Unterschiede** in Alter, Berufserfahrung, Geschlecht, Stärken (und Schwächen).

Grundsatz: Je unterschiedlicher, desto besser. Allerdings sollte die Qualifikation vergleichbar sein. Dies erleichtert die Kommunikation.
Als Hilfsmittel zur Besetzung von Teams sind verschiedene Typeneinteilungen entwickelt worden. Ein Beispiel finden Sie auf → S. 282.

Die eigene Aufgabe im Team finden

Das Team ist zusammengestellt. Auftrag und Zeitrahmen sind festgelegt. Die Teamleitung ist benannt. Die erste Teamsitzung beginnt. Die Teilnehmer sind innerlich angespannt – zu Recht. Denn jetzt geht es darum, den eigenen Platz im Team zu finden:
- die eigenen Qualifikationen und Stärken einzubringen;
- auf den eigenen Vorteil zu achten: an die eigene Karriere zu denken, aber auch an die damit verbundene Arbeitsbelastung;
- mit anderen zusammenzuarbeiten, aber nicht deren Arbeit mit zu erledigen;
- mit anderen auszukommen, aber klare Grenzen zu setzen.

Bis ein Team Ergebnisse liefert, braucht es eine gewisse Zeit (→ Teamuhr). Vor allem am Anfang entstehen Konflikte über die Position der Mitglieder im Team, über unterschiedliche Sichtweisen und unterschiedliche Wege, den Auftrag zu erfüllen. Ob und wie diese Konflikte geregelt werden, entscheidet über die Arbeitsfähigkeit des Teams und über seine Fähigkeit, die Anforderungen zu erfüllen.

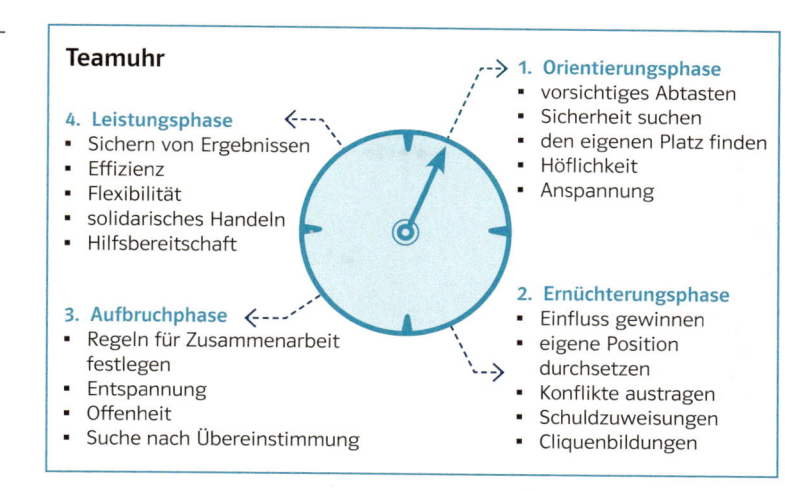

Teamuhr

1. **Orientierungsphase**
   - vorsichtiges Abtasten
   - Sicherheit suchen
   - den eigenen Platz finden
   - Höflichkeit
   - Anspannung

2. **Ernüchterungsphase**
   - Einfluss gewinnen
   - eigene Position durchsetzen
   - Konflikte austragen
   - Schuldzuweisungen
   - Cliquenbildungen

3. **Aufbruchphase**
   - Regeln für Zusammenarbeit festlegen
   - Entspannung
   - Offenheit
   - Suche nach Übereinstimmung

4. **Leistungsphase**
   - Sichern von Ergebnissen
   - Effizienz
   - Flexibilität
   - solidarisches Handeln
   - Hilfsbereitschaft

Kooperativer Führungsstil fördert Teamarbeit

Konfliktregelung
→ S. 287–288

Die Zusammenarbeit der Beschäftigten wird stark beeinflusst durch den Führungsstil, der im Unternehmen oder in der Abteilung herrscht (→ S. Schema). Die Extreme sind ein **autoritärer** und ein **kooperativer Führungsstil**. Der autoritäre Führungsstil legt Wert auf den Gehorsam der Mitarbeiter. Der kooperative Führungsstil holt die Mitarbeiter ins Boot und überträgt ihnen Verantwortung. Er fördert Teamarbeit.
Bei den Führungsstilen geht es um das Vertrauen und die Wertschätzung, die sich Chefs und Mitarbeiter wechselseitig entgegenbringen. Fehlendes Vertrauen und fehlende Wertschätzung sind eine häufige Quelle für Misserfolg.

Autoritärer Führungsstil	Kooperativer Führungsstil
- Führungsperson entscheidet allein - Führungsperson wendet Druck an, um ihre Anweisungen durchzusetzen. Kritik ist nicht zugelassen - Mitarbeiter haben keinen eigenen Entscheidungsspielraum *Gefahren:* - Potenziale von Mitarbeitern werden nicht erkannt - eingleisiges Denken, Alternativen werden nicht erkannt - fehlendes Vertrauen - schlechtes Betriebsklima, innere Kündigung von Mitarbeitern	- Führungsperson bezieht Mitarbeiter in Entscheidungen ein - Eigeninitiative, konstruktive Kritik und Anregungen der Mitarbeiter sind erwünscht - Mitarbeiter übernehmen Verantwortung und haben eigenen Entscheidungsspielraum *Gefahren:* - Ziele werden nicht oder nicht in der vorgegebenen Zeit erreicht - Unklare Zuständigkeiten

ZUSAMMENARBEIT IM TEAM

BEDINGUNGEN FÜR DEN ERFOLG DES TEAMS

Gezielte Auswahl der Teammitglieder
- Größe der Gruppe
- Unterschiede zwischen Teammitgliedern:
  - Alter, Geschlecht
  - verschiedene Abteilungen
  - verschiedene Teamtypen

Team braucht Zeit und Unterstützung, um arbeitsfähig zu werden.
Teamuhr:
1. Orientierungsphase
2. Ernüchterungsphase
3. Aufbruchphase
4. Leistungsphase

- klare Vorgaben (zeitlich, personell, finanziell)
- klare Verantwortlichkeiten
- Entscheidungsbefugnisse
- kooperativer Führungsstil zur Unterstützung

Erwünschte Folgen:
- bessere Arbeitsergebnisse (Produktqualität, Umsatz …)
- höhere Effizienz (mehr Arbeitsleistung in derselben Zeit)
- höhere Zufriedenheit der Mitarbeiter

Übungsaufgaben

1. Erläutern Sie, warum das Arbeiten im Team die Arbeitszufriedenheit von Mitarbeitern erhöhen kann.

2. Nennen Sie drei Bedingungen, die erfüllt sein müssen, damit Teams effizient zusammenarbeiten.

3. Der Chef der Maschinenfabrik Gruber & Co. zum Prokuristen: „Der Absatz der neuen FC-856 liegt weit unter Plan. Das können wir uns nicht leisten. Machen Sie mal dalli, dalli einen Arbeitskreis und berichten Sie mir in zwei Wochen, was los ist! Und natürlich mit einem genauen Maßnahmenkatalog. – Das wär's für heute! Gruß an die Frau Gemahlin."

a) Charakterisieren Sie den Führungsstil des Chefs.
b) Erläutern Sie dem Chef aus Sicht des Prokuristen, warum seine Erwartungen unrealistisch sind.
c) Angenommen, Sie wären dieser Prokurist und müssten das neue Team zusammenstellen:
   - Nennen Sie die Bereiche des Unternehmens, aus denen Sie Mitarbeiter ins Team holen würden. Begründen Sie Ihre Auswahl.
   - Wenn Sie sich auf vier Personen beschränken müssten, welche Teamtypen wären Ihrer Ansicht nach besonders wichtig? Begründen Sie.

4. „Die Grundlage für das Scheitern eines Teams wird meist mit der Auswahl seiner Mitglieder gelegt."
Erläutern Sie diese Aussage anhand von Beispielen.

5.4 Im Betrieb zusammenarbeiten

Mit Konflikten im Betrieb umgehen lernen

LERNSITUATION

Dicke Luft in der Abteilung. Herr Buck hat die Schichtpläne für die kommende Woche ausgehängt und jetzt reden alle auf ihn ein …

Sprechblasen (im Bild):
- Am Mittwoch habe ich Training bei der E-Jugend. Das kann ich nicht ausfallen lassen!
- Und an meine Fahrgemeinschaft haben Sie wieder nicht gedacht!
- Nächste Woche kann ich keine Frühschicht machen. Meine Tochter wird eingeschult!
- Schon fünf Mal habe ich Ihnen gesagt, dass ich nicht länger als bis 18 Uhr arbeiten kann!
- Warum hängen Sie die Pläne immer erst am Donnerstag raus?
- Und für sich haben Sie sicher einen Top-Plan gemacht!

Arbeitsauftrag

Analysieren Sie den Konflikt. Machen Sie Vorschläge, wie er in Zukunft entschärft werden kann.
Bei der Lösung helfen Ihnen der Informationstext und folgende Fragen:
1. Beschreiben Sie den Konflikt auf der Sach- und der Beziehungsebene. Welche der beiden Ebenen steht bei den einzelnen Beteiligten im Vordergrund?
2. Welche Streitpunkte müssen geregelt werden? Wie könnte eine Lösung auf der Sachebene aussehen, die von den Beteiligten akzeptiert wird?
3. Welchen Weg zur Lösung des Konflikts schlagen Sie vor?

Online-Link
883501-0542
- Konflikte am Arbeitsplatz
- Mobbing

Geht es wirklich um die Sache?

Haben wir das wirklich beschlossen?

Sie haben mir keine Vorschriften zu machen.

Das haben wir noch nie so gemacht.

Damit wollen Sie bloß beim Chef Eindruck schinden.

Konflikte sind nichts Schlimmes

Dass sich Menschen nicht einig sind, kommt im Beruf und im Privatleben jeden Tag vor. Konflikte sind nichts Negatives, wenn sie ausdiskutiert und bearbeitet werden – im Gegenteil: Dann sind sie oft ein Anstoß für Veränderungen oder ein Anlass, über sich und andere nachzudenken. Offene Auseinandersetzungen können die Verhältnisse klären und eine Basis für die künftige Zusammenarbeit darstellen.

Nur ist es so, dass dieser offene Umgang mit Konflikten eher die Ausnahme ist. Häufig werden Konflikte verschwiegen oder sie werden zu Machtfragen, bei denen nicht die besseren Argumente entscheiden und kein Kompromiss gesucht wird, sondern bei denen derjenige entscheidet, der in der Rangordnung oben steht.

Viele Konflikte lassen sich auch nicht so einfach „lösen". In Unternehmen gibt es z. B. **Verteilungskonflikte** zwischen einzelnen Beschäftigten oder Abteilungen: Welches Büro bekommt den neuen Kopierer? Wer darf seinen Urlaub in den Schulferien nehmen? Wer bekommt im Großraumbüro den schlechten Platz an der Tür? In Fällen wie diesen wird um ein knappes Gut gestritten. Darum gibt es zwangsläufig Gewinner und Verlierer. Die Frage ist aber, nach welchen Maßstäben entschieden wird.

Auf welcher Ebene spielt sich der Konflikt ab?

- Mitteilen eigener Interessen
- Abwägung zwischen Alternativen
- Prüfen einer Aussage
- Stellungnahme zu einer Aussage

- Maß der Anerkennung, Achtung, Wertschätzung der anderen Person
- Erwartung an die Anerkennung, Achtung, Wertschätzung durch die andere Person

- Kampf um die Vorherrschaft
- Rache
- Rückzug, Unterwerfung

Beziehungsebene

5.4 Im Betrieb zusammenarbeiten

Mögliche Konfliktsignale:

- veränderter Tonfall
- aggressiver Unterton
- abwertende oder ironische Äußerungen
- Unterstellungen
- Nebengespräche oder Unterbrechungen in Teamsitzungen
- Vorenthalten von Informationen
- Desinteresse
- Dienst nach Vorschrift
- Weigerung, mit bestimmten anderen Mitarbeitern zusammenzuarbeiten
- Verspätungen
- Nichteinhaltung von Vereinbarungen
- Nichterreichbarkeit

Mehrere Konfliktebenen

In vielen Konflikten geht es neben der **Sachebene** (Welche Lösung ist besser?) auch um die **Beziehungsebene** (Wer gewinnt?). Die Sachebene kann von den Beteiligten offen angesprochen werden, die Beziehungsebene häufig nicht. Dabei kann es sogar sein, dass die Beziehungsebene die entscheidende ist. Womöglich tun die Beteiligten so, als ginge es um eine Klärung in der Sache, während in Wirklichkeit ein persönlicher Machtkampf tobt, in dem keiner nachgeben will. Oder jemand frisst seine ganze berechtigte Kritik in sich hinein, weil er den Konflikt auf der persönlichen Ebene vermeiden will. Es kann sogar sein, dass den Beteiligten der Konflikt auf der Beziehungsebene gar nicht bewusst ist, das heißt, dass sie sich darüber täuschen, worum es zwischen ihnen geht. Außenstehende sehen das manchmal klarer als die Beteiligten.

Hilfe von außen: Regeln finden

Wenn ein Konflikt einmal aus dem Ruder gelaufen ist, ist Hilfe von außen nötig. Das können im Betrieb Kollegen sein, Vorgesetzte oder jemand vom Betriebsrat. Ein Unternehmen sieht nicht tatenlos zu, wenn seine Beschäftigten Konflikte pflegen, statt ihre Arbeit zu erledigen. Denn die Arbeit und das Betriebsklima leiden immer, wenn ein ungeklärter Konflikt existiert.

Am besten geeignet für den unvoreingenommenen Blick von außen ist eine Person, die weder direkt noch indirekt in den Konflikt verwickelt ist (also nicht unbedingt der Chef). Der Blick von außen zeigt oft, dass es für einen ungelösten Konflikt nicht einen eindeutigen Schuldigen, einen Sündenbock, gibt. Meist haben alle Beteiligten dazu beigetragen. Die Hilfe von außen macht es auch leichter, Regeln zu finden, mit denen die Beteiligten leben können und die nicht einseitig zu Lasten einer Person gehen. Regeln für Konflikte finden heißt auch: Konflikte zulassen, aber ihnen eine bestimmte Verlaufsform geben.

Die Regeln für den Umgang mit Konflikten betreffen dabei die **Ebene der Organisation** und Verteilung der Arbeit, die Zuständigkeiten, die Absprachen. Die Menschen kann ich nicht so verändern, wie ich sie gerne hätte – weder am Arbeitsplatz noch im Privatleben. Die Arbeit muss so organisiert werden, dass heikle Themen oder Schwächen der Persönlichkeit eines Mitarbeiters der Zusammenarbeit möglichst wenig im Weg stehen.

Von verdeckten Konflikten zum Mobbing

Verschleppte, verschwiegene und nicht ausgetragene Konflikte sind ein guter Nährboden für Mobbing. In eine Mobbingsituation sind neben den ursprünglichen Beteiligten weitere Kolleginnen und Kollegen einbezogen. Mit Konflikten auf der Sachebene haben die Auseinandersetzungen, die dann

Mobbing
Systematisches Schikanieren, Beleidigen oder Einschüchtern einer Person durch eine Gruppe, nicht durch körperliche Gewalt, sondern durch Psychoterror (Gerüchte, soziale Isolierung, Herabsetzung).

Was sich unter der Oberfläche des Eisbergs verbirgt ...

sichtbarer Teil — **die Sache**

unsichtbarer Teil — **persönliche Situation**: Arbeitsbelastung, Motivation ...

innere Einstellung: Wünsche, Ziele, Erwartungen an sich und andere, Konflikte

5 Interessen im Betrieb wahrnehmen

Viele Mobbing-Opfer werden krank

laufen, nichts mehr zu tun. Es sind systematische **persönliche Anfeindungen**.
Mobbing kann jeden treffen. Zwar ist der Arbeitgeber verpflichtet, zugunsten des Opfers einzugreifen, wenn er von Mobbing in seinem Unternehmen erfährt. Typisch für Mobbing ist aber, dass viele Aktionen nicht offen ablaufen (z. B. wenn ein Mitarbeiter von wichtigen Informationen ausgeschlossen wird) oder den Anschein von Harmlosigkeit erwecken (z. B. Beleidigungen, die als Späße getarnt sind). Mobbing ist darum schwer beweisbar. Und umgekehrt: Nicht jeder Streit ist schon ein Beweis für Mobbing. Manchmal liegen die Nerven blank, weil so viel zu tun ist, weil Entlassungen anstehen oder jemand Stress zu Hause hat. Von Mobbing kann erst gesprochen werden, wenn hinter den Anfeindungen und Beleidigungen ein System, eine Absicht, steckt.

Folgen von Mobbing

Menschen, die sich gemobbt fühlen, leiden psychisch und oft auch körperlich. Sie werden häufig krank. Hilfe holen sie sich eher beim Betriebsrat und bei Kollegen, die nicht gemobbt haben, als von den Vorgesetzten. Wenn die Mobbingsituation bedrängend wird, ist die häufigste Konsequenz, dass die Opfer den Arbeitsplatz innerhalb des Unternehmens wechseln oder sogar kündigen. Besonders schwierig werden Mobbingsituationen, wenn sich Vorgesetzte daran beteiligen. Denn dann haben die Opfer häufig das Gefühl, sie müssten sich Mobbing gefallen lassen. Mobbing wird auch als unfaire Waffe im innerbetrieblichen Konkurrenzkampf eingesetzt. Wenn das Unternehmen Marktanteile verliert, wenn Entlassungen anstehen, wenn es in der Abteilung drunter und drüber geht, wenn die Zuständigkeiten unklar sind – dann gedeiht Mobbing. Jeder ist dann damit beschäftigt, Schaden von sich abzuwenden und die eigene Haut zu retten. Dann kommt jemand „wie gerufen", der für den Misserfolg verantwortlich gemacht werden kann, der weniger leistet oder an dem man seinen Frust abreagieren kann.

Phasen eines Mobbingprozesses	
1. Phase	▪ Konflikte ▪ einzelne Vorfälle ▪ Schuldzuweisungen
2. Phase	▪ Ausgrenzung ▪ Psychoterror
3. Phase	▪ Arbeit leidet ▪ Erkrankungen ▪ arbeitsrechtliche Schritte
4. Phase	▪ Ausschluss, z. B. Kündigung

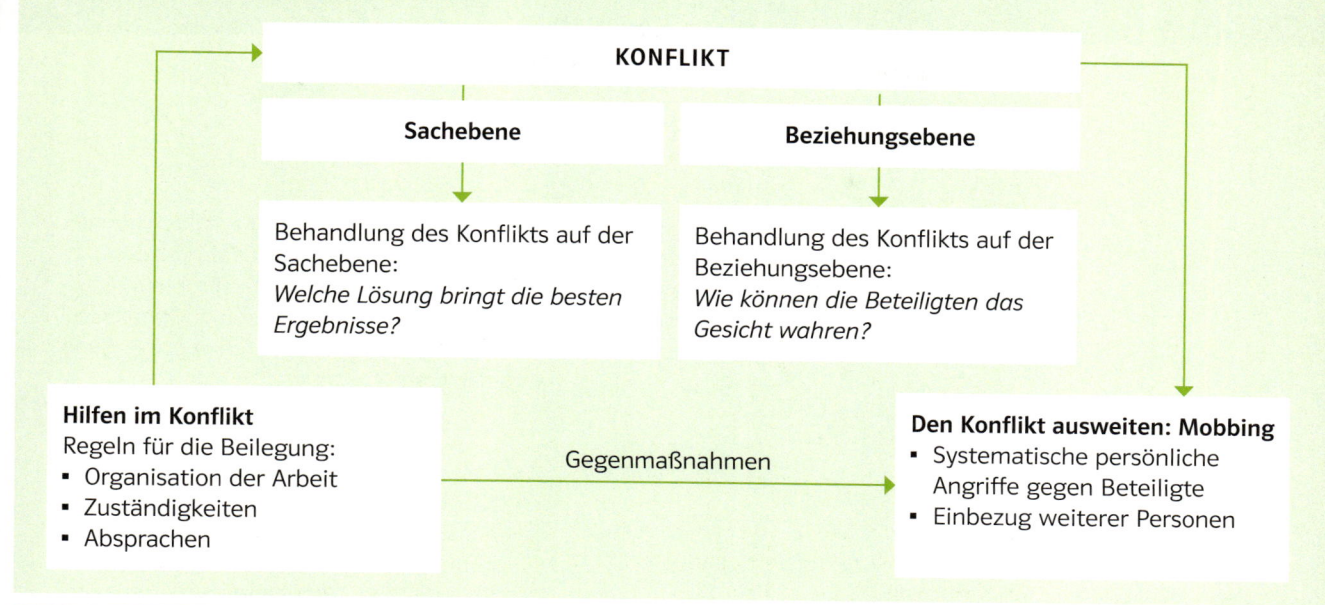

UMGANG MIT KONFLIKTEN

KONFLIKT

- **Sachebene**
  - Behandlung des Konflikts auf der Sachebene:
  - *Welche Lösung bringt die besten Ergebnisse?*

- **Beziehungsebene**
  - Behandlung des Konflikts auf der Beziehungsebene:
  - *Wie können die Beteiligten das Gesicht wahren?*

Hilfen im Konflikt
Regeln für die Beilegung:
- Organisation der Arbeit
- Zuständigkeiten
- Absprachen

→ Gegenmaßnahmen →

Den Konflikt ausweiten: Mobbing
- Systematische persönliche Angriffe gegen Beteiligte
- Einbezug weiterer Personen

Übungsaufgaben

1. Die folgenden Äußerungen sind Konfliktsignale.
   - Deuten Sie jeweils diese Signale (Sachebene/Beziehungsebene).
   - Machen Sie für zwei dieser Äußerungen Vorschläge für eine Antwort oder für einen sachgerechten Umgang mit der Äußerung.
   a) „Warum soll ausgerechnet ich immer Überstunden machen? Ist mein Feierabend weniger Wert als der von den anderen?"
   b) „Frau Koslowski könnte sich ruhig etwas dezenter schminken. Und haben Sie den Rock gesehen, den sie gestern anhatte?"
   c) „Joachim versaut beim Arbeiten immer den ganzen Boden. Und nachher sagt er, dass wir das gewesen sind."
   d) „Wenn Robert fährt, wird mir jedes Mal kotzübel. Ich verstehe nicht, warum der Chef ihn überhaupt fahren lässt."
   e) „Jetzt weiß ich's: Karl-Heinz hat 'ne Pulle Wodka in seinem Spind. Die ganze Zeit habe ich ihn schon im Verdacht, dass er säuft."

2. Nennen Sie zwei nützliche und zwei schädliche Folgen von Konflikten am Arbeitsplatz. Erläutern Sie genauer, worin Nutzen und Schaden jeweils bestehen.

3. Einige der folgenden Situationen können zu Verteilungskonflikten führen. Welche Situationen sind dies? Erläutern Sie dann jeweils, worin der Verteilungskonflikt besteht.
   a) Vergabe einer Leistungsprämie.
   b) Beförderung eines Mitarbeiters.
   c) Entlassung eines Mitarbeiters in der Probezeit.
   d) Umzug in ein anderes Büro.
   e) Überstunden werden nicht mehr ausbezahlt, sondern müssen abgefeiert, d. h. in Form von Freizeit abgebaut werden.

4. Nennen Sie drei Merkmale, die die Schlussfolgerung nahelegen, dass es sich bei einem Konflikt in der Abteilung um Mobbing handelt.

5 | Methode: Anleitung zu einem Rollenspiel

Konflikte im Betrieb – was tun?

Im Betrieb gelten andere Regeln als in der Schule. Die Gefahr ist groß, in Konflikten falsch zu reagieren, sich zu viel gefallen zu lassen, sich Feinde zu machen oder in der Chefetage unangenehm aufzufallen.

Das richtige Verhalten in Konflikten können Sie üben. Ein gutes Mittel dafür ist das Rollenspiel. Hier können Sie Problemsituationen spielerisch lösen und verschiedene Wege ausprobieren, ohne etwas dabei zu riskieren.

1. Schritt:
- Lesen der Situationsbeschreibung
- Klären der Situation: Worin besteht das Problem? (Dafür ist meist weiteres Material nötig, z. B. über die Rechte und Pflichten der Auszubildenden und über den Kündigungsschutz.)

↓

2. Schritt:
- Einteilen von Gruppen für die verschiedenen Rollen
- Besprechen der jeweiligen Rollenkarte:
  – Worin besteht aus Sicht dieser Person der Konflikt?
  – Wie könnte der Konflikt aus Ihrer Sicht gelöst werden?
  – Überlegungen zu möglichen Gegenargumenten
  – Besprechen des Vorgehens
- Auswählen der Spielenden

↓

3. Schritt:
- Spieler: Spielen der Rollen
- Andere Gruppenmitglieder: Beobachten; Notieren von Auffälligkeiten in der Argumentation und im Verhalten

↓

4. Schritt:
- Zusammenfassen und Beurteilen der Argumente
- Beurteilen des Gesprächsergebnisses

Methode: Anleitung zu einem Rollenspiel

Eine Konfliktsituation im Betrieb:

Das Problem: Morgen früh müssen die Pläne für die neue Heizanlage eines Industriebetriebs beim Architekten sein. Außer Frau Adolini ist nur noch Yasmin da, die eine Ausbildung als Technische Zeichnerin macht. Zu zweit kann die Arbeit bis etwa 19 Uhr erledigt werden, weil Yasmin sich im CAD-Programm gut auskennt. Gearbeitet wird in der Abteilung normalerweise bis 16:45 Uhr.

Führen Sie zu dieser Situation ein Rollenspiel nach dem Ablaufplan durch.

Rollenkarte für Frau Adolini

Die Pläne für die neue Heizung müssen morgen früh unbedingt bei Architekt Lauffer sein. Der hat schon zweimal gemahnt. Allein ist dies kaum zu schaffen. Und Sie sehen auch nicht ein, dass Sie das allein machen sollen. Außerdem sollen die Lehrlinge ruhig lernen, wie hektisch es manchmal zugeht.

Rollenkarte für die Auszubildende Yasmin

Frau Adolini ist erst seit gestern für Sie zuständig. Sie haben vorher noch nicht mit ihr zu tun gehabt. Ihr Ausbilder, Herr Hodler, ist drei Wochen im Urlaub. Gerade heute haben Sie sich mit Ihrem neuen Schwarm für 18 Uhr verabredet. Es liegt Ihnen viel an diesem Treffen.

Gesprächsregeln:
- *Sorgen Sie durch Freundlichkeit für eine positive Gesprächsatmosphäre.*
- *Hören Sie Ihrem Gesprächspartner in aller Ruhe zu.*
- *Versuchen Sie, die Hintergründe seiner Aussagen zu verstehen.*
- *Fassen Sie sich kurz.*
- *Argumentieren Sie sachlich.*
- *Vermeiden Sie persönliche Angriffe.*
- *Zeigen Sie, dass Sie Ihren Gesprächspartner akzeptieren, indem Sie auf seine Aussagen bewusst eingehen.*
- *Bitten Sie Ihren Gesprächspartner um Vorschläge zur Lösung des Problems.*
- *Erkennen Sie bessere Argumente an.*
- *Halten Sie Blickkontakt.*

Andere Konfliktsituationen:

Erstellen Sie für die folgenden Situationen Rollenkarten und führen Sie dann ein Rollenspiel durch.

1. In letzter Zeit sind Sie immer wieder mit Ihrem Auto zu spät zur Arbeit gekommen – mal 10 Minuten, mal 15 Minuten. Manchmal gab es einen Stau unterwegs, aber oft sind Sie einfach zu spät aufgestanden. Sie haben gehofft, dass es nicht auffällt, weil andere auch manchmal zu spät kommen, z. B. Frau Christiansen, die für Ihre Ausbildung zuständig ist. Heute hat Sie der Abteilungsleiter, Herr Spannagel, gesehen und zu sich bestellt.

2. Eine Palette mit Kleinteilen ist umgekippt, weil sie nicht richtig gesichert war. Sie und ein Kollege sehen zu, wie der Staplerfahrer die Teile einsammelt. Der Meister, Herr Jaffke, fordert Sie auf mitzuhelfen. Sie sehen das nicht ein, weil Sie gerade Pause haben, und sagen ihm das. Herr Jaffke sagt wütend: „Soll ich das vielleicht machen?!" Er rennt in sein Büro und knallt die Tür hinter sich zu. Sie merken, dass Ihre Reaktion nicht geschickt war. Am Nachmittag passen Sie ihn ab, um mit ihm zu reden.

PRÜFUNGSAUFGABEN

5.1 Gesetzliche, tarifliche und betriebliche Rahmenbedingungen berücksichtigen

1.

Nach Art. 12 des Grundgesetzes haben alle Deutschen ...
A das Recht auf einen Arbeits- und Ausbildungsplatz.
B die Pflicht zu arbeiten.
C das Recht, Beruf, Arbeitsplatz und Ausbildungsstätte frei zu wählen.
D die Pflicht, sich weiterzubilden.
E das Recht, ohne finanzielle Einbußen jeden angebotenen Arbeitsplatz abzulehnen.

2.

Welche der genannten Fragen ist bei einem Einstellungsgespräch zulässig?
A Sind Sie Mitglied einer Gewerkschaft?
B Sind Sie schwanger?
C Gehören Sie einer politischen Partei an?
D Welche Gehaltsvorstellungen haben Sie?
E Beabsichtigen Sie, in naher Zukunft eine Familie zu gründen?

3.

Im Vertragsrecht gilt der Grundsatz der Vertragsfreiheit. Welche Vereinbarung ist in einem Arbeitsvertrag dennoch nicht gültig?
A Der Urlaubsanspruch beträgt 30 Arbeitstage pro Jahr.
B Der Lohn beträgt 90 Prozent des Tariflohns.
C Im Falle einer Schwangerschaft endet das Arbeitsverhältnis.
D Die wöchentliche Arbeitszeit beträgt 42 Stunden.
E Die Probezeit beträgt sechs Monate.

4.

Welche Unterlage hat der Arbeitnehmer bei Arbeitsantritt dem Arbeitgeber *nicht* vorzulegen?
A Lohnsteuerkarte
B Stammbuch
C Urlaubsbescheinigung des vorherigen Arbeitgebers
D Mitgliedsbescheinigung der Krankenkasse
E Sozialversicherungsnachweis.

5.

Welche Aussage über die gesetzlichen Bestimmungen zur Probezeit ist richtig?
A Das Arbeitsverhältnis kann ohne Angabe von Gründen sofort beendet werden.
B Das Arbeitsverhältnis kann mit einer Frist von zwei Wochen gekündigt werden.
C Der Arbeitnehmer erwirbt in der Probezeit keinen Anspruch auf Urlaub.
D Arbeitgeber und Arbeitnehmer dürfen nicht auf eine Probezeit verzichten.
E Die Probezeit beträgt im Allgemeinen 12 Monate.

6.

Welche Pflicht hat der Arbeitnehmer im Rahmen des Arbeitsverhältnisses *nicht*?
A Die sorgsame Behandlung von Werkzeug und Material.
B Pünktlich zur Arbeit zu erscheinen.
C den Weisungen des Arbeitgebers nachzukommen.
D Auf Wunsch des Arbeitgebers der Gewerkschaft nicht beizutreten.
E Keine Betriebsgeheimnisse zu verraten.

7.

Was gehört zu den Pflichten des Arbeitgebers?
A Fürsorgepflicht
B Treuepflicht
C Lohnzahlungspflicht
D Beschäftigungspflicht
E Zeugnispflicht.

8.

Nach dem Arbeitszeitgesetz (ArbZG) muss die Ruhezeit zwischen zwei Arbeitstagen mindestens wie viele Stunden betragen?
A acht Stunden
B neun Stunden
C zehn Stunden
D elf Stunden
E 12 Stunden.

9.

Wie viele Stunden darf ein Arbeitnehmer nach dem Arbeitszeitgesetz höchstens an einem Tag arbeiten?
A acht Stunden
B neun Stunden
C zehn Stunden
D elf Stunden
E 12 Stunden.

10.

Für werdende Mütter besteht nach dem Mutterschutzgesetz ein besonderer Schutz. Für welche Zeit gilt ein Beschäftigungsverbot?
A sechs Wochen vor und nach der Entbindung
B sechs Wochen vor und acht Wochen nach der Entbindung
C acht Wochen vor der Entbindung
D drei Wochen vor und nach der Entbindung
E acht Wochen vor und nach der Entbindung.

11.

Jedem Arbeitnehmer stehen nach dem Bundesurlaubsgesetz (BUrlG) wie viele Tage Urlaub zu?
A 18 Werktage
B 20 Werktage
C 22 Werktage
D 24 Werktage
E 26 Werktage.

12.

Ein Arbeitnehmer kündigt nach viermonatiger Probezeit. Hat der Arbeitnehmer Anspruch auf Erholungsurlaub?
A Nein, in der Probezeit besteht kein Urlaubsanspruch.
B Nein, da der Arbeitnehmer das Arbeitsverhältnis beendet hat.
C Nein, da er weniger als sechs Monate gearbeitet hat.
D Ja, er hat einen Anspruch auf acht Tage Urlaub.
E Ja, er hat einen Anspruch auf zehn Tage Urlaub.

13.

Wie lange muss ein Arbeitnehmer warten, bis er bei dem neuen Arbeitgeber den vollen Urlaubsanspruch erwirbt?
A drei Monate
B sechs Monate
C neun Monate
D 12 Monate
E Er muss nicht warten, er erhält sofort den vollen Urlaubsanspruch.

14.

Wodurch unterscheidet sich ein qualifiziertes Arbeitszeugnis von einem einfachen?
A Es enthält nur wahrheitsgemäße Angaben.
B Es kann von dem Arbeitnehmer selbst erstellt werden.
C Es beschreibt ausführlich das Arbeitsgebiet des Arbeitnehmers.

D Es enthält Angaben über Führung und Leistung des Arbeitnehmers.
E Es beschreibt nur das Verhalten des Arbeitnehmers.

15.
Ein Arbeitnehmer war infolge derselben Krankheit innerhalb eines Jahres zuerst drei Wochen, danach zwei Wochen und dann nochmals drei Wochen unverschuldet arbeitsunfähig erkrankt. Wie viele Wochen muss der Arbeitgeber den Lohn in dieser Zeit bezahlen?
A drei Wochen
B fünf Wochen
C sechs Wochen
D sieben Wochen
E acht Wochen.

16.
In welchem der folgenden Fälle endet ein Arbeitsvertrag?
A Ein Unternehmen wechselt den Eigentümer.
B Ein Unternehmen meldet Insolvenz an.
C Ein Unternehmen meldet Kurzarbeit an.
D Ein befristeter Arbeitsvertrag läuft aus.
E Der Auszubildende Klaus wird nach bestandener Prüfung nicht im Ausbildungsbetrieb übernommen.

17.
Welche der folgenden zwei Behauptungen über Regelungsmittel im Arbeitsrecht sind richtig? Nennen Sie die beiden Kennbuchstaben.
A Der Tarifvertrag gilt grundsätzlich für alle Arbeitnehmer.
B Betriebsvereinbarungen werden zwischen den Gewerkschaften und den einzelnen Unternehmen abgeschlossen.
C Das Rangfolgeprinzip besagt, dass jede Vereinbarung dem höhergestellten Regelungsmittel nicht widersprechen darf.
D Nach dem Grundgesetz haben alle Deutschen das Recht auf Arbeit.
E Von gesetzlichen Regelungen darf zugunsten der Arbeitnehmer abgewichen werden.
F Das Arbeitszeitgesetz gilt nur für fest angestellte Arbeitnehmer.

5.2 Als Auszubildender bzw. Mitarbeiter handeln und Mitbestimmungsmöglichkeiten wahrnehmen

1.
Welches Gesetz regelt die betriebliche Mitbestimmung?
A das Grundgesetz
B das Betriebsverfassungsgesetz
C das Mitbestimmungsgesetz
D das Bürgerliche Gesetzbuch
E das Tarifvertragsgesetz.

2.
Welche Voraussetzungen müssen vorliegen, damit ein Betriebsrat gewählt werden kann?
A zehn wahlberechtigte Arbeitnehmer
B mindestens zwei wählbare Arbeitnehmer
C mindestens fünf wahlberechtigte und wählbare Arbeitnehmer
D fünf wahlberechtigte Arbeitnehmer, davon drei wählbar
E fünf wahlberechtigte Arbeitnehmer, die auch alle wählbar sind.

3.
Wer darf an einer Betriebsratswahl *nicht* teilnehmen?
A Arbeiter
B Angestellte
C leitende Angestellte
D ausländische Arbeitnehmer
E Betriebsratsmitglieder.

4.

Was gehört *nicht* zu den Aufgaben des Betriebsrates?
A Die Wahl der Jugendvertretung vorzubereiten und durchzuführen.
B Die Eingliederung ausländischer Arbeitnehmer im Betrieb und das Verständnis zwischen ihnen und den deutschen Arbeitnehmern zu fördern.
C Beim Arbeitgeber Maßnahmen zu beantragen, die dem Betrieb und der Belegschaft dienen.
D Die Kosten im Betrieb möglichst gering zu halten.
E Darüber zu wachen, dass die zugunsten der Arbeitnehmer geltenden Gesetze, Verordnungen, Unfallverhütungsvorschriften, Tarifverträge und Betriebsvereinbarungen beachtet werden.

5.

Wonach richtet sich die Anzahl der Betriebsratsmitglieder?
A Nach der Zahl der in einer Gewerkschaft organisierten Arbeitnehmer.
B Nach dem Umsatz des Unternehmens.
C Nach der Anzahl der wahlberechtigten Arbeitnehmer.
D Nach der Anzahl der Arbeitnehmer, die sich zur Wahl gestellt haben.
E Die Anzahl der Betriebsratsmitglieder wird zwischen den Arbeitnehmervertretern und der Geschäftsleitung ausgehandelt.

6.

In welchem der folgenden Fälle hat der Betriebsrat *kein* echtes Mitbestimmungsrecht?
A Festlegung des Beginns und des Endes der täglichen Arbeitszeit
B Kündigung eines Arbeitnehmers
C Festsetzung der Akkord- und Prämiensätze
D Festlegung der Grundsätze für die Durchführung der Gruppenarbeit
E Festlegung der Grundsätze über das betriebliche Vorschlagswesen.

7.

Welche Voraussetzungen müssen vorliegen, damit eine Jugend- und Auszubildendenvertretung gewählt werden kann?
A fünf Beschäftigte unter 18 Jahren
B mindestens drei Auszubildende
C mindestens fünf Beschäftigte unter 18 Jahren oder Auszubildende unter 25 Jahren
D mindestens ein Beschäftigter unter 18 Jahren und mindestens ein Auszubildender
E mindestens fünf Beschäftigte unter 18 Jahren und mindestens fünf Auszubildende.

8.

Wie lange dauert die Amtszeit der Jugend- und Auszubildendenvertretung?
A ein Jahr
B zwei Jahre
C drei Jahre
D vier Jahre
E fünf Jahre.

9.

Bei den Wahlen zum Betriebsrat ist das anzuwendende Wahlverfahren von der Anzahl der im Betrieb beschäftigten Arbeitnehmer abhängig.
a) Bringen Sie die folgenden Schritte einer normalen Betriebsratswahl in die richtige Reihenfolge:
A Entgegennahme von Wahlvorschlägen
B Durchführung der Wahl
C Bestellung des Wahlvorstands
D Wahl der Vorsitzenden des Betriebsrats
E Erstellen der Wählerliste
F Bestellung des Wahlvorstands
G Erlass des Wahlausschreibens.

☐ → ☐ → ☐ → ☐ → ☐ → ☐ → ☐

b) Erläutern Sie mithilfe des Gesetzestextes, wie das Wahlverfahren in kleineren Betrieben erfolgt.

Betriebsverfassungsgesetz
§ 14a Vereinfachtes Wahlverfahren für Kleinbetriebe
(1) In Betrieben mit in der Regel fünf bis fünfzig wahlberechtigten Arbeitnehmern wird der Betriebsrat in einem zweistufigen Verfahren gewählt. Auf einer ersten Wahlversammlung wird der Wahlvorstand nach § 17a Nr. 3 gewählt. Auf einer zweiten Wahlversammlung wird der Betriebsrat in geheimer und unmittelbarer Wahl gewählt. Diese Wahlversammlung findet eine Woche nach der Wahlversammlung zur Wahl des Wahlvorstands statt.
(2) Wahlvorschläge können bis zum Ende der Wahlversammlung zur Wahl des Wahlvorstands nach […] gemacht werden.

10.

Beschreiben Sie die Aufgaben der folgenden Organe nach dem Betriebsverfassungsgesetz.
a) Betriebsrat
b) Jugend- und Auszubildendenvertretung
c) Einigungsstelle
d) Betriebsversammlung

5.3 Rechte einzeln und gemeinsam vertreten/Interessen abwägen

1.

Wovon hängt es ab, in welcher DGB-Gewerkschaft ein Arbeitnehmer Mitglied wird?
A von der Position im Betrieb
B von der Parteizugehörigkeit
C von der Größe des Unternehmens
D von der Zugehörigkeit eines Unternehmens zu einem Wirtschaftszweig
E von der beruflichen Ausbildung.

2.

Wer kann Tarifverträge abschließen?
A Arbeitgeber und Arbeitnehmer
B Gewerkschaften und Arbeitgeber
C Betriebsrat und Arbeitgeber
D Betriebsrat und Arbeitgeberverband
E Betriebsrat und Arbeitnehmer.

3.

Was versteht man unter dem Begriff „Tarifautonomie"?
A Tarifvertragsparteien schließen ohne staatliche Einmischung einen Tarifvertrag ab.
B Das alleinige Recht der Gewerkschaften, einen Streik auszurufen.
C Der Staat darf per Gesetz den Inhalt eines Tarifvertrags ändern.
D Der Arbeitgeber entscheidet allein, ob er seinen Arbeitnehmern den Tariflohn zahlt.
E Tarifverträge dürfen nur im Rahmen staatlicher Vorgaben erfolgen.

4.

Welche Voraussetzungen müssen vorliegen, damit ein Arbeitnehmer Anspruch auf Zahlung des Tariflohns hat?
A Keine, jeder Arbeitnehmer hat Anspruch auf den Tariflohn.
B Der Arbeitnehmer muss in einer Gewerkschaft Mitglied sein.
C Der Arbeitgeber muss im Arbeitgeberverband organisiert sein.
D Arbeitgeber und Arbeitnehmer sind in dem zuständigen Tarifverband organisiert.
E Der Arbeitgeber muss dem abgeschlossenen Tarifvertrag ausdrücklich zustimmen.

5.

Was versteht man unter „Friedenspflicht"?
A Arbeitnehmer dürfen nur mit friedlichen Mitteln streiken.

B Der Arbeitgeber darf während der Tarifauseinandersetzung keine Arbeitnehmer aussperren.
C Während der Laufzeit eines Tarifvertrags sind Kampfmaßnahmen zur Änderung des Tarifvertrags zu unterlassen.
D Die Tarifvertragsparteien müssen den Vorschlag des Schlichters annehmen.
E Die Gewerkschaften dürfen keine überhöhten Lohnforderungen stellen.

6.

Welche Aussage über einen ordentlichen Streik ist richtig?
A Ein Streik kann auch vom Betriebsrat geführt werden.
B Dem Streik geht eine Urabstimmung voraus.
C Alle Arbeitnehmer eines Betriebes müssen dem Streik zustimmen.
D 50 Prozent der Arbeitnehmer eines Betriebes müssen dem Streik zustimmen.
E Bei großen Streiks ist eine staatliche Genehmigung erforderlich.

7.

Wovon hängt die Kündigungsschutzfrist bei einer ordentlichen Kündigung ab?
A vom Alter
B vom Geschlecht
C von der Nationalität
D von der Betriebszugehörigkeit
E von der Größe des Unternehmens.

8.

Für welche Personengruppe gilt kein besonderer Kündigungsschutz?
A Betriebsratsmitglieder
B Jugend- und Auszubildendenvertreter
C Schwerbehinderte
D Werdende Mütter
E Abteilungsleiter.

9.

Welche Voraussetzungen müssen vorliegen, damit ein Arbeitnehmer Anspruch auf den allgemeinen Kündigungsschutz nach dem Kündigungsschutzgesetz hat?
A Das Arbeitsverhältnis besteht länger als sechs Monate.
B In dem Betrieb arbeiten mehr als 20 Arbeitnehmer.
C Das Arbeitsverhältnis besteht länger als sechs Monate, und in dem Betrieb arbeiten mehr als zehn Arbeitnehmer.
D Das Arbeitsverhältnis besteht länger als drei Monate und in dem Betrieb arbeiten mehr als zehn Arbeitnehmer.
E Er muss das 40. Lebensjahr vollendet haben und mehr als sechs Monate im Betrieb beschäftigt sein.

10.

Ein Arbeitnehmer will gegen eine Kündigung klagen, weil seiner Meinung nach die soziale Auswahl nicht ausreichend berücksichtigt wurde. Welches Gericht ist für die Klage zuständig?
A Sozialgericht
B Verwaltungsgericht
C Zivilgericht
D Bundesverfassungsgericht
E Arbeitsgericht.

11.

In einem Unternehmen mit 80 Mitarbeitern soll Herr Scholz, der seit zwei Jahren dort beschäftigt ist, fristgerecht gekündigt werden.
Prüfen Sie anhand des Kündigungsschutzgesetzes die Möglichkeiten, sich gegen diese Kündigung zu wehren.

> **Kündigungsschutzgesetz**
> **§1 Sozial ungerechtfertigte Kündigungen**
> (1) Die Kündigung des Arbeitsverhältnisses gegenüber einem Arbeitnehmer, dessen Arbeitsverhältnis in demselben Betrieb oder Unternehmen ohne Unterbrechung länger als

sechs Monate bestanden hat, ist rechtsunwirksam, wenn sie sozial ungerechtfertigt ist.
(2) Sozial ungerechtfertigt ist die Kündigung, wenn sie nicht durch Gründe, die in der Person oder in dem Verhalten des Arbeitnehmers liegen, oder durch dringende betriebliche Erfordernisse, die einer Weiterbeschäftigung des Arbeitnehmers in diesem Betrieb entgegenstehen, bedingt ist. Die Kündigung ist auch sozial ungerechtfertigt, wenn
> 1b) der Arbeitnehmer an einem anderen Arbeitsplatz in demselben Betrieb oder in einem anderen Betrieb des Unternehmens weiterbeschäftigt werden kann
> 2b) der Arbeitnehmer an einem anderen Arbeitsplatz [...] seines Einzugsgebiets weiterbeschäftigt werden kann [...] wenn die Weiterbeschäftigung des Arbeitnehmers nach zumutbaren Umschulungs- oder Fortbildungsmaßnahmen oder eine Weiterbeschäftigung des Arbeitnehmers unter geänderten Arbeitsbedingungen möglich ist und der Arbeitnehmer sein Einverständnis hiermit erklärt hat.

(3) Ist einem Arbeitnehmer aus dringenden betrieblichen Erfordernissen im Sinne des Absatzes 2 gekündigt worden, so ist die Kündigung trotzdem sozial ungerechtfertigt, wenn der Arbeitgeber bei der Auswahl des Arbeitnehmers die Dauer der Betriebszugehörigkeit, das Lebensalter, die Unterhaltspflichten und die Schwerbehinderung des Arbeitnehmers nicht oder nicht ausreichend berücksichtigt hat [...]

5.4 Im Betrieb zusammenarbeiten

1.

Welches der folgenden Probleme im Betrieb hat seinen Grund häufig in einem autoritären Führungsstil?
A Ziele werden nicht erreicht.
B Mitarbeiter wissen nicht, was sie zu tun haben.
C Eigeninitiative von Mitarbeitern ist nicht erwünscht.
D Bei der Weihnachtsfeier wird viel Alkohol getrunken.
E Das Unternehmen verliert Marktanteile.

2.

Welche der folgenden Aussagen über Teams ist falsch?
A Teams brauchen klare Vorgaben.
B Teams kommen zu besseren Ergebnissen.
C Teams benötigen eine klare Aufgabenverteilung.
D Teams können die unterschiedlichen Fähigkeiten von Mitarbeitern besser nutzen.
E Teams kommen schneller zu Ergebnissen.

3.

Erläutern Sie, warum es für den angemessenen Umgang mit Konflikten wichtig ist, Regeln zu finden.

4.

Welche der folgenden Aussagen über Konflikte im Betrieb betrifft eher die Sachebene, welche eher die Beziehungsebene? Begründen Sie.
a) „Frau Roßmann kommt jeden Tag zu spät – und der Chef sagt nie was zu ihr."
b) „Die Arbeit in unserer Abteilung ist ungerecht verteilt. Frau Moser dreht Däumchen und bei uns ist Land unter."
c) „Herr Fahrenbach liefert seine Aufstellung immer zwei Tage zu spät ab, und wir haben den Stress. Bloß weil er am längsten da ist, denkt er, er kann alles machen."
d) „Wenn es nächsten Monat wieder so viele Überstunden gibt, bestehe ich darauf, dass mir das Geld ausbezahlt wird."
e) „Am Freitagnachmittag ist in der Chefetage immer schon dicht. Wenn wirklich ein Problem auftaucht, ist keiner da, der Entscheidungen treffen darf."

Sachwortverzeichnis

A

Abfälle 245
Abfallvermeidung 245
Abfallverwertung 245
Abfallwirtschaftskonzept, Ablaufplanung 213
Absatzwerbung 179
Abschreibung 97
Abtretung 120
After-Sales-Phase 139
Akkordlohn 237, 238
Aktien 71
Aktiengesellschaft (AG) 71–73
  Aufsichtsrat 71
Allgemeine Geschäftsbedingungen (AGB) 200
Allgemeines Gleichbehandlungsgesetz (AGG) 257
Amortisationsrechnung 116
Änderungskündigung 277
Anfrage 195
Angebot 71, 148
Angebotsvergleich 197
Anlagegüter 82
Anlagevermögen 115
Annahmeverzug 156
Anpassungsfortbildung 33, 35
Arbeitsbewertung
  analytische, 237
  summarische 236
  Methoden 236
Arbeitsdirektor 72
Arbeitsformen 25
Arbeitsgericht 279
Arbeitskampf 274
Arbeitskosten 28–31, 133
Arbeitslosengeld I 42, 44–45
Arbeitslosengeld II 45, 53
Arbeitslosenversicherung 42, 44–45, 47
Arbeitslosigkeit 25
Arbeitspflicht 261
Arbeitsplan 195, 213
Arbeitsschutz, technischer 226–227, 229
Arbeitsstättenverordnung 228
Arbeitsteilung 125
Arbeitsunfall 229

Arbeitsverhältnis 23, 25, 151, 260–161, 280, 292–293
  Beendigung 277
Arbeitsvertrag 23, 254–255, 260, 294–295
Arbeitszeit 107
Arbeitszeitgesetz 256
Arbeitszerlegung 125
Arglistige Täuschung 152
Aufbauorganisation 62
Aufstiegsfortbildung 33, 35
Ausbildender 9–13
Ausbilder 9–12
Ausbildung, duale 8–13, 15
Ausbildungsberufe 23
Ausbildungsordnungen 9–10
Ausbildungsrahmenplan 9
Ausbildungsverhältnis
  → Ausbildung, duale
Ausbildungsvertrag 9–12, 261
Ausgaben 99
Außenfinanzierung 119
Außenhandel 28–30
Aussperrung 274
Auszubildender 8–15
Automatisierung 125

B

Balkendiagramm 213
Banken 120
Baukastensystem 124
Bedarfsdeckungsprinzip 61
Bedarfsplan 195
Bedarfsplanung 213
Bedürfnispyramide → Bedürfnisse
Bedürfnisse 18
Befragung 174, 176
Beglaubigung, öffentliche 148
Beitragsbemessungsgrenze 42–43
Beratung 54
Berufe 21–26
  Anforderungen 23–26
  Entwicklung 23–26
  Modeberufe 24
  Qualifikation 23–26
Berufsausbildungsvertrag 261
Berufsberatung 15
Berufsbildungsgesetz 10–14
Berufung 279

Beschaffung, fallweise 194
Beschaffungsplan 193
Beschäftigungspflicht 261
Beschwerdemanagement 140
Besitz 121, 155–157,
Bestellmenge 205
Bestellpunktverfahren 194
Bestellrhythmusverfahren 194
Beteiligungslohn 238
Betreuung 54–55
Betrieb 66, 69
Betriebsabrechnungsbogen (BAB) 103
Betriebsergebnis 97
Betriebsrat 15, 263–270
  Anhörungs- und Vetorecht 269
  Aufgaben 263–270
  Beteiligungsrechte 268
  Zusammensetzung 264
Betriebsratswahl 264
Betriebsübernahme 80
Betriebsverfassungsgesetz (BetrVG) 264
Betriebsversammlung 268
Beurkundung, notarielle 148
Beweislastumkehr 165
Bezugskosten 198
Bezugsquelle 195
Bilanz 115
Break-Even-Point 112
Bundesurlaubsgesetz 256
Bürgschaft 120
Businessplan 81

C

COMENIUS 39

D

Darlehen 120
Darlehensvertrag 147
DAX (Deutscher Aktien Index) 71
Deckungsbeitrag 111
Deckungsbeitragsrechnung 98
Depot 71
Dienstleistung 61, 81, 132
Dienstvertrag/Arbeitsvertrag 147
Dispositions-/Kontokorrentkredit 120
Dividende 71
Divisionskalkulation 104
Drittelbeteiligungsgesetz 72

Drohung, widerrechtliche 152
Dumpingpreis 182

E

Ecklohn 237, 252, 272
Eidesstattliche Versicherung 160
Eigenfinanzierung 119
Eigenkapital 82–83, 115, 127, 136
Eigentum 121, 147, 155–157, 187
Eigentumsvorbehalt 155, 200
Eigentum übertragen 155
Einigungsstelle 268
Einnahmen 58, 81–82, 99
Einseitige Rechtsgeschäfte 147
Einzelakkord 238
Erweiterungsinvestitionen 116
Einzelfertigung 218
Einzelkosten 102, 108
Einzelunternehmen 66
Entsorgung 244
Ergonomie 230–233
Ergonomie, Büroarbeitsplatz 231–233
Erträge 97–100
erwerbswirtschaftliches Prinzip 61
Europäische Union 36–40
  Förderprogramme 39–40
Europass 38–40
Existenzminimum 53

F

Fälligkeit 155, 159
  Lieferungsverzug 155
  Zahlungsverzug 159
Familie 19–21
Familienförderung 54
Fernabsatzverträge 170
Fertigung
  nach Ablaufprinzipien 219
  vollautomatisch 125
Fertigungsarten 218
Fertigungsplanung 213
Fertigungssteuerung 214
Finanzierung 82, 115, 119
  durch Eigenkapital 82
  durch Fördermittel 82
  Fremd- 119
Firma 66
Fließfertigung 220
Flussprinzip 219
FMEA 224
Forderung 120–122, 160–162, 185
Formfreiheitsprinzip 147
Fortbildung 32–35

Franchisesystem 80
Frauen, berufliche Lebensplanung 19
Fremdkontrolle 224
Fristenplan 213
Führungsstil 283–286
Fürsorgepflicht 261
Fürsorgeprinzip 53–55
Fusion 76
Fusionskontrolle 77, 78

G

Garantie 165
Garantieleistung 143–144
Gefährdungsbeurteilung 227, 229
Gehorsamspflicht 261
Gemeinkosten 102, 108
Generationenvertrag 44
Genossenschaft 61
Gesamtkosten 111
Geschäftsplan 81
Geschäftsfähigkeit, beschränkte 151
Geschäftsunfähigkeit 151
Gesellschaft bürgerlichen
  Rechts (GbR) 67
Gesellschaft mit beschränkter Haftung
  (GmbH) 68
Gesellschaftsunternehmen 66
Gesetz der Massenproduktion 112
Gesetz gegen den unlauteren
  Wettbewerb (UWG) 168
Gesetz gegen Wettbewerbsbeschrän-
  kungen (Kartellgesetz) 77
Gewährleistung 165
Gewerbefreiheit 80
Gewerkschaft 15, 272
Gewinn 61, 66–71
Gewinnschwelle 112
Gewinn- und Verlustrechnung
  (Ergebnisrechnung) 97
Gewinnvergleichsrechnung 116
Globalisierung 27–31
GmbH & Co KG 68
Grundgesetz 255, 277
Grundschuld/Hypothek 121
GRUNDTVIG 39
Gruppenakkord 235, 238
Gruppenarbeit 125
Gruppenfertigung 220
Günstigkeitsprinzip 256
Güteverhandlung 279

H

Handelsregister 66, 81

Hartz IV → Arbeitslosengeld II
Hauptversammlung 71
Haustürgeschäft 169

I

Individualversicherungen 49–51
Inkassobüro 160
Innenfinanzierung 57, 119
Innung 10
Instandhaltung und Wartung 223
Internet-Angebote 148
Investitionen 82, 115
  Ersatzinvestitionen 116
  Erstinvestitionen 115
  Erweiterungsinvestitionen 116
  Rationalisierungsinvestitionen 116
Investitionsrechnung 116
Irreführung des Verbrauchers 169
Irrtum 152

J

Jahreszins, effektiver 120
Jugendarbeitsschutzgesetz 13–15
Jugend- und Auszubildenden-
  vertretung 15, 265
Just-in-time-Verfahren (JIT) 194, 208

K

Kalkulation 98
Kammer 9, 12, 15
KANBAN-System 209
Kapitalbedarfsrechnung 82
Kapitalbeteiligung 238
Kapitalgesellschaft 68
Karriere → Weiterbildung
Kartell 75
Käufermarkt 174
Kaufvertrag 147–150, 155–159,
  164–166, 184–185, 200
Kernkompetenz 129
Kirchensteuer 46
Kommanditgesellschaft 67
Kommanditist 68
Kommunikationspolitik 179
Komplementär 68
Konflikte 14, 285–289
  Beziehungsebene 288–289
  Sachebene 288–289
Konfliktsignale 287
Konventionalstrafe 156
Konzern, multinationaler 76
Kooperation 75
Kooperationsprinzip 241

Sachwortverzeichnis

Kosten 97, 181, 223
Kostenkontrolle 98, 100, 223
Kostenrechnung 98–105, 111, 128
   Kostenartenrechnung 102
   Kostenstellenrechnung 102
   Kostenträgerrechnung 104
Kostenvergleich 98
Kostenvergleichsrechnung 116
Krankenversicherung,
  gesetzliche 42–43, 45, 47
Kredit 57–58
Kreditwürdigkeit 119
Kreislaufwirtschaftssystem
  (Recycling) 241
Kreislaufwirtschafts- und
Abfallgesetz 245
Kritischer Weg 215
Kundenbindung 140
Kundengespräch 139
Kündigung 269, 277
Kündigungsfrist 277
Kündigungsschutzgesetz
  (KSchG) 278
Kurswert 71

L

Lager 128, 192, 202–206
Lagerarten 203
Lagerbestand 204
Lagerdauer 204
Lagerhaltung 192 ff.
Lagerkennziffern 202
Leasing 119, 121
Lebensplanung, Auslands-
  aufenthalt 36–40
Lebensplanung,
  beruflich/privat 17–21
Leihvertrag 147
Leistungsüberwachung 223
Leonardo da Vinci 39
Lieferungsverzug 155, 157
Liniensystem 62
Liquidität 62, 82,
Liquiditätsplan 82, 99–100
Logistik 208
Lohn 235 ff.
Lohnformen 236
Lohngruppen 237
Lohnnebenkosten 45–48, 106–109
Lohnnebenleistungen 107
Lohnsteuer 46
Lohnstückkosten 29–30
Lohn- und Gehaltstarifverträge 272

M

Mahnverfahren,
  außergerichtlich 159
  gerichtlich 160
Make-or-buy-Prinzip 129
Manteltarifvertrag 272
Marketing 175–179
Marketingstrategie 175
Marktanalyse 174
Marktbeobachtung 174
Marktforschung 174
Marktprognose 174
Materialwirtschaft 193
Matrixorganisation 63
Maximalprinzip 124
Mechanisierung 125
Meisterprüfung 33–34
Meldebestand 194
Mietvertrag 147
Minijobs 25
Minimalprinzip 124
Mitarbeiterschulung 246
Mitbestimmung 268
Mitbestimmungsgesetz 72
Mobbing 289–291
Monopol 182
Montanmitbestimmungsgesetz 72
Motivirrtum 152
Mutterschutzgesetz (MuSchG) 256

N

Nachhaltigkeit 241–243
Nachweisgesetz 260
Netzplantechnik 214
Nichtigkeit 152
Normalarbeitsverhältnis 25
Normung 124

O

Offene Handelsgesellschaft
  (OHG) 67
Öffentlichkeitsarbeit 180–182
Öffnungsklausel, Tarifvertrag 256
Öko-Audit 242
Ökobilanz 242
Ökologie 242
Ökonomie 242
ökonomisches Prinzip 124
Öko-Siegel 242
Ordnungsfunktion 272
Organigramm 62–63
Organisationsform 60–63, 84
Outsourcing 25, 129–130

P

Pachtvertrag 147
Paneltechnik 175
Personengesellschaft 67
Personenversicherungen 50–51
Pfandrecht 121
Pflegeversicherung 42–44, 47
Prämienlohn 238
Preisangabenverordnung (PAngV) 169
Preisnachlass 198
Preispolitik 181
Preisuntergrenze, absolute 111
Primärforschung 174
Privatinsolvenz 58–59
Privatunternehmen 61
Produktergonomie 231, 233
Produkthaftungsgesetz
  (ProdHaftG) 168
Produktionsergonomie 231–233
Produktionsplan 195–196, 220
Produktivität 29–30, 123, 126, 273
Produkt- und Sortimentspolitik 179
Prozesskostenrechnung 99

Q

Qualität 143, 164, 198, 223–224
Qualitätsprüfung 223
Qualitätssicherung 224
Quantitätsprüfung 223

R

Rahmentarifverträge 273
Rangfolgeprinzip 255
Ratenlieferungsvertrag 170
Rationalisierung 34, 76, 123–124
Rechte des Käufers
  bei Lieferungsverzug 155
  bei Sachmangel 165
Rechte des Verkäufers
  bei Annahmeverzug 156
  bei Zahlungsverzug 155, 159
Rechte und Pflichten
  im Arbeitsverhältnis 261
  im Ausbildungsverhältnis 14
Rechtsfähigkeit 151
Rechtsgeschäft 146–147
  anfechtbares 152
  einseitiges 149
  nichtiges 150
  zweiseitiges 149
Regelungsmittel, Arbeitsrecht 255
Reklamation 143
Rentabilität 116, 126

Rentabilitätsrechnung 116
Rentenversicherung,
  gesetzliche 42, 44–45, 47
Revision 279
Rollenspiel 290–291
Rückwirkungsvermutung 165
Rügefrist 164

S

Sachmangel 164
Sachmangelhaftung 164
Sachversicherung 50–51
Schlichtung 273–275
Schriftform 5, 12, 147, 149, 277
Schuldnerberatung 57–59
Schweigepflicht 261
Schwerbehindertenschutz,
Selbsthilfeverkauf 156
Selbstkontrolle 224
Selbstkosten 103–104
Sekundärforschung 175
Serienfertigung 218
Sicherheiten 118, 120
Sicherheitsbestand 203
Sicherungsübereignung 121
Solidaritätsprinzip 43
Solidaritätszuschlag 46
Sorgfaltspflicht 261
Sortenfertigung 218
Sortiment
Sortimentsbereinigung 179
Sortimentserweiterung 179
Sortiment, Umstrukturierung 179
Sozialgesetzbuch 42, 256
Sozialstaat 42, 52–55
Sozialversicherung,
  gesetzliche 41–47, 51
Spartenorganisation/
  Produktorientierung 63
Spezialisierung 124
Sponsoring 180
Stabliniensystem 62
Standort/Standortfaktoren 29–31
Stellenbeschreibung 62
Streik 274
Strukturwandel 23
Stückgeldakkord 238
Stückliste 195
Stückzeitakkord 238
Subsidiarität 53–55

T

Tarifautonomie 258, 272, 275

Tarifpartner 272
Tarifverhandlungen 273–275
Tarifvertrag 254–256, 273,
  279–280, 283
  Geltungsbereich 257
Team 281–286
Teamfähigkeit 282
Teamtypen 282
Teamuhr 283
Teilzahlungsgeschäft 170
Teilzeitarbeit 25
Terminkontrolle 223
Transferzahlung 53–54
Treuepflicht 261
Trust 76
Typung 124

U

Überschuldung → Verschuldung
Umlaufvermögen 115
Umschlagshäufigkeit 204
Umschulung 34
Umweltengagement 242
Umweltfreundliche Produkte/
  Produktionstechniken 241
Umweltpolitik 241
Unfallversicherung,
  gesetzliche 42, 44, 47, 229
Unternehmen 61, 66
  öffentliche 61
  private 61
Unternehmensgründung 80
Unternehmensidentität 183
Unternehmensstruktur 62
Unternehmensziele 61
Unternehmenszusammenschluss,
  Arten 76
  diagonal 76
  horizontal 76
  vertikal 76
Unternehmergesellschaft
  (haftungsbeschränkt) 68
Urabstimmung 274

V

Verbraucherdarlehensvertrag 170
Verbrauchsgüterkauf 164
Vergütungspflicht 261
Verjährung, 160
  Hemmung der 161
Verjährungsfristen 161
Verkäufermarkt 174
Verkaufsförderung 180

Vermögensbildung 50–51
Vermögensversicherung 50–51
Verrichtungsprinzip 219
Verschulden 143–144, 155, 157–159
Verschuldung 56–59
Versicherungspflichtgrenze 43
Versicherungsprinzip 53–55
Versorgungsprinzip 53–55
Verstoß gegen die guten Sitten 168
Vertretung 67
Vertriebsform 180–181
Vertriebspolitik 180
Verursacherprinzip 241, 245
Verwertung, energetische 245
Visualisierung 248–249
Vollkontrolle 224
Vollkostenrechnung 98
Vollstreckungsbescheid 160
Vorratsbeschaffung 194
Vorsorge, private 48–51
Vorsorgeprinzip 241, 245
Vorstand 71–72

W

Weiterbildung 32–40
Weltwirtschaft → Globalisierung
Werbemittel 180
Werbeträger 180
Werkstattfertigung 219
Werkvertrag 147
Wertpapierbörse 71
Wettbewerbsverbot 14, 16, 261
Widerrufsrecht 169–172
Willenserklärung 147–148, 151
Wirtschaftliche Verflechtungen 75
Wirtschaftlichkeit 116, 117, 123–126
Work-Life-Balance 20

Z

Zahlungsbedingungen 200
Zahlungsverzug 155, 159, 162
Zeitlohn 235, 237
Zeugnis
  einfaches 261
  qualifiziertes 261
Zeugnispflicht 14, 261
Zielkostenrechnung 98
Zuschlagssätze 103–104
Zwangsvollstreckung 160
Zwei-Behälter-System 210
Zweiter Bildungsweg 34

Bildquellennachweis

Umschlag Mitte Corbis (Sean Justice), Düsseldorf; **Umschlag links** Getty Images RF (Somos/Veer), München; **Umschlag rechts** Corbis (Image Source), Düsseldorf; **7** Photothek.net Gbr (Ute Grabowsky), Radevormwald; **8.li** Ullstein Bild GmbH (Sipa), Berlin; **8.re** Ullstein Bild GmbH (SIPA), Berlin; **9.ob** Handwerkskammer Düsseldorf, Düsseldorf; **9.unt** Deutscher Industrie- und Handelskammertag e.V., Berlin; **10.ob** Mauritius Images (Stolz), Mittenwald; **10.unt** mediacolor's P & F Müller (bew), Zürich; **11.ob** Picture-Alliance (Globus-Infografik), Frankfurt; **11.unt** Picture-Alliance (dpa-infografik), Frankfurt; **14** CCC, www.c5.net (Peter Kaczmarek), Pfaffenhofen a.d. Ilm; **15** VISUM Foto GmbH (Ekkehart Reinsch), Hamburg; **19** Mauritius Images (Simon Katzer), Mittenwald; **21** CCC, www.c5.net (Tomaschoff), Pfaffenhofen a.d. Ilm; **23.li** Keystone, Hamburg; **23.re** laif (Paul Langrock/Zenit), Köln; **24** Picture-Alliance (Globus Infografik), Frankfurt; **25** IAB-Kurzbericht 18/2008; **;28** Picture-Alliance (Globus-Infografik), Frankfurt; **30** Imago (Felix Jason), Berlin; **31** Picture-Alliance (Globus-Infografik), Frankfurt; **32.ob** Imago (Sven Lambert), Berlin; **32.unt** Handwerkskammer Düsseldorf, Düsseldorf; **33.ob** Picture-Alliance (ZB/Karlheinz Schindler), Frankfurt; **33.unt** Deutscher Volkshochschul-Verband e. V., Berlin; **37** shutterstock (Andrea Seemann), New York, NY; **38** VISUM Foto GmbH (Sintesi), Hamburg; **39.li** Nationale Agentur Bildung für Europa (BIBB), Bonn; **39.re** MEV Verlag GmbH, Augsburg; **43** MEV Verlag GmbH, Augsburg; **44** Picture-Alliance (dpa-infografik), Frankfurt; **45** Picture-Alliance (Globus-Infografik), Frankfurt; **49.ob** Fotolia LLC (Mark Stout), New York; **49.unt** Capital/Picture Press; **;52** Picture-Alliance (dpa/Jussi Nukari), Frankfurt; **53.ob** Picture-Alliance (dpa-Infografik), Frankfurt; **53.unt** Picture-Alliance (Rolf Haid), Frankfurt; **54** Corbis (Michael Keller), Düsseldorf; **58** Imago (Strussfoto), Berlin; **61.1** f1 online digitale Bildagentur (MEV), Frankfurt; **61.oMi** Corbis (Robert Maass), Düsseldorf; **61.ore** Stefan Kiefer, Regensburg; **61.unt** Heimstätte eG. Bocholt, Bocholt; **63** Imago (Xinhua), Berlin; **66.ob** Action Press GmbH (Kirchhof, Axel), Hamburg; **66.unt** Foto Begsteiger, Gleisdorf; **67** vario images GmbH & Co.KG (Chromorange), Bonn; **68** Saba Laudanna, Berlin; **70** Fotolia LLC (DeVIce), New York; **71** Imago (Staphan Görlich), Berlin; **75** Imago (Christian Thiel), Berlin; **77** SPIEGEL-Verlag Rudolf-Augstein GmbH & Co. KG, Hamburg; **80.1** Picture-Alliance (John Powell), Frankfurt; **80.2** Bundesministerium für Wirtschaft und Technologie, Berlin; **80.3** Blume 2000 New Media ag, Norderstedt; **80.4** Hamm Reno Group GmbH, Osnabrück; **91** Picture-Alliance (dpa Infografik), Frankfurt; **95** Fotolia LLC (Jan Schuler), New York; **96** Fotolia LLC (Cooper), New York; **97** Picture-Alliance (dpa/Heinz von Heydenaber), Frankfurt; **98** Fotolia LLC (Julija Sapic), New York; **99** Imago (blickwinkel), Berlin; **102** www.bilderbox.com, Thening; **107** Ullstein Bild GmbH (Sylentpress), Berlin; **110** Corbis (Image Source), Düsseldorf; **112** Imago (Götz Schleser), Berlin; **115** Picture-Alliance (dpa-infografik), Frankfurt; **118** laif (dycj/Imaginechina), Köln; **120** laif (REA), Köln; **121** Picture-Alliance (Globus-Infografik), Frankfurt; **123** Picture-Alliance (Euroluftbild), Frankfurt; **124.li** Deutsches Insitut für Normung e.V., Berlin; **;124.ob** Corbis (Bettmann), Düsseldorf; **124.re** Volkswagen AG Hist. Kommunikation, Wolfsburg; **125.ob** Imago (Jens Koehler), Berlin; **125.unt** Picture-Alliance (Globus Infografik), Frankfurt; **126** Picture-Alliance (dpa- Infografik), Frankfurt; **128** Picture-Alliance (Waltraud Grubitzsch), Frankfurt; **129** Imago (Christian Thiel), Berlin; **130** Ullstein Bild GmbH (Raupach), Berlin; **137** ALNO AG, Pfullendorf; **139** Action Press GmbH (Foto Pollex), Hamburg; **140.ob** Picture-Alliance (Globus Infografik), Frankfurt; **140.unt** Ullstein Bild GmbH (Caro/Westermann), Berlin; **143** plainpicture GmbH & Co. KG (Uwe Nölke), Hamburg; **144** Ullstein Bild GmbH (Sylent-Press), Berlin; **147** Picture-Alliance (dpa/Roland Weihrauch), Frankfurt; **148** Mauritius Images (Carsten Bergmann), Mittenwald; **150** Getty Images (Smith Collection), München; **151** Fotolia LLC (Pavel Losevsky), New York; **152.ob** Keystone (Volkmar Schulz), Hamburg; **152.unt** Corbis (Andersen Ross/Brand X), Düsseldorf; **155** Masterfile Deutschland GmbH (Radius Images), Düsseldorf; **156** Avenue Images GmbH RF (Rubberball), Hamburg; **159** Fotolia LLC (Starwalker), New York; **160.ob** MEV Verlag GmbH, Augsburg; **160.unt** Ullstein Bild GmbH (Sylent-Press), Berlin; **161** Ullstein Bild GmbH (ddp), Berlin; **163** Fotex GmbH (R. Zorin), Hamburg; **164** Ullstein Bild GmbH (Matthias Hauser), Berlin; **168** Imago (imagebroker), Berlin; **169** Interfoto (mova/Michael Szönyi), München; **170.ob** Mauritius Images (Carsten Bergmann), Mittenwald; **170.unt** Süddeutsche Zeitung Photo (Teutopress), München; **171** Frosch Touristik GmbH, München; **174** Norddeutscher Rundfunk, Hamburg; **175.ob** Christian Günther Fotodesign, Leipzig; **175.unt** Dr. August Oetker Nahrungsmittel KG, Bielefeld; **179** Picture-Alliance (ZB/Klaus Franke), Frankfurt; **180** Imago (Kruczynski), Berlin; **181.li** Imago (SMID), Berlin; **181.re** Picture-Alliance (Matthias Schrader), Frankfurt; **182** laif (Hans-Bernhard Huber), Köln; **184** Ullstein Bild GmbH (ecopix), Berlin; **191** Corbis (Jorn Tomter), Düsseldorf; **192** Klett-Archiv (Willi Overkamp), Stuttgart; **193** Ullstein Bild GmbH (Teschner/CARO), Berlin; **194** Picture-Alliance (Jens Schierenbeck), Frankfurt; **195** Fotolia LLC (Miqul), New York; **197** Imago (Sämmer), Berlin; **198.ob** laif (Stefan Volk), Köln; **198.unt** Fotolia LLC (abcmedia), New York; **199** Imago (Rainer Weisflog), Berlin; **200** Imago (imagebroker), Berlin; **203** laif (Alberto Conti/Contrasto), Köln; **205** Corbis (moodboard), Düsseldorf; **208.li** shutterstock (Dmitry Kalinovsky), New York, NY; **208.re** ddp images GmbH (Kirsten Neumann), Hamburg; **209** Colourbox, Berlin; **213** shutterstock (Zsolt Nyulaszi), New York, NY; **214.ob** Imago (imagebroker), Berlin; **214.unt** Imago (Jochen Tack), Berlin; **218.li** iStockphoto (tiburonstudios), Calgary, Alberta; **218.re** Fotolia LLC (Enky), New York; **220** Getty Images (Michael Rosenfeld), München; **223.ob** Fotolia LLC (Yuri Arcurs), New York; **223.unt** VISUM Foto GmbH (Thomas Pflaum), Hamburg; **224** laif (Mark Peterson/Redux), Köln; **228.1** Fotolia LLC (LaCatrina), New York; **228.2** shutterstock (Creation), New York, NY; **228.3** Fotolia LLC (LaCatrina), New York; **228.4** Fotolia LLC (Laschi), New York; **229** Fotolia LLC (Philippe Minisini), New York; **231** iStockphoto (Gianluca Padovani), Calgary, Alberta; **233.ob** Ullstein Bild GmbH (CARO/Kaiser), Berlin; **233.unt** Picture-Alliance (ZB), Frankfurt; **236.li** Ullstein Bild GmbH (Röhrbein), Berlin; **236.re** shutterstock (Mircea Bezergheanu), New York, NY; **237.ob** Imago (momentphoto/Bonss), Berlin; **237.unt** Fotolia LLC (dicktraven), New York; **238** iStockphoto (Duygu Ozen), Calgary, Alberta; **240** André Gudel, Bremen; **241** Aid by Trade Foundation www.cottonmadeinafrica.org, Hamburg; **242.ob** Picture-Alliance (Globus-Infografik), Frankfurt; **242.unt** Öko-Tex Sekretariat, Zürich; **243** RAL, Sankt Augustin; **245.li** Mauritius Images (imagebroker), Mittenwald; **245.re** Picture-Alliance (Roland Weihrauch), Frankfurt; **246** Picture-Alliance (Zucchi), Frankfurt; **247** Jupp Wolter, Haus der Geschichte, Bonn; **;248** Fotolia LLC (Dark Vectorangel), New York; **249** Ullstein Bild GmbH (Olaf Döring), Berlin; **253** shutterstock, New York, NY; **256** shutterstock (Yuri Arcurs), New York, NY; **257.li** shutterstock (Erwin Wodicka), New York, NY; **257.re** Picture-Alliance (Globus Infografik), Frankfurt; **259** shutterstock (wrangler), New York, NY; **260.li** Imago (suedraumfoto), Berlin; **260.re** shutterstock (vgstudio), New York, NY; **263** Picture-Alliance (Holger Hollemann), Frankfurt; **264** Getty Images (ANDREY SMIRNOV/AFP), München; **268** Ullstein Bild GmbH (Thielker), Berlin; **269** Picture-Alliance (Andreas Gebert), Frankfurt; **272.ob** Bergmoser + Höller Verlag, Aachen; **272.unt** Erich Schmidt Verlag GmbH, Berlin; **274.ob** Picture-Alliance (dpa-infografik), Frankfurt; **274.unt** Getty Images (Sean Gallup), München; **277.ob** Picture-Alliance (Globus), Frankfurt; **277.unt** shutterstock (Daniel Korzeniewski), New York, NY; **278** Ullstein Bild GmbH (phalanx), Berlin; **281** Klett-Archiv (Peter Nabholz), Stuttgart; **282** Mauritius Images (imagesource), Mittenwald; **286** Ullstein Bild GmbH (Chromorange, P.Rainer), Berlin; **288** shutterstock (GeK), New York, NY; **291.li** Hans-Werner Thunig, Winterbach; **291.re** Hans-Werner Thunig, Winterbach

Sollte es in einem Einzelfall nicht gelungen sein, den korrekten Rechteinhaber ausfindig zu machen, so werden berechtigte Ansprüche selbstverständlich im Rahmen der üblichen Regelungen abgegolten.